新世纪高等学校教材·环境生态工程系列

U0646509

流域水环境学

陈　磊　刘　永　贾海峰 ◎ 编著

沈珍瑶 ◎ 主审

Watershed Water
Environment

北京师范大学出版集团
BEIJING NORMAL UNIVERSITY PUBLISHING GROUP
北京师范大学出版社

内容简介

本教材系统地介绍了流域水环境学基础理论、研究方法、典型案例、管理模式等内容。通过对流域过程的基本介绍，让读者对流域水环境有一个系统性的了解。

本教材具有较强的学术性和实用性，适合于从事地理、资源、环境、生态、经济、管理、信息等研究的学者以及高等院校相关专业的师生阅读，也可供流域管理部门及环境保护部门决策参考。

图书在版编目(CIP)数据

流域水环境学/陈磊，刘永，贾海峰编著. —北京：北京师范大学出版社，2021.7

（新世纪高等学校教材·环境生态工程系列）

ISBN 978-7-303-27022-4

Ⅰ. ①流… Ⅱ. ①陈… ②刘… ③贾… Ⅲ. ①流域—区域水环境—高等学校—教材 Ⅳ. ①X143

中国版本图书馆 CIP 数据核字(2021)第 111027 号

营 销 中 心 电 话	010-58802181　58805532
北师大出版社科技与经管分社	www.jswsbook.com
电 子 信 箱	jswsbook@163.com

LIUYUSHUI HUANJINGXUE

出版发行：北京师范大学出版社　www.bnupg.com
　　　　　北京市西城区新街口外大街 12-3 号
　　　　　邮政编码：100088

印　　　刷：	天津中印联印务有限公司
经　　　销：	全国新华书店
开　　　本：	787 mm×1092 mm　1/16
印　　　张：	18
字　　　数：	426 千字
版　　　次：	2021 年 7 月第 1 版
印　　　次：	2021 年 7 月第 1 次印刷
定　　　价：	49.80 元

策划编辑：刘风娟	责任编辑：刘风娟
美术编辑：李向昕	装帧设计：李向昕
责任校对：陈　民	责任印制：赵非非

前　言

江河奔腾，滋养万物，上善若水，泽被苍生。水是生命的源泉，是人类生存和社会发展不可替代的战略资源，在社会经济发展和生态环境保护中发挥着极其重要的作用。随着人类活动的干扰加剧，流域水问题越来越突出，具体体现在水资源量和水环境两个方面。目前，全球 80 多个国家的约 15 亿人口面临淡水不足问题，约占世界人口总数40％的 80 个国家和地区严重缺水，其中 26 个国家的 3 亿人口完全生活在缺水状态。在水资源短缺越发突出的同时，人们又在大规模污染水源，导致水质恶化。全世界目前每年排放污水约为 4 260 亿 t，造成 55 000 亿 m^3 的水体受到污染，约占全球径流量的 14％。据联合国调查统计，全球河流稳定流量的 40％左右已被污染。

流域是一个相对封闭且具有完整性的水文循环体系，通过水在陆域—水域、支流—干流中的流动对区域乃至更大范围的水资源、水环境及水生态系统产生影响。同时流域也是一个系统性的管理单元，是人类利用水资源、改善水环境的载体，也是人类认识、利用、管理水资源、水环境的最佳空间单元。近年来，以流域系统为对象的教学和研究工作逐渐增多，但目前关于流域水环境系统的系列教材尚属空白。因此，本教材拟通过系统性介绍流域水环境学知识，使读者能够有针对性地学习流域相关知识，提高专业能力，更好地为改善流域水环境服务。

流域水环境学是解决流域生态环境问题的重要基础，也是实现从需求到概念再到问题解决的关键，具有交叉性、综合性、前沿性、应用性等特点。因此，这本看似"成分"复杂的教材，虽包含了水文学、环境学的基础知识，又包括了流域科学研究方法和治理案例，但这本教材的主线，其实是非常清晰的：认识伴随着流域水循环所产生的环境问题，学习流域水环境相关的一般规律，掌握相关科学研究方法，熟悉已有案例的经验。本教材融合了作者 2005 年以来对流域水环境学的认识，在几个专题中，系统梳理了专业知识与邻近学科知识的关系、不同学科研究方法的关系等，也收集了许多精彩的流域治理案例。希望本教材不仅能给科研人员和学生构建起合理的知识体系，同时也能给广大读者在改进研究方法、提升对流域系统认识方面带来许多有益的启示。

本教材按照"理论基础—研究方法—典型案例—管理模式"布局，共设置了 5 个部分，具体安排如下：

第一部分为本教材概述。简要介绍了流域水环境学科特点及教学难点。

第二部分为流域系统基础知识。通过对流域水文过程、土壤侵蚀过程和污染物输移过程的基础知识点的介绍，使读者对流域水环境学产生基本认识。

第三部分为流域系统研究方法。通过对流域水环境研究涉及的监测方法、调研和评价方法、模型方法的介绍，使读者能够掌握流域水环境研究的基本方法，可以对流域环境问题进行有效分析。

第四部分为流域污染治理案例。通过对农业、城市、湖泊等典型流域的经典环境问题及其治理模式进行梳理，使读者具备解决流域典型水环境问题的能力。

第五部分为流域系统管理模式。通过对流域规划、水环境容量、水环境应急等内容的介绍，使读者熟悉流域管理的典型模式。

本教材由陈磊、沈珍瑶组织写作，各部分具体分工如下：

第一部分　刘国王辰　陈　磊

第二部分　焦　聪　李蕾芳

第三部分　余　宇　杨　念　王成成

第四部分　刘　永　贾海峰　王诗绘

第五部分　刘国王辰　陈　磊

全书由陈磊、刘永、贾海峰统稿，沈珍瑶主审。

北京师范大学环境学院以及中国水利水电科学研究院 2016 级、2017 级、2018 级、2019 级、2020 级硕士研究生对本教材涉及的相关内容进行了四轮试用，许多同学给出了大量的反馈和宝贵的建议，为本教材的修订提供了莫大的帮助。在此对试用过和即将使用本教材内容的同学们的参与和支持致以敬意。

本教材虽然在编者原有研究基础和大量文献调研与反复研讨的基础上完成，但是由于编著者水平所限，定有不当之处，恳请专家和读者批评指正。

陈　磊

2021 年 7 月

目 录

第一部分 概述

第二部分 流域系统基础知识

第三部分　流域系统研究方法

第四部分　流域污染治理案例

第五部分 流域系统管理模式

第一部分　概述

第1章　流域水环境学概述

导读：

　　水是生命之源，是人类生存发展、社会进步的重要资源和环境介质。然而随着经济社会的发展，人类对于水的开发利用逐渐提高，人与水的相互作用越来越明显，两者之间的矛盾也逐步加剧。随着人们对水循环过程的认识加深，流域已逐渐成为资源、环境和经济协调发展的最佳单元。同时，作为一种极复杂的系统，流域水科学理论、方法和技术具有其特殊性。

　　本章的知识采集点包括：

　　1. 流域水环境学涉及的学科内容。

　　2. 流域水环境学具有的特点。

　　3. 流域水环境教学的内容。

1.1　流域系统内涵与特点

1.1.1　流域系统基本概念和特点

　　天然水体一般以流域为边界，因此将其统称为"流域系统"。流域是一个相对系统、具有完整生态过程的区域单元，由多个具有不同结构、功能的生态系统组成，其组成成分差异明显且在空间排列上有一定规律。

　　水是最重要的介质，既是地理环境中物质能量循环的载体，也是生态系统中生命必需元素循环的重要介质。水循环和水文过程大都以流域为基本单元。通过水这一介质，构成了流域内不同介质之间、水陆生态系统之间、水系上下游之间、自然系统—人类社会之间的关联。流域水环境学是以流域整体为对象，借助水文学和环境地球化学知识，研究随着水流动所伴随的物质迁移转化过程。

　　流域系统是一个组成结构复杂的，具有时、空、量、序变化的动态开放系统。系统内外存在着物质、能量、信息的交换，表现出流域水环境对人类活动的响应与适应。流域特性一般表现为：整体性、可恢复性、有限性、滞后性、持续性、非线性等。

1. 整体性

自然界中的水是流动的，水的物理特性决定了水资源是一种广泛分布、不断循环的资源，从而为水资源可持续利用奠定了物质基础。流域内的地表水、地下水、土壤水、大气水之间可以相互转化，使流域内的所有水体形成一个整体，从而构成了流域的整体性。

2. 可恢复性

水不仅是流动的，而且是可以补充和更新的。水的循环特性，使得流域系统在水量上损失（如蒸发、流失、取用等）或水体被污染后，通过大气降水和水体自净，可以得到恢复和更新。这种特性是流域系统自我调节能力的具体体现。

3. 有限性

与可恢复性相对，虽然流域内的水是在不断恢复和更新中，但现实中的水环境对污染物的自净能力是有限的。当人类向水环境排放的污染物数量超过水环境容量时，水体自净就无法保障其恢复到自然状况，从而使得水质变差，水体功能降低甚至无法使用。

4. 滞后性

除了突发性污染，日常的流域污染与破坏对人们的影响以及后果的显现需要经过一段时间，而一般的流域污染治理和生态恢复措施也需要一定的时间才能体现出效果，这也是流域管理的难点所在。

5. 持续性

流域内的水文过程和污染物输移过程都有一定的距离性，且受源—汇转换过程影响，导致流域水环境污染具有持续性。水体受到污染后，不但影响当代人的健康，而且还会成为遗留给下一代的环境隐患。

6. 非线性

流域是典型的复合系统，受多种因素影响，流域系统内部过程复杂多样且各过程间彼此影响，其输入和输出通常并不满足简单的叠加原理，这是流域非线性响应的根本原因。

1.2.2　流域科学学科内涵

从学科分类来看，流域水环境学属于交叉学科范畴，其教学内容涉及水文学、环境科学、生态工程学等多学科的交叉融合。

水文学是流域水环境教学的基础内容，也是流域水环境研究的前提。水文学主要涉及地球上水的起源、循环及分布，水与生态环境之间的相互作用及其对人类活动的响应，以及如何利用水为人类服务等知识。水文学一般以流域系统为对象，介绍流域尺度水文过程、分析方法及工程应用等相关知识。从学科内涵来看，水文学是流域水环境学的基础和前提，流域水环境学基本概念和研究方法都受到水文学的影响；但两个学科关注的对象有所差异，水文学注重水文现象、水文过程，流域水环境学则将关注对象延伸到随着水流动所产生的水环境问题，是对传统水文学教学内容的深入和拓展。

环境科学是流域水环境学的另一重要基础。环境科学（或环境地球化学）更关注污染物自身理化性质、污染物在环境中的迁移转化规律以及对生物体和人体健康的影响三个方面，注重污染物在各个圈层、各个介质之间的迁移过程，其基础理论和研究方法是流

域水环境的重要组成部分。两者的不同点在于环境科学多将大气圈、水圈、土圈、岩石圈和生物圈作为关注对象，更关注污染物本身的环境地球化学过程；流域水环境学则关注水—物质相互作用，并以流域系统作为关注对象。

生态工程学是运用物种共生与物质循环再生原理，发挥资源的生产潜力，防止污染，采用分层多级生态系统的可持续发展能力的整合工程技术，并在系统范围内同步获取高的经济、生态和社会效益的学科。流域水环境学在技术层面与生态工程学有相似点，但两者侧重点不同。生态工程学更偏重湿地、植被等生态工程技术的整体设计和应用，而流域水环境学视角更为具体、明确，强调流域内不同尺度措施整体效益的优化和提升。另外，除了具体生态工程技术，流域水环境学还涵盖了诸如管理、政策等非工程措施。

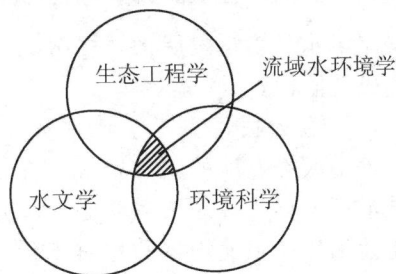

流域水环境学与水文学、环境科学、生态工程学的相关关系如图1-1所示。

图 1-1　流域水环境学与其他学科关系

1.2　流域水环境学的发展历程

1.2.1　流域水环境问题的三个阶段

流域水环境问题是伴随着人类活动对流域的干扰而产生的。随着科学技术的迅猛发展，使得人类改造环境的能力日渐增强，但发展引起的环境污染则使人类不断受到种种惩罚和伤害，甚至使赖以生存的物质基础受到严重破坏。目前，水环境问题已成为制约、影响人类社会发展的关键问题之一。从人类历史发展来看，水环境问题的演进大致可分为以下三个阶段。

1．产生阶段

工业革命以前，为了生存和发展需求，人类通过各种手段来获取生活必需品和生产资料。在这一过程中，人类砍伐森林，盲目开荒，乱采乱捕，滥用资源，破坏草原。对于流域水环境的影响大多停留在水土流失、沙漠化和环境污染等问题。

2．发展阶段

18世纪60年代工业革命兴起，是环境问题的发展阶段。在这一阶段，生产力的迅速发展，机器的广泛使用，劳动生产率的大幅度提高，增强了人类利用和改造环境的能力。由此也带来了新的环境问题，大量废渣、废水、废气的排放污染了水环境，并导致水生态的进一步恶化。这一阶段的水环境污染属局部的、暂时的，其造成的危害也是有限的。

3．爆发阶段

20世纪中期以后，科学技术、工业生产、交通运输等迅猛发展，尤其是石油工业的崛起，导致工业分布过于集中，城市人口过于密集。水环境污染由局部逐步扩大到区域、甚至全球；环境污染也由单一的大气污染扩大到气体、水体、土壤和食品的复合污染。由于直接威胁着人们的生命和安全，环境污染成为重大的社会问题。此后，发达国家把环境问题摆上了国家议事日程，通过制定相关法律法规，加强管理，采用新技术，使环境污染得到了一定控制。

总体来看，流域水环境问题自古就有，并且随着人类社会的发展而日益突出。发展和环境问题是相伴而生的，只要有发展，就不能避免环境问题的产生。环境问题的产生是一个与社会和经济相关的综合问题。要解决环境问题，就要从人类、环境、社会和经济等综合的角度出发，找到一种既能实现发展又能保护好生态环境的途径，协调好发展和环境保护的关系，实现人类社会的可持续发展。鉴于此，流域水环境学应运而生。

1.2.2　流域水环境学发展的三个阶段

流域水环境学发展大体可分为与水环境问题对应的三个阶段，即产生阶段、发展阶段和成熟阶段。

1. 产生阶段

水是人类发展的基础资源，在社会发展早期，很多大城市都是依水而建。人类对于流域水环境学的关注大多着眼于城市排水问题与点源污染控制。在人类文明之初，人们对生活和生产中使用过的水是未经任何处理、随意排放到流域内或其他公共场所的，造成污水横流、污渍蔓延，并直接影响到人们的正常生活。为改善人居环境，保障生活质量，人们开始寻求更好的污水排放方式，由此出现了渗坑、渗井。这种排放方式把污水在地面的随意排放转变为向地下的固定排放，避免了地表污水的蔓延，但也造成对地下水的污染。在公元前 3700 年，印度的尼普尔（Nippur）就修建了拱形下水道。我国在秦朝修建规模巨大的阿房宫内也建有发达的下水道管网，用以收集和排泄生活污水，于是遂有"渭流涨腻，弃脂水也"的境况。但是下水道系统只是让污染物远离人类聚集区，并没有达到消除污染物的效果。

在这个阶段，人类对于流域水环境学的认知停留在将污染物搬离核心区域的问题上，并未找到合理的流域水污染系统控制方法。

2. 发展阶段

随着工业革命的兴起，人类的生产水平大幅度提升，所产生的污染物也有了显著变化。随着工商业的发展和城市人口不断增加，导致排放的污水、废物也随之增多，并再次造成城市人居环境的恶化，霍乱、痢疾等传染病盛行，甚至引发了数十次人口大量死亡的灾害性事件。

在人口集中的城市，传统排水方法已经无法起到控制污染物的作用。英国泰晤士河、德国埃姆舍河等著名河流水质污染问题日趋严重，成为欧洲最脏河流的典型，给周边居民带来了巨大的健康隐患。以泰晤士河为例，由于附近居民长期饮用受污染的河水，导致霍乱频发，仅 1832 年，伦敦因霍乱死亡人数就高达 5 275 人。后续英国议会和政府开始逐渐关注流域水环境问题，促进了相关学科基础理论的研究和发展。

19 世纪中期，显微镜与微生物学的发展使人们弄清了霍乱、伤寒是通过细菌在水中传播而流行起来的，从而开始了与生活水源有关粪便污染的监测，后来监测技术成为流域水环境学中不可缺少的基础研究方法。进入 19 世纪中后期，河流黑臭问题突出，流域内鱼虾绝迹、疾病流行，污水处理厂开始修建。污水处理技术的迅速发展为流域水环境外源污染控制提供了技术基础。

在这个阶段，人类开始有能力对于点源污染进行一定程度的控制，但大多数停留在具体工程问题上，并未真正从宏观上对整个流域进行有效研究。1925 年，斯特里特和费尔普斯为解决河流耗氧污染问题，研究建立了第一个水质模型（S—P 模型），是水质模型研究的标志性事件，也为流域尺度水环境研究提供了可能。

3. 成熟阶段

20 世纪中后期，人类对于流域水环境问题的关注不再局限于点源污染的控制，而逐渐转向与水利用相关的流域水质与水生态问题。从最初的粪便排放污染引起的病原体超标，到工业化国家在不同阶段出现的耗氧污染、重金属污染、硝酸盐污染、有毒有机物污染、富营养化，至流域水污染控制后期逐步显性化的自然水文要素变异、水生态功能退化、生物多样性损害等问题。

随着生态工程学科的发展，在关注水污染治理与水质改善的同时，河流水生生态保护与修复的探索性案例也不断出现。如 1987 年以生态系统恢复作为莱茵河重建的主要指标的"莱茵河行动计划"，即"鲑鱼—2000 计划"启动，提供了以单一物种为目标的大型河流生态修复经验。20 世纪 90 年代开始尝试开展流域尺度下的河流生态修复工程，美国的基西米河及密苏里河的生态修复规划实施，标志着大型河流的全流域综合生态修复工程进入实践阶段。在保护流域水生态方面，人类开始通过生态修复试验—反馈—修正进行生态系统的适应性管理，如美国科罗拉多河格伦峡大坝的适应性管理规划以及澳大利亚墨累—达令河的流域环境管理均是成功案例。生态修复技术的发展让流域污染控制技术不仅仅局限于点源污染控制，对于流域内非点源污染也能够起到较好的控制效果。

进入 21 世纪，全球河湖生态系统退化问题逐渐受到国际社会的广泛关注和重视。2000 年，《欧盟水框架指令》提出生态良好水体保护要求，保护和恢复河湖水生态系统成为流域管理的重要目标，流域水环境学也从水质管理全面拓展到流域综合管理。此时，流域水环境学的研究才正式步入正轨。

中华人民共和国成立后，流域水环境学在国内的发展，与国家保障水安全的阶段问题与需求契合，大致可以分为三个阶段。

（1）第一阶段：20 世纪 50—80 年代，起步阶段。中华人民共和国成立后，我国流域水环境研究开始走上新的道路，但仍然处于起步阶段，主要工作集中于流域水质监测的开展和环境保护的兴起。中华人民共和国成立初期，流域机构百废待兴，主要职责是管理水利事业，没有水污染防治职责；个别地方政府，在部分地段延续了民国时期对流域水质的监测，并针对水污染防治工作做了大量工作。到了 70 年代，中央政府开始关注环境保护问题。随着第一次环境保护大会的召开和国务院环境保护领导小组的成立，流域水环境保护开始受到全社会关注。

20 世纪 50 年代，我国开展了大量的水质监测工作，重点关注江河湖库天然水质监测评价的流域水质学研究，收集了江河天然水质的大量资料，并着手监测江河水化学成分。随后，健全了各流域水质监测中心，在天然水水质和重金属等水质参数的监测技术方面开展了大量研究，为流域水质管理奠定了技术基础。

从 1949—1957 年，"一五"计划完成，工业建设注意合理布局，市区和工业区间建立植物隔离带、部分污染危害企业采取污水净化处理装置等防治措施，经济建设和环境保护之间并没有发生大的矛盾。但由于后续管理不完善，导致了多起较大的环境事件，如大连湾水污染告急、北京鱼污染事件、松花江水系污染报警等。1974 年 10 月，国务院正式组建由 20 多个部委负责人参加的国务院环境保护领导小组，下设办公室。中国环境保护机构建设开始起步。同年，国务院成立国家基本建设委员会环境保护办公室，代管国务院环境保护领导小组办公室。我国政府在这个阶段已经意识到流域水环境保护的重要性。综合流域调控部门在流域水环境管理方面发挥主导协调作用，流域水污染防治的跨省区协作问题得到有效解决。然而，随着各项工作的开展以及国内外环境保护活动的日益增多，这种由综合调控部门代办的非专职机构日益不能适应工作需要。即便如此，关于流域水环境管理机构建设的初步探索，以及流域水管理机构的实践经验，为以后的流域水环境管理奠定了初步的实践基础。

（2）第二阶段：20 世纪 80 年代至 21 世纪的前 10 年，发展阶段。此阶段重点聚焦水污染治理的流域水环境学研究以及流域水环境管理的环境法制建设。70 年代初的官厅水库水污染治理开启了我国流域水环境研究；其后，随着对流域水环境问题的日益重视，环境水力学研究在 80 年代迅速兴起。90 年代初，中国水利学会成立环境水力学组，水质及模型技术研究进展加快，研发了多类水质与水温模型，在太湖、滇池等湖泊和黄河、淮河等河流开展了流域水环境问题与综合治理方案研究。

1995 年 8 月 8 日，国务院发布《淮河流域水污染防治暂行条例》（以下简称《条例》）。这是流域层面水污染防治高层次的立法，也是当时以国务院名义发布的关于流域水环境管理的唯一行政法规。《条例》规定了淮河流域县级以上地方政府及其环境保护部门在流域水污染防治方面的职责权限，也规定了淮河流域水利委员会的职责权限，使淮河流域水环境管理有了操作性更强的政策法令。由于对其他流域的示范作用，它成为流域水环境管理深化阶段的显著标志。随后，一系列相关法律的修订和颁布，使得原有的水环境管理法律体系更加完善，为流域水环境管理提供了更充分的法律依据。

在这个阶段，国务院分别于 1996 年和 2002 年召开了两次全国环境保护会议，将环境保护提高到可持续发展战略和政府职能的高度。这些会议为进一步提高环境保护机构在国家机构中的地位做了理论准备。

（3）第三阶段：2010 年以来，强化阶段。此时全面进入基于水生态系统健康保护的流域水环境学研究阶段。《中共中央国务院关于加快水利改革发展的决定》提出建成水资源保护和河湖健康保障体系的目标要求，2012 年以来，国家提出了建设天蓝、地绿、水清的美丽中国愿景，为大力推进生态文明建设，按照"节水优先、空间均衡、系统治理、两手发力"原则，国家制定了《水污染防治行动计划》，印发了《关于全面推行河长制的意见》和《关于在湖泊实施湖长制的指导意见》。在推动长江经济带发展，提出了"共抓大保护、不搞大开发"等重要战略思想。上述国家战略为流域水环境学科在新时期的发展提供了方向指引与重大机遇。2010 年以来，流域水环境学在水文学、环境科学和生态工程等学科的发展下，逐渐向地下水和地表水综合治理、点源和非点源污染系统防控、流域生态系统全面修复等学科方向拓展。

1.3　教学内容及课程安排

1.3.1　课堂教学特点及难点

流域水环境学不仅仅研究水环境问题本身，而且涉及与之有关的水文过程、生态过程、社会经济过程及它们之间的互馈关系，涉及的学科多、内容广，使得教学上存在如下特点。

1. 综合性

流域水环境学教学对象是流域系统，以流域内水循环作为前提，研究污染物在流域内的输移、转化及其环境效应。但流域水循环过程在地球生态系统中本身就是非常复杂的子系统，即涉及大气、土壤、岩石、植被等非生命系统，又包括了植物、微生物、人类等生命系统，不同自然系统和社会系统之间也存在着多尺度、多层次、多过程的复杂关系。这决定了流域水环境课堂教学具有了综合性强、涉及面广的特点。因此，综合性是流域水环境学教学的第一个突出特点。

2. 交叉性

流域水环境学教学需要体现多学科的深度交叉和融合。支撑流域水环境学的知识体系涉及水文学、环境科学、生态学等自然科学，生态工程学、系统科学等工程科学，甚至经济学、社会学等社会科学也常常被用来解决流域水环境问题。例如，在解析流域水环境问题时，需要用到水文学、水力学、土壤侵蚀学、环境科学等知识来系统解释流域水环境过程，以加深对物质在流域系统中的迁移转化规律的认识；在水污染治理过程，则需要耦合传统环境工程、生态工程、环境化学等相关知识来设计流域水环境修复工艺；在水环境保护规划和管理过程，需要综合运动系统科学等知识，实现流域水环境规划和管理的系统化、科学化、制度化。因此，交叉性是流域水环境学教学的第二个突出特点。

3. 应用性

流域水环境学是一门偏应用的学科，其产生目的就是解决现实中出现的水环境问题。因此，流域水环境学是一门应用性很强的学科，除吸收相关学科的最新前沿外，还需要在实践的基础上不断完善和发展。因此，需要突出案例教学的重要性，"从实践出发、理论联系实际"的应用性是流域水环境学教学的第三个突出特点。

1.3.2 课堂教学内容组成

流域水环境学是一个庞大而复杂的学科体系。通过本课程教学，重点培养读者理解流域水环境的基础知识和研究方法，具备分析流域典型水环境问题的能力，能利用运用流域水环境污染控制技术和措施，而且对流域水环境进行系统规划和科学管理，最终实现流域环境效益、社会效益和经济效益的统一。具体而言，流域水环境学的教学内容由层次递进、相互联系的流域过程基础知识、流域过程研究方法、典型流域问题解析及治理案例和流域水环境管理四部分内容组成。

（1）第一部分：流域过程基础知识。这一部分通过对流域水环境过程，如水文学、土壤侵蚀、污染物地球化学过程等基本概念的系统介绍，让读者对流域水环境学具备基本的认识。这部分内容是流域水环境教学的理论库，也是学习后续章节的基础。

（2）第二部分：流域过程研究方法。这一部分通过对流域水文、水质等多要素的系统监测、模拟及评价方法的介绍，让读者能够了解处理流域环境问题的基本研究方法是什么，具有分析流域问题的能力和技术。这部分是流域水环境教学的方法库。

（3）第三部分：典型流域问题解析及治理案例。这一部分通过对农业流域、城市流域、湖库流域、黑臭水体等典型流域水环境问题进行解析，引导学生思考流域水环境问题产生的原因，掌握流域水污染控制技术和方法，具备解决流域水环境问题的基本能力，同时这也是流域水环境学教学的方案库。

（4）第四部分：流域水环境管理。这一部分主要从流域水环境规划、常规水环境管理、水污染应急管理等角度介绍如何开展流域水环境管理工作。这是流域水环境学的最终落脚点，也是流域水环境学服务于人类社会的重要体现。

1.3.3　具体课堂教学安排

具体来说，流域水环境学的研究内容主要有以下几个方面。

（1）流域水环境基础知识：通过对流域的概念与特点的了解，以增加读者对流域的整体认知。同时，掌握流域内主要的变化过程及其机理也为后续流域研究方法及控制技术奠定基础。流域过程可概括为水文、土壤侵蚀及污染物输移三大过程。主要教学内容包括：流域基本概念、流域水文过程、流域土壤侵蚀过程、流域污染物输移过程等。

（2）流域过程研究方法：从流域水文/水环境监测方法、流域污染源调研及评价、流域水文/水环境模型三个方面进行介绍。开展流域研究，首先需要以监测方法获得流域基本数据，其次通过模型模拟的方法实现问题的定量解析，最后形成对流域水环境的客观、全面评价。主要教学内容包括：水文监测方法、水质监测方法、现代监测方法、流域水环境调研和评价方法、流域水文模型、流域水环境模型等。

（3）典型流域治理与修复：围绕流域所共同面临的主要污染问题成因进行剖析，并针对现有问题介绍了流域点源污染、非点源污染、内源污染、外源污染的相关控制技术。主要研究领域包括农业流域污染控制、城市流域污染控制、湖泊—水库流域污染控制、高污染水体修复技术、受损流域生态系统修复等。

（4）流域水环境管理：主要阐述流域水环境规划、常规水环境管理与突发性水环境污染管理三个部分。主要研究领域包括：流域水环境规划的设计流程及思路；水环境容量的计算与应用、水资源承载力的计算与应用、水污染总量控制方法；突发性水环境污染事件预测方法、处理技术及决策支持系统构建等。

【思考与习题】

1. 简要阐述流域水环境学产生和发展历程。
2. 流域水环境学涉及的学科内容有哪些？
3. 流域水环境学具有哪些特点？
4. 讨论流域水环境学与其他学科（水文学、环境科学、生态工程学）的关系。

第二部分 流域系统基础知识

第2章 流域系统基本概念

> **导读：**
> 　　流域系统是了解各种水文过程、开发利用水资源、开展河道治理等的基本单元，涵盖了陆地、河湖、河岸带等生态系统。作为一个封闭的系统，了解流域功能与特征以及流域划分依据，有利于流域综合治理。
> 　　本章的知识采集点包括：
> 　　1. 流域的基本定义和主要功能。
> 　　2. 流域的分级和分类。
> 　　3. 学习如何基于DEM划分流域。

2.1 基本概念

2.1.1 流域的定义

　　水是流域不同地理单元与生态系统之间联系最重要的纽带。**流域（Basin），在地理学上，一般解释为相对河流的某一断面的，由分水线包围的区域。**可以形象地比喻为一块把所有溪流和雨水排放到共同出口的区域。从汇水区的角度，流域可以小到一个脚印，也可以大到覆盖所有陆地。

　　流域"Basin"一词，与Watershed、Catchment、Drainage area可以互换使用。河流流域（River Basin）是指某条河流及其支流流贯的全部地区。这些概念也常常是通用的，要是有区别的话，河流流域的范围往往更大一些。

　　流域一般自上而下可包括河源（river head）、上游、中游、下游和河口（river mouth）等地理单元，从空间上涵盖了陆地、河岸带、水体等单元。对于较大的流域而言，河源是流域河流的发源地，可以是泉水、溪涧、冰川等；上游地区河谷窄、坡度较大、水流较急，常有瀑布和急滩；中游地区坡度逐渐减缓，旁蚀力强，河槽逐渐变宽，两岸有滩地，河床较为稳定；下游河槽宽，坡度缓，流速也小，以淤积为主，浅滩沙洲较多，河曲发育；河口泥沙大量淤积，往往形成三角洲。同时，流域河流从上游到中下游，其水量越来越大，携带物质越来越多，沉积变成该区域的主要作用。

2.1.2 流域边界的界定

（1）分水线。分水线（watershed）又称分水岭（图 2-1），一般而言指流域的周界，从山峰、山脊和鞍部的连接线，地形向两侧倾斜，使雨水分别汇入不同的河流中，起到分水作用的脊线。如秦岭是长江与黄河的分水岭。

（2）地面分水线。地面分水线一般位于山峰、岭脊处，起

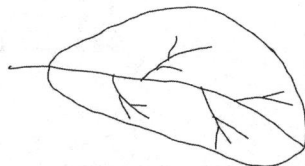

图 2-1　分水线示意图

着分地面水的作用。流域的地面分水线是地面集水区的周界，通常就是经过出口断面环绕流域四周的山脊线，可根据地形图勾绘。

（3）地下分水线。地下分水线是流域内地下集水区的周界，但很难准确确定。由于水文地质条件和地貌特征影响，地面、地下分水线可能不一致。

当河床切割较深，河槽可截获全部地下径流，同时地面分水线与地下分水线全位于一条铅直线上时，称为**闭合流域**。否则称为**非闭合流域**。

2.1.3 流域系统基本功能

流域作为一个相对封闭的系统，具有五个基本功能，包括三个水文功能和两个生态功能。各功能之间彼此相互作用、相互影响。

1. 水文功能

（1）汇流功能。通常可以把流域分成坡地和河网两个基本部分，因此流域汇流也可以分为坡地汇流与河网汇流两部分。坡地汇流又有地表汇流和地下汇流两个途径。一般来说，河网长度远大于坡面长度，河网中的汇流速度也远大于坡面汇流速度。

（2）蓄水功能。流域具有存储水资源及各种物质的功能，是存在于流域的聚集和分散过程之间的一种功能，其复杂而又彼此相互作用。

（3）调节功能。流域具有最终将径流在空间和时间上进行分配的功能，即降水经汇集存储至流域系统以及溪流、湖泊、池塘和湿地后，降雨产生的径流获得了重新分配的过程。与汇流和蓄水功能一样，调节功能也发生在径流产生的时间尺度或一个水文年内的。

2. 生态功能

（1）物质迁移功能。流域具有物质迁移功能，即流域中的水在能量圈和生物圈的光合和呼吸过程中承担着化学反应的载体和媒介作用，推动地球生命的起源、承担环境中污染物和营养物质的迁移。

（2）栖息地功能。地球上的生命产生于水存在的地区，地球上高等生命有机体都产生于有水的环境中。大量溶解物促进了营养物质的流动，为在不同栖息地或生态环境中的大量生命物种提供了生存的机会，补充并维持了人类生命的复杂性。

2.1.4 流域特征指标

1. 几何特征

流域面积（Area）是指流域地面集水区的水平投影面积，单位为 km^2。

　　流域长度(Length)就是流域的几何中心轴长。以流域出口为中心做出许多同心圆,在每个同心圆与流域分水线相交点作割线,各割线中点的连线的长度即为流域长度。

　　流域面积 F 除以流域长度 L 的比值为流域的**平均宽度 B**,即 $B=F/L$。

　　流域平均宽度 B 与流域长度 L 之比为**流域形状系数 K**,扇形流域 K 较大,狭长流域 K 较小(图 2-2),它在一定程度上以定量的方式反映了流域的形状。

　　另外,**流域平均坡度**是指流域内最高最低等高线长度的一半及各等高线长度乘等高线间的高差乘积之和,与流域面积的比值;**流域不对称系数**是指流域内干流左右两岸流域面积之差与两岸流域平均面积的比值分布的不均匀度。

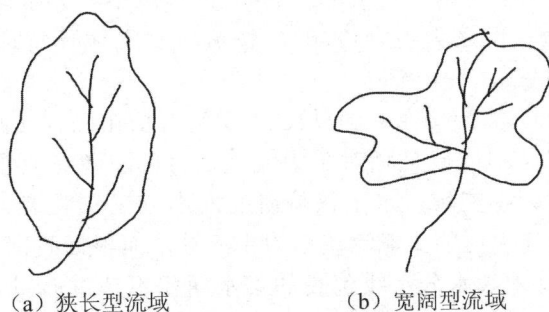

（a）狭长型流域　　　　　　　　（b）宽阔型流域

图 2-2　流域形状示意图

2. 流域自然地理特征

　　(1)流域的地理位置。这是以流域所处的经度和纬度来定义的,它间接反映流域的气候和地理环境。

　　(2)流域的气候条件。这包括降水、蒸发、温度、湿度、风等,是决定流域水文特征的重要因素。

　　(3)流域的地形特性。除用地形图描述外,还常用流域的平均高程和平均坡度来定量地表征。流域平均高程是指流域内地表的平均高程,它影响到流域的气温与降水。流域平均坡度是指流域表面坡度的平均情况,它对地面径流的产生、集成、下渗、土壤流失都有很大的影响。

　　(4)流域的土壤、岩石性质和地质构造。土壤的性质如土壤类型、结构,对下渗水量的多少及河流含沙量的大小等,岩石水理性质包括透水性、给水度等,地质构造包括断层、节理等,它们对下渗和地下水运动有重要影响。

　　(5)流域的植被。植被面积占流域面积之比,称为植被覆盖率,表示植被的相对多少。流域内的森林杂草,能增加地面的糙度,延长地面径流的汇流时间,增加入渗水量,延缓洪水的发生时间;植物的蒸散发又减少了地下径流的补给,增加了森林上空的水汽,降水量一般比无林地区大。植树造林不仅能减轻风沙的危害和水土的流失,也可大大改变区域的水文循环条件。

　　(6)流域的湖泊与沼泽。湖沼(即湖泊与沼泽)对径流起调节作用,能调蓄洪水和改变径流的年内分配,增加枯水期径流量和水面蒸发量,有利于水文循环和气候环境的改善。通常用它们占流域面积的百分数来反映它们的相对大小,称为湖泊率和沼泽率。

3. 人类活动特征

水电建设、农业发展、城市建设等，将通过改变流域的自然地理条件而引起流域过程变化。例如修建水库，扩大了水面面积，增加了蒸发和对径流的调蓄。

2.2 流域分类、分级方法

2.2.1 流域的分类

流域的分类有多种方法。如按流域面积大小划分，可以分为大流域、小流域；按分水线的重合关系划分，可以分为闭合流域、非闭合流域（地表分水线与地下分水线不重合的流域称为非闭合流域，反之为闭合流域）；按流域水文循环特征划分，可以分为外流域、内流域。

我国习惯上把面积超过 20 万 km² 的长江、黄河、松花江、辽河、珠江、淮河、海河七大流域看作一级流域。小流域是相对于大流域而言的，各专业领域提法有别，水文学上把级别最高的支流称为小流域，水土保持研究的小流域一般指一个完整的土壤侵蚀单元，而流域经济学把大江大河的支流流域称为小流域。而根据我国《小流域划分及编码规范》(SL 653—2013)，将地表水分水线包裹的集水面积不超过 50 km² 的集水单元定义为小流域。

1. 长江流域

长江流域是我国的第一大流域。长江全长 6 300 km，从唐古拉山主峰发源，干流流经青、藏、川、滇、渝、鄂、湘、赣、皖、苏、沪 11 个省、自治区、直辖市，支流延至甘、陕、黔、豫、浙、桂、闽、粤 8 省、自治区。长江水系庞大，浩荡的长江干流加上沿途 700 余条支流，纵贯南北，汇集而成一片流经 180 余万 km² 的广大地区，占中国总面积的 18.8%。长江流域大部分处于亚热带季风气候区，温暖湿润，多年平均降水量 1 100 mL。

2. 黄河流域

黄河全长 5 464 km，为中国第二长河。黄河流域发源于青藏高原巴颜喀拉山北麓的约古宗列盆地，流经青海、四川、甘肃、宁夏、内蒙古、山西、陕西、河南、山东 9 省、自治区，在山东省垦利县注入渤海。黄河流域面积 79.5 万 km²（包括鄂尔多斯内流区 4.2 万 km²），汇集了 40 多条主要支流和 1 000 多条溪川，流域面积达 75 万 km²。黄河流域年平均降水量 400 mm 左右。黄河含沙量极大，年输沙量 16 亿 t，平均含沙量达 35 kg，是举世闻名的多沙河流。黄河流域幅员辽阔、地形复杂，各地气候差异较大，从南到北分别属湿润、半湿润、半干旱和干旱气候。

3. 珠江流域

珠江是中国第四大河，干流总长 2 215.8 km，流域面积为 45.26 万 km²（其中极小部分在越南境内），地跨云南、贵州、广西、广东、湖南、江西以及香港、澳门 8 省、自治区和特别行政区。由西江、北江、东江和三角洲河网组成的珠江水系，干支流河道呈扇形分布，形如密树枝状。西江是珠江水系的主干流，全长 2 214 km，流域面积 35.3 万 km²。珠江水系河流众多，集水面积在 1 万 km² 以上的河流有 8 条，1 000 km² 以上的河流有 49 条。

4. 淮河流域

淮河位于长江与黄河两条大河之间，是中国中部的一条重要河流，由淮河水系和沂

沭泗水系两大水系组成，流域面积 26 万 km²，干支流斜铺密布在河南、安徽、江苏、山东 4 省。流域范围西起伏牛山，东临黄海，北屏黄河南堤和沂蒙山脉。淮河发源于河南与湖北交界处的桐柏山太白顶（又称大复峰），自西向东，流经河南、安徽和江苏，干流全长 1 000 km。淮河包括汶、泗、沂、沭 4 条支流，是中国地理上的一条重要界线，是中国亚热带湿润区和暖温带半湿润区的分界线；中国平均 950 mm 的等雨量线也基本沿淮河干流分布；在农业上，淮河以北一般以两年三熟耕作制居多，粮食作物以小麦为主，而淮河以南水田比重大，以稻麦两熟制较为普遍。

5. 海河流域

海河是中国华北地区最大水系。海河干流起自天津金钢桥附近的三岔河口，东至大沽口入渤海，其长度仅为 73 km。但是，它却接纳了上游北运、永定、大清、子牙、南运河五大支流和 300 多条较大支流，构成了华北最大的水系——海河水系。这些支流像一把巨扇铺在华北平原上。它与东北部的滦河、南部的徒骇与马颊河水系共同组成了海河流域，流域面积 31.8 万 km²，地跨京、津、冀、晋、豫、鲁、蒙 7 省、自治区、直辖市。

6. 松花江流域

松花江全长 1 927 km，流域面积约为 54.5 万 km²，占东北地区总面积的 60%，地跨吉林、黑龙江两省。其主要支流有嫩江（全长 1 089 km，流域面积 28.3 万 km²，占松花江流域总面积的一半以上）、呼兰河、牡丹江、汤旺河、倭肯河、拉林河等。佳木斯以下为广阔的三江平原，沿岸是一片土地肥沃的草原，多沼泽湿地，为我国著名的"北大荒"。

7. 辽河流域

辽河全长 1 430 km，流域面积 22.94 万 km²，地跨内蒙古、辽宁两省区。东、西辽河在辽宁省昌图县福德店附近汇合后始称辽河。辽河干流河谷开阔，河道迂回曲折，沿途分别接纳了招苏台河、清河、秀水河，经新民至辽中县的六间房附近分为两股，一股向南称外辽河，在接纳了辽河最大的支流——浑河后又称大辽河，最后在营口入海；另一股向西流，称双台子河，在盘山湾入海。

同时，将流域空间内的空间位置及其汇水关系称为**流域拓扑**。如各级流域上下游之间的包含关系、同级流域之间的相邻或并列关系、集水区直流入河流（湖泊、水库、海洋、盆地等）关系。将地表各级水网空间位置及相互之间水流关系称为**地表水系拓扑**。如各级河流的上下游汇水关系、同级河流之间的相邻或并列关系、河流与湖泊（水库、蓄滞洪区、海洋、盆地等）的汇流关系。

流域划分应以自然地形地貌为基础，保证流域形态特征的完整性。同时应充分考虑地表汇水关系，保证上下游汇水关系的正确性，并建立流域拓扑和地表水系拓扑。确定流域边界时，可适当考虑水库、水闸、水文站等水利工程设施和村庄、居民点。如根据水库规模和流域控制集水区面积，将水库闸口设为流域进、出水口；根据河流上的水文观测站，选择区间流域的进、出水口；对于流域出口附近的村庄或居民点，可按属地关系适当地调整流域界限，保证归属关系的一致。

外流域一般在降水比较丰富的地区，内流域则位于降水少、蒸发强的内陆干旱区。内外流域的划分对研究流域生态演化极其重要。中国的河流分为注入海洋的外流河和流入封闭的湖沼或消失于沙漠的内流河（或内陆河），外流流域面积占全国总面积的 64%，内陆流域面积占 36%。其分界北起大兴安岭西麓，经阴山、贺兰山、祁连山、日月山、巴颜喀拉山、念青唐古拉山和冈底斯山，止于青藏高原西南缘，呈东北—西南方向延伸。此线以东的河流多属于外流流域，而以西多为内陆河。受局部气候与地形条件的控制，外流流域内包含了小面积的内流区，如嫩江中下游的沿河洼地、鄂尔多斯高原北部以及雅鲁藏布江南侧的一些以封闭湖盆为中心的内陆水系。同样，内陆流域内也出现面积不大的外流区，如新疆南部喀喇昆仑山的奇普恰普河。

2.2.2 流域的分级

流域特别是较大尺度的流域可以分级，其原则与河流分级相似。Strahlar 于 1953 年提出将一级河流定义为直接发源于河源的河流。同级的两条河流交汇形成的河流级别比原来高一级，不同级的两条河流交汇形成的河流级别为两条河流中较高者。依此类推，干流是水系中最高级别的河流。以上述方法为例，一级河流的汇水范围称为一级流域，其余类推，最高级别河流的汇水范围即为全流域。由此可知，流域的级即流域中最高级河流的级（图 2-3）。

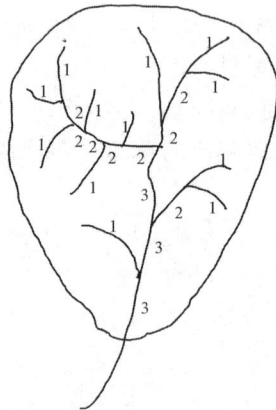

图 2-3 流域与水系级别示意图

2.3 课堂练习： 如何利用 DEM 进行流域划分

数字高程模型（Digital Elevation Models，DEM）是通过有限的地形高程数据实现对地面地形数字化模拟的模型，通过一组有序数值阵列，表示地面实体高程。水文分析是 DEM 数据应用的重要方面[1]。

基于 DEM，利用水文分析工具提取地表水流径流模型的水流方向、汇流累积量、河流网络，可对研究取得流域进行分割。

第一步，需确定研究区的水流方向，即水流离开每一个 DEM 栅格的指向。地表径流在流域空间总是由地势高处向低处流动，最后经开流域出口排出。通常，可采用 D8 算法实现。D8 算法假设了每个栅格水流只流向周围 8 个临近栅格，计算中心栅格与周边各栅格距离权落差，选择最陡坡度，即水流的流出方向。

---

[1] DEM 数据的下载可参考网站 http://www.gscloud.cn 地理空间数据云。

　　第二步，计算流域汇流积累量。确定水流方向后，统计成流入本单元的累积上游单元格数，生成流域汇流能力栅格图。汇流栅格上单元格的值较大者为河谷，等于0或者较高的栅格，可能为流域的分水岭。

　　第三步，进行河网提取。若汇流量达到某一个值，则会产生地表水流，大于这个值的栅格，就是潜在的水流路径。选择这样的栅格，通过这些水流路径，构成一个网络，则为河网。

　　第四步，生成集水区。生成集水区，需要确定一个出水点，即集水区的最低点。确定后通过结合水流方向数据，分析搜索该出水点上游所有流过它的栅格，则找到流域边界，也就是分水岭的位置。

　　第五步，进行流域划分。进行河网提取，设置不同的阈值可以得到不同尺度的河网和分水区。这时，分析者就可根据对比，选择最合适的流域划分结果。

【思考与习题】

1. 以下哪种表示了 Strahlar 河流分级？（　　　　）

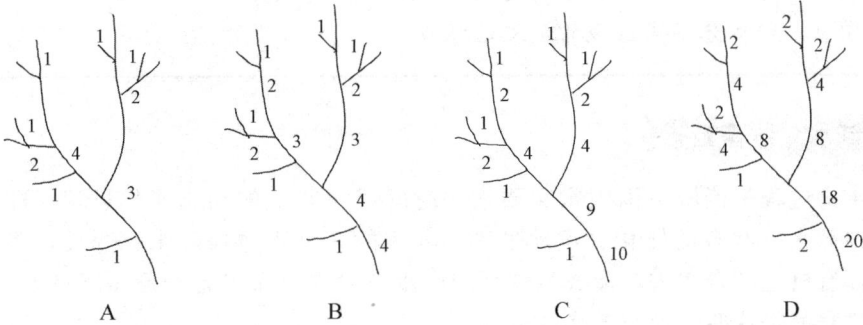

A　　　　　　B　　　　　　C　　　　　　D

2. 请将括号中的名称填入流域恰当位置。（分水线、集水面积、支流、干流、出口断面）

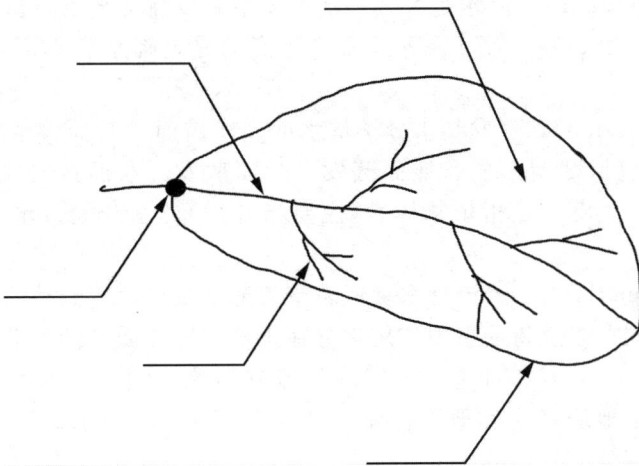

3. 中国的七大流域是哪些？

4. 流域有哪些特征？它们对河川径流形成的影响如何？

第3章 流域水文过程

导读：

　　流域水文过程是水环境过程的基础，是水资源合理开发利用和水环境保护的基本依据。水文循环是指水以固态、液态、气态的形式在气候系统中不断运动，并储存在海洋、冰川、陆地表面和大气中的过程。研究流域水文过程，测定流域的降水量分布、来水来沙量的大小，以及地下水位的变化，分析流域的总水量、输沙量、流量过程、水质变化等，从而揭示流域特有的水文过程及规律。

　　本章的知识采集点包括：

　　1. 流域内包括的具体的水文过程。

　　2. 流域产流、汇流过程具体的内容和涉及的评价指标。

　　3. 学习如何区分不同区域的水文过程线。

3.1　流域水文过程基础

　　流域水文过程是流域范围内水文要素在时间或空间上的动态变化过程，即流域范围内的水圈内部水分状态的转化、运动过程。地表的各种水体经降水、蒸发、渗透、径流等水分循环有机地结合起来，形成流域系统内水的时空分布以各种形态下的运动与转换。流域水文过程就是这些运动与转换的过程。

　　水文运动形式包括降水、蒸发、渗流、径流四种。

　　（1）降水（precipitation）。降水是大气中水汽凝结后以液态水或固态水降落到地面的现象。其包括雨、雪、露、霜、雹、霰等。需要注意的是，降水和降雨不同，降水还包括了降雪等其他过程。

　　（2）蒸发（evaporation）。蒸发是水分子从水面、冰雪面或其他含水物质表面以水汽形式逸出的现象。其包括截留蒸发、地面蒸发、叶面散发、水面蒸发等。需要注意的是，蒸发和蒸腾过程不同，蒸腾是指植物体表（主要指叶子）的水分通过水蒸气的形式散发到空气中的过程。

　　（3）渗流（seepage flow）。渗流是水从地表渗入地下及在地下流动的现象。需要注意的是，渗流和渗透不同，渗透指受重力作用水分在土壤空隙介质中的运动等。

　　（4）径流（runoff）。径流是陆地上的降水汇流到河流、湖库、沼泽、海洋、含水层或沙漠的水流。其包括地面径流和地下径流，可以用二水源、三水源等相关理论对地面径流和地下径流进行划分。

　　水量平衡是指任意时段内，区域输入的水量与支出的水量之间差额等于该时段区域内蓄水的变化量，即水在循环过程中，从总体上说收支平衡。从本质上说，水量平衡是质量守恒原理在水循环过程中的具体体现，也是地球上水循环持续的基本前提。

水量平衡原理是在水文循环过程中，对任一区域或流域，任一时段进入水量与输出水量之差额等于其蓄水量的变化量。也即：

$$I - O = \Delta S \tag{3-1}$$

式中，I、O 为给定时段内输入、输出该区域的总水量；ΔS 为时段内区域蓄水量的变化量，可正可负。一般流域水量平衡方程为 $P - R - E = \Delta S$；流域多年平均水量平衡方程为 $P_0 = E_0 + R_0$，其中 P 为降水总量，R 为径流总量，E 代表蒸发总量。

3.2 陆域产汇流过程

流域径流形成过程是从降雨（或融雪）开始，到水流汇集至河流出口断面处的整个过程。径流形成过程中的从降雨扣除各项损失称为**产流阶段**，坡面汇流及河网汇流称为**汇流阶段**。流域上各种径流的生成过程，即流域下垫面对降雨的再分配过程。

产汇流过程是水文循环研究的重要内容，产汇流机理研究是水文模拟的基础，从实测水文资料出发进行深入分析是认识流域产汇流特性的有效手段。分析实测降雨径流过程和产汇流因子与降雨特性的关系，可以寻求流域的基本产流模式以及不同降雨特性对应的产流机制，有助于开发基于物理过程的流域水文模型。

产汇流模型是洪水预报的工具，水文模拟的精度与构建的产汇流模型精度有着密切的关系，为了使水文模型能取得较好的模拟效果，除了精确的水文基础资料外，其模型结构要很好地反映产汇流机制。水文模型在水资源开发利用、防洪减灾、水库、道路、城市规划、非点源污染评价、人类活动的流域响应等方面得到了广泛的应用。水文模型作为研究流域产汇流规律的必要手段，无论是重大问题的决策研究，还是水利工程的运行、防洪抗旱等均离不开它的支撑。

3.2.1 产流阶段

在流域产流过程中，由于植物截流、地面填洼、雨期蒸发及下渗等作用，会造成部分乃至全部径流损失，而通常将扣除这些损失后所余下的部分称为**流域产流量**。

产流机制是指降雨产生径流的基本物理条件，它取决于下垫面结构及降雨特性。其主要有超渗产流和蓄满产流两种。**超渗产流**是包气带未饱和之前，因雨强大于渗强的产流。**蓄满产流**是包气带土壤含水量达到田间持水量以后的产流。我国南方湿润地区的产流以蓄满产流为主，北方干旱地区（如黄土高原地区）则以超渗产流为主。需要注意的是，受植被等其他因素影响，实际情况下往往是两种产流机制的结合（表3-1）。

> **小知识**
>
> $$R = P - P_{损} \tag{3-2}$$
>
> 式中，R 为产流量；P 为降雨量；$P_{损}$ 为包括植物截留、填洼、下渗、蒸发等的损失水量。

流域产流过程的影响因素与流域下垫面的地理空间变化和降雨、蒸发、土壤含水量等的时空不均匀性有关。

地面径流量主要取决于降水量与下渗量在时空上的组合与发展。当降水强度大于下渗率时，会产生地面径流。地面径流的产流过程包括降水、截留、洼地储蓄、下渗、蒸散发。

表层土壤的含水量首先达到饱和后，继续下渗的雨量沿土壤饱和层的坡度在土壤孔隙间流动，注入河槽形成径流，称为**壤中流（表层流）**。壤中流的产流条件为：①上层有较好的透水性；②有一个阻水层（即弱透水性层）；③两层土层的界面处有临时饱和层；④有足够的土层坡度等。

小知识

在距地表以下一定深度存在着饱水的地下水面，地下水面以上，岩土空隙没有为液态水所充满，包含有与大气相连通的气体，称为包气带，赋存其中的水称包气带水。**包气带**从上到下可分层为**土壤水带、中间带和毛细水带**（图3-1）。

土壤水带在包气带顶部根系活动带，通常发育土壤层，土壤富含有机质，具有固粒结构，能以毛细水形式大量保持水分，维持植物生长。

中间水带是水分蓄存和传送带，厚度变化取决于包气带厚度。

毛细水带在包气带底部构成毛细水带，有时也是饱水的。

包气带含水率和剖面分布受外界条件影响强烈。在垂直方向上，离地表越近，含水率变化越大，越向下层，含水率变化趋于稳定。其含水率变化还与岩土层结构、颗粒组成有关。

包气带水分的增长，一是通过上界面的降水和地表水补给；二是通过下界面饱和水带的补给。包气带水分的消退，一是通过上界面的土壤蒸发和植物散发损失；二是通过下界面水分的内排。

降落到地面上的水向土中入渗，除补充土壤水外，逐步向下层渗透，如能达到地下水面，则成为**地下径流**。地下径流的产流条件为包气带厚度不大且易透水，其下部存在不易透水岩层（不透水层），由于连续降水，使整个包气带充水，当整个包气带含水量超过田间持水量接近饱和并有自由重力水补给地下水时，则形成潜水径流。

表 3-1 流域产流的基本规律

径流类型	地面径流	壤中流	地下径流
产流条件	降雨率＞下渗率	土壤表层下渗率＞弱透水层下渗率	稳渗率＞弱透水下渗率
产流特征	产于地面上	产于包气带中相对弱透水层处	产于下部不透水层地面上
产流区别	仅在有坡地面上	除坡度外还要有一定的饱和层土层	需要稳定的包气带饱和层

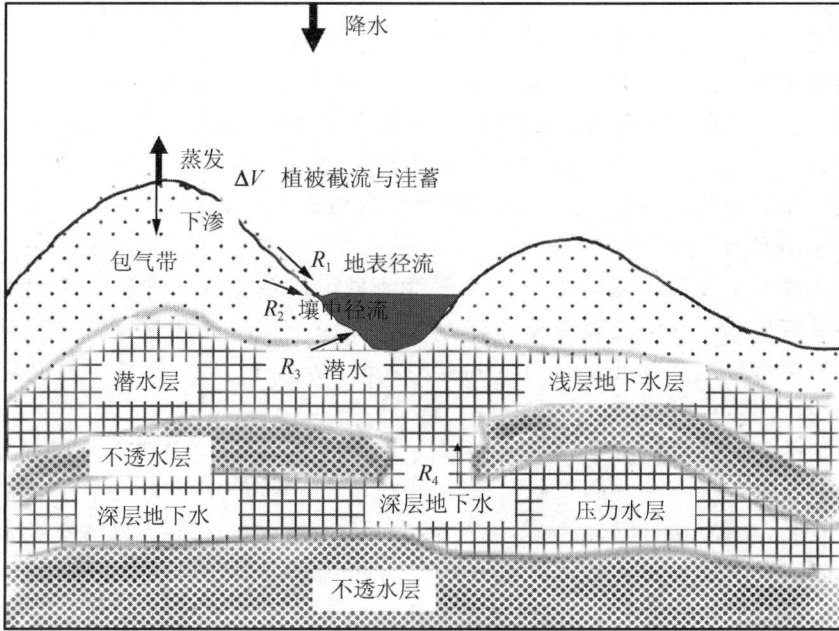

图 3-1　流域径流形成过程

3.2.2　汇流阶段

汇流过程(阶段)是通过坡地、河网汇集到流域出口断面的过程，流域汇流包含坡面流、壤中流、地下水流以及河道汇流等多种水流的汇集(图 3-2)。坡地汇流指降雨产生的水流从它产生地点沿坡地向河槽的汇集过程。当降雨强度超过土壤下渗能力时，产生的超渗雨沿坡面向低处流动，称为**坡面漫流**。扣除植物截留、下渗、填洼后的雨量进入溪沟，最后成为流域出口径流，这部分径流称为**地面径流**。流域主要汇流过程包括**地面径流**、**壤中流**和**地下潜水径流**。坡地汇流包括坡面、土壤表层和地下三种径流成分的汇流。河道汇流是进入河道的水流，从上游向下游，从支流向干流汇集，最后全部先后流经流域出口断面。坡面汇流与河道汇流一起共同组成地表径流。

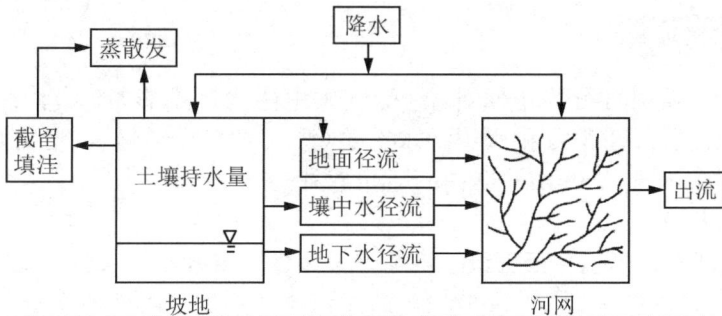

图 3-2　流域产流过程示意图

流域汇流主要采用水文学方法，即以水量平衡方程代替连续方程，以水库型槽蓄方程代替动力方程，求解地表水运动基本微分方程组——圣维南方程组。

坡地汇流是地表径流的初始阶段，是水文地表汇流模拟的一项重要内容，是计算城市内涝、河道洪水演进、土壤侵蚀以及污染物迁移的基础。流域坡面汇流的流程较短，一般只有几百米。坡面汇流计算多采用单位线方法和等流时线法。其中 Sherman 于 1932年提出单位线，并创建了用单位线推求流域汇流的方法。单位线的基本假定是：降雨空间分布均匀。流域为线性系统，产流过程符合倍比假定和叠加原理。随后 Zoch 于 1934 年提出了线性水库和瞬时单位线的概念。Clark 于 1945 年将等流时线与线性水库两种概念结合，建立了瞬时单位线方法，提出了一般性流域汇流单位线，并相继提出时变水文系统概念和各种流域非线性汇流理论和计算方法。Dooge 于 1959 年基于流域线性系统的假定，提出了综合单位线。Dodriguez-Iturbe 和 Gupta 等人于 1979 年基于河网定理提出地貌瞬时单位线。

河道汇流的计算在我国多采用马斯京根法。20 世纪 50 年代中期，根据试算法提出了在应用该法时按洪水大小分级确定其参数 K、X 值，以提高河道洪水计算精度。50 年代末至 60 年代初，从加里宁的特征河长概念出发，对参数 K、X 的物理意义进行了分析研究，在不稳定流情况下，K、X 值并非常数，为此对河道流量演算法的非线性改正进行了不少研究，并取得了一定成果。60 年代对较长河段提出了分段连续流量演算。60 年代初期，赵人俊教授针对长河段马斯京根法误差较大的情况，提出了马斯京根法分段连续流量演算法，推导出以马斯京根法原理为根据的河槽汇流系数公式和汇流系数表。70 年代又提出了马斯京根法——河道洪水演算的线性有限差解。1980 年钱学伟教授提出了马斯京根法连续演算解。与此同时，还提出了许多马斯京根法的数值解（矩阵解、龙格——库塔法解等）。

近年来，灰色系统分析和模拟统计理论以及投影寻踪技术也已开始在水文预报中应用并取得了较好的效果。此外，在部分河段的汇流计算中还应用了加里宁-米留柯夫用特征河长概念推导出的汇流曲线公式。1965 年长江流域规划办公室对上述汇流曲线作了修改推导出长办汇流曲线公式，其后长办水文处（局）和水电部十五工程局等单位提出了迟时瞬时单位线，都不同程度地提高了河道汇流计算精度。

3.3 水体水文过程

3.3.1 河流水文过程

河流按照补给类型可分为雨水补给（受气候中降水因素影响）、季节性积雪融水补给（主要在春季）、永久性积雪和冰川融水补给（受气温变化影响）、湖泊水补给（全年进行，有调节作用）、地下水补给（全年进行，可互补）。

1. 水文评价指标

常用的水文评价指标包括**径流量、汛期、含沙量、结冰期、水能、流速**等。

（1）径流量。径流量是指在某一时段内通过河流某一过水断面的水量。径流是水循环的主要环节，径流量是陆地上最重要的水文要素之一，是水量平衡的基本要素。

（2）汛期。汛期是指河水在一年中有规律显著上涨的时期。江河由于流域内季节性降水或冰雪融化，引起定时性的水位上涨时期，叫汛期。由于各河流所处的地理位置和涨水季节不同，汛期的长短和时序也不相同。根据洪水发生的季节和成因不同，一般可分为春汛期、伏汛期、秋汛期、凌汛期（冬、春季河道因冰凌阻塞、解冻引起的）4 种汛期。水面结冰的河道，上游河冰先融，下游河道尚未解冻，易出现"凌汛"。

（3）含沙量。含沙量一般是单位体积的浑水中所含的干沙的质量，而输沙量一般更强调总量。其单位是 kg/m^3 或 g/m^3。

（4）结冰期。结冰期是指河流、湖泊等水体从结冰开始到结束的过程。结冰期不是以整条河流或湖泊完全封冻为结冰开始，而是自其形成结冰形态为临界判断。

（5）水能。水能是一种能源，是清洁能源，是绿色能源，是指水体的动能、势能和压力能等能量资源。

（6）流速。流速是指液体单位时间内的位移。质点流速是描述液体质点在某瞬时的运动方向和运动快慢的矢量。其方向与质点轨迹的切线方向一致。

2. 河水的运动

河水受到重力、地转偏向力、惯性离心力及河床摩阻力的作用。重力是河道水流运动的基本动力。河道水流除了纵向运动外还会产生各种形式的环流运动。

凡流场中同一条流线各空间点上的流速都相同的流动，称为均匀流。否则，为非均匀流。层流的流体运动规则，分层流动互不掺混，质点轨线光滑，流场稳定。紊流的流体运动极不规则，各部分掺混，质点轨线杂乱无章，流场极不稳定。

洪水水位的涨落在河槽剖面上形成的波形，称为洪水波。稳定水面之上叠加的水量，称为波流量（图 3-3）。洪水波面上任一点相对于稳定水面的高度，称为洪水波高。波高随河长而变化，最大波高处为波峰。AC 为波长，BC 为波前，AB 为波后。

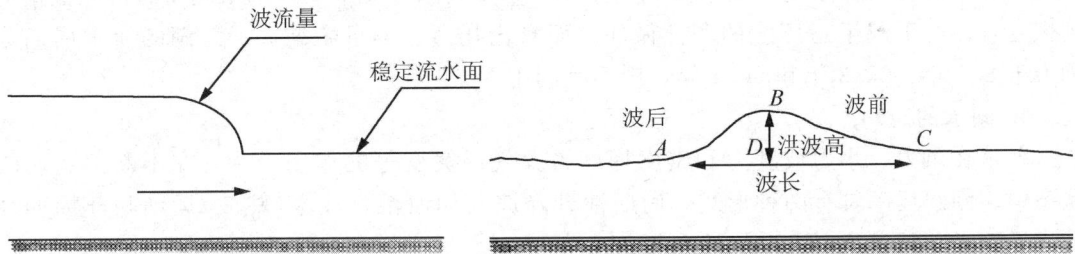

图 3-3　洪水波示意图

洪水波面上的每一点都处于一定的相对位置（如波峰、波前、波后），称为位相。相对于一定位相的流量称为相应流量。洪水波体上某一位相点沿河道的运动速度，称为该位相点的波速。由于波面各点附加比降是不同的，因此洪水波各位相点的波速各不相同。因此洪水波的运动不是正平移运动。

（1）河水的环流运动。

河水内部不同水层或水团，在重力、惯性离心力、地转偏向力等综合作用下，环绕一定的旋转轴呈螺旋状下移，或是旋涡状运动的水流。主要作用力有重力、惯性离心力及地转偏向力。环流是引起河流横向输沙的主要动力，形成河槽形状多样化的主要原因，对泥沙运动和河床演变有重要影响。

（2）河水的泥沙运动。

泥沙在静止的水中下沉时，在重力作用下，开始具有一定的加速度，随下沉速度的增加，下沉阻力加大。当重力与阻力相等时，泥沙等速下沉，这时泥沙的运动速度，叫作泥沙的沉降速度。

河流中的泥沙可以分为三种类型。推移质：沿着河床被水流推动向下运动的泥沙或卵石。悬移质：悬浮在水体中，随水流而运动的泥沙。造床质：组成河床的泥沙。同时，有一部分泥沙随水流速度的变化，在推移质与悬移质之间转换。

3.3.2 湖库水文过程

1. 湖泊的水量平衡

湖泊水量的变化过程，可用水量平衡方程式来表示：

$$V_p + V_{Rd1} + V_{Rg1} = V_E + V_{Rd2} + V_{Rg2} + V_q \pm \Delta V \tag{3-3}$$

式中：V_p、V_{Rd1}、V_{Rg1}分别代表湖面降水量、入湖地表径流量、入湖地下径流量；V_E、V_{Rd2}、V_{Rg2}、V_q、ΔV分别代表湖面蒸发量、出湖地表径流量、出湖地下径流量、工农业用水量、湖水贮量变量。

2. 湖泊的换水周期

湖泊是换水缓慢的滞流水体，湖泊换水周期的长短，可以作为判断能否引用湖水资源的一个参考指标：

$$T = W/(q \times 86\,400) \tag{3-4}$$

式中：T为换水周期（d）；W为湖泊贮水量（m^3）；q为平均入湖流量（m^3/s）。

东部平原五大淡水湖：换水周期均小于1年，入湖径流量大，湖水利用后，能很快得到恢复，不会引起生态环境的恶性循环。而布伦托海、羊卓雍湖、青海湖的换水周期分别大于8.5年、25.2年和60.4年，则不宜利用。

3. 湖水的运动

湖水在风力、水力坡度力和密度梯度力及气压突变等的作用下，处在不断地运动的状态中。湖水运动具有两种形式，周期性升降波动如波浪、波漾（驻波）运动与非周期性的水平流动如湖流、混合、增减水等。

4. 湖水的混合

湖水的混合是湖中的水团或水分子在水层之间相互交换的现象。湖水混合可以使热量、动量、质量、溶解质趋于均匀，表层辐射能传到深处，湖底的营养盐传到表层。混合方式包括紊动混合和对流混合。各水层密度差异越大，湖水混合阻力就越大，这种阻力称为湖水的稳定度。

5. 湖泊波漾

整体或局部水域，发生周期性的摆动；摆动的轴心称波节，波节处无水面升降运动，波节两边水面交替发生顺向的倾斜；水位垂直升降变化的最大幅度处称波腹。湖泊的波漾基本上是单节的，也有双节或多节的。

影响波漾波腹大小、周期长短的主要因素有湖盆形态、面积、湖水深度。面积小、深度大的湖泊，通常波漾摆动快、周期短、水位变幅也大；反之则周期长、变幅小。

6. 水库异重流

水流比重差异多数是由于水温、含沙量、溶解质的含量不同所致。温差异重流常见于热电站冷却水的引水口；盐水异重流常见于入海河口；浑水异重流则主要发生在河流入库处。

3.4 课堂练习：通过流量过程线识别不同区域的典型水文过程

请根据流量过程线识别图 3-4 流量分别为我国哪些区域水文过程？其特点是什么？

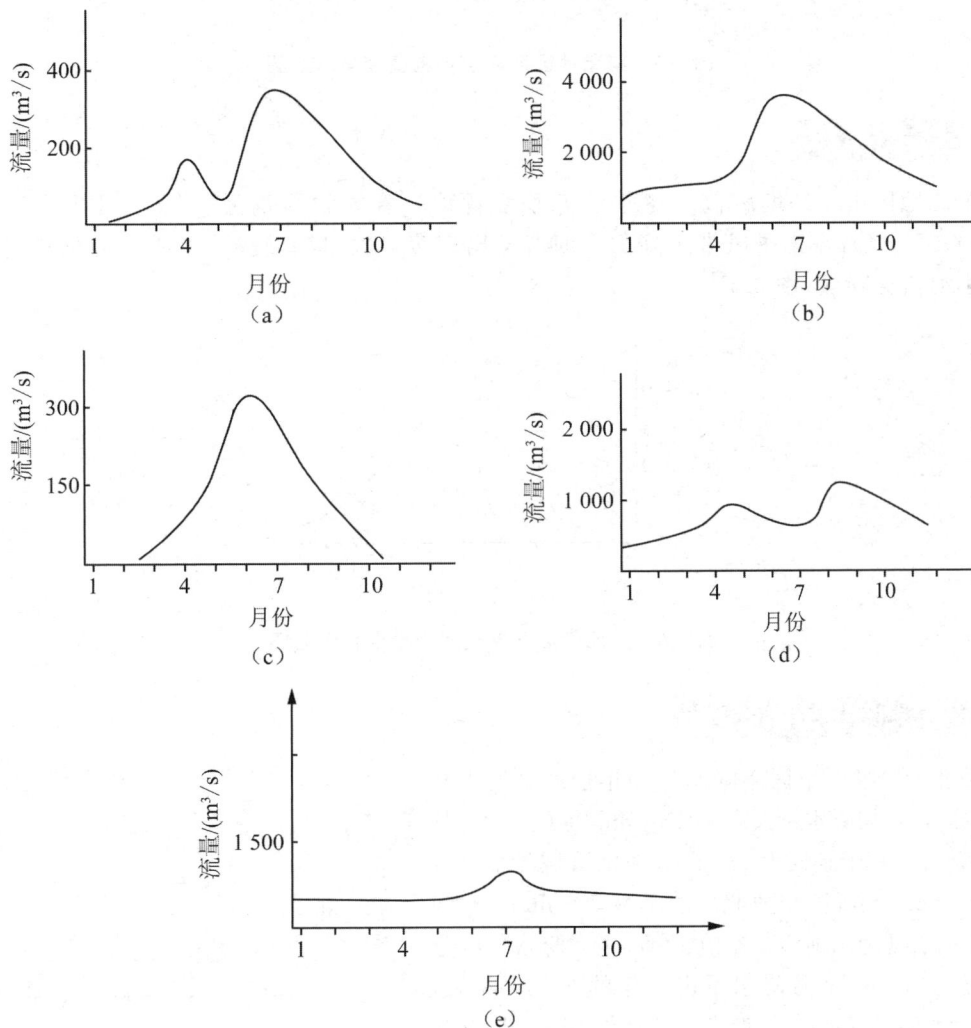

图 3-4 不同地区流量过程线练习

3.4.1 东部季风区

东部季风区(华北地区)降水集中在 7、8 月，汛期为 7、8 月或稍晚一些时间。由于冬、春降水少，枯水期出现在 12、1、2 月。本区以雨水补给为主，径流的季节变化随降水量的变化而变化(图 3-5)。

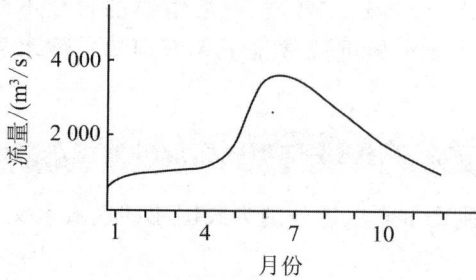

图 3-5　华北地区河流全年流量变化示意图

3.4.2　东北地区

东北地区由于纬度较高，冬季严寒积雪深厚，春季积雪消融，4、5 月形成一次汛期(春)；7、8 月东南季风带来降雨，河流又出现第二次汛期(夏)；冬季气温低，河流封冻，小河流会断流(图 3-6)。

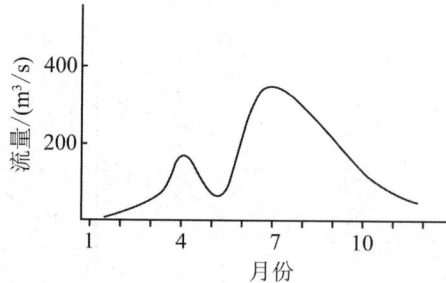

图 3-6　东北地区河流全年流量变化示意图

3.4.3　西北干旱半干旱区

西北干旱半干旱区年降水量和年径流量均为全国最少区，年均降水量大多在 400 mm 以下，大部分不到 150 mm，个别仅为 10 mm；黄河流域降水量从东南部的 800 mm 降至西北部的不足 200 mm。空间分布不均表现为山地多、盆地(平原)少。降水年内分配极不均匀，6—9 月降水量占全年的 60%~80%，集中程度高。降水少，但蒸发强烈，多年平均在 1 200 mm 以上，高者达 2 200~2 400 mm。蒸发量空间分布与降水量恰好相反。该地区河流主要补给源是冰川融水，高山上部冰雪资源丰富，是巨大的固体水库。冰川消融量随气温的增高而加，故该地区河流 7、8 月水量最大；河流年径流量的季节变化大，6—10 月汛期径流量占全年的 50%~70%；而冬季气温低，冰川不融化，河流出现断流(图 3-7)。

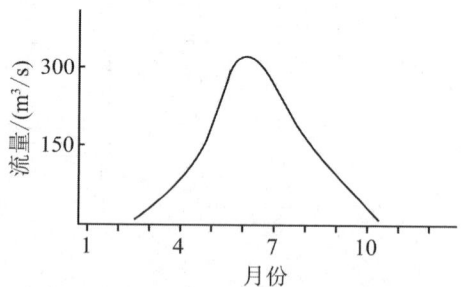

图 3-7　西北地区河流全年流量变化示意图

戈壁在我国西北地区分布较广，主要位于新疆的东部、河西走廊、准噶尔盆地、塔

里木盆地和柴达木盆地等区域。戈壁地区的河流多为内陆河，依靠冰雪融水、山区降水或地下水泄出补给，具有年径流量小和流程短的特征，它们流经沙漠、戈壁等荒漠地区，最终消失在沙漠中或在末端形成尾闾湖泊。

3.4.4　南部沿海地区

南部沿海地区每年5月因夏季风带来降雨，出现第一次汛期。该地区8、9月多台风雨，故出现第二次汛期。本地区纬度低又濒临海洋，是我国降水量最丰富的地区，因而流大汛期长，无结冰期水位差较小(图3-8)。

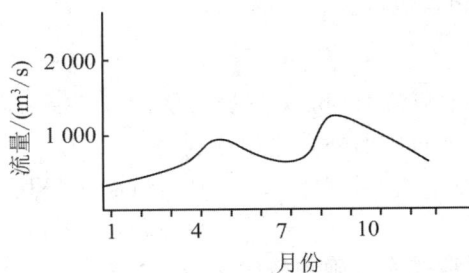

图3-8　南部沿海地区河流全年流量变化示意图

3.4.5　西南地区

西南地区多高山、高原，山区坡陡、流急，水系发育、河网度较大、气候湿润、雨量充沛、一般年降水量为800～1 000 mm。喀斯特地形在我国湘西鄂西、贵州、滇东、广西较为集中，这类地区形态多样，地下岩层结构形式繁多，降雨产流过程各地不一。而溶洞、暗河等发育，促使地表水下渗导致河流径流量变小(图3-9)。

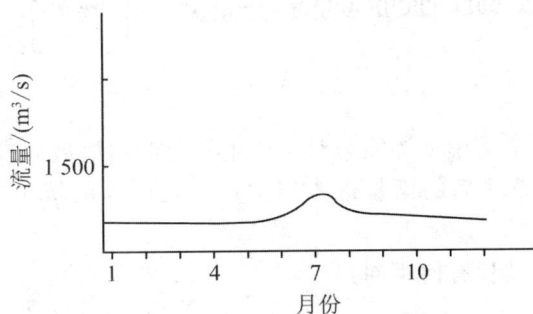

图3-9　西南喀斯特地区河流全年流量变化示意图

同其他非喀斯特地区相比，特别是从河流地貌与河流的水文特性看，喀斯特地区由于地貌及水文地质条件的特殊性，表现出一些独特的水文特征。

(1)地表河网密度小。在喀斯特地区，大气降水或地表水岩溶裂隙、漏斗、落水洞等的影响，迅速渗入地下而成为地下水，较难形成集中的坡地汇流。即使存在一些冲沟或谷地，也因无经常性水流的作用而于发展成河流。不仅如此，就连已有的河流，往往也因河床底部岩溶洞穴、缝隙、管道等的影响使水量大量减少，甚至全部河流入地下而成为干谷。只有接近该地区侵蚀基准面而作为地下水排水道的较大的河流才容易存在。因此，喀斯特地区河系发育较差，地表河网密度较小。此外，地表与地下暗河交替存在也是喀斯特地区所特有的水文现象。

（2）地下径流有时大于地表径流。在喀斯特地区，雨水通过漏斗的落水洞的吸收，流入岩溶化岩层以补给地下水，并以最短途径迅速到达地下水面集中排走。

（3）产生流域的非闭合现象。在喀斯特地区，地下水流总是力图经过较短的流程和较快的速度向该地区接近的侵蚀基准面的主河谷排泄。如果区域分布有两条或数条地下河时，各河之间也跟地表河流一样，常在相邻河流的上游地区发生袭夺作用，使地下分水岭发生迁移和流域范围的改变，形成喀斯特地貌区流域不闭合的现象。如贵州省岩溶山区中的许多中小河流是非闭合流域。

【思考与习题】

1. 读图 3-10，比较图中河流 a、b、c 三处的位置与三幅断面图，回答下列问题。

（1）与河流位置 a、b、c 对应的外力作用分别是（　　　）。

A. 侵蚀、搬运、沉积　　　　　　　　B. 侵蚀、沉积、搬运

C. 沉积、搬运、侵蚀　　　　　　　　D. 搬运、沉积、侵蚀

（2）河流位置与断面对应关系正确的是（　　　）。

A. 1—a、2—b、3—c　　　　　　　　B. 1—b、2—a、3—c

C. 1—c、2—b、3—a　　　　　　　　D. 1—c、2—a、3—b

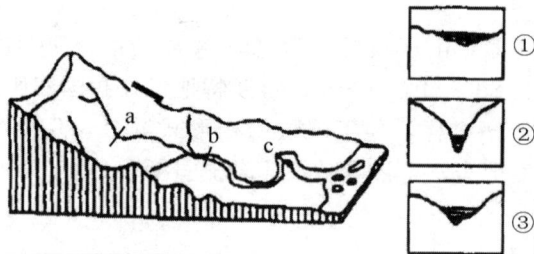

图 3-10　题 1 图

2. 当降雨强度超过了土壤下渗能力时，产生的超渗雨沿坡面向低处流动，称为什么？扣除植物截留、下渗、填洼后的雨量进入溪沟，最后成为流域出口径流，这部分径流称为什么？

3. 不同区域的水文过程有何不同？

第4章　流域土壤侵蚀过程

导读：

　　土壤侵蚀改变了流域地形地貌和生物地球化学过程。土壤侵蚀过程大致均可分为土体的破碎、松散、位移及停止四个阶段。了解流域土壤侵蚀类型和过程，有助于更好地提出流域修复对策。

　　本章的知识采集点包括：

　　1. 土壤侵蚀的定义和评价指标。

　　2. 土壤侵蚀过程的类型。

　　3. 学习如何通过照片识别不同土壤侵蚀类型。

4.1　土壤侵蚀过程基础

　　土壤是地球陆地表面由矿物质、有机质、水、空气和生物组成的能生长植物的疏松表层。持地质学观点的人认为，土壤是地表岩石风化的碎屑。持化学观点的人认为，土壤是植物营养的贮存库。从农业生产的观点来看，土壤是地球陆地表面能够生长植物的疏松表层。

　　土壤侵蚀（soil erosion）是土壤或其他地面组成物质在水力、风力、重力、冻融等外营力作用下，被剥蚀、破坏、分散、分离、搬运和沉积的过程。土壤侵蚀的对象不仅仅限于土壤，还包括土壤层下部的母质或浅层基岩。

　　水土流失（soil and water loss）是指在水力、重力、风力等外营力作用下，水土资源和土地生产力的破坏和损失，包括土地表层侵蚀及水的损失，亦称水土损失。

4.1.1　土壤侵蚀现状

　　我国是世界土壤侵蚀最严重的国家之一，土壤侵蚀面积大、范围广。根据遥感调查，全国现有土壤侵蚀面积达到 357 万 km^2，占国土面积的 37.2%。东部地区水土流失面积 9.1 万 km^2，占全国的 2.6%；中部地区 51.15 万 km^2，占全国的 14.3%；西部地区 296.65 万 km^2，占全国的 83.1%。

　　同时，我国土壤侵蚀强度大。我国年均土壤侵蚀总量 45.2 亿 t，约占全球土壤侵蚀总量的 1/5。全国侵蚀量大于每年每平方千米 5 000 t 的面积达 112 万 km^2。根据水土流失面积占国土面积的比例以及流失强度综合判定，我国现有严重水土流失县 646 个。从省级行政区来看，水土流失严重县最多的是四川（97 个），其次是山西（84 个）、陕西（63 个）、内蒙古（52 个）、甘肃（50 个）。

　　并且，我国的土壤侵蚀成因复杂，区域差异明显。东北黑土区平均每年流失表土 0.4~0.7 cm；北方土石山区土层厚度不足 30 cm 的土地面积占总面积的 76.3%；黄土高原区 11.5 万 km^2 的土地侵蚀量大于每年每平方千米 5 000 t；长江上游及西南诸河区耕作层薄于 30 cm 的耕地占 18.8％；西南岩溶区耕作层薄于 30 cm 的耕地占 42％，石漠化面积 8.80 万 km^2。

4.1.2　土壤侵蚀的危害

1. 破坏土地，影响农田

西北黄土区、东北黄土区和南方花岗岩"崩岗"地区土壤侵蚀最为严重。黄土高原的侵蚀沟头一般每年前进 1～3 m。中华人民共和国成立以来辽宁省 12 个市由于土壤侵蚀已损失土地 71.2 万 hm^2（1068 万亩）。严重的土壤侵蚀导致土地"沙化"。在我国西北干旱草原和与风沙区相邻的黄土丘陵区，常因风力侵蚀造成土地"沙化"现象。

2. 降低土壤肥力，加剧干旱

土壤中含有大量氮、磷、钾等各种营养物质，土壤流失也就是肥料的流失。据湖北省有关部门观测分析，坡耕地每年流失土壤约 2.1 亿 t，其中含有机质 273 万 t，氮、磷等养分 231 万 t。坡耕地水、土、肥流失后，土地日益瘠薄，田间持水能力降低，加剧了干旱发展。据统计全国多年平均受旱面积约 1 960 万 hm^2（2.94 亿亩），成灾面积约 673.3 万 hm^2（1.01 亿亩）。

3. 淤积抬高河床，加剧洪涝灾害

土壤侵蚀使大量坡面泥沙被冲蚀、搬运后沉积在下游河道，削弱了河床泄洪能力，加剧了洪水危害。

4. 淤塞水库湖泊，影响开发利用

中华人民共和国成立以来，初步估计全国各地由于土壤侵蚀而损失的各类水库、山塘等库容历年累计在 200 亿 m^3 以上，相当于损失大型水库 200 多座。

5. 造成非点源污染，影响周边水质

水土流失是非点源污染特别是吸附态污染物输移的重要驱动力，进入水体后水—沙—污染物存在着复杂的交互作用，加剧了周边水环境的恶化。

4.1.3　描述土壤侵蚀的参数

1. 土壤侵蚀量

通常把土壤、母质及地表散松物质在外营力的破坏、剥蚀作用下产生分离和位移的物质量，称为土壤侵蚀量，单位是 t。

2. 土壤侵蚀模数

单位时间单位面积内产生的土壤侵蚀量，称为土壤侵蚀速率（或速度），或称为土壤侵蚀模数，单位是 $t/(km^2 \cdot a)$。轻度土壤侵蚀模数：200、500、1 000～2 500 $t/(km^2 \cdot a)$（数值因地区而异，200 $t/(km^2 \cdot a)$ 为北方，500 $t/(km^2 \cdot a)$ 为南方，1 000 $t/(km^2 \cdot a)$ 为黄土高原地区）；中度土壤侵蚀模数：2 500～5 000 $t/(km^2 \cdot a)$；强度土壤侵蚀模数：5 000～8 000 $t/(km^2 \cdot a)$；极强度土壤侵蚀模数：8 000～15 000 $t/(km^2 \cdot a)$；剧烈土壤侵蚀模数：大于 15 000 $t/(km^2 \cdot a)$。

3. 土壤流失量

土壤流失量是土壤侵蚀量中被输移出特定地段的泥沙量。

4. 流域产沙量

流域产沙量是指在特定时间段内通过小流域出口某一观测断面的泥沙总量。一个流域的土壤流失量与产沙量是不相等的，一般土壤流失量大于流域产沙量。

5. 泥沙输移比

泥沙输移比指在某一时段内通过沟道或河流某一断面的输沙总量与该断面的产沙量的比值，其反映了从侵蚀源地到该断面的泥沙沿程输移及沉积的变化量，在上游面蚀、沟蚀、重力侵蚀和河道侵蚀可以估算的情况下，如能确定输移比值，就可预报流域产沙量，从而为流域规划的制定、治理措施配置以及沟道工程建设提供科学依据。

6. 土壤侵蚀程度

土壤侵蚀程度是指任何一种土壤侵蚀形式在特定外营力种类作用和一定环境条件影响下，自其发生开始，截至目前为止的发展状况。

7. 土壤侵蚀强度

土壤侵蚀强度是某种土壤侵蚀形式在特定外营力种类作用和其所处环境条件不变的情况下，该种土壤侵蚀形式发生可能性的大小。按轻微、中度、严重等分为不同级别。

8. 土壤抗冲性

土壤抗冲性是指土壤抵抗地表径流对其进行机械破坏和搬运的能力，取决于土壤颗粒间、微结构间的胶结力，以及土壤结构体间抵抗水流离散的能力，更取决于土壤中根系对土粒网络作用的大小。土壤抗冲性可反映土壤抵抗径流剪切力的能力，是土壤侵蚀研究和植被改良土壤效益研究中必须考虑和测定的要素，也是水土保持监测中必须掌握的基本指标。影响土壤抗冲性强弱的主要因素有土壤表面生物生长状况（包括诸如地衣、苔藓等低等生物在土壤表面的繁衍和贴敷、草被茎叶在地表的生长遮盖、枯枝落叶在地表的积聚和分解等）、根系在土体中的分布状况、土壤质地和结构状况等。

9. 土壤抗剪强度

土壤抗剪强度是指土壤抵抗剪切破坏的极限能力，其数值等于剪切破坏时滑动剪应力。

4.1.4 动力与分类

根据土壤侵蚀研究和其防治的侧重点不同，土壤侵蚀类型的划分方法也不一样。主要有按导致土壤侵蚀的外营力种类划分、按土壤侵蚀发生的时间划分、按土壤侵蚀发生速率划分。

引起土壤侵蚀的外营力主要有水力、风力、重力、水力和重力的综合作用力、温度（由冻融作用而产生）作用力、冰川作用力、化学作用力等。风化作用是矿物、岩石在地表或接近地表的地方，由于温度变化、水及水溶液、大气及生物等的作用，在原地发生的机械崩解及化学变化过程。风化包括物理风化、化学风化与生物风化。剥蚀作用是各种外营力作用对地表进行破坏，并把破坏后的物质搬离原地。搬运作用是风化、侵蚀后的碎屑物质被外营力搬往他处的过程。堆积作用是被搬运的物质因外营力减弱或失去搬运能力，以及含溶解质的水溶液受蒸发或发生化学反应后出现的积聚过程。

按土壤侵蚀发生的时间划分，人类出现在地球上以前所发生的侵蚀称作古代侵蚀，人类出现在地球上之后所发生的侵蚀称作现代侵蚀。按土壤侵蚀发生的速率划分，包括加速侵蚀与正常侵蚀。

1. 冻融侵蚀

冻融侵蚀也称冰劈作用，在我国北方寒温带较为广泛。冻融使边坡上的土体含水量增大，加重了土体的不稳定性。冻融使土体发生机械变化，破坏了土壤内部的凝聚力。土壤解冻的时空差异性，形成不透水层。

2. 冰川侵蚀

由于现代冰川的活动对地表造成的机械破坏作用称为冰川侵蚀，可分为磨蚀和拔蚀两种。

3. 混合侵蚀

混合侵蚀是指在水流冲力和重力共同作用下的一种特殊侵蚀形式。如泥石流，固体物质以黏土和粉沙等细颗粒为主，并含有一定量的砾石。泥石流中固体物质主要是质地坚硬的大块石，泥浆浓度很稀时称为石洪；仅含有少量石块且黏度较大的称为泥流。

4.2 典型土壤侵蚀过程

当土壤侵蚀发生时，其演进过程大致均可被分为四个阶段，即土体的破碎、松散、位移及停止。

4.2.1 水力侵蚀过程

水力侵蚀过程是降雨雨滴击溅、地表径流冲刷和下渗水分作用下，土壤、土壤母质及其他地面组成物质被破坏、剥蚀、搬运和沉积的全过程。水力侵蚀简称水蚀，主要形式为溅蚀、面蚀和沟蚀。

（1）溅蚀。在雨滴击溅作用下土壤结构破坏和土壤颗粒产生位移的现象，称为雨滴击溅侵蚀（rain drop splash erosion），简称溅蚀（splash erosion）。按照降雨历时的不同时期，溅蚀可分为干土溅散、湿土溅散、泥浆溅散和地表板结四个阶段（图 4-1）。雨滴击溅侵蚀是土壤侵蚀的开始。雨滴溅蚀机理复杂，是土壤—降雨—根系固结系统相互作用、相互影响的结果。雨滴特性包括雨滴形态、大小、降落速度、接地时的冲击力、降雨量、降雨强度和降雨历时等。雨滴的大小与溅蚀呈正相关。雨滴降落的速度与溅蚀呈正相关。溅蚀形成过程是雨滴势能转化为动能，Wischmeier 和 Smith 建立的降雨动能的经验公式 $E = 210.2 + 89 \lg i$，其中 E 为降雨动能，单位为 $J/(m^2 \cdot cm)$，i 为降雨强度，单位为 cm/h。

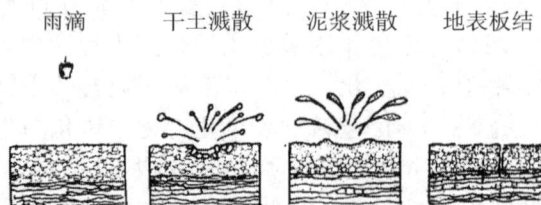

图 4-1　雨滴击溅的过程类型

（2）面蚀。面蚀是指由于分散的地表径流冲走坡面表层土粒的一种侵蚀现象。根据面

蚀发生的地质条件、土地利用现状的不同及其表现的形态差异，又可以分为层状面蚀、鳞片状面蚀、沙砾化面蚀与细沟状面蚀。层状面蚀是坡面径流将细小的土壤颗粒以悬移的方式带走，造成土层减薄，质地变粗；鳞片状面蚀是由于放牧种植等不合理导致；沙砾化面蚀是面蚀反复进行，表土中的细粒减小，留下的是粗沙砾；细沟状面蚀呈沟状。

（3）沟蚀。沟蚀是指由汇集在一起的地表径流冲刷破坏土壤及母质，形成切入地表以下沟壑的土壤侵蚀形式。根据沟蚀程度及表现形式，可分为浅沟侵蚀、切沟侵蚀与冲沟侵蚀。浅沟侵蚀是侵蚀沟发育的初级阶段，形成横断面为宽浅槽形的浅沟。其特点是没有形成明显的沟头跌水，正常的耕翻已不能复平，不妨碍耕犁通过，但已感到不便，由于耕犁作用，沟壁斜坡与坡面无明显界面。切沟侵蚀是浅沟侵蚀继续发展，冲刷力量和下切力量增大，沟深切入母质中，有明显的沟头，并形成一定高度的跌水。冲沟侵蚀是切沟侵蚀进一步发展，水流更加集中，下切深度越来越大，沟壁向两侧扩展，横断面呈"U"形并逐渐定型，沟底纵断面与原坡面有明显的差异，上部较陡，下部已日渐接近平衡断面。

另外，还有一种**山洪侵蚀**，是指山区河流洪水对沟道堤岸的冲淘、对河床的冲刷或淤积过程。

4.2.2 地表径流侵蚀作用

层流没有垂直于水流方向上分力作用，一般不能卷起泥沙。紊流的水质点呈不规则运动，并互相干扰，在水层与水层之间夹杂了大小不一的旋涡运动，易卷起泥沙。水流在向下流动的过程中，由于雨水和雪水的补充，一般顺坡流量会逐渐增大。当流量增大到一定值后，成层的流动便不再能够保持，变成紊流。沟槽水流均属紊流。

水流侵蚀也就是地表泥沙被水流带走，因此，是否发生侵蚀可以根据泥沙启动条件来判断。

泥沙的搬运形式可分为推移和悬移两大类：推移质搬运行程是间歇的，它被水流搬运一段距离后，便在床面上静止下来，转化为床沙的一部分，然后等待合适时机，开始第二个行程；悬移质搬运方式是悬浮于水中，随水流动，泥沙分布比较均匀。

推移质和悬移质之间，以及它们与河床上的泥沙之间存在着不断交换现象。各部分泥沙之间的交换作用，使含沙量在垂线上分布成为一条连续曲线。

在一定的水流条件下，能够挟运泥沙的数量，称为**挟沙力**。它包括推移质和悬移质的全部沙量，如果上游来水的含沙量小于该水流的挟沙力，水流就有可能从本段河床上获得更多的泥沙，造成床面的冲刷。反之，将发生沉积。

在下沉的开始，球体的运动速度较小，重力大于阻力，这时圆球以加速度前进，球体所承受的阻力在行进中不断加大。经过一定距离以后，阻力大到和重力相等，此后球体即以等速运动向下沉降。一般所谓物体的沉速，都是达到等速运动以后的下沉速度。

4.2.3 重力侵蚀作用过程

重力侵蚀的发生，其主要外营力是由地心引力而产生的重力作用，但是土体下渗水分、土体性质、岩石结构、地形条件等因素也不可忽视。

坡地上的风化碎屑或不稳定的岩体、土体在重力为主的作用下，以单个落石、碎屑或整块岩体、土体的向下运动称为块体运动。内摩擦角反映了块体沿坡面下滑刚好起动时的坡角，代表松散物质的休止角。岩屑和砂、土的内摩擦角随颗粒大小、形状和密度而异。粗大并呈棱角状而密实的颗粒，休止角大。一般情况下，随风化碎屑离源地越远，其颗粒随着变小，棱角被磨蚀，圆度增大，摩擦力减小，休止角变缓，因此，越向坡角，坡度越趋缓和。土的内摩擦角还随含水量多寡而异。土粒间的孔隙被水充填后增加润滑性，减少摩擦力，因而休止角也相应变缓，在同一斜坡上，坡顶远离地下水面较干燥，而坡脚接近地下水较润湿。因此，坡度有向坡脚变缓的趋势。

滑坡和崩塌的区别在于：①发生的坡度不同。**崩塌**主要出现在地势高差大，有临空面高山地区，特别是河流侵蚀地带，滑坡一般发生在 $12°\sim32°$ 坡度范围内；②有无滑动面。滑坡发生后，可以看见明显的滑动面，滑坡体的层次未大乱，而崩塌没有明显的滑动面，层次被打乱；③滑坡的堆积物有明显的分选性，而崩塌的堆积物则没有。

4.2.4 冻融及冰川侵蚀过程

由于温度周期性地发生正负变化，冻土层中的地下冰和地下水不断发生相变和位移，使土层产生冻涨、融沉、流变等一系列应力变形。这一复杂过程称为**冻融作用**，也称冰劈作用。它使岩石遭受破坏，松散沉积物受到分选和干扰，冻土层发生变形，从而塑造出各种类型的冻土地表类型。在我国北方寒温带较为广泛。冻融使边坡上的土体含水量增大，加重了土体的不稳定性。冻融使土体发生机械变化，破坏了土壤内部的凝聚力。土壤解冻的时空差异性，形成不透水层。

由于现代冰川的活动对地表造成的机械破坏作用称为**冰川侵蚀**。

冻融与冰川侵蚀过程的主要作用有拔蚀作用和剥蚀作用，还有搬运作用。冰川滑动过程中，其底部所含的岩石碎块不断锉磨冰川床，就是刨蚀作用。冰川下因节理发育而松动了的岩块的突出部分，可能和冰冻结在一起，冰川移动时把岩石拔出带走，这就是拔蚀作用。

冰川的搬运能力是惊人的。大陆冰川可以把大片基岩从原地搬走，波罗的海南部平原上就有冰川从另一岸搬运来的 $4\ km\times2\ km\times0.12\ km$ 的大岩块。山岳冰川的搬运能力也不小，喜马拉雅山中即有直径达 28 m，重量超过万吨的大漂砾。

4.3 课堂练习：看图识别不同土壤侵蚀过程

(a)　　　　　　　　　　　(b)

(c)　　　　　　　　　　(d)

(e)　　　　　　　　　　(f)

(g)　　　　　　　　　　(h)

扫描看彩图

(i)

图 4-2　不同土壤侵蚀地貌

参考答案：图 4-2 中侵蚀类型依次为(a)水力侵蚀、(b)重力侵蚀、(c)风力侵蚀、(d)溅蚀、(e)层状面蚀、(f)切沟侵蚀、(g)浅沟侵蚀、(h)冲沟侵蚀、(i)陷穴。

小知识

水利水电部颁发了《关于土壤侵蚀类型区划分和强度分级标准的规定（试行）》，根据我国地形的特点和自然界某一外营力在一较大区域里起主导作用的原则，将全国区分为三大土壤侵蚀类型区（表 4-1）。

表 4-1　全国三大土壤侵蚀类型区

一级类型区	二级类型区	分布
水力侵蚀为主的类型区	西北黄土高原区	青海日月山以东，山西太行山以西，山西长城以南，陕、甘秦岭以北的广大地区
	东北黑土地区（低山丘陵和漫岗丘陵区）	南界为吉林省南部，西北东三为大小兴安岭和长白山所围绕
	北方山地丘陵区	东北漫岗丘林以南，黄土高原以东，淮河以北，包括东北南部、河北、山西、内蒙古、河南、山东等省、区范围内有水土流失现象的山地、丘陵
	南方山地丘陵区	以大别山为北屏，巴山、巫山为西障，西南以云贵高原为界（包括湘西、桂西），东南直抵海域并包括台湾、海南岛以及南海诸岛
	四川盆地及周围山地丘陵区	四川盆地，大致在北以广元，南以叙永，西以雅安，东以奉节为四个顶点连成菱形地区内。盆地西部为成都平原，其余部分为丘陵。盆地四周为大凉山、大巴山、巫山、木娄山等山脉所围绕。甘肃南部、陕西南部以及湖北西部山区阴雨本区地处山势相连、特点近似，可附于本区
	云贵高原区	包括云南、贵州、湖南西部、广西西部的高原、山地、丘陵。西藏南部雅鲁藏布江河谷中、下游山区的自然状况和流失特点与本区相近，可附于本区
风力侵蚀为主的类型区		主要分布于西北、华北、东北西部，包括新疆、青海、甘肃、宁夏、内蒙古、陕西等省（区）的沙漠地区和披沙地区
冻融侵蚀为主的类型区		主要分布在我国西部青藏高原、新疆天山等一些高山地区和黑龙江流域、大小兴安岭等一些高寒地区

【思考与习题】

1. 土壤侵蚀和水土流失的定义是什么？二者的联系和区别分别是什么？

2. 如何估计土壤侵蚀量？

3. 土壤侵蚀包括了哪些类型？

4. 土壤侵蚀是如何影响流域水环境质量的？

第5章 流域污染物输移转化过程

导读：

随着人类对流域干扰的加剧，大量物质进入水体，造成水的物理化学性能及生物组成等发生恶化，即流域水体受到了污染。物质在陆域和水体中的物理化学过程对于理解流域水环境规律至关重要。

本章的知识采集点包括：

1. 河流连续体理念。
2. 流域内氮、磷、硅生物地球化学过程。
3. 流域内重金属和有机污染物主要的过程。
4. 设计一个实验阐明水库对氮磷的滞留效应。

5.1 污染物生物地球化学过程基础

流域生物地球化学循环是指物质在地球系统各圈层中相互传输或转化，使流域内物质总量保持不变的过程。而生物地球化学过程是指物质在流域各圈层的循环过程。污染物在流域中发生了一系列的生物地球化学过程，同时对流域水环境造成或正面或负面的影响。主要影响因素除前面介绍的水文过程和土壤侵蚀过程外，还包括污染物自身理化性质、关键反应过程等因素。

其中流域内污染物种类繁多、危害各异，其分类方法依不同的要求可有多种。按污染的属性进行分类，可分为物理性污染物、化学性污染物和生物性污染物三类，其下又细分为无机无毒污染物、耗氧有机物（有机无毒物）、有毒物质、生源物质、放射性污染物、油类污染物、生物污染物等（表5-1）。

表 5-1　流域主要污染物类型

类型		主要污染物	对流域的污染特征
物理性污染物	感官性污染物	H_2S、NH_3、胺、硫醇、染料、色素、粪臭素、泡沫等	水体染色、恶臭
	固体污染物	溶解性固体、胶体、悬浮物、泥、沙、渣屑、漂浮物等	水体变浑浊
	热污染	工业热水等	升温、缺氧或气体过饱和、热、富营养化
	放射性污染物	^{238}U、^{232}Th、^{226}Rd、^{90}Sr、^{137}Cs、^{289}Pu 等	放射性危害

续表

类型			主要污染物	对流域的污染特征
化学性污染物	无机无毒物	非金属	Se、B、Br、I等	
		酸、碱、盐污染物	各种无机或有机酸、碱，如可溶性碳酸盐类、硝酸盐类、磷酸盐类	pH异常
		硬度	Ca^{2+}、Mg^{2+}	硬度升高
	耗氧有机物		碳水化合物、蛋白质、油脂、氨基酸、木质素等	消耗溶解氧（DO），进而引起水体缺氧
生物性污染物			细菌、钩端螺旋体、病毒、寄生虫、昆虫等	产生异臭、异味等

污染物在土壤和水环境中发生的主要反应如表5-2所示。污染物在环境中的自净作用是通过下面的一个或几个反应过程来实现的。

从流域尺度来看，陆地产生的营养盐主要通过河流输送和大气输送两种途径进入受纳水体。大气输送可以将营养盐带到较远距离，但是这种方式输送的营养盐有限。因此，河流是陆地物质向海洋输运的主要方式。物质通过河流向受纳水体输运的过程中受到物理、化学、生物等因素的作用，发生形态转化、沉积再悬浮等滞留过程。实际上，陆地海洋水生态系统的交互作用是通过湖泊、水库、河口、近岸等复合生态系统完成的。对于水体中的营养盐而言，这一系列连续的、相互关联的水生态系统扮演着高效率的且具有一定选择性"过滤器"的作用。

1980年，有学者基于北美未受扰动的河流生态系统研究，提出了**河流连续体（River Continuum Concept）**的概念（Vannote，1980），这也是理解流域尺度生物地球化学过程的基本理论。其核心定义为河流生态系统由源头集水区的第一级河流起，流经第二、第三、第四级河流流域，形成连续的、流动的、独特而完整的生态系统。河流连续体描述了从源头到河口的水力梯度的连续性，分析了上中下游非生命要素的变化引起的生物生产力的变化。

在**纵向**上，河流是一个线性系统，从河源到河口均发生物理、化学和生物变化。生物物种和群落随上中下游河道物理条件的连续变而不断地进行调整和适应。

在**横向**上，指河流与河滩、湿地、死水区、河岸等周围区域的向流通性。堤防、硬质护岸等妨碍水流、营养物质、泥沙等的横向扩展，形成了一种侧向非连续性，使岸边地带和洪泛区的栖息地特性发生改变，有可能导致河流周围区域功能退化。

在**竖向**上，与河流发生相互作用的垂直范围不仅包括地下水对河流水文要素和化学成分的影响，而且还包括生活在下层土壤中的有机体与河流的相互作用。

在**时间**上，河流生态系统的演进是一个动态过程，河流生态系统是随着降雨、水文变化及潮流等条件在时间与空间中扩展或收缩的动态系统。水域生境的易变性、流动性和随机性表现为流量、水位和水量水文周期变化和随机变化，也表现为河流淤积与河流形态的变化，泥沙淤积与侵蚀的交替化造成河势的摆动等。

表 5-2 污染物在土壤与水环境中的主要反应类型

反应类型	主要内容
溶解平衡	许多物质都能或多或少地溶于水。物质在水中的溶解度是表征它在水中迁移能力最直观的指标。溶解度大者，大多以离子状态存在于水中，迁移能力强；溶解度小者，大多以固体状态悬浮于水中或沉积于底泥中，迁移能力弱
水解反应	水解反应是水与另一化合物反应，将该化合物分解为两部分，水中氢原子加到其中的一部分水解，羟基加到另一部分，从而得到两种或两种以上新的化合物的反应过程。 有机物的分子一般都比较大，水解时需要酸或碱作为催化剂，有时也用生物活性酶作为催化剂。在酸性水溶液中脂肪会水解成甘油和脂肪酸，淀粉会水解成麦芽糖、葡萄糖等，蛋白质会水解成氨基酸等分子量比较小的物质；在碱性水溶液中，脂肪会分解成甘油和固体脂肪酸盐（即肥皂），因此这种水解也叫作皂化反应
配位作用	配位作用又称为络合作用，是分子或者离子与金属离子结合，形成很稳定的新离子的反应过程。通过配位作用形成的化合物称为配合物，它通常是由处于中心位置的原子或离子(一般为金属离子)与周围一定数目的配位体分子或离子键合而成
氧化还原反应	氧化还原反应是反应物质之间有电子得失或转移的化学反应，也是自然界常见的一种化学反应过程。天然水的氧化还原状态主要取决于通过水循环进入水体中的氧量，以及通过细菌分解有机物所消耗的氧量，或氧化低价金属硫化物、含铁的硅酸盐和碳酸盐所消耗的氧量。如进入水体的氧量大于或等于所消耗的氧量，则系统内处于氧化状态，或称为好氧状态；反之，则处于还原状态，或称为厌氧状态
吸附作用	吸附作用指固体物质从水溶液中吸附溶解离子(或分子)的作用，是水环境中的一种界面化学平衡。具有吸附能力、能吸附液相中溶解离子的固体称为吸附剂，被吸附的物质叫吸附物。当液相与固相接触时，在固、液界面的固体上常发生吸附，吸附主要发生在胶体表面
生物降解	降解是指有机化合物由复杂分子转化为简单分子、分子量逐渐降低的过程。环境中的有机物的种类很多，当它们与氧相接触时，在微生物的作用下能够被降解或氧化。由于有机物中的碳原子都处于还原状态，在降解过程中碳原子可逐步被氧化为高价状态，因此降解过程实际上也是氧化过程

在氮、磷、硅等营养元素向受纳水体输运的过程中，过滤器对营养盐的滞留以及选择性将影响到输入受纳水体中各营养盐之间的比值，而这种比值的变化对于最终受纳水体(如湖泊、水库、海洋等)生态系统的稳定至关重要(图 5-1)。

营养元素进入河流主要通过以下几个过程：大气沉降、土壤流失、风化作用以及污水排放等。对于氮而言，大气沉降是水体中氮来源的一个重要的过程。特别是工业化以来，人类活动排放到大气中氮量的增加(增加了 5~10 倍)。输入受纳水体中的新氮来源与大气氮沉降有关。然而，陆地水体中溶解态的氮磷浓度主要由流域水土作用、生态系统构成以及流域特性控制，并且水体中的氮浓度越来越受到流域日益增强的农业活动的影响。

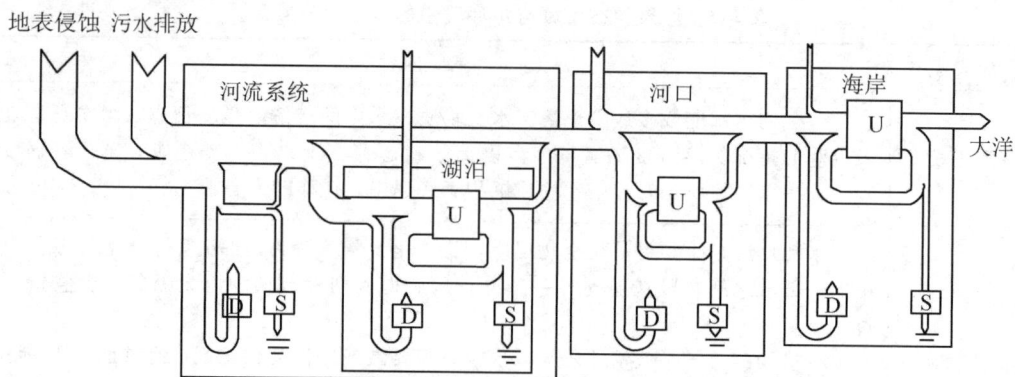

图 5-1　水体连续系统营养盐滞留

肥料中的氮元素非常容易溶解于水并顺水输送，流域化肥施用量逐年增加是导致水体中氮浓度升高的重要原因。而对于水体中磷而言，这种影响作用稍低。据估算，全球氮肥的产量从不足 1×10^8 t 增长到 8×10^8 t。据专家预测，到 2030 年氮肥的产量将突破 1.3×10^9 t。氮肥的使用量超过了生物生长所需要的量，多余的氮肥会在土地中聚积或流向表面水体或渗透到地下水或挥发到大气中。通过一系列的化学反应转化为氨或氮氧化物，并通过干沉降或湿沉降等方式影响陆地或水体的生态系统。

另外，污水排放也是水体中氮、磷浓度升高的重要原因。尤其是那些流域面积大、沿岸工农业生产密集的河流。据报道，从水土流失或由废水携带而增加的磷增加了全球流向海洋的磷通量，几乎超过历史水平的 3 倍，到目前荷载接近 22 Tg/a。而溶解态硅浓度高低的主要控制因素为流域母岩特性和风化强度，人类活动贡献较小。

在流域内，植物与动物生长所必备的元素有很多，有些(如碳酸盐、硅酸盐等)不会限制生物生长，有些元素(如 Fe、Mn、Zn 等)含量很低，称为痕量营养盐。N、P、Si 等元素被称为主要营养盐，其含量会影响流域生物生产力和生态系统结构，是流域初级生产过程和食物链的基础。同时，生物活动又对其在流域的含量、分布产生明显影响。营养盐存在的形态与分布会收到生物活动的制约，同时受到化学、地质和水文因素的影响。

5.1.1　氮循环

氮循环是指氮在自然界中的循环转化过程，是生物圈内基本的物质循环之一，如大气中的氮经微生物等作用而进入土壤，为动植物所利用，最终又在微生物的参与下返回大气中。构成陆地生态系统氮循环的主要环节是：**生物体内有机氮的合成、氨化作用、硝化作用、反硝化作用和固氮作用。**

(1)生物体内有机氮的合成：指植物吸收土壤中的铵盐和硝酸盐，进而将这些无机氮同化成植物体内的蛋白质等有机氮。动物直接或间接以植物为食物，将植物体内的有机氮同化成动物体内的有机氮，这一过程为生物体内有机氮的合成。

(2)氨化作用：动植物的遗体、排出物和残落物中的有机氮化合物被微生物分解后形成氨，这一过程是氨化作用。

(3)硝化作用：在有氧的条件下，土壤中的氨或铵盐在硝化细菌的作用下最终氧化成

硝酸盐，这一过程叫作硝化作用。氨化作用和硝化作用产生的无机氮，都能被植物吸收利用。

（4）反硝化作用：在氧气不足的条件下，土壤中的硝酸盐被反硝化细菌等多种微生物还原成亚硝酸盐，并且进一步还原成分子态氮，分子态氮则返回到大气中，这一过程被称作反硝化作用。

（5）固氮作用：是分子态氮被还原成氨和其他含氮化合物的过程。自然界氮（N_2）的固定有两种方式：一是非生物固氮，即通过闪电、高温放电等固氮，这样形成的氮化物很少；二是生物固氮，即分子态氮在生物体内还原为氨的过程。大气中90%以上的分子态氮都是通过固氮微生物的作用被还原为氨的。由此可见，由于微生物的活动，土壤已成为氮循环中最活跃的区域。

流域内的氮循环过程：大气圈中的氮的形态主要是 N_2，NO_x、NH_4 所占比例较小。生物固氮作用每年可固定 $90\sim130$ Tg 的氮到陆地，而化肥和化学燃料分别贡献了 78 Tg、21 Tg 的氮，其他过程如雷电的合成贡献较小。陆地固定的氮 10%～30% 由河流向海洋输送，剩余的氮一部分滞留在土壤中，一部分转化为气体重新进入大气圈。水体中氮去除主要通过反硝化作用，部分氮会转移到底层沉积。

氮循环过程对流域环境的影响：自然界中以氮气形态存在的氮称为惰性氮，对生态环境没有负面影响，在生产工业化以前，氮循环系统中，氮收支是平衡的，即固氮作用和脱氨作用基本持平。当氮通过化学工业合成或燃烧后，就会被活化，形成氮氧化物和氮氢化物等物质，即加强了固氮作用。

氮活化的途径有三：一是人工固氮，将空气中的氮气转化为氨；二是工业生产中燃烧煤、石油、天然气等；三是固氮植物的作用。

在循环系统中，氮收支是否平衡会关系到活性氮对人类健康和生存环境积极或消极的影响。氮的过量"活化"，便使自然界原有的固氮和脱氨失去平衡，氮循环被严重扰乱，越来越多的活化氮开始向大气和水体过量迁移，氮循环开始出现病态，导致全球环境问题。

人类活动对流域氮循环的影响：人类活动已成为干扰氮生物地球化学循环的重要过程。从1860年起，输入地球生态系统的活性氮总量增加了20倍，接近 150 Tg N/a。现今人类活动将大气 N_2 转化为其他形态氮的速率与生物固氮相当，人类活动如能源生产、化肥生产、作物（大豆和水稻等）栽培等，每年分别固定了 20、80、40 Tg 的氮，其中有 41 Tg 是通过河流向海洋输送，18 Tg 是通过大气沉降输送，而剩余的 80 Tg 残留在地下水、土壤和植物中或反硝化转化为 N_2。

过量的氮会造成流域环境污染，主要危害包括：

一氧化二氮这种氮氧化物吸收红外线辐射的能力特别强，是二氧化碳的200多倍，是导致温室效应的可怕杀手。氧化亚氮（俗称笑气）除了产生温室效应外，还可以在大气中与臭氧发生化学反应，扰乱臭氧层。一氧化氮、二氧化氮还是酸雨的成分之一。

由氮转化的氨在微生物作用下，会形成硝酸盐和酸性氢离子，造成土壤和水体酸化从而使生物多样性下降。另外，铵对于鱼类来说有剧毒。

水体中氮素过多首先是导致富营养化，破坏水资源，降低水的使用价值，直接影响人类的健康，同时提高水处理的成本；其次是导致鱼类及水生动物的大量死亡，破坏水产资源，引发"藻华"现象。

由于环境中进入水体的氮量持续增加，将导致水体中硅氮比下降，破坏生态系统的稳定，增加水体有害水华(赤潮)爆发的频率。

同时，市政当局必须面临地下水和饮用水中 NO_3^- 超标、医疗费用增加等社会问题。在农田附近的农村，饮用水井 NO_3^- 含量超标也是一个难题。

图 5-2 为氮循环示意图。

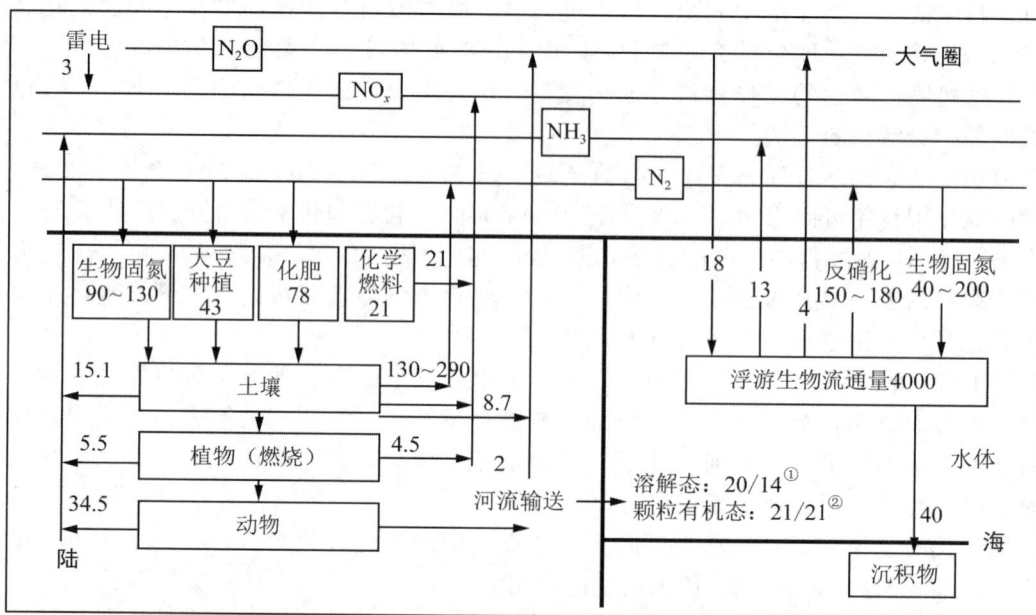

注：①20/14：20 Tg 为人类来源，14 Tg 为自然来源。②21/21：21 Tg 为人类来源，21 Tg 为自然来源。

图 5-2 氮循环示意图(单位：Tg)

5.1.2 磷循环

磷是生命体细胞中不可缺少的组成元素之一，含有磷元素的三磷酸腺苷等存在于生命体细胞核苷酸中，与生命体的能量活动关系密切。全球磷循环主要由四部分组成：地壳隆升及含磷岩石的风化作用；土壤物理剥蚀和化学风化作用；河湖、河海磷的输送；磷的沉积作用。

一般而言，磷的转化时间尺度较长，步骤较少，主要与沉积物循环紧密相关。磷的迁移机制也相对简单，涉及生物的同化作用和异化作用、络合和螯合作用以及沉积物的吸附作用等。由于磷的溶解度较低、易吸附等特性，天然水体中正磷酸盐含量一般较低。构成陆地生态系统磷循环的主要环节是：岩石风化作用、土壤母质和大气干湿沉降。

(1)岩石风化作用：岩石的风化向土壤提供了磷。植物通过根系从土壤中吸收磷酸盐。动物以植物为食物而得到磷。动、植物死亡后，残体分解，磷又回到土壤中。在未受人为干扰的陆地生态系统中，土壤和有机体之间几乎是一个封闭循环系统，磷的损失是很少的。

（2）土壤母质和大气干湿沉降：陆地生态系统的磷最初都来源于矿物岩石（主要是磷灰石和其他含磷化合物）的缓慢风化作用。在没有外来肥料施入的情况下，土壤磷含量主要决定于母质类型。沙地土壤中磷矿化合物含量低，导致沙地土壤磷含量远低于其他土壤。尽管磷的生物地球化学循环属于沉积型循环，但进入大气中的土壤细颗粒和植物体碎屑等，以干湿沉降的方式落于地表，成为土壤磷输入一部分。在干旱半干旱地区，风沙大，干湿沉降磷输入量不可忽视。沙地农田土壤磷的来源，除来自土壤母质和大气干湿沉降外，主要来自化学肥料及牲畜粪肥，满足农作物对大量营养元素的需求。

磷在河流中的传输过程：磷元素从陆地向海洋输送的主要途径是河流，约占75%。在河流中，磷主要以可溶性磷、生物体内大分子结合态磷以及不溶解态磷三种形式存在。可溶性无机磷通过微生物、藻类等水生生物的同化作用转变为有机磷形态，同时存于沉积物中的部分无机磷则通过水生高等植物的吸收、转化以及代谢转变为有机磷化合物，从而在食物链中进行传递。水体中的浮游植物以及某些微生物在生命过程中释放磷，这些磷主要以磷酸根的形式回到水体磷循环中。同时水体中的浮游植物残体和含磷悬浮颗粒物通过沉积作用，进入沉积物被微生物分解利用，在缺氧条件下，沉积的有机质通过厌氧分解成磷酸盐被重新释放进入水体；当溶氧充足时，由于沉积物上层覆盖磷酸铁，可溶性磷的扩散作用被抑制。当湖泊水体处于酸性环境时，沉积物中的难溶性磷转化成可溶性磷，水体中的某些自养性细菌生成的酸类能加速难溶性磷。另外，人类渔捞和鸟类捕食水生生物，使磷回到陆地生态系统的循环中。每年通过河流从陆地向海洋中输送了1.5~4 Tg溶解态磷和17 Tg颗粒态磷，后者主要是土壤侵蚀引起的。在河流输送的磷中，颗粒态磷占90%，其中20%~50%为有机磷。

人类种植的农作物和牧草，吸收土壤中的磷。在自然经济的农村中，一方面从土地上收获农作物，另一方面把废物和排泄物送回土壤，维持着磷的平衡。但商品经济发展后，不断地把农作物和农牧产品运入城市，城市垃圾和人畜排泄物往往不能返回农田，而是排入河道，输往海洋。这样农田中的磷含量便逐渐减少。为补偿磷的损失，必须向农田施加磷肥。在大量使用含磷洗涤剂后，城市生活污水含有较多的磷，某些工业废水也含有丰富的磷，这些废水排入河流、湖泊或海湾，使水中含磷量增高。这是湖泊发生富营养化和海湾出现赤潮的主要原因。

在我国北方生态脆弱带，急剧增加的人口压力和经济活动范围的扩大强烈干扰自然环境，对土地资源的不合理利用可短期内造成大面积的生态环境恶化和沙漠化，主要表现在大面积开垦土地、滥砍滥伐、过度放牧等，受经济利益驱动的人为过程在沙漠化发展中是一个恶性循环过程，地表植被破坏导致地表粗糙度降低，从而加剧风沙流活动，当对土地的开发强度超越了原本脆弱的生态系统所能承受的压力时，必然造成其生态系统的进一步恶化，如植被退化、水土流失、表土风蚀等，封闭的土壤磷循环过程被破坏，土壤磷平衡丧失。沙漠化发展和逆转是人类活动与自然环境相互影响和协调的结果。

图5-3为磷循环示意图。

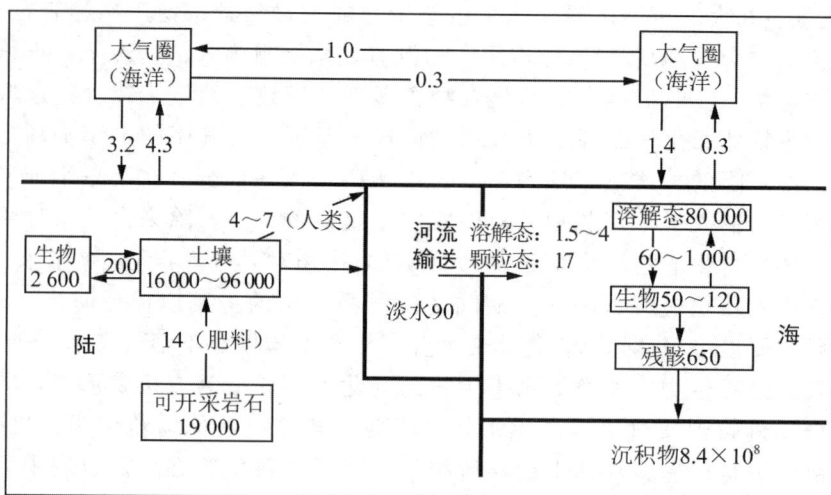

图 5-3　磷循环示意图(单位：Tg)

5.1.3　硅循环

　　硅是地球基本构成元素，在地壳中硅元素的丰度约为 21%，仅次于氧元素，居第二位。在地壳中，硅元素主要以硅氧键形式存在，其溶解过程十分漫长。在陆地生态系统中，除硅藻类浮游植物消耗水体中溶解硅以外，某些大型的植物生长也需要硅。

　　风化作用：陆地上的硅生物化学循环包括硅酸盐类矿物的风化，流域盆地的风化是硅元素地球化学循环中一个重要组成部分。构成地壳的岩石化石大部分是硅酸盐类矿物。同时，土壤中的硅主要存在于土体和土壤溶液中，或被吸附在土壤胶体表面。通过硅化作用、尘埃和枯枝落叶，硅进入土壤，并储存在植物、微生物和原生动物等生物储库中。在水分充足时，硅从土壤中通过脱硅作用流出。

　　硅在河流与海洋中的循环过程：硅通过河流、海底热液喷发和海底玄武岩侵蚀以及风三条主要途径被传输进入海洋，河流是海洋硅的主要来源。硅从海洋中输出主要是通过生物硅的埋藏，很少的部分参与硅铝酸盐的形成。在海洋水圈到生物圈的循环过程中，硅藻扮演了重要角色。作为单细胞以硅构成细胞壁的浮游生物，从海洋中吸收硅酸盐，并经同化作用形成硅质细胞壁。

　　图 5-4 为土壤中硅的储存和转化。

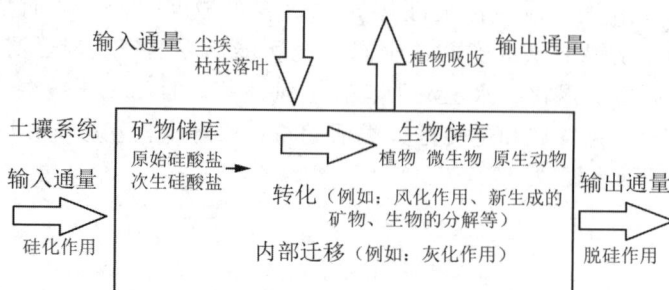

图 5-4　土壤中硅的储存和转化

　　研究表明，高等植物每年可将 60～200 Tg 的溶解硅转化为生物硅，其在陆地生物地球化学循环中占有重要的地位，接近于海洋水体中溶解硅的总量。高等植物固定的硅通过降解再循环以及地表迁移等过程进入水体。因此，除岩石风化作用贡献以外，河流输送的溶解硅还有相当一部分来源于高等植物固定的生物硅的再循环。世界大洋中的硅大部分来自河流输送，而河流向海洋输送的生物硅占其向海洋输送的生物硅和溶解硅总量的 16％，因而河流中的生物硅在全球硅循环中也扮演着十分重要的角色。

　　图 5-5 为硅循环示意图。

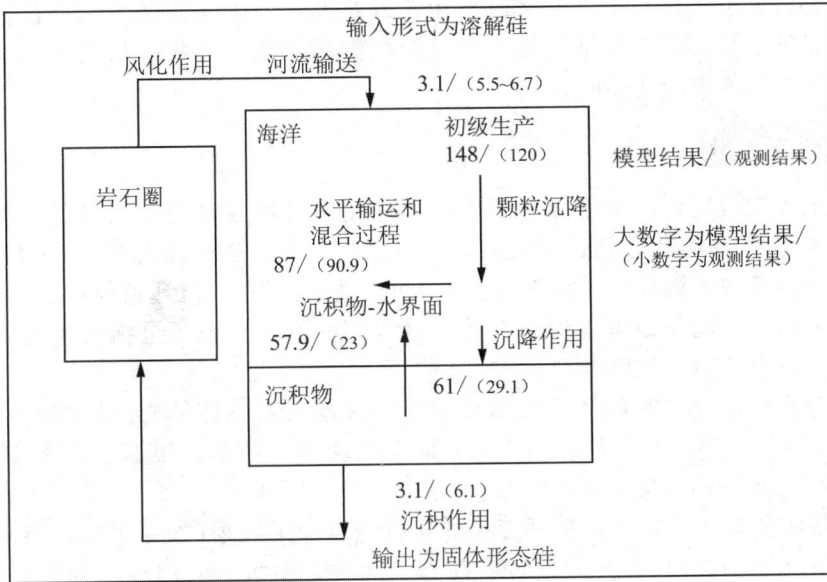

图 5-5　硅循环示意图(单位：10^{12} mol Si/a)

5.2　其他污染物的主要过程

5.2.1　重金属污染

　　重金属元素很多，通常造成环境污染的重金属主要是指汞、镉、铅、铬以及类金属砷等生物毒性显著的元素，有时候还包括具有一定毒性的一般重金属(如锌、铜、镍、钴、锡等)。重金属污染的特点是很难被微生物分解、大都沉积在底泥中、易被生物吸收并通过食物链累积等，另外它们在水体中的迁移转化过程也相当复杂。重金属在水体中可能进行的反应有沉淀和溶解、氧化与还原、配合与螯合、吸附和解吸等，这些反应往往与水体的酸碱性和氧化还原条件有着密切关系。

　　重金属在水体中的迁移：重金属在水环境中的迁移，按照物质运动的形式可分为机械迁移、物理化学迁移和生物迁移三种基本类型。机械迁移是指重金属离子以溶解态或颗粒态的形式被水流机械搬运，迁移过程服从水力学原理。物理化学迁移指重金属以简单离子、配离子或可溶性分子在水环境中通过一系列物理化学作用所进行的迁移与转化过程。这种迁移转化的结果决定了重金属在水环境中的存在形式、富集状况和潜在危害程度。生物迁移指重金属通过生物体的新陈代谢、生长、死亡等过程所实现的迁移。

重金属水体迁移的影响因素：配位作用对金属化合物的形态、溶解度和生物化学效应等均具有重要意义。它使得原来不溶于水的金属化合物转变为可溶性的金属化合物，如废水中的配位体可从管道和沉积物中将金属溶出。配位作用可以改变固体的表面性质及吸附行为，可以因为在固体表面争夺金属离子使金属的吸附受到抑制，也可以因为配合物被吸附到固体表面后又成为固体表面新的吸附点。配位作用还可以改变金属对水生生物的营养供给性和毒性。一些金属配合物，如血红蛋白中的铁配合物和叶绿素中的镁配合物对于生命活动是至关重要的。

由于重金属离子在天然水中的水解作用，以及天然水中无机及有机配位体的配位作用，使重金属离子转化成各种稳定形态的可溶性配离子或螯合物，从而增强了重金属离子污染物在天然水体中的迁移能力。

5.2.2　有机物污染

有机物组成较为复杂，在流域中的生物地球化学过程也较为复杂。目前研究主要集中在有毒有机物（如酸类化合物、有机农药、多氯联苯、多环芳烃类等），其共同特点是：大多为难降解有机物或持久性有机物，在水中的含量虽不高，但残留时间长，有蓄积性，可产生慢性中毒、致癌、致畸、致突变等生理毒害。概括来说，包括芳烃类化合物、酚类化合物、有机农药和多氯联苯。

芳烃是芳香族化合物的母体，大多数芳烃含有苯的六碳环结构。根据所含苯环数目和连接方式不同，芳烃可分为单环芳烃（如苯及氯苯、硝基、甲基、乙基等取代衍生物）和多环芳烃（如联苯、萘、蒽等）。

单环芳烃主要来源于含大量单环芳烃的化石燃料加工过程（如煤干馏、石油裂解或芳构化等）中产生的多种单环芳烃，它们在生产、运输、销售、应用等过程中会进入水体。一些单环芳烃化合物仅微溶于水，在天然水体中滞留时间很短。随着苯环上取代氯原子数增多，新化合物在水中的溶解度降低。被氯取代后的苯环有较大化学反应性，但所有氯苯化合物都是热稳定性的。

多环芳烃（简称 PAHs）主要来自燃料在燃烧的过程中产生的煤烟随雨水降落，以及煤气发生站、焦化厂、炼油厂等排放含多环芳烃污水进入水体而形成的水污染物。多环芳烃类化合物具有大的分子量和低的极性，所以大多是水溶性很小的物质，但若水中存在有阴离子型洗涤剂（如月桂酸钾）时，其溶解度可提高到 10^4 倍。含 2～3 个环且较低分子量的 PAHs（如萘、芴、菲、蒽）有较大挥发性以及对水生生物有较大毒性；含 4～7 个环的高分子量 PAHs 化合物虽然不显示出急性毒性，但大多具致癌性。

酚类是指苯环或稠环上带有羟基的化合物，酚及其衍生物组成了有机化合物中的一个大类。最简单的是苯酚 C_6H_5OH，它的浓溶液对细菌有高度毒性，广泛用作杀菌剂、消毒剂。在用氯气氧化处理用水时，水中含酚物容易被次氯酸氯化生成氯酚，这种化合物具有强烈的刺激性嗅觉和味觉，对饮用水的水质影响很大。天然水中的腐殖酸也是一种多元酚，其分子能吸收一定波长的光量子，使水呈黄色，并降低水中生物的生产力。单宁和木质素都是植物组织中的成分，同时也是多酚化合物。苯酚在水和非极性溶剂中都有一定的溶解度，其碱金属盐也易溶于水，苯酚的氯代衍生物随环上氯原子数增多，溶点和沸点升高，挥发性下降，其水溶性也是下降的。

酚可从煤焦油中提取回收，但现在大量的酚是用合成方法制造的，它们又大量地用于木材加工和各类有机合成工业，所以天然水体中若含有多量的酚，就可能来自石油、炼焦、木材加工以及塑料、颜料、药物等化学合成（包括酚类自身合成）排放的工业废水。除工业废水外，粪便和含氮有机物在分解过程中也产生酚类化合物，所以城市污水中所含粪便物也是水体中酚污染物的主要来源。

另外，全世界使用过的有机农药有近千种，我国生产和使用的也有近 200 种。使用较广泛的农药有有机氯杀虫剂，如六六六（六氯化苯）、滴滴涕（二氯二苯基三氯乙烷）、艾氏剂（六氯八氢化二甲苯）等；有机磷杀虫剂，如对硫磷、乐果、敌百虫、敌敌畏（有机磷酸酯类）、马拉硫磷等；有机汞杀菌剂，如赛力散（乙酸苯汞）、西力生（氯化乙基汞）等；除草剂，如灭草灵（氨基甲酸酯类）等。水体中农药主要来自农药污水和雨水冲刷大气中飘浮的农药粒子。对环境危害最大的首推有机氯农药，其特点是毒性大，化学性质稳定，残留时间长而积重难返，易溶于脂肪，蓄积性强而在水生生物体内富集可达水中浓度的数十万倍，不但影响水生生物繁衍，而且通过食物链危害人体健康。这类农药国外早已禁用，我国从 1983 年开始停止生产和限制使用。有机汞农药因汞污染严重而减少了使用量。有机磷杀虫剂和除草剂都属于易降解的化合物，它们的残留时间都较短。

多氯联苯是联苯分子中一部分或全部氢被氯取代后形成的各种异构体混合物的总称。多氯联苯剧毒，易被生物吸收，化学性质十分稳定，强碱、强酸、氧化剂难以破坏它们。具有高度耐热性、良好的绝缘性、难挥发性等特性。所以常作为绝缘油、润滑油、添加剂被广泛用于各种塑料、树脂、橡胶等工业，同样也随着排放的工业废水而进入水体。多氯联苯在天然水和生物体内都很难溶解，是一种很稳定的环境污染物，在环境中滞留的时间相当长。

从化学反应来说，对于有机污染物来说，生物化学氧化具有十分重要的意义。尽管所有有机物都能够被氧化，但被氧化的难易程度却差别很大。以化学氧化为例，在一般条件下，有些有机物易于氧化，有些不易氧化或极难氧化。不少有机物的氧化反应需要在强氧化剂作用下，或是在较高温度下，或是在强酸或强碱条件下，或是在适当催化剂的参与下才能进行。

1. 氧化还原反应

当有机物进入水体后，有机物与水中的溶解氧发生氧化还原反应，使溶解氧减少，严重时可使鱼类死亡。一个分层湖泊，由于上、下层的氧化还原环境不同，会造成水体中存在的物质形态有很大不同：上层由于溶解氧含量高，多为氧化态产物，如 SO_4^{2-}、NO_3^-、Fe^{3+}、Mn^{4+} 等；而下层由于溶解氧含量较低，多为还原态产物，如 HS^-、NH_4^+、Fe^{2+}、Mn^{2+} 等；在底泥中由于处于厌氧条件下，故还原性很强，形成 CH_4。水体中三氮盐（NH_4^+、NO_2^-、NO_3^-）的转化，部分重金属形态的转化都与氧化还原反应有直接的关系。

耗氧有机物在水体中的分解过程分为好氧和厌氧两种情况。

如果地表水溶解氧足够供应有机物氧化的需要，则有机物在好氧细菌的作用下进行氧化分解。在好氧分解过程中，有机物含有的碳、氮、磷和硫等化合物分解为硫酸盐、磷酸盐、硝酸盐和二氧化碳等无机物。好氧分解过程进行得比较快，最终产物也比较稳定。

随着水体中的溶解氧逐步被耗尽，水体变成兼氧状态，水环境的还原性增强。此时，氧化还原反应在一定的条件下仍会继续进行。其反应条件是：①水中有含氧阴离子，如

NO_3^-、SO_4^{2-}，或者包气带及含水层中有高价的铁锰化合物，如 $Fe(OH)_3$、MnO_2，它们代替氧作为氧化剂；②水体或包气带有足够的有机物；③有足够的营养物作为细菌的能源，这类细菌对氧化还原反应起催化作用；④温度变化不至于破坏生物化学过程。

这类氧化还原反应使系统内的有机物不断被消耗。这些氧化还原反应主要发生在处于还原状态的水体或饱水带里，反应的结果是水中 Fe^{2+}、Mn^{2+}、HS^- 及 CO_3^{2-} 的增加。当溶解于水中的氧耗尽时，好氧细菌便死亡，取而代之的是厌氧细菌，在缺乏溶解氧的条件下有机污染物进行厌氧分解。厌氧分解的最终产物是 NH_3、腐殖质、CO_2、CH_4 和硫化物(如 H_2S)，其中 NH_3、CH_4、H_2S 等气体在水中达到饱和时，就会逸出水面进入大气，这些气体中有些成分(如 H_2S)恶臭难闻、令人感到厌恶。

厌氧分解过程比较缓慢，同时其最终产物不是很稳定，当遇到表层水中的溶解氧或大气中的氧气时还能进一步被氧化，生成硝酸盐、硫酸盐或 NO_x、SO_x 等气体产物。在自净过程中促使有机物进行分解的主要是水柄细菌、真菌、藻类及许多单细胞或多细胞低等生物。

污水排入河流后，因含丰富的有机物质作为微生物的食料，所以细菌以非常快的速度急剧繁殖。细菌为了生存，不断将有机物质氧化分解，获取它们的能量，在这一过程需要消耗水中的氧气，这是污水排入河流初期溶解氧迅速减少的主要原因。

由于污水中有机物被不断的分解，故生化需氧量(BOD)向下游逐渐减少，水体中溶解氧也在大气复氧作用下逐渐增加。在排污口附近，因大量固体的沉淀，使淤积物的厚度最大，而且在其下游若干千米的河床上，都覆盖有淤积物。这些有机淤积物，因细菌、真菌及其他微生物的作用而分解。从排污口向下游一定距离内由于受固体悬浮物的影响，水体的混浊度很高、透光率很低，不利于藻类的生长，但因含有丰富的有机污染物作食物，细菌和真菌得以大量繁殖。

到下游，随着固体悬浮物的逐渐沉淀，河水也逐渐澄清，增加了透光率，同时蛋白质因无机化而生成了硝酸盐氮(NO_3^-—N)等，为藻类生长创造了条件。因此越向下游，水质逐渐恢复到污染前的状态，各种鱼类和水生昆虫等非耐污种类又重新出现。

2. 吸附作用与挥发作用

单环芳烃及其衍生物有较大的分配系数，因此它们能被沉积物中的有机组分强烈吸附，致使它们在水体中的浓度维持在较低的水平，并可使单环芳烃在水体中所发生的其他迁移或转化过程(如挥发)也有所减慢。对于大多数单环芳烃化合物(如苯、甲苯、二甲苯、乙苯等)来说，决定其环境归宿的另一途径是向大气中进行挥发。此外，对具有两个环的PAHs来说，也具有较大挥发性，但对具有 4 个或 4 个以上苯环的PAHs化合物在任何环境条件下都是不易挥发的。学术界将包括上述芳烃在内的具有易挥发特性的有机物称为挥发性有机化合物类(简称VOCs)。

多环芳烃水溶性和蒸气压都很小，也容易被水中悬浮粒子或沉积物所吸附。在水生生物中的浓度虽然比水中浓度高几个数量级，但与沉积物中浓度相比还是较低的。低分子量PAHs化合物通过沉积、挥发、微生物降解等过程从水相中转化出去。高分子量PAHs化合物主要通过沉积和光化学氧化过程发生迁移和转化。正是由于芳烃化合物具有易被吸附的特点，目前在污水处理中普遍采用了混凝、沉降或活性炭吸附等办法来去除芳烃化合物。

对于酚类化合物，水体中的悬浮颗粒或水底沉积物都能吸附，但不同酚类被悬浮颗粒或沉积物吸附的能力差别较大，如苯酚的被吸附能力较弱，而氯酚的被吸附能力则较强。

通常认为沸点在230℃以下为挥发酚，多为一元酚（如苯酚、甲酚、二甲酚）；沸点在230℃以上为不挥发酚（如二元酚、多元酚）。就挥发酚来说，其挥发能力也有较大差别，如2-氯苯酚的挥发能力强，而苯酚的挥发能力就较弱。但由于酚类同时又具有很大水溶性和被溶剂化能力，使其不易从水中逸出。一般地说，除非伴有强烈的曝气作用，酚类从水环境向大气挥发并不是一个影响其迁移的重要因素。

3. 生物降解作用

在天然水体条件下，大多数芳烃化合物都不容易发生水解、化学分解或光化学分解，但一些土壤和水生微生物能利用某些单环芳烃化合物作为碳源，所以苯、氯苯、1，2-二氯苯、六氯苯等都可能在水中生物降解。降解反应按一般芳烃化合物的降解机理进行，即先引入两个羟基，使PAHs化合物转为二酚类化合物后再开环；对低分子量PAHs化合物可彻底降解转化为CO_2和H_2O，对高分子PAHs化合物则能产生各种代谢物（如酚和酸）。

多数酚类化合物都是易被生物降解的。具有分解酚能力的微生物种类很多，如细菌中的多个属以及酵母、放线菌等。然而，在厌氧条件和好氧条件下酚类的降解途径、产物是全然不同的。以苯酚为例，在好氧条件下能被完全分解，最终产物为CO_2和H_2O；而在厌氧条件下，苯酚先被还原为环己酮，然后水解为正己酸，最终的降解产物是CH_4。此外，pH对酚的分解影响很大。pH越小，酚越不稳定，越易挥发和分解。酚易分解的性质，决定了水中酚的浓度随流经距离的增加而逐渐下降。

5.3　课堂练习：设计一个装置研究水库的脱氮（磷）效应

请设计一个装置探讨水库的脱氮（磷）效应。

为了缓解人口增长和社会经济发展而造成的水资源短缺问题，世界各国纷纷修建了规模不一的水库。河流建坝将异养的自然河流转变成自养的水库，改变了河流的连续性和水文情势，干扰了自然河流生源物质的生物地球化学循环过程，同时也对流域生态环境和水库水环境产生了深远影响。河流筑坝引起河流水动力学条件的改变，导致颗粒态物质迁移、输运发生显著的变化。同时，引起水流变缓、河流透明度增加，导致浮游藻类生物量增加，进而有影响营养盐的变化。

氮主要通过上游水体输入水库中。一般氮来源于农业生产化肥的使用与大气沉降，而磷主要由沿岸沉积溶解进入水中。水库对营养盐的滞留效应取决于营养盐的不同类型。对磷的滞留主要通过颗粒态磷的沉降实现，而对氮的滞留则通过水体的脱氮反应。影响水库脱氮（磷）效应的因素包括水库规模、形态、地质特征、运行方式、当地气候与生物组成等。

【思考与习题】

1. 简述河流连续体理论。

2. 画出氮、磷的生物化学地球循环结构。

3. 简述难降解有毒有机物与重金属在水体中的转化过程。

4. 如何通过实验探讨人类活动影响下的流域的关键物质循环过程？

第三部分 流域系统研究方法

第6章 流域系统监测方法

导读:

　　流域监测是了解流域情况的重要手段,其可以为流域水环境管理提供可靠的基础数据,从而了解流域环境现状,掌握流域内人类活动的影响程度和发展趋势,为流域环境保护和水资源规划管理提供科学依据。本章将简要介绍流域监测所涉及的基本方法和准则。

　　本章的知识点采集包括:

　　1. 流域监测的项目。

　　2. 不同的监测项目可用的方法。

　　3. 流域观测网络及基本构成。

　　流域监测是以水为主体,同时结合降雨、土壤、植被、沉积物等样品的系统分析,运用物理、化学、生物等多种技术手段,对其中的污染物及其有关的成分进行定性、定量和系统的分析,以探索研究流域环境质量的变化规律及其驱动机制。流域监测数据应具有代表性、准确性、精密性、平行性、重复性、完整性及可比性。

　　监测应遵循如下原则:

　　(1)优先性原则:经过优先选择的污染物称为环境优先污染物,简称优先污染物。它们难以降解、在环境中有一定残留水平、出现频率较高、具有生物积累性、毒性较大,应对优先污染物进行优先监测。

　　(2)可靠性原则:对选择的污染物必须有可靠的测试手段和有效的分析方法,确保获得准确、可靠、有代表性的数据。

　　(3)实用性原则:能对监测数据做出正确的评价,若无标准可循,又不了解对人类健康或对生态系统的影响,将使监测陷入盲目性。

　　流域监测主要有如下目的:

小知识

我国主要的水环境质量标准

◇ 地表水环境质量标准(GB 3838—2002)

◇ 水质量标准(GB/T 14848—2017)

◇ 海水水质标准(GB 3097—1997)

◇ 渔业水质标准(GB 11607—89)

◇ 农田灌溉水质标准(GB 5084—2005)

（1）对流域内地表水和地下水进行日常监测，以掌握流域现状及其变化趋势；

（2）对生产、生活等废（污）水排放源排放的废（污）水进行监视性监测，掌握废（污）水排放量及其污染排放浓度、总量，为流域管理提供依据；

（3）对水污染事故应急监测，为判断事故原因、危害及指定对策提供依据；

（4）为国家政府部门制定水环境保护标准、法规和规划提供有关数据和资料；

（5）为开展水环境质量评价和预测预报提供基础数据和技术手段。

流域监测涉及水文、水质等多要素监测，不同要素的监测方法见后续章节介绍。

水文监测旨在获取用于描述特定水文过程的关键指标，如水位、水量、流速及流向的变化、降雨量、蒸发量等。

6.1　流域水文过程监测

6.1.1　降雨量监测

测雨方式有观测站、雷达和卫星。几种测雨方式各有优势，不可互相替代。下面重点介绍观测站测雨方式。

1. 监测点位选择

（1）监测降雨量的仪器，宜在平坦避风的场所，障碍物距离仪器的距离应该大于障碍物与仪器承水口高度差的两倍，如使用雷达测雨，应选择开阔的地理位置，降低周边地形雷达扫描波束的遮挡；

（2）监测蒸散发量的仪器，大型蒸发器应该安装在观测场的西边，小型蒸发器应该安装在大型蒸发器的东边，蒸发池应该远离观测场 50 m 以上。

2. 监测规范

（1）人工观测日降雨量一般为 20 时至 08 时和 08 时至 20 时两个时段内累计降雨量，有自记功能的仪器可进行连续记录，记录取 1 位小数，以 mm 为单位；自动观测测量则可测量分钟、小时、日降雨量，但其准确性有待考证。

（2）人工观测一般为每日 20 时记录每日蒸发量，读数应精确到 0.1 mm，每次测量后应调整蒸发桶内的水面高度到规定位置，每次调整后应记录水面高度值作为明日计算时的蒸发量基准，并按下式计算蒸发量：

$$E = H_i + R - H_c - H' \tag{6-1}$$

其中，E 为蒸发量；H_i 为蒸发器材内的初始水量，即前一日 20 时的水面高度，R 为降水量；H_c 为测量时的水面高度；H' 为溢流量。当因为降水使蒸发量出现负值时记该日蒸发量为 0。

自动观测仪器应该在蒸发桶安装百叶箱，在百叶窗内安装蒸发测量桶，蒸发传感器安装在测量桶上，测量桶通过连通器与蒸发桶相连，蒸发传感器接入数据采集器。应保持传感器测量桶的最高水位刻度线稍高于蒸发桶溢流孔，在桶内注水后使水面接近测量桶的最高水位刻度线处，保持水面位于最高与最低刻度线之间。当因为降水使蒸发量出现负值时记该日蒸发量为 0。

3. 监测项目与测定方法

（1）降水量监测。

降雨量是指从天空降落到地面上的雨水，未经蒸发、渗透、流失而在水面上积聚的水层深度，一般以 mm 为单位。

①观测站测雨常用到的仪器有人工雨量筒、虹吸式自记雨量计、翻斗雨量计、融雪式雨量计等（图 6-1），其可以准确地测量单点过程。

②雷达测雨方法利用了雨滴、云状滴、冰晶、雪花等对电磁波的散射作用，从而探测大气中的降水或云中大滴的浓度、分布、移动和演变，了解天气系统的结构和特征。其测量的局地空间分布合理。

③卫星测雨利用了基于可见光、红外和微波等的各类卫星传感器，并使用降水反演算法把卫星遥测信号波转换为降雨量。其测量的大范围的空间分布合理。

雷达测雨和卫星测雨等技术的进步为分布式流域水文模型的发展及实际应用提供了条件。

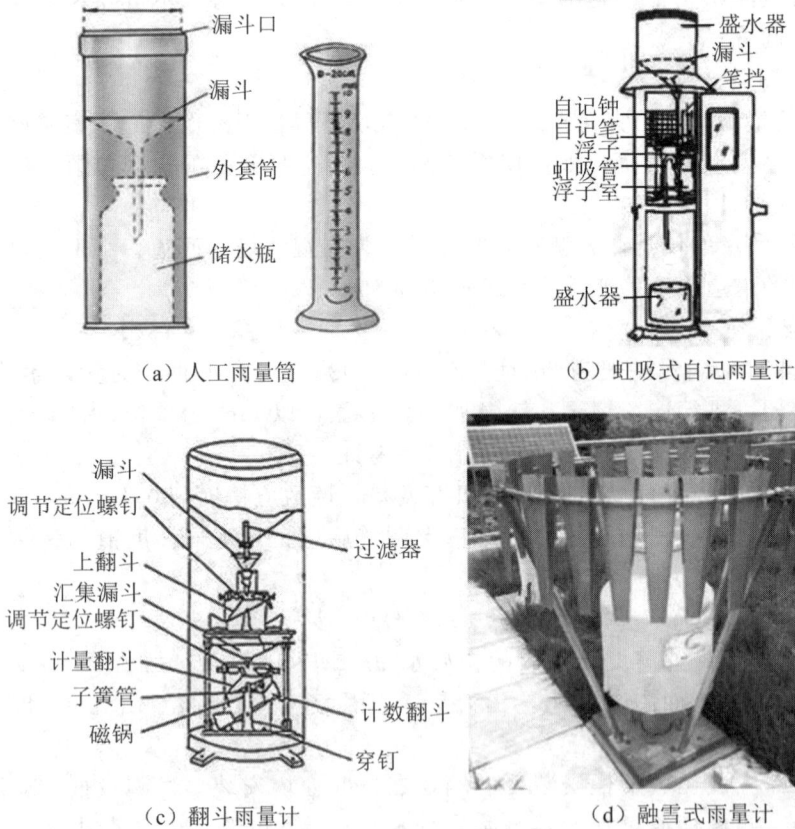

（a）人工雨量筒　　　　　　　（b）虹吸式自记雨量计

（c）翻斗雨量计　　　　　　　（d）融雪式雨量计

图 6-1　观测站常用的测雨仪器

应用例子

人工雨量筒的使用

1. 测定降水量时，先取出雨量筒内的储水瓶，装上事先准备好的空储水瓶，并将存有降水的储水瓶带回屋内，用雨量杯量取降水。

2. 读数时，雨量杯必须保持水平，视线要同量杯内的水面齐平，读取水面凹下去的最低点刻度线。读数要精确到小数点后一位。有时降水量很小，不到 0.05 mm，应记作 0.0 mm，表示有降水，但数量极微。如降水量不到 0.1 mm、但大于 0.05 mm，就记作 0.1 mm。

3. 如果降水量大，一次量不完，可以分多次量，每次计量后要记录，并累计得出总降水量。如遇雪、雹等固态降水时、应把漏斗换上承雪口，让固态降水直接落入雨量筒内(取回储水瓶时，应加上盖子，以防蒸发)，放在温暖的地方或加入定量的温水(不能用开水，也不能加得太多)，待雪、雹等融化后，用量杯进行测量，再将量得的结果减去加入的温水量便是所测得的固态降水量。

(2)蒸发量监测。

蒸发指水由液态或固态转变成气态，逸入大气中的过程。蒸发量是指在一定时段内，水分经蒸发而散布到空中的量，通常用蒸发掉的水层厚度的毫米数表示。常用的测量仪器有 E601 型蒸发器[图 6-2(a)]、ϕ20 cm 蒸发器[图 6-2(b)]、蒸发称量仪[图 6-2(c)]、大型水面蒸发池等。

(a) E601型蒸发器　(b) ϕ20 cm蒸发器　(c) 蒸发称量仪

图 6-2　测量仪器

E601 型蒸发器由蒸发桶、蒸水圈、溢流桶、测针组成，蒸发桶是一个器口面积为 3 000 cm^2、有圆锥底的圆柱形桶；水圈是装置在蒸发桶外围的环套，用以减少太阳辐射及溅水对蒸发的影响；溢流桶用金属或其他不吸水的材料制成；测针用于测量蒸发器内水面高度。

ϕ20 cm 蒸发器为标准蒸发器，用作统一蒸发测量的参照蒸发器，其有一个内径为 200 mm、高度约为 100 mm 的金属圆盆，一只带刻度的量杯，一个储水器，一个安装框架，一个金属丝网罩(防鸟饮水)。

E601 型蒸发器的使用

使用时，每日 20 时进行观测，观测时先调整测针尖，使其与水面恰好相接，然后从游标尺上读出水面高度。读数时，通过游尺零线所对标尺的刻度，即可读出整数；再从游尺刻度线上找出一根与标尺上某一刻度线相吻合的刻度线，游尺上这根刻度线的数字，就是小数读数。如果由于调整过度，使针尖伸入水面之下，此时必须将针尖退出水面，重新调好后始能读数。蒸发量计算公式：

蒸发量＝前一日水面高度＋降水量(以雨量器观测值为准)—测量时水面高度

蒸发称量仪的使用方式是将盛有一定量水的蒸发器置于称量台上，一定时间后通过观察重量变化来计算出蒸发量。

6.1.2 径流监测

径流监测是理解流域水环境过程的基础和前提。径流过程监测是指通过水文站网对江河、湖泊等的水位、流量、水质、水温、泥沙、冰情等实施监测，并进行分析和计算，其中水位以及流量监测是径流过程监测的核心和重点。

1. 监测断面选择

径流监测很大程度依赖于水文站监测，而且其监测内容也多与水文监测重合，因此流域径流监测断面的选取可以参考水文断面的选取标准。

(1)断面应尽可能与流向垂直。

(2)应尽可能选择洪痕分布多、河段顺直、岸坡稳定、冲淤变化不大、泛滥宽度小的位置。

(3)应尽可能选择形状规则，河槽无过大或过小收缩，河床纵坡无急剧变化，无局部死水回流的位置。

小知识

反映流域径流特征的常见指标

◇ 径流总量：T 时段内通过某一断面的总水量(m^3)。

◇ 径流深度 R：径流总量平铺在整个流域面积的水层深度。

◇ 径流模数 M：流域出口断面流量(m^3/s)与流域面积 $F(km^2)$ 的比值。

◇ 径流系数 α：某一时段径流深度 R 与相应降水深度 P_i 比值。

◇ 流量 q：单位时间内通过某一断面的水量(m^3/s)。

◇ 水位 H：河流、湖泊、水库及海洋等水体的自由水面的高程，以 m 计，使用基面包括冻结基面、测站基面、假定基面、绝对基面，使用水位资料时一定要查清其基面。

2. 监测规范

(1)根据 SL 58—2014《水文测量规范》，水位监测应遵循如下要求：

①水位变化不大于 5 cm 时，应在同一岸观测开始和结束的水位，以其平均算数平均

值作为计算水位；

②水位变化大于 5 cm 时，应在各垂线测深时观测水位，各测点的河底高程用相应观测水位值作为计算水位。水位变化平缓时，也可由观测水位内插测深垂线相应水位；

③横比降超过 5 cm 时，应进行横比降改正；

④断面上有分流、串沟时，应对每个较大的分流或串沟至少在一岸观测 1 次水位，单独计算出河底高程。

（2）根据 GB 50179—2015《河流流量测验规范》，流量监测中应遵循如下要求：

①可根据所测河流一年中的高、中、低各级水位的水流特性以及具体需求等确定测流的次数，从而达到充分了解一年中各时期流量变化的目的；

②涉及超流量的监测应根据资料显示的代表潮期合理确定布置测流次数，每个潮流期内的超流量的测流次数应该根据流速变化的大小，缓急程度合理布设；

③对于结冰的河流，其测流次数以及分布应该能够反映流量变化过程或冰期改正系数变化过程。

3. 监测项目与测定方法

（1）水位监测。

水位监测中常用到水尺、水位测针、水位计等仪器。

常见的水尺有四种：直立式水尺、倾斜式水尺、矮桩式水尺、悬锤式水尺。图 6-3 为这四种类型水尺的示意图。直立式水尺一般由靠桩和水尺板共同组成，可通过水尺板上的刻度来读取水位；倾斜式水尺的水尺板一般被固定在岩石岸坡或水中建筑物上或直接涂绘在其斜面上，其不易被冲走或损坏，水尺板上的刻度大小以能代表垂直高度为准；矮桩式水尺由固定矮桩和临时附加的测尺组成，当河流漫滩较宽，不便用倾斜式水尺，或因流冰、航运、浮运等冲撞而不宜用直立式水尺时，可用这种水尺；悬锤式水尺通常设置在坚固陡岸、桥梁或水工建筑物的岸壁上，用带重锤的悬索测量水面距离某一固定点的高差来计算水位。

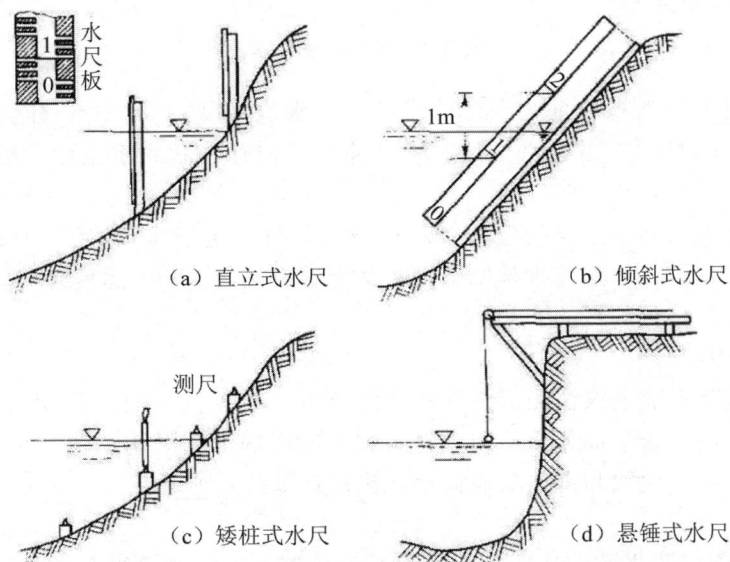

（a）直立式水尺　　　　　　　　（b）倾斜式水尺

（c）矮桩式水尺　　　　　　　　（d）悬锤式水尺

图 6-3　水尺示意图

水位测针包括针形、钩形、跟踪式水位测针和电测针,如图 6-4(a)所示,其测量方式如下。

①针形水位测针基本构件是针形,测量时将它降低直到接触水面再读数;

②钩形水位测针基本构件是钩形,测量时将钩尖沉入水下后再提升直到接触水面后再读数;

③跟踪式水位测针的测针在接触水面后会自动跟踪水位高程变化,当水面达到静止状态时再读数;

④电测针在针形水位测针上增加一个电子装置,在测针接触水面的瞬间发出信号确定水位。

（a）水位测针　　　　　　　　　　（b）超声波水位计

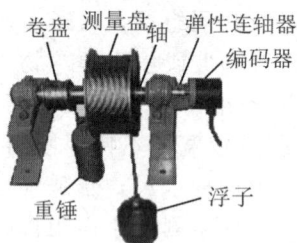

（c）浮子式水位计　　　　　　　　（d）电子水尺

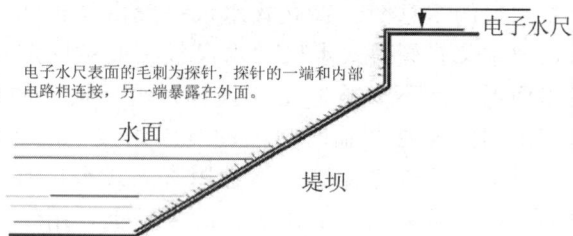

图 6-4　水位测量仪器

水位计常见的种类有悬垂式水位计、浮子式水位计[图 6-4(c)]、压力式水位计、超声波水位计[图 6-4(b)]、雷达水位计、磁质伸缩水位计、激光水位计、触点式报警水位计等。

水位实时动态检测中主要的仪器有超声波水位计、电子水尺[图 6-4(d)]、压力式水位计以及浮子式水位计。这些水位传感设备都能够直接与 RTU(远程终端单元)进行连接,从而达到自动监测水位的目的。

（2）流量监测。

常规测流方法有流速仪法测流、浮标法测流等。流速仪测流法是利用面积—流速法,即用流速仪分别测出若干部分面积的垂直于过水断面的部分平均流速,然后乘过水面积,求得流量,再计算其代数和得出断面流量。流量计算公式如下:

$$q = \bar{v} \cdot A \tag{6-2}$$

其中,q 为流量,$\bar{v}$ 为平均流速,A 为过水面积。但由于每条垂线上不同位置的流速大小不一，而且同一个点的流速具有脉动现象，所以用流速仪测量流速，一般要测算出点流速的时间平均值和流速断面的空间平均值。

浮标测流法是通过测定水面或水中的天然或人工漂浮物随水流运动的速度推求流量的方法。浮标按形式分为水面浮标、双浮标和浮杆等。根据上、下游断面的间距及浮标通过上、下游断面所需的历时，求出浮标流速，称虚流速；然后确定浮标通过中断面的位置，绘出浮标流速沿河宽分布曲线，再利用断面推算流量。由浮标测流推算出的流量称为虚流量，需要乘浮标系数校正。

快速测流法有声学多普勒流速仪法、航空摄影法等。声学多普勒流速仪法的应用标志着流量测量技术的现代化，效率比传统河流测流方法提高了几十倍。当装备有声学多普勒流速剖面仪的测船从测流断面一侧航行至另一侧时，声学多普勒流速剖面仪即刻测出河流流速分布并算出流量。该方法将测流断面分成若干子断面，在每个子断面内垂线上一点或多点流速并测量水深，从而得到子断面内的平均流速和流量，再将各个子断面的流量叠加得到整个断面的流量。具体过程如图 6-5 所示。

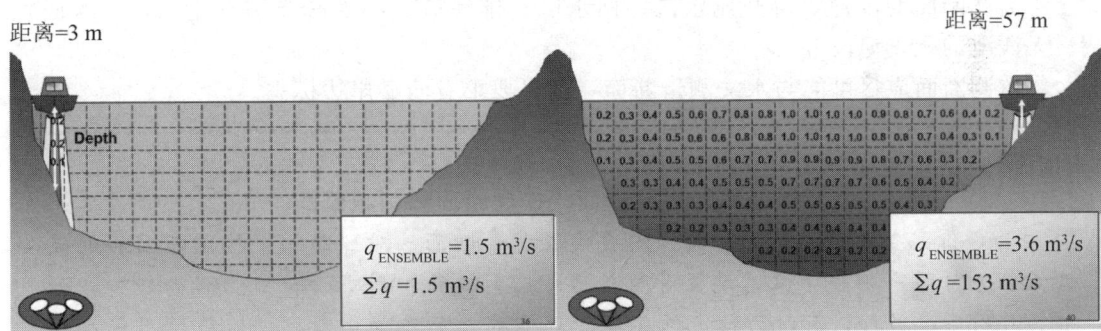

图 6-5　走航式多普勒流速仪测流

流量实时在线监测主要有电波流速仪法、定点式声学多普勒流速仪法、声学时差法、电磁法等，不同方法的原理如下。

①电波流速仪测流法原理是利用雷达多普勒效应，它可以在水情复杂，水流急、含沙量大、水中漂浮物多，以及一般旋桨流速仪无法下水的情况下进行测流，具有一般流速仪无法比拟的优越性，操作安全，测量时间短，速度快。

②定点式声学多普勒流速仪法则是依据多普勒原理，采用遥距测量的方式，对距离探头一定距离的采样点进行测量。

③声学时差法是基于流速面积法测量流量，声波在静水中传播时有一恒定的速度，顺水流传播时，实际传播速度为声速加上水流速度，逆水传播时，实际传播速度为声速减去水流速度，在河流上、下游两固定点之间，声波顺水和逆水传播有一传播时间差，测出时间差就能测得水流速度。

④电磁法测流的原理是法拉第电磁感应定律，运用电磁流量计测流。

6.2 流域水质监测

6.2.1 常规污染物监测

1. 监测断面、垂线与点位选择

（1）河流监测断面选择。

①在对调查研究结果和有关资料进行综合分析的基础上，根据水体尺度范围，考虑代表性、可控性及经济性等因素，确定断面类型和采样点数量。

②有大量废（污）水排入江河的主要居民区、工业区的上游和下游，支流与干流汇合处，入海河流河口及受潮汐影响河段，国际河流出入国境线出入口，湖泊、水库出入口，应设置监测断面。

③饮用水源地和流经主要风景游览区、自然保护区，以及与水质有关的地方病发病区、严重水土流失区及地球化学异常区的水域或河段，应设置监测断面。

④监测断面的位置要避开死水区、回水区、排污口处，尽量选择水流平稳、水面宽阔、无浅滩的顺直河段。

⑤监测断面应尽可能与水文测量断面一致，要求有明显岸边标志。

小知识

背景断面、对照断面、控制断面和削减断面

为评价完整江河水系的水质，需要设置背景断面、对照断面、控制断面和削减断面。对于某一河段，只需设置对照断面、控制断面和削减（或过境）断面三种，如图6-6所示。另外，有时为特定的环境管理需要，如定量化考核、监视饮用水源和流域污染源限期达标排放等，还要设管理断面。

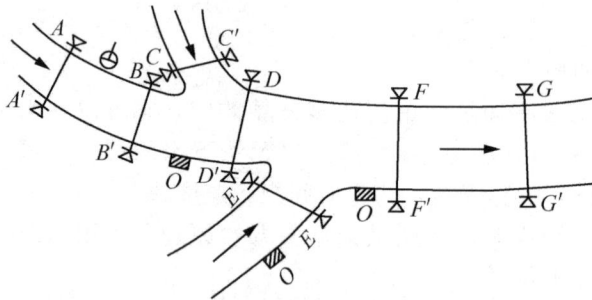

图6-6 河流监测断面设置示意图

（1）背景断面：设在基本上未受人类活动影响的河段，用于评价完整水系污染程度。

（2）对照断面：为了解流入监测河段前的水体水质状况而设置。这种断面应设在河流进入城市或工业区以前的地方，避开各种废水、污水流入或回流处。一般一个河段只设一个对照断面。有主要支流时可酌情增加。

（3）控制断面：为评价监测河段两岸污染源对水体水质影响而设置。控制断面的数目应根据城市的工业布局和排污口分布情况而定，设在排污区（口）下游污水与河水基本混匀处。在流经特殊要求地区（如饮用水源地、风景游览区等）的河段上也应设置控制断面。

（4）削减断面：是指河流受纳废水和污水后，经稀释扩散和自净作用，使污染物浓度显著降低的断面，通常设在城市或工业区最后一个排污口下游 1 500 m 以外的河段上。

（2）湖泊、水库监测垂线（或断面）选择。

湖泊、水库通常只设监测垂线，当水体复杂时，可参照河流的有关规定设置监测断面。

①在湖（库）的不同水域，如进水区、出水区、深水区、湖心区、岸边区，按照水体类别和功能设置监测垂线。

②湖（库）区若无明显功能区别，可用网格法均匀设置监测垂线，其垂线数根据湖（库）面积、湖内形成环流的水团数及入湖（库）河流数等因素确定。

（3）采样点位的选择。

设置监测断面后，应根据水面的宽度确定断面上的采样垂线，再根据采样垂线处水深确定采样点的数目和位置。

对于江、河水系，当水面宽≤50 m 时，只设一条中泓垂线；水面宽 50～100 m 时，在左右近岸有明显水流处各设一条垂线；水面宽＞100 m 时，设左、中、右三条垂线（中泓及左、右近岸有明显水流处）；断面水质均匀时，可仅设中泓垂线。

在一条垂线上，当水深≤5 m 时，只在水面下 0.5 m 处设一个采样点；水深不足 1 m 时，在 1/2 水深处设采样点；水深 5～10 m 时，在水面下 0.5 m 处和河底以上 0.5 m 处各设一个采样点；水深＞10 m 时，设三个采样点，即水面下 0.5 m 处、河底以上 0.5 m 处及 1/2 水深处各设一个采样点。

湖泊、水库监测垂线上采样点的布设与河流相同，但如果存在温度分层现象，应先测定不同水深处的水温、溶解氧等参数，确定分层情况后，再决定垂线上采样点位和数目，一般除在水面下 0.5 m 处和水底以上 0.5 m 处设点外，还要在每一斜温分层 1/2 处设点。

监测断面和采样点位确定后，其所在位置应有固定的天然标志物；如果没有天然标志物，则应设置人工标志物，或采样时用定位仪（GPS）定位，使每次采集的样品都取自同一位置，保证其代表性和可比性。

应用例子

采样点的布设

图 6-7 为河流情况示意图，对于该河流采样点应该如何布设？

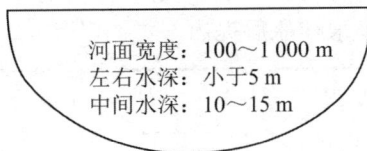

河面宽度：100～1 000 m
左右水深：小于 5 m
中间水深：10～15 m

图 6-7 河流情况示意图

2. 监测规范与注意事项

(1)监测规范。

①饮用水源地全年采样监测 12 次，采样时间根据具体情况选定。

②对于较大水系干流和中、小河流，全年采样监测次数不少于 6 次。采样时间为丰水期、枯水期和平水期，每期采样两次。流经城市或工业区、污染较重的河流、游览水域，全年采样监测不少于 12 次。采样时间为每月一次或视具体情况选定。底质每年枯水期采样监测 1 次。

③潮汐河流全年在丰决期、枯决期、平水期采样监测，每期采样 2 天，分别在大潮期和小潮期进行，每次应采集当天涨、退潮水样分别测定。

④设有专门监测站的湖泊、水库，每月采样监测 1 次，全年不少于 12 次。其他湖、库全年采样监测 2 次，枯决期、丰水期各 1 次。有废(污)水排入，污染较重的湖、库应酌情增加采样次数。

⑤背景断面每年采样监测 1 次，在污染可能较重的季节进行。

⑥排污渠每年采样监测不少于 3 次。

(2)注意事项。

①测定悬浮物、pH、溶解氧、生化需氧量、油类、硫化物、余氯、放射性、微生物等项目需要单独采样；其中，测定溶解氧、生化需氧量和有机污染物等项目的水样必须充满容器；pH、电导率、溶解氧等项目宜在现场测定。另外，采样时还需同步测量水文参数和气象参数。

②采样时必须认真填写采样登记表；每个水样瓶都应贴上标签(填写采样点编号、采样日期和时间、测定项目等)；要塞紧瓶塞，必要时还要密封。

3. 采样、保存与运输方法

(1)采样方法。

①采样前的准备。

采样前，要根据监测项目的性质和采样方法的要求，选择适宜材质的盛水容器和采样器，并清洗干净。此外，还需准备好交通工具。交通工具常使用船只。对采样器具的材质要求化学性能稳定，大小和形状适宜，不吸附欲测组分，容易清洗并可反复使用。

②采样方法和采样器。

在河流、湖泊、水库、海洋中采样时，常乘监测船或采样船、手划船等交通工具到采样点采集，也可涉水和在桥上采集；在采集表层水水样时，可用适当的容器如塑料筒等直接采集；在采集深层水水样时，可用简易采水器、深层采水器、采水泵、自动采水器等，将简易采水器沉降至所需深度(可从提绳上的标度看出)，上提提绳打开瓶塞，待水充满采样瓶后提出。

小知识

水样的类型

1. 瞬时水样

瞬时水样是指在某一时间和地点从水体中随机采集的分散水样。当水体水质稳定，或其组分在相当长的时间或相当大的空间范围内变化不大时，瞬时水样具有很

好的代表性；当水体组分及含量随时间和空间变化时，就应隔时、多点采集瞬时样，分别进行分析，摸清水质的变化规律。

2. 混合水样

混合水样是指在同一采样点于不同时间所采集的瞬时水样混合后的水样，有时称"时间混合水样"，以与其他混合水样相区别。这种水样在观察平均浓度时非常有用，但不适用于被测组分在贮存过程中发生明显变化的水样。如果水的流量随时间变化，必须采集流量比例混合样，即在不同时间依照流量大小按比例采集的混合样。可使用专用流量比例采样器采集这种水样。

3. 综合水样

把不同采样点同时采集的各个瞬时水样混合后所得到的样品称为综合水样。这种水样在某些情况下更具有实际意义。例如，当为几条排污河、渠建立综合处理厂时，以综合水样取得的水质参数作为设计的依据更为合理。

（2）运输和保存方法。

①运输方法。

水样采集后，必须尽快送回实验室。根据采样点的地理位置和测定项目最长可保存时间，选用适当的运输方式，并做到以下两点：a. 为避免水样在运输过程中因震动、碰撞导致损失或玷污，将其装箱，并用泡沫塑料或纸条挤紧，在箱顶贴上标记；b. 需冷藏的样品，采取制冷保存；冬季采取保温措施，以免冻裂样品瓶。

②保存方法。

各种水质的水样，从采集到分析测定这段时间内，由于环境条件的改变，微生物新陈代谢活动和化学作用的影响，会引起水样某些物理参数及化学组分的变化，不能及时运输或尽快分析时，则应根据不同监测项目的要求，放在性能稳定的材料制作的容器中，采取适宜的保存措施。

通常包含冷藏或冷冻法与加入化学试剂保存法。冷藏或冷冻法的作用是抑制微生物活动，减缓物理挥发和化学反应速度。加入化学试剂保存法包含如下几种：a. 加入生物抑制剂：如在测定氨氮（NH_3—N）、硝酸盐氮、化学需氧量（COD）的水样中加入 $HgCl_2$，可抑制生物的氧化还原作用；b. 调节 pH：测定金属离子的水样常用 HNO_3 酸化至 pH 为 1～2，既可防止重金属离子水解沉淀，又可避免金属被器壁吸附；c. 加入氧化剂或还原剂：如测定硫化物的水样，加入抗坏血酸，可以防止被氧化；测定溶解氧的水样则需加入少量硫酸锰和碘化钾固定溶解氧（还原）等。应当注意，加入的保存剂不能干扰以后的测定；保存剂的纯度最好是优级纯的，还应作相应的空白试验，对测定结果进行校正。

4. 监测项目与测定方法

（1）水样的预处理。

环境水样所含组分复杂，并且多数污染组分含量低，存在形态各异，所以在分析测定之前，往往需要进行预处理，以得到待测组分适合测定方法要求的形态、浓度和消除共存组分干扰的试样体系，总体方法如表 6-1 所示。在预处理过程中，常因挥发、吸附、污染等原因，造成待测组分含量的变化，故应对预处理方法进行回收率考核。下面介绍常用的预处理方法。

表 6-1　水样的预处理目的与常用方法

处理目的	方法分类	具体方法
水样的消解	湿式消解法	硝酸消解法
		硝酸高氯酸消解法
		硝酸硫酸消解法
		硫酸磷酸消解法
		硫酸高锰酸钾消解法
		多元消解法
		碱分解法
	干灰化法	—
富集与分离		气提、顶空和蒸馏法
		萃取法
		吸附法
		离子交换法
		共沉淀法

①水样的消解。

当测定含有机物水样中的无机元素时，需进行消解处理。消解处理的目的是破坏有机物，溶解悬浮性固体，将各种价态的欲测元素氧化成单一高价态或转变成易于分离的无机化合物。消解后的水样应清澈、透明、无沉淀。消解水样的方法有湿式消解法和干式分解法(干灰化法)。

湿式消解法包含如下几种方法：a. 硝酸消解法：对于较清洁的水样，可用硝酸消解；b. 硝酸高氯酸消解法：两种酸都是强氧化性酸，联合使用可消解含难氧化有机物的水样；c. 硝酸硫酸消解法：两种酸都有较强的氧化能力，其中硝酸沸点低，而硫酸沸点高，二者结合使用，可提高消解温度和消解效果；d. 硫酸磷酸消解法：两种酸的沸点都比较高，其中硫酸氧化性较强，磷酸能与一些金属离子络合，故二者结合消解水样，有利于测定时消除金属离子的干扰；e. 硫酸高锰酸钾消解法：该方法常用于消解测定汞的水样。高锰酸钾是强氧化剂，在中性、碱性、酸性条件下都可以氧化有机物，其氧化产物多为草酸根，但在酸性介质中还可继续氧化；f. 多元消解法：为提高消解效果，在某些情况下需要采用三元以上酸或氧化剂消解体系；g. 碱分解法：当用酸体系消解水样造成易挥发组分损失时，可改用碱分解法，即在水样中加入氢氧化钠和过氧化氢溶液，或者氨水和过氧化氢溶液，加热煮沸至近干，用水或稀碱溶液温热溶解。

干灰化法又称高温分解法，是通过高温灼烧将有机物破坏。除汞外的大多数金属元素和部分非金属元素的测定均采用此法。干法灰化法特点是破坏彻底，操作简便，使用试剂少，空白值低。但破坏时间长、温度高，易造成挥散损失，对有些元素的测定必要时可加入助灰化剂。该方法不适用于处理测定易挥发组分(如砷、汞、镉、硒、锡等)的

水样。

②富集与分离。

当水样中的欲测组分含量低于测定方法的测定下限时，就必须进行富集或浓集；当有共存干扰组分时，就必须采取分离或掩蔽措施。富集和分离过程往往是同时进行的，常用的方法有过滤、气提、顶空、蒸馏、溶剂萃取、离子交换、吸附、共沉淀、层析等，要根据具体情况选择使用。

气提、顶空和蒸馏法适用于测定易挥发组分的水样预处理。采用向水样中通入惰性气体或加热方法，将被测组分吹出或蒸出，达到分离和富集的目的。常用方法有：a. 气提法：该方法是把惰性气体通入调制好的水样中，将欲测组分吹出，直接送入仪器测定，或导入吸收液吸收富集后再测定；b. 顶空法：该方法常用于测定挥发性有机物（VOCs）或挥发性无机物（VICs）水样的预处理，测定时，先在密闭的容器中装入水样，容器上部留存一定空间，再将容器置于恒温水浴中，经过一定时间，容器内的气液两相达到平衡；c. 蒸馏法：该方法是利用水样中各污染组分具有不同的沸点而使其彼此分离的方法，分为常压蒸馏、减压蒸馏、水蒸气蒸馏、分馏法等。测定水样中的挥发酚、氰化物、氟化物时，均需在酸性介质中进行常压蒸馏分离；测定水样中的氨氮时，需在微碱性介质中常压蒸馏分离。在此，蒸馏具有消解、分离和富集三种作用。

用于水样预处理的萃取方法有溶剂萃取法、固体萃取法和超临界流体萃取法，下面主要介绍前两种。a. 溶剂萃取法：该方法是基于物质在互不相溶的两种溶剂中分配系数不同，进行组分的分离和富集；b. 固相萃取法：该方法的萃取剂是固体，其工作原理基于水样中欲测组分与共存干扰组分在固相萃取剂上作用力强弱不同，使它们彼此分离。

吸附法是利用多孔性的固体吸附剂将水样中一种或数种组分吸附于表面，再用适宜溶剂加热或吹气等方法将待测组分解吸，达到分离和富集的目的。按照吸附机理可分为物理吸附和化学吸附。物理吸附的吸附力是范德华引力；化学吸附是在吸附过程中发生了化学反应，如氧化、还原、化合、络合等反应。常用于水样预处理的吸附剂有活性炭、氧化铝、多孔高分子聚合物和巯基棉等。

离子交换法是利用离子交换剂与溶液中的离子发生交换反应进行分离的方法。离子交换剂分为无机离子交换剂和有机离子交换剂两大类，广泛应用的是有机离子交换剂，即离子交换树脂。离子交换树脂是一种具有渗透性的三维网状高分子聚合物小球，在网状结构的骨架上含有可电离的活性基团，与水样中的离子发生交换反应。根据官能团不同，可分为阳离子交换树脂、阴离子交换树脂和特殊离子交换树脂。其中，阳离子交换树脂按照所含活性基团酸性强弱，又分为强酸型和弱酸型阳离子交换树脂；阴离子交换树脂按其所含活性基团碱性强弱，又分为强碱型和弱碱型阴离子交换树脂。水样预处理中，最常用的是强酸型阳离子和强碱型阴离子交换树脂。

共沉淀法指溶液中一种难溶化合物在形成沉淀（载体）过程中，将共存的某些痕量组分一起载带沉淀出来的现象。共沉淀现象在常量分离和分析中是力图避免的，但却是一种分离富集痕量组分的手段。共沉淀的机理基于表面吸附、包藏、形成混晶和异电荷胶态物质相互作用等。

（2）不同水质项目测定方法。

总体的监测方法归纳见表 6-2，下面将针对不同水质项目的测定进行详细阐述。

表 6-2 不同水质项目测定方法

类别	具体项目	测定方法
含氮化合物	氨氮 ($NH_3—N$)	纳氏试剂分光光度法
		水杨酸次氯酸盐分光光度法
		气相分子吸收光谱法
		电极法和滴定法
	亚硝酸盐氮 ($NO_2^-—N$)	离子色谱法
		气相分子吸收光谱法
		N-(1-萘基)-乙二胺分光光度法
	硝酸盐氮 ($NO_3^-—N$)	酚二磺酸分光光度法
		镉柱还原法
		戴氏合金还原法
		离子色谱法
		紫外分光光度法
		离子选择电极法
		气相分子吸收光谱法
	凯氏氮	凯氏法
	总氮（TN）	转化为硝酸盐后使用其对应方法测定
磷	总磷（TP）	转化成正磷酸盐后，可使用离子色谱法、钼锑抗分光光度法、孔雀绿磷钼杂多酸分光光度法、罗丹明 6G 荧光分光光度法、气相色谱（FPD）法测定
	溶解性正磷酸盐	
	总溶解性磷	

①含氮化合物。

人们对水和废水中关注的几种形态氮是氨氮、亚硝酸盐氮、硝酸盐氮、凯氏氮和总氮。前四种之间通过生物化学作用可以相互转化。测定各种形态的含氮化合物，有助于评价水体被污染和自净状况。地表水中氮、磷物质超标时，微生物大量繁殖，浮游植物生长旺盛，出现富营养化状态。

a. 氨氮。

水中的氨氮是指以游离氨（或称非离子氨，NH_3）和离子氨（NH_4^+）形式存在的氮，两者的组成比决定于水的 pH。对地面水，常要求测定非离子氨。

水中氨氮主要来源于生活污水中含氮有机物受微生物作用的分解产物，焦化、合成氨等工业废水，以及农田排水等。氨氮含量较高时，对鱼类呈现毒害作用，对人体也有不同程度的危害。

测定水中氨氮的方法有纳氏试剂分光光度法、水杨酸次氯酸盐分光光度法、气相分子吸收光谱法、电极法和滴定法。两种分光光度法具有灵敏、稳定等特点，但水样有色、浑浊和含钙、镁、铁等金属离子及硫化物、醛和酮类等均干扰测定，需作相应的预处理。电极法通常不需要对水样进行预处理，但再现性和电极寿命尚存在一些问题。气相分子

吸收光谱法比较简单，使用专用仪器或原子吸收分光光度计测定均可获得良好效果。滴定法用于氨氮含量较高的水样。

b. 亚硝酸盐氮。

亚硝酸盐氮是氮循环的中间产物。在氧和微生物的作用下，可被氧化成硝酸盐；在缺氧条件下也可被还原为氨。亚硝酸盐进入人体后，可将低铁血红蛋白氧化成高铁血红蛋白，使之失去输送氧的能力，还可与仲胺类反应生成具致癌性的亚硝胺类物质。亚硝酸盐很不稳定，一般天然水中含量不会超过 0.1 mg/L。

水中亚硝酸盐氮常用的测定方法有离子色谱法、气相分子吸收光谱法和 N-(1-萘基)-乙二胺分光光度法。前两种方法简便、快速，干扰较少；光度法灵敏度较高，选择性较好。

c. 硝酸盐氮。

硝酸盐是在有氧环境中最稳定的含氮化合物，也是含氮有机化合物经无机化作用最终阶段的分解产物。清洁的地面水硝酸盐氮含量较低，受污染水体和一些深层地下水中硝酸盐氮含量较高。制革、酸洗废水，某些生化处理设施的出水及农田排水中常含大量硝酸盐。人体摄入硝酸盐后，经肠道中微生物作用转化成亚硝酸盐而呈现毒性作用。

水中硝酸盐氮的测定方法有酚二磺酸分光光度法、镉柱还原法、戴氏合金还原法、离子色谱法、紫外分光光度法、离子选择电极法和气相分子吸收光谱法等。酚二磺酸法显色稳定，测定范围较宽；紫外分光光度法和离子选择电极法可进行在线快速测定；镉柱还原法和戴氏合金还原法操作较复杂，较少应用。

d. 凯氏氮。

凯氏氮是指以基耶达(Kjeldahl)法测得的含氮量。它包括氨氮和在此条件下能转化为铵盐而被测定的有机氮化合物。此类有机氮化合物主要有蛋白质、氨基酸、肽、胨、核酸、尿素以及合成的氮为负三价形态的有机氮化合物，但不包括叠氮化合物、硝基化合物等。由于一般水中存在的有机氮化合物多为前者，故可用凯氏氮与氨氮的差值表示有机氮含量。

凯氏氮的测定要点是取适量水样于凯氏烧瓶中，加入浓硫酸和催化剂(K_2SO_4)，加热消解，将有机氮转变成氨氮，然后在碱性介质中蒸馏出氨，用硼酸溶液吸收，以分光光度法或滴定法测定氨氮含量，即为水样中的凯氏氮含量。直接测定有机氮时，可将水样先进行预蒸馏除去氨氮，再以凯氏法测定。

凯氏氮常被用来评价湖泊、水库等的富营养化状态。

e. 总氮。

水中的总氮含量是衡量水质的重要指标之一。其测定方法通常采用过硫酸钾氧化，使有机氮和无机氮化合物转变为硝酸盐，用紫外分光光度法或离子色谱法、气相分子吸收光谱法测定。

②磷。

在天然水和废(污)水中，磷主要以各种磷酸盐和有机磷(如磷脂等)形式存在，也存在于腐殖质粒子和水生生物中。磷是生物生长必需元素之一，但水体中磷含量过高，会导致富营养化，使水质恶化。环境中的磷主要来源于化肥、冶炼、合成洗涤剂等行业的废水和生活污水。

当需要测定总磷、溶解性正磷酸盐和总溶解性磷形式的磷时，可按图 6-8 所示的预处理方法转变成正磷酸盐分别测定。正磷酸盐的测定方法有离子色谱法、钼锑抗分光光度法、孔雀绿磷钼杂多酸分光光度法、罗丹明 6G 荧光分光光度法、气相色谱（FPD）法等。

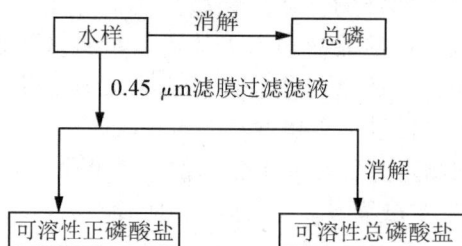

图 6-8　测定磷预处理方法示意图

6.2.2　流域沉积物监测

1. 监测断面与点位选择

（1）根据监测目的与水体水力学特征（如河道地形水流流态等）及功能要求，能反映监测区域沉降物的基本特征；

（2）与现有地表水监测采样垂线相结合；

（3）专用站采样点按监测目的与要求布设；

（4）在本江（河）段上游应设置背景采样断面（点）；

（5）采样断面应选择在水流平缓、冲刷作用较弱的地方，采样点按两岸近岸与中泓布设，近岸采样点距湿岸 2～10 m，如因砾石等采集不到样品，可略作移动，但应做好记录；

（6）布设排污口区采样点时，可在上游 50 m 处设对照采样点，并应避开污水洄流的影响；在排污口下 50～1 000 m 处布设若干采样断面（或半断面）或采样点，亦可按放射式布设；

（7）湖泊、水库采样点布设应与湖泊、水库水质采样垂线一致；

（8）柱状样品采样点应设置在河段沉积较均匀，代表性较好处。

2. 监测规范与注意事项

（1）总体规范。

①采样应先测水深，再表层采样，之后进行柱状采样；

②样品采集应达到规定数量（站位和质量两个方面），并尽量保持原始状态；

③采集的样品一般应及时按规范保存；

④一般沉积物样品每年应采样 1 次，在枯水期进行；悬移质样品可不定期进行，通常在丰水期采集，具体情况应视监测目的与要求确定。

（2）注意事项。

①采样前，采样器应用水样冲洗，采样时应避免搅动底部沉积物；

②为保证样品代表性，在同一采样点可采样 2～3 次，然后混匀；

③样品采集后应沥去水分，除去石块、树枝等杂物，供无机物分析的样品可放置于

塑料瓶(袋)中；供有机污染物分析的样品应置于棕色广口玻璃瓶中，瓶盖应内衬洁净铝箔或聚四氟乙烯薄膜；

④沉积物采样量为 0.5～1.0 kg(湿重)；悬浮物采样量为 0.5～5.0 kg(干重)，监测项目多时应酌情增加；

⑤沉降物样品的采集应与水质采样同步进行。

3. 采样、保存与运输方法

(1)采样方法。

①表层沉积物。

采样的工具通常包括接样盘或接样板(用硬木或聚乙烯板制成)；样品箱，样品瓶(125、500 mL 磨口广口瓶)和聚乙烯袋；塑料刀，勺；烧杯：50、100 mL；其他：记录表格，塑料标签卡，铅笔，记号笔，钢卷尺，橡皮筋，工作日记等。

表层样品采集一般采用蚌式、箱式、多管式、自返式或拖网等采样方法。一般情况下多选用蚌式采样器，大样可选用自返式无缆采样器，对样品有特殊要求(如数量大、原状样等)的调查可选用箱式采样器，当底质为基岩、砾石或粗碎屑物质时，选用拖网。

采取的样品应保证一定数量，沉积物样不得少于 1 000 g，达不到此数量，该站列为空样，调查区内空样站位数不得超过总站位数的 10%。

②底质沉积物。

底质柱状采样常使用重力、重力活塞、振动活塞及浅钻等取样设备进行。底质为基岩或粗碎屑沉积物，不宜柱状采样；采取的样品应及时做好层次标记，上下次序不得颠倒；分割样品时，应注意断面和剖面上样品的完整，防止污染或损坏样品。基本与表层样品采集操作相同。

(2)保存与运输方法。

采集样品后应对现场进行描述，描述项目和内容应简单明了并表格化，描述记录一律用铅笔书写；取样和处理样品时，应注意层次，结构和代表性，所有样品应认真登记、标记，不得混乱。样品描述内容一般包含：颜色(主导基调色在后，附加色在前)、气味(判断硫化氢气味)、厚度、稠度(流动、半流动、软的、致密的与略固结的)与黏性(强黏性、弱黏性与无黏性)。

样品采集后，先取样进行 Eh \ pH 等现场实验室分析，再进行陆地实验室项目分析的样品分装。分装时要求样品瓶(袋)要贴标签，并将样品瓶号及样品箱号记入现场描述记录表内，在柱状样品的取样位置上放入标签，其编号与瓶(袋)号一致。已取好的样品首先要密封、硫化物样品冷藏、总氮总磷冷冻、其他常规项目分析所需样品室温保存即可。

在运输时，要求样品箱应有一定的承载、抗压能力，并有相当的保温效果，能保证样品的完整性，同时可以在较长时间内保证箱内样品保存所需的低温环境。

4. 监测项目与测定方法

所选取的监测项目要能反映区域或河段沉降物基本特征，尽量包含"全国沉降物评价"统一要求的监测项目，对于矿区或土壤地球化学高背景区，应按矿物成分、丰度及土壤背景选测。一般测定项目包括砷、汞、烷基汞、铬、六价铬、铅、镉、铜、锌、硫化物和有机质等，但应主要结合监测目标及进行考虑。不同测定方法应采用国家行业现行标准或相关国际标准。

6.3 河流水生物监测

水生生物是指生活在各类水体中的生物的总称。水生生物种类繁多，有各种微生物、藻类以及水生高等植物、各种无脊椎动物和脊椎动物。其生活方式也多种多样，有漂浮、浮游、游泳、固着和穴居等。有的适于淡水中生活，有的则适于海水中生活。水生生物为人类提供蛋白质和工业原料，有重要的经济价值。同时，水生生物也可作为监测指标，具有重要的环境价值。

以水生生物作为指标，根据生物个体、种群和群落结构变化及生理、生化反应来说明水环境质量的过程。由于生物生存条件和对环境的适应能力不同，生存环境的改变将会引起生物种类、密度和生物形态的变化。水生生物监测就是利用这一特性监测水体的质量。其方法包括采样，计数，种类鉴定，生物量测定，代谢活动率测量，毒性测定、污染物累积和生物放大以及生物数据的整理和解释。

1. 监测断面选择

(1)总体原则。

①应根据调查目的，选择具有代表性的水域布设断面，以获得所需要的代表性样品。例如，在江河中，应在污染源附近及其上下游设断面(或站点)，以反映受污染和未受污染的河段状况。在排污口下游则往往要多设断面(或站点)，以反映不同距离受污染和恢复的程度。对整个调查流域，必要时按适当间距设断面(或站点)。这样，才能获得代表性的生物样品。

②水生生物指标是评价水体水质和生态状况的重要参数，只有与水文、水化学监测指标结合起来进行污染与生物效应的相关分析，才能更全面地评价水环境质量及生态状况。因此，水生微生物监测断面的布设要尽可能与水文、水化学监测断面相一致，以利于时空同步采样，获得相互比对的数据，这样才能更全面地评价水环境质量及生态状况。

③水生生物监测断面布设要有整体观点，从一条河流(河段)，一个湖泊的环境总体考虑，以获得反映一个水体的宏观总体数据，以满足对水体环境综合评价分析的需要。例如，流经城市的河段布设监测断面时，既要了解河流入城市河段前的水生生物状况，又要掌握由于城市排污对水体生态状况的影响，以及水体是否有自净能力等。故其监测断面至少要在河流入城市前、流经城市排污段以及出城市河段布设上、中、下三个断面(即对照断面、污染断面、观察断面)，以便了解流经城市河段的整体情况，为综合评价该城市排污对水环境生态的影响提供依据。

④断面布设方案提出后，要进行优化验证，以期用最少的断面和人力、物力，获得具有最大效益，并有代表性的数据。同时，要尽可能布设在交通方便、采样安全的地段，以保证人身安全和样品的及时运输。

⑤环境监测断面的布设，不仅要考虑反映环境生态现状的需要，而且要考虑长期的趋势分析研究的需要，要为观测环境质量变化趋势、评价环境效益、强化环境管理服务。因此，为获得长期的、连续的、具有可比性的数据，断面布设一经确定，就不能随意改动。

（2）具体选择方法。

①河流系统。

根据河流（河段）流经区域的长度，至少设三个断面，即排污口上游设对照断面，排污口附近（一般在下游 500～1 000 m）设污染断面，排污口下游（一般在下游 1 500 m 以远）设观察断面（或称消减断面），有条件的可增设 1～2 个观察断面。有支流的河流，要在支流流入主河流处设断面（或站），以了解支流的水质状况。受潮汐影响的河流，涨潮时污水有时向上游回溯，设点时也应考虑。每个断面的采样数可视河流宽度而定，宽度在 50 m 以下的河流，在河中心设 1 个采样点；宽度在 50～100 m 的河流设左右 2 个采样点；宽度在 100 m 以上的河流设左、中、右 3 个采样点。因为生物在水体中的分布不论是水平方向还是垂直方向都是有差异的。所以在采样时，要根据水体的具体情况确定采样层次。一般常规生物监测，在江河中，由于水不断流动，上下层混合较快，可不分层采样，在水面下 0.5 m 左右采样即可。

②湖泊、水库。

根据该水体的自然环境和社会环境特点，以获得该水体总体质量状况为基础布设。一般应在下述水域布点（断面）：入湖口区（入库口区）、湖（库）中心区、出口区、最深水区、沿湖（库）边排污口区、湖（库）相对清洁区。

设置好采样断面后，需要设置纵向采样点位。在湖泊、水库中，若水深不超过 2 m，一般可仅在表层（0.5 m 深处）取样，如果透明度很小，可在下层加取一样，并与表层样混合制成混合样；水深 5 m 以内的可在水面下 0.5、1、2、3、4 m 处采样，混合均匀，从中取定量水样。对于透明度较大的深水水体，可按表层、透明度 0.5 倍处、1 倍处、1.5 倍处、2.5 倍处、3 倍处各取一水样，再将各层样品混合均匀后取一样品，作为定量样品。若需了解浮游生物垂直分布情况，不同层次分别采样后，不需混合。

2. 监测规范

一般常规生物监测，每年采样应不少于 2 次，一般在春秋两季进行，若要了解浮游生物周年的变化，则一年四季都要采样，特殊需要，则根据具体情况增加采样次数。采样要尽量在晴朗无风的天气进行。

3. 采样方法

（1）采样工具。

①浮游生物网。

浮游生物网有两种类型，即定性网和定量网，如图 6-9 所示示意图。定性网是由黄铜环及缝在环上的圆锥形筛绢网袋构成，网的末端有一浮游生物集中杯。网本身用尼龙筛绢制成。根据筛绢孔径不同划分网的型号，常用的有 25 号、20 号和 13 号三种规格，其中 25 号网网孔大小为 0.064 mm（200 孔/in），用于采集个体较小的浮游植物；20 号网网孔大小为 0.076 mm（193 孔/in），用于采集一般浮游植物及中小型浮游动物；13 号网网孔大小为 0.112 mm（130 孔/in），用于采集大型浮游动物，如枝角类、桡足类等。定性网的规格见表 6-3。

表 6-3　定性网的类型

定性网型号	小　型	中　型
网口直径/cm	25	40
圆锥体侧面动线长/cm	55	100
集中杯直径/mm	3.5～4	6

定量网与定性网的区别在于，定量网的前端有两个金属环，两环之间有一圈帆布称为附加套，其作用在于减少浮游生物的流失。除此之外，定量网的网身比定性网长些，网口略小些，其他材料都与定性网相同，定量网也有两种规格，见表 6-4。

表 6-4　定量网的类型

定量网型号	小　型	中　型
网口(上环)直径/cm	10.8	20
附加套圆锥体侧面动线长/cm	15	38～40
圆锥体侧面动线长/cm	40	100
大环直径/cm	25	40
集中杯直径/mm	4	6

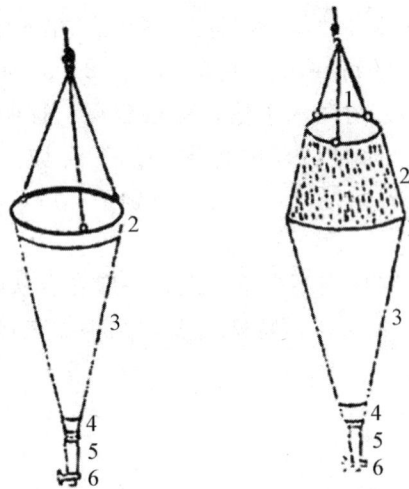

（a）浮游生物定性网　　（b）浮游生物定量网

注：1—金属环；2—帆布；3—筛绢；4—帆布；5—浮游生物集中杯；6—活栓。

图 6-9　浮游生物网

②采水器。

采水器系由金属、塑料或有机玻璃制成的盛水器，具有一定的容积，有的可自动关闭。采水器种类很多，而且也没有统一起来。常用的有以下几种：a. 瓶式采水器：又称采水瓶，是用容量为 1 L 的广口瓶制成的，其制作方法是在广口瓶的瓶底附加一重量约 1 500 g 的铅块或铁块，以铁丝绕紧，使瓶子可以沉入水中，瓶中加橡皮塞，塞上穿三个孔，一个插入温度计；一个插入一根较长的玻璃管，管的下端接近瓶底，为进水管；另一个插入一根短玻璃管，其下端恰好在橡皮塞的下端，为排气及出水管。两根玻璃管的上端，均露出橡皮塞上3 cm左右。用一根长约25 cm，口径与玻璃管几乎相吻合的橡皮管将两根玻璃管连接起来，接于出水管的一端要扎紧，以免脱落，接于进水管的一端要松一些，并在橡皮管的一端系上一根小绳，以便采水时可以拉脱橡皮管，使水样流入瓶中。作为进出水玻璃管的口径，最好在10 mm以上，这样进水较快，较大的浮游动物也不易逃遁。在采水瓶上，用粗铁丝做一个环，系上一根粗线绳，线绳上做好尺度标记。采水样时，将瓶塞塞紧，在进水管外用水沾湿，将橡皮管轻松地套上后，手持粗绳，将瓶沉入水中，根据尺度标记，至需要采水的深度，轻拉小绳，使橡皮管与进水管脱开，水便从进水管流入瓶中，瓶中空气从排气管排出，3～5 min后，待温度稳定，将瓶提起，先记录水温，水样可由出水管倒出。倒水时，瓶内的长玻璃管口朝上，水才可顺利倒出。瓶式采水器，制作简单，使用方便，但采水深度不大，一般只适于5 m深度以内的水体。

水生-81型有机玻璃采水器为圆柱形，由有机玻璃制成，如图6-10所示。此采水器的上下底面均有活动门，使用时先夹住出水口橡皮管，将采水器沉入水中，活动门则自动打开，水即自动进入，沉入哪一层就采哪一层的水样。采水的深度可通过拉绳上的尺度标记来确定。当采水器沉入所需深度时，即可上提拉绳，上盖和底部活动门会自动关闭。提出水面后，不要碰及下底，以免水样漏出。采水器的内壁上有温度计，可同时测知水温。此采水器有1 000、2 500 mL等各种容量的型号，目前较为常用。

③透明度盘。

透明度盘是一直径20 cm的圆形铁盘，上面依中心平分为四个部分，以黑白漆相间涂漆，下面中心有一铅锤，如图6-11所示。用时，将盘在背光处放入水中，逐渐下沉，至刚好不能看见盘面的白色时，记取其深度就是水的透明度。观察须反复2～3次，透明度以cm为单位。

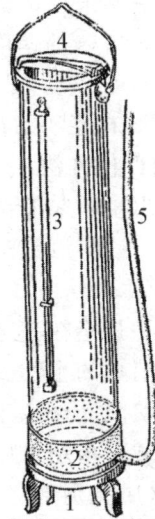

注：1—进水阀门；2—压重铅圈；
3—温度计；4—溢水门；5—橡皮管。

图6-10 有机玻璃采水器

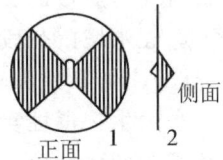

图6-11 透明度盘

(2)采样方法及采样量。

①定性样的采集。

用浮游生物定性网(根据采集目的选择不同型号的网，一般可用25号网)在选定的采样点于水面和0.5 m深处以每秒20～30 cm的速度作"∞"形循回缓慢拖动，时间为5～10 min(视生物多寡而定)。较大的水体(如湖泊、水库)采样时，可把浮游生物网拴在船尾，以慢速拖曳，时间一般为10～20 min。水样采好后，将网从水中提出，待水滤去，轻轻打开集中杯的活栓，放入贴有标签的标本瓶中，以备室内分类鉴定之用。

②定量样的采集。

采集定量样可用采水器和定量网，常用的是采水器。采集水样的量要根据浮游生物的密度和研究的需要而定。一般来说，浮游生物密度低采水量就要多。对于藻类，一般采水 1~2 L；对原生动物、轮虫及未成熟的微小甲壳动物，采水 1~5 L；成熟的甲壳动物则要 10~50 L。

如用定量网采集定量水样，可选择适当型号的网，放入距水底 0.5 m 处，然后垂直上拖，以 0.5 m/s 的速度拖取，所采水样的体积可按下列公式推算出来：

$$水样体积 = r^2 \times H \tag{6-3}$$

式中，r 为网口半径；H 为拖取的深度。

4. 监测评价方法

利用水生生物来监测水环境质量状况的方法较多，如指示生物法、群落结构法、生物毒性实验、残毒测定法、细菌学检验法、发光细菌毒性检测法等。

(1)指示生物法。

指示生物是指在一定的水环境中生活，当水环境质量发生变化时便敏感地呈现出受害症状甚至消亡的生物。观察和测定指示生物个体和种群的变化，可以比较准确地判断出环境质量状况。珠江流域水环境监测中心在珠江三角洲水质生物监测方法研究中，明确提出该水域可指示水质的 10 种底栖动物，尝试了用指示生物结合《地表水环境质量标准》的 5 个水质类别判定各水域的水环境质量，同时选用 50 种藻类，根据藻类出现的种类及密度和相应的水质类别，找出相关关系，推断水域的水质。

(2)群落结构法。

群落结构指存在于自然界一定范围(或地域)内互相依存的一定种类的动物、植物和微生物的组成。根据水生生物的种类和数量等群落特征可以判断水体的污染情况，科学工作者在这方面积累了大量的资料。马正学等依据藻类群落的生态特征，利用生态学的多种方法和藻类的各项指标对黄河兰州段的水质进行了分析和评价；王旭和朱根海等根据南麂列岛附近潮间带的底栖藻类生态监测结果，探讨了该区域藻类的生态种群、密度、形状与环境质量的关系，实现了对该地区的监测目的。隋战鹰根据浮游藻类种群特征评价了珠江水域广州段水质。

(3)生物毒性实验。

水生生物毒性实验材料包括鱼类、藻类等，其中以鱼类的实验应用较广泛。鱼类对水环境的变化反应十分灵敏，当水体污染物达到一定浓度或强度时，就会引起一系列中毒反应。鱼类毒性实验主要目的是寻找某种毒物或工业废水对鱼类的半致死浓度或安全浓度，为制定水质标准和废水排放标准提供科学依据，同时评价水体的污染程度，监测水处理效果和水质达标情况等。

(4)残毒测定法。

生物从环境中吸收各种污染物质，经过体内迁移、转化和再分配，以残毒形式蓄积在生物体内。生物体内的残毒含量往往比周围环境中的相应含量高好多倍。测定生物体内的残毒含量，可判断水体受污染状况。

(5)细菌学检验法。

细菌能在各种不同自然环境中生长。地表水、地下水，甚至雨水和雪水都含有多种

细菌。当水体受到人畜粪便、生活污水或某些工农业废水污染时，细菌大量增加。因此水体细菌学检验，特别是肠道细菌检验，在卫生学上具有重要意义。

（6）发光细菌毒性检测法。

发光细菌实验是环境样品毒性检测的生物测试技术，并已被列入德国国家标准（DN 38412）和国际标准（ISO 11348）。毒性是一项综合的生物学参数，它可衡量样品对活体生物所产生的影响，不能以化学分析方法进行测定，而其他生物测试方法，如鱼类实验、浮游动物实验、藻类实验等则较为复杂，且必须使用高等生物进行实验，从而引起众多的争议。发光细菌测试使用了具有发光特性的天然微生物，而毒性物质则将抑制发光，且毒性越强，光抑制越明显，发光细菌本身没有危害性，这一方法经研究被证实具有快速、简便的特点，同时有很好的灵敏度和可靠性。

（7）生物标志物技术。

生物标志物技术是环境科学、环境化学、生物学与毒理学共同发展的成果，在目标上体现水环境预警和风险评估功能，在过程中充分运用环境工程技术科学选择研究对象，运用环境化学分析痕量污染物浓度，运用生物学与毒理学进行生理分析与毒性分析，评估生态系统的安全。当前，广泛开展的生物标志物技术研究主要以水生动物（底栖生物、鱼类）和水生植物为研究对象，采用生物体对化学品的富集程度指标。

由于生物监测总体来说是用于群体评价的，在整个监测程序中，均需要使用统计学方法，如指标的敏感度、特异度和预测值等，单因子分析方法与类比分析方法计算简单，在生物标志物监测中应用较多。作为多变量分析的技术手段，主成分分析法、综合指数法近年来也逐步应用于分子生物标志物的研究中。

（8）生物传感器。

随着科技的发展，以及各学科的融合交叉，以 DNA 重组技术为标志的现代生物技术正被利用到环境监测领域，构成了现代生物监测技术。在环境监测领域，现在广泛使用的生物监测技术主要是将生物反应转化为电信号的生物传感器。

生物传感器是将生物感应元件与能够产生和待测物浓度成比例的信号传导器结合起来的分析装置。新近开发的 DNA 生物传感器由固定已知核苷酸序列单链 DNA（也称之为 ssDNA 探针）的电极（探头）和换能器两部分组成。由于核酸分子杂交的高度特异性及检测方法的高度灵敏性，使得核酸分子杂交技术广泛应用于对环境中微生物的检测，定性、定量分析它们的存在、分布、丰度和适应性等。总的来说，目前国内在分子生物学监测方面的研究刚刚起步，实际应用还需进一步探索。

（9）在线生物监测。

近年在生物毒性试验基础上发展起来的水质在线生物监测或生物早期警报系统，是将活生物置于监测室内，建立生物信号检测系统，根据生物个体的异常生理或行为变化警报污染事件，主要用于监测污染物毒性在短期内的变化。在线监测可以对水质进行连续 24 h 不间断监测，对水质的突变快速做出响应，从而及时采取应对措施，将危害降到最小。

小知识

现代监测技术——自动实时监测

水污染连续自动监测系统的组成：水污染连续自动监测系统是由一个监测中心站、若干个固定监测站(子站)和信息、数据传递系统组成。中心站的任务与空气污染连续自动监测系统相同。水污染连续自动监测系统包括地表水和废(污)水监测系统。各子站装备有采水设备、水质污染监测仪器及附属设备，水文、气象参数测量仪器，微型计算机及无线电台。其任务是对设定水质参数进行连续或间断自动监测，并将测得数据作必要处理；接受中心站的指令；将监测数据作短期贮存，并按中心站的指令，通过无线电传递系统传递给中心站。采水设备由网状过滤器、泵、送水管道和高位贮水槽等组成，通常配备两套，以便在一套停止工作清洁时自动开启备用的一套。采水泵常使用潜水泵和吸水泵，前者因浸入水中而易被腐蚀，故寿命较短，但适用于送水管道较长的情况；吸水泵不存在腐蚀问题，适合长期使用。采水设备在微机控制下可自动进行定期清洗。清洗方式可用压缩空气压缩喷射清洁水、超声波或化学试剂清洗，视具体情况选择或结合使用。水样通过传感器的方式有两种：一种是直接浸入式，即把传感器直接浸入被测水体中；另一种是用泵把被测水抽送到检测槽，传感器在检测槽内进行检测。由于后一种方式适合于需进行预处理的项目测定，并能保证水样通过传感器时有一定的流速，所以目前几乎都采用这种方式。

子站布设及监测项目：对水污染连续自动监测系统各子站的布设，首先也要调查研究，收集水文、气象、地质和地貌、污染源分布及污染现状、水体功能、重点水源保护区等基础资料，然后经过综合分析，确定各子站的位置，设置代表性的监测断面和监测点。关于监测断面和监测点的设置原则和方法与前文介绍的原则和方法基本相同。许多国家都建立了以监测水质一般指标和某些特定污染指标为基础的水污染连续自动监测系统。需与水质指标同步测量的指标有水文、气象参数有水位、流速、潮汐、风向、风速、气温、湿度、日照量、降水量等。废(污)水自动监测系统建在大型企业内，连续监测给水水质和排水中主要污染物质的浓度及排水总量，以对其进行污染物排放总量控制。水污染连续自动监测系统目前存在的主要问题是监测项目有限；监测仪器长期运转的可靠性尚差；经常发生传感器玷污、采水器和水样流路堵塞等故障。

现代监测技术——遥测技术

遥感监测就是用仪器对一段距离以外的目标物或现象进行观测，是一种不直接接触目标物或现象而能收集信息，对其进行识别、分析、判断的更高自动化程度的监测手段。它最重要的作用是不需要采样而直接可以进行区域性的跟踪测量，快速进行污染源的定点定位和污染范围的核定(如海洋石油污染、水域热污染等)，以及生态环境状况调查等。对环境污染进行遥感监测的主要方法有摄影、红外扫描、相关光谱和激光雷达探测。

摄影遥感技术：摄影机是一种遥感装置，将其安装在飞机、卫星上对目标物进行拍照摄影，可以对土地利用、植被、水体污染状况等进行监测。其原理是因上述

目标物或现象对电磁波的反射特性有差异，用感光胶片感光记录就会得到不同颜色或色调的照片。

　　红外扫描遥测技术：地球表面的各种受监测对象具有不同的温度，其辐射能量随之不同。温度越高，辐射功率越强，辐射峰值的波长越短。红外扫描技术就是利用红外扫描仪接受监测对象的热辐射能，转换成电信号或其他形式的能量后，加以测量，获得它们的波长和强度，借以判断不同物质及其污染类型和污染程度。例如，水体热污染、石油污染情况，森林火灾和病虫害，环境生态等。

　　3S技术：3S技术是指遥感(RS)、全球定位系统(GPS)和地理信息系统(GIS)技术。卫星遥感技术可以连续、大范围对不同空间的环境变化及生态问题进行动态观测，如海洋等大面积水体污染、大气中臭氧含量变化、环境灾害情况、城市生态及污染等。全球定位系统可提供高精度的地面定位方法，用于野外采样点定位，特别是海洋等大面积水体及沙漠地区的野外定点。地理信息系统是一种功能强大的对各种空间信息在计算机平台上进行装载运送、处理及综合分析的工具。三种技术相结合，形成了对地球环境进行空间观测、空间定位及空间分析的完整技术体系，为扩大环境监测范围和功能，提高其信息化水平，以及对环境突发灾害事件的快速监测、评估等提供了有力的技术支持。

6.4　流域植被和土壤监测

　　在治理流域污染时，常常发现，如果只关注水体中的污染情况，达不到预期的治理效果。后来逐渐在研究中发现，流域陆域中的污染情况，特别是岸边带等的污染情况，对流域水体中的污染带来很大的影响。除了多要素监测，流域研究通常还涉及多介质监测。特别是，除了对流域水域情况进行监测，还需要对陆域情况进行监测。这部分简要介绍植被和土壤监测方法。

6.4.1　植被情况监测

1. 监测样地的选取

样地的选择应遵循如下准则：

（1）具有代表性和典型性。由于监测样地会成为相当长的时间内的某类植被乃至某生态系统的重要监测样本，因此监测样地应具有代表性和典型性，能代表该地段植被类型的典型特征。

（2）能够实现研究的目标和要求。样地的选择需要根据研究的目的要求来确定，不同的监测目的对样地设置的要求也不同。比如，要考虑消落带对植被的影响，则选取的样地需要在消落带内，并且还有能够控制变量的对照样地。

（3）具有操作便利性。由于监测工作会耗费大量的人力物力，因此设置监测样地要充分考虑到监测工作的长期顺利开展，尽可能减少监测人员到达监测样地和工作的难度。

（4）具有稳定性。设置的监测样地应具有稳定性，在一定的时间内不会由于自然的或人为的原因而发生重大变故或消失。

选定样地后，需要设置样方，样方设置通常有点状取样法和等距取样法两种方法。点状取样法中常用的为五点取样法，当调查的总体为非长条形时，可用此法取样。在总体中按梅花形取 5 个样方，每个样方的长和宽要求一致。这种方法适用于调查植物个体分布比较均匀的情况。当调查的总体为长条形时，可用等距取样法，先将调查总体分成若干等份，由抽样比率决定距离或间隔，然后按这一相等的距离或间隔抽取样方的方法。

2. 监测规范与注意事项

植被监测一般应选择在植物生长期的末期或是植物休眠期进行，以避免由于调查活动对植物生长状况产生影响，同时应该尽量避开多雨季节。植被监测的频率应根据监测对象、目的、指标来确定，对于变化较快的指标，监测的间隔时间可以更短一些，例如 1~2 年；对变化较慢的指标，监测的间隔时间应更长一些，监测周期可为 3 年或 5 年，具体视监测的植被特点和监测目标而定。此外对于长期监测，对样地的维护也十分重要。

3. 监测评价方法

通常而言，用于植被监测评价的指标包括密度、多度、盖度、频度、显著度等。密度是指单位面积上某植物种的个体数目，通常用计数方法测定，可依据如下公式估测：

$$M_i = N_i / S \tag{6-4}$$

式中，M_i 为第 i 个样方中的物种密度；N_i 为第 i 个样方中记录的个体数；S 为样方面积。

平均密度估算如下：

$$\overline{M} = \sum_{i=1}^{n} M_i / n \tag{6-5}$$

式中，$\overline{M}$ 为监测区域内平均密度，n 为样方总数。

多度指在样地范围内各植物种植株的数量，也就是群落中每一个种的个体数目，可以用绝对个体数量表示，也可以用相对多度即某种植物在所有植物中占的比率表示。确定多度有直接点数和目测估计法。

物种频度是指某一植物物种在样地总数中的出现率，其估算公式如下：

$$f = n_i / n \tag{6-6}$$

式中，f 为物种在监测区域的出现频度；n_i 为物种出现的样方数；n 为样方总数。

盖度一般分为投影盖度与基盖度，投影盖度指植物枝叶覆盖的面积，基盖度指植物基部覆盖的面积。其通常用百分比表示，计算公式如下：

$$C_r = \frac{C_i}{S} \times 100\% \tag{6-7}$$

式中，C_r 为种盖度；C_i 为样方内某种植物的投影面积；S 为样方的水平面积。

6.4.2 土壤情况监测

1. 监测点位选取

土壤布点的两个要素是布点方法和布点密度。布点方法分为采样单元的选定与单元内的采样两个步骤。

采样单元的选定方法主要有随机采样法、系统网格法、分区随机布点法，如图 6-12 所示，不同方法的优缺点介绍如下。

(1)随机采样法在理论上是最好的采样方法，但往往会有某些点位过于集中，造成一定的浪费，所以在土壤监测中已很少使用。

(2)系统网格法是应用较多的布点方法，尤其是对农田土壤采样，其设计较为简单，但在统计学上有一定的缺陷，例如在污染物分布呈周期性变化时会带来系统偏差。

(3)分区随机布点法是根据收集的资料，如果监测区域内的土壤有明显的几种类型，则可将区域分成几块，每块内污染物较均匀，块间的差异较明显，然后将每块作为一个监测单元，在每个监测单元内再随机布点，在正确分块的前提下，分块布点的代表性比简单随机布点好，如果分块不正确，分块布点的效果可能会适得其反。

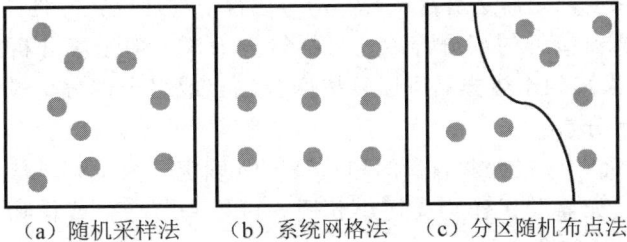

（a）随机采样法　　（b）系统网格法　　（c）分区随机布点法

图 6-12　采样单元的选定方法

单元内的采样方法主要有梅花形采样法、对角线采样法、蛇形采样法、网格采样法、同心圆(放射状)采样法，如图 6-13 所示。

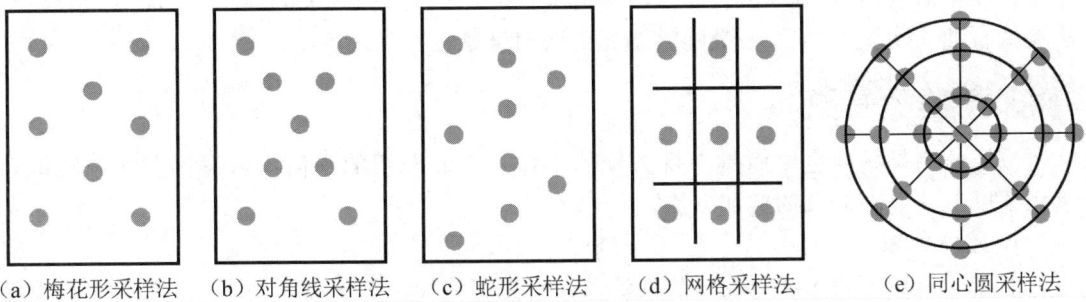

（a）梅花形采样法　（b）对角线采样法　（c）蛇形采样法　（d）网格采样法　（e）同心圆采样法

图 6-13　单元内采样方法

(1)梅花形采样法适合于面积小，地势平坦的地块，其因为布点形似梅花而得名。

(2)对角线采样法适用于面积较小，地势平坦的废(污)水灌溉或污染河水灌溉的田块，具体方法是由田块进水口引以对角线，在对角线上至少分五等分，以等分点为采样点。

(3)蛇形采样法适合于面积较大，地势不很平坦、土壤不够均匀的地块，布设采样点数目较多的情况。

(4)网格采样法适用于地形平缓的地块，具体操作方法是将地块划分成若干均匀网格方状，采样点设在两条直线的交点处或方格的中心，农用化学物质污染型土壤、土壤背景值调查用这种方法。

(5)同心圆(放射状)采样法适用于大气污染土壤，以大气污染源为中心，向周围画射线，在射线上布设采样分点，在主导风向的下方向适当增加采样分点之间的距离和分点数量。

2. 监测注意事项

(1)布点密度上，可根据监测区域面积的大小，按以往的经验布点。根据测定结果(主要是样品的变异程度，即样品之间的差异大小、分散程度，一般变异程度越高，所需样品数越多)，再评价采样密度，如果不能满足统计需要，要重新补采样品。实际工作中土壤布点数量还要根据调查目的、调查精度和调查区域环境状况等因素确定。一般要求每个监测单元最少设 3 个点。

(2)采样深度方面，不同监测目的采样深度不同，一般性监测采样深度只需达 20～40 cm，如要了解土壤污染深度，则需达潜水区(约 2 m)或视情况而定，并且注意对金属污染的监测必须将与金属取样器接触的部分弃取。采样量方面，一般土壤分析的采样量要求采集 1～2 kg，对于多点采集的土壤样品可反复按四分法弃取多余部分，最后留下分析所需的样品带回实验室进行分析。

(3)采样时间方面，应根据调查目的和污染特点确定，为了解土壤污染状况，可随时采集样品进行测定，如需掌握作物受污染状况，可依季节变化或作物收获期采集，一年中在同一地点采样两次进行对照。

3. 监测项目及测定方法

通常的监测项目包括 pH、镉、汞、铅、铜、锌、总铬、砷、镍、水分、石油类以及氰化物。通常用电位法测 pH，电感耦合等离子体原子发射光谱法测量镉、铅、铜、锌、总铬、镍，微波消解/原子荧光法 HJ 测量汞、砷，重量法 HJ 测量水分，5A 分子筛吸附法测量石油类物质，异盐酸-吡唑啉酮比色法测量氰化物。

6.5 流域监测案例

流域监测是一项重要而具有挑战性的工作，下面介绍的黑河流域案例监测系统综合运用了以上几节中涉及的监测方法。

1. 监测流域

监测的流域为我国第二大内陆河流域——黑河流域，流域面积约 12.87 万 km^2，位于 $97°24'～102°10'E$，$37°41'～42°42'N$，包括高山冰雪带、森林草原带、平原绿洲带及戈壁荒漠带等不同的景观类型。黑河流域是我国内陆河流域研究的基地，具有良好的研究基础、完备的观测系统和丰富的数据积累。

2. 监测目标

监测的总体目标为对黑河流域开展航空—卫星遥感—地面观测同步试验，为发展流域科学积累基础数据，发展能够融合多源遥感观测的流域尺度陆面数据同化系统，为实现卫星遥感对流域的动态监测提供方法和范例。

监测以精细观测水循环及与之密切联系的生态过程和其他陆面过程为主要对象，以加深对这些过程的观测、理解和模拟为目标。通过这次试验，将有望加深对流域尺度和更大尺度上的水循环机理和水资源转化规律的认识，同时也将对管好水，用好水，实现流域水资源、土地资源与其他自然资源的可持续利用发挥的重要作用。

3. 监测系统布置

监测系统拟观测的变量划分为 5 类，分别是水文与生态变量、驱动数据、植被参数、

土壤参数和空气动力参数，在参考现有陆面过程模型和水文模型的数据需求的基础上，制订了观测方案。例如表 6-5 展示了部分监测系统选取的变量指标、对应监测方法以及对监测中航空遥感、卫星遥感或地基遥感分辨率的需求以及遥感观测的精度。

表 6-5　系统测量部分变量及其地面与遥感观测方法与要求（摘自李新等人）

变量组	变量名称	地面观测方法	遥感观测方法	遥感分辨率需求		遥感观测精度
				空间	时间	
水文变量与其他陆面过程变量	降水	雨量筒	双偏振多普勒雷达	250 m	10 min	80%
	蒸散发	涡动、微气象、Lysimeter	可见光/近红外、热红外、激光雷达	5～100 m	逐日	80%
	径流	径流场、水文断面	N/A			
	地表温度	红外温度计	热红外	10～500 m	2 次/天	1～2 K
模型驱动变量	降水	雨量筒	双偏振多普勒雷达	250 m	10 min	80%
	气温	自动气象站	N/A			
	大气压	自动气象站	N/A			
	长波向下辐射	辐射表	热红外	10～100 m	2 次/天	90%
植被参数	植被类型	实地调查				
	冠顶高度	测高仪、HemiView 林地冠层数字分析系统	激光雷达	1～5 m	逐旬至月	20 cm
	植被覆盖度	照相法、目视法	可见光/近红外	5～30 m	逐旬	85%
土壤参数	土壤质地	沉降法、比重法、粒度分析仪	高光谱（探索性）	5～30 m	1 次	65%
	土壤深度	剖面	N/A			
	土壤反射率（可见光）	光谱仪	可见光	5～100 m	逐旬	85%
	有机质含量	干烧法、比色发	高光谱（探索性）	5～30 m	1 次	80%
空气动力参数	动力粗糙度	梯度＋涡动组合法	激光雷达、可见光/近红外	5～30 m	1 次/季	10 cm
	热力粗糙度	梯度＋涡动组合法	N/A			
	零位移高度	梯度＋涡动组合法	激光雷达、可见光/近红外	5～30 m	1 次/季	10 cm

对于传统上可用遥感观测或估算的水循环分量，如蒸散发、雪水当量、雪盖面积、土壤水分等，将立足于利用新型的传感器进一步提高其观测或反演精度；对于传统上被忽略的水文分量，如林冠截留、树干径流等，将尝试利用激光雷达等新兴观测手段获取更详尽的相关参数，以提高对这些水文分量的估计精度。陆面过程和分布式水文模型中的部分参数也利用了遥感手段观测。

监测系统布置了加密的地面同步观测、通量和气象水文观测、降雨、径流及其他水文要素观测网络；使用了5类机载遥感传感器，分别是微波辐射计、激光雷达、高光谱成像仪、热红外成像仪和多光谱CCD相机；获取了丰富的可见光/近红外、热红外、主被动微波、激光雷达等卫星数据。

航空—卫星—地面同步试验在4个尺度上展开，在不同尺度上采用了不同的观测策略。

(1)流域尺度：覆盖全流域，以卫星遥感为主要的观测手段。

(2)重点试验区：综合考虑内陆河流域的主要水文过程，选择具有代表性的区域开展观测。

(3)加密观测区：为重点试验区内的一些代表性小流域或灌区，除航空—卫星—地面同步观测外，将对无法从遥感获取的其他水文、生态和大气状态变量也开展系统的加密观测。

(4)观测小区：开展地面同步试验和加密观测，在部分观测小区内，将设立长期运行的通量站、气象站或水文站。

小知识

流域整体观测系统

中国科学院于1988年决定，在众多的生态系统长期定位观测研究站(即生态站)的基础上建设中国生态系统研究网络(CERN)。生态站是CERN的基本单元，承担环境要素、生态过程的监测及生态系统结构与功能的研究以及优化模式的构建与示范等方面任务。CERN现由中国科学院所属的，分布于全国各主要生态类型区、代表性较强且具有较好工作基础的36个生态站、5个分中心和1个综合中心组成。CERN有5个学科分中心——水分分中心、土壤分中心、大气分中心、生物分中心和水域生态系统分中心。从1998年开始，CERN的每个生态站，严格按照CERN监测指标体系和操作规范，针对其代表性生态系统，按规定的时间频度和监测范围，监测和分析水分、土壤、大气、生物4个学科大类的近300个监测项目，每年每站积累约10万个数据，同时，各站还要开展大量的长期试验和根据课题需要开展许多中短期试验，积累大量科学试验数据，为众多科学研究奠定了基础。

国外也有着众多的整体观测系统，如美国国家生态观测网络NEON(The National Ecological Observatory Network)，其由美国国家科学基金委员会(NSF)于2000年提出建立，用于收集有关生态响应变化及地圈、水圈和大气圈之间反馈的数据。NEON是大陆尺度针对关键生态问题的生态观测系统，覆盖整个美国大陆(包括阿拉斯加)，以及夏威夷和波多黎各。其目的是为发现、理解和预测气候变化、土地利用变化和生物入侵对大陆尺度生态的影响提供观测平台，采集和集成有关气候变化、土地利用变化和入侵生物对自然资源和生物多样性影响的数据。又如德国陆地环境观测站TERNO(Terrestrial Environmental Observatories)，其由Helmholtz国家研究中心联合会于2008年发起创建。TERNO的总体目标是长期观测气候变化和全球变化对德国陆地系统的影响。再如澳大利亚陆地生态系统研究网络 TERN(Terrestrial Ecosystem Research Network)，其由 DIISR(Department of Innovation，Industry，Science and Research)于 2009 年在国家合作研究设施战略(NCRIS)和昆士兰州政府的支持下创建。其包括土地覆被/利用、国家尺度样地、海岸带生态系统观测设施、长期生态学研究网络、通量观测网、土壤和景观网格、澳大利亚样带网、大样地网络、生态系统模拟和尺度推绎设施、数据发现端口、生态信息平台和澳大利亚生态分析与综合中心。

流域自动观测系统

建立流域自动观测系统可以大大减少人力成本的投入，提高流域监测的效率，降低观测的误差，获取大量的数据。我国较为典型的流域自动感测系统为"黑河流域生态水文传感器网络"。其是在黑河上游八宝河流域和中游盈科灌区，以无线传感器网络为纽带，高效集成流域尺度内密集分布的、多源异构传感器的各种气象、水文及生态观测项目，建立的自动化、智能化、时空协同的、各观测节点远程可控的生态水文传感器综合观测网络。其可以全面提高流域水文生态过程的综合观测能力和观测自动化水平。整个"黑河流域生态水文传感器观测网络"分为三层架构，第一层为中国科学院寒区旱区环境与工程研究所数据中心和三维可视化显示终端；第二层为区域数据汇聚中心，包括上游八宝河流域数据汇聚中心和中游张掖数据汇聚中心；第三层为各区域观测节点，包括气象、水文、生态多种观测要素组合的异构传感器节点，主要负责采集数据。

【思考与习题】

1. 流域监测中常涉及的监测要素有哪些？具体监测方法有哪些？
2. 集中式生活饮用水地表水源地一级保护区应采用什么水质标准？
3. 可用于流域监测的整体观测网络有哪些？基本构成是什么？
4. 论述我国水环境水质标准存在的问题。

第 7 章　流域系统调研及评价方法

导读：

　　流域环境调研和评价，是以按照一定的标准和方法，对水文、水质、生态要素进行定性或定量分析，以了解和掌握流域现状和外部影响，为流域环境保护和水资源规划管理提供科学依据。

　　本章的知识采集点包括：

　　1. 流域污染源调查的基本程序及内容。

　　2. 常用的水质评价方法。

　　3. 学习如何进行水质趋势分析。

7.1　流域污染源分类及调查原则

1. 污染源分类

　　污染源指污染物的发生源，是指向环境排放有害物质或者产生有害影响的场所、装置或设备。按照不同的标准可以对污染源进行不同的划分。

　　(1) 按照污染产生的几何形状，可以分为点源污染与非点源污染(包括面源与线源)。点源污染指有固定排放点的污染源，例如有规律排放的工厂排污管或者集中生活污水排放管。非点源污染指没有固定排放点的污染源，是指溶解和固体的污染物从非特定的地点，在降水或融雪的冲刷作用下，通过径流过程而汇入受纳水体(包括河流、湖泊、水库和海湾等)并引起有机污染、水体富营养化或有毒有害等其他形式的污染，例如漏水的污水管、城中村或分散村落产生的污水，降雨后带来的地表径流污染等。非点源污染具有分散、难以监控、难以用排放标准衡量的特点。非点源污染与点源污染具有如下区别：①非点源污染源的数量变化大，可达到量级的变化，而点源污染源的数量基本稳定；②非点源污染的影响通常在下雨后流量增大时会显现出，而点源污染通常在流量较小时带来较大影响；③点源污染的控制较为简单，而控制非点源污染源需要各方面的措施支持，如良好的土地经营管理方法、未开发区的自然保护、城市建筑群的控制、城市雨水管理等。

　　(2) 按照污染产生的性质，可以分为自然污染源与人为污染源。自然污染源包括火山灰、放射性物质、闪电产生的氧化物等。人为污染源又可以细分为工业污染源、农业污染源、生活污染源与交通污染源。工业污染源主要包括工业废水、废液等的排放；农业污染源主要来源于农药化肥的施用、农业废物的排放、水产养殖与禽畜饲养业、土壤流失等；生活污染源主要来源于生活污水、生活垃圾；交通污染源主要来源于直接排放的用于清洗车船的作业污水、车船油气的泄露和汽车尾气中污染物的干湿沉降。人为污染源产生的污染频率高、数量大，污染物种类多、危害深，是造成流域水污染的主要原因，

在人为污染源中工业污染源又是主导的污染源。

（3）按照污染物的性质，可以分为物理性污染源、化学性污染源和生物性污染源。物理性污染源有放射性物质、热能污染等。化学性污染源有农药污染、药品污染等。生物性污染源有病毒细菌、寄生虫污染等。

（4）按照运动特性，可以分为固定源和移动源。固定源有污水排放口、渗水井等。移动源有汽车、轮船等。

（5）按照污染排放的时间或者作用时间的长短，可以分为连续性污染源、间歇性污染源和瞬时污染源。连续性污染源指每时每刻不停歇地向环境中排放污染的源头，例如污水河渠的渗漏、连续生产工厂的排污管；间歇性污染源指昼夜时断时续或呈季节性不连续地向环境排放污染物的污染源，例如固体废物淋溶液、不连续生产工厂的排污管；瞬时污染源指向环境中排放污染的时间短暂的排污源，例如排污管的短时渗漏、工厂事故排放。

（6）水污染源根据污染物产生的位置可以分为内源与外源。一般来说，外源污染包括点源与非点源污染（前文已做基本介绍，此处进一步补充），污染物从外部进入水体。内源污染则是污染物从水体内部产生。

非点源是指分散或均匀地通过岸线进入水体的废水和自然降水通过沟渠进入水体的废水。非点源污染源主要包括城镇排水、农田排水和农村生活废水、矿山废水、分散的小型禽畜饲养场废水，以及大气污染物通过重力沉降和降水过程进入水体等所造成的污染废水。非点源主要分为农业非点源污染与城市径流污染。①农业非点源污染是指在农业生产活动中，氮素和磷素等营养物质、农药、重金属以及其他有机和无机污染物质、土壤颗粒等沉积物，从非特定地点，以不同的形式对大气、土壤和水体等环境形成污染，尤其是通过农田地表径流和地下渗漏造成的污染，包括农药化肥污染、养殖业污染、农膜污染、焚烧秸秆污染、居民生活污染和农村生活垃圾造成的固体废弃物污染等。其主要特点包括面广、分散、隐蔽、源多、增长快、处理率低。②城市径流污染是指地表沉积物与大气沉降物等在降雨的淋溶与冲刷作用下，扩散性进入水体，造成城市水环境质量下降的过程，它包括输入（污染物集、聚）、转化（污染物冲刷）、输出（污染物输送）三个子系统。由于我国城镇化进程的加速，城市人口的大量增加，人民生活水平的提高和生活方式的变化，城市建设对地表状况的改变，不透水面积的增加，城市非点源污染已经成为影响水环境的主要污染来源之一。

点污染源，主要指工业废水及城市生活污水。工业废水主要的危害主要在于废水中污染物浓度大；废水成分复杂且不易净化；带有颜色或异味；废水水量和水质变化大。而城市生活污水主要来自家庭、商业、学校、旅游服务业及其他城市公用设施，包括厕所冲洗水、厨房洗涤水、洗衣机排水、沐浴排水及其他排水等。图 7-1 所示为排口示意图。

内源污染，是指进入水体中的营养物质通过各种物理、化学和生物作用，逐渐沉降至水体底质表层。积累在底泥表层的氮、磷营养物质，一方面可被微生物直接摄入，进入食物链，参与水生生态系统的循环；另一方面可在一定的物理化学及环境条件下，从底泥中释放出来而重新进入水中，从而形成内源污染。在水体外源污染得到初步控制后，内源就成为不可忽视的污染源。内源通常包括底泥释放的污染、水产养殖产生的污染、

图 7-1　排口示意图

水生动植物的排放和释放的污染。

底泥通常是黏土、泥沙、有机质及各种矿物的混合物，经过长时间物理、化学及生物等作用及水体传输而沉积于水体底部所形成。表面 $0\sim15$ cm 厚之底泥称为表层底泥(Surface sediment)，超过 15 cm 厚之底泥称为深层底泥(Deep sediment)。通常来说内源污染主要通过以下三个过程影响河流水质：①底泥耗氧(SOD)，造成水体缺氧；②底泥污染物释放，造成水体污染物含量增大；③难降解有毒污染物，由于疏水性强，在底泥中大量积累。美国 EPA 调查报告中指出，美国已发生的 2 100 起鱼类消费问题的事件中，多次证实污染来自底泥。在我国，也已发现并证实了水体底泥具有生物毒性，如乐安江在 $20\sim195$ km 段沉积物均显示出毒性。水体富营养化问题的解决关键与底泥密切相关。图 7-2 为底泥主要污染物。

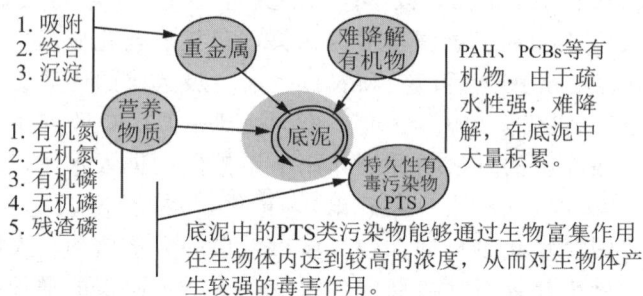

图 7-2　底泥主要污染物

流域水环境系统中，外源输入是流域水环境污染的源头。点源污染主要包括污水处理场的排放、工厂排放等。非点源污染在城市地区主要来自降水对累积污染物地表的冲刷，在农村地区主要来自种植业、畜禽养殖业、农村垃圾等。

2. 调查原则

流域污染源调查是根据控制污染、改善环境质量的要求，对某流域造成污染的原因进行调查，建立各类污染源档案，在综合分析的基础上选定评价标准，估量并比较各污染源对环境的危害程度及其潜在危险，确定该地区的重点控制对象(主要污染源和主要污染物)和控制方法的过程。

污染源调查的原则包括：

(1)明确目的性：明确污染物调查的目的与总目标；

(2)把握系统性：把污染源、环境、生态和人体健康作为一个整体系统；

(3)重视联系性：重视污染源周围具有的环境特征；

(4)保持一致性：在整个过程中要保持调查基础、标准和尺度的统一。

3. 调查程序

污染源调查的程序一般包括如下四步：

(1)前期准备阶段：根据目的和任务组织调查组，确定调查范围、调查对象、制订调查计划和具体实施方案，培养技术骨干，明确任务，掌握方法；收集有关资料，做好调查所需的物资和技术准备。

(2)全面调查阶段：按照调查内容，采取查阅有关资料，现场测试。物料衡算和经验估算等方法逐项进行调查。监测采样点的布设应具有代表性，采样频率可根据生产周期确定。

(3)结果整理与档案建立阶段：进行数据整理，分析，评价，编绘各种图表，写出调查报告建立污染源档案。

(4)验收评价阶段：请相关专家对污染调查结果进行评估，保证调查质量。

4. 全国污染源普查

全国污染源普查是重大的国情调查。《全国污染源普查条例》规定，每10年开展一次全国污染源普查工作。全国污染普查对于准确判断我国当前环境形势，制定实施有针对性的环境保护政策规划，不断提高环境治理系统化、科学化、法治化、精细化和信息化水平，加快推进生态文明建设，补齐全面建成小康社会的生态环境短板具有重要意义。

(1)全国第一次污染普查

全国第一次污染普查标准时点为2007年12月31日，时期资料为2007年度资料。普查对象是我国境内排放污染物的工业污染源、农业污染源、生活污染源和集中式污染治理设施。

普查内容包括各类污染源的基本情况、主要污染物的产生和排放数量、污染治理情况等。普查对象总数592.6万个，包括工业源157.6万个、农业源289.9万个、生活源144.6万个、集中式污染治理设施4 790个。经调研我国2007年污染源状况如下：

各类源废水排放量2 092.81亿t，废气排放总量637 203.69亿m^3。主要污染物排放总量：化学需氧量3 028.96万t，氨氮172.91万t，石油类78.21万t，重金属(镉、铬、砷、汞、铅，下同)0.09万t，总磷42.32万t，总氮472.89万t，二氧化硫2 320.00万t，烟尘1 166.64万t，氮氧化物1 797.70万t。

(2)全国第二次污染普查

全国第二次污染普查标准时点为2017年12月31日，时期资料为2017年度资料，普查对象为中华人民共和国境内有污染源的单位和个体经营户，范围包括工业污染源、农业污染源、生活污染源、集中式污染治理设施和移动源。

2017年年末，全国普查对象数量358.32万个(不含移动源)，包括工业源247.74万个、畜禽规模养殖场37.88万个、生活源63.95万个、集中式污染治理设施8.40万个；以行政区为单位的普查对象数量3 497个。经调研我国2017年污染源状况如下：

全国水污染物排放量：化学需氧量 2143.98 万 t，氨氮 96.34 万 t，总氮 304.14 万 t，总磷 31.54 万 t，动植物油 30.97 万 t，石油类 0.77 万 t，挥发酚 244.10 t，氰化物 54.73 t，重金属(铅、汞、镉、铬和类金属砷)182.54 t。

七大流域(长江、黄河、珠江、松花江、淮河、海河、辽河)水污染物排放量：化学需氧量 1957.48 万 t，氨氮 85.64 万 t，总氮 272.27 万 t，总磷 28.49 万 t，动植物油 28.00 万 t，石油类 0.69 万 t，挥发酚 203.55 t，氰化物 46.84 t，重金属 154.94 t。

对流域的人为干扰，目前最大规模的调查方法，属于全国污染源普查。这是重大的国情调查，是全面掌握我国环境状况的重要手段。一般而言，污染源调查涉及以下几个方面的目的：①摸清各类污染源的基本信息；②了解污染源的数量、结构及分布状况；③建立健全污染源基础信息数据库；④普查成果服务于政府管理决策。普查范围包括工业污染源、农业污染源、生活污染源、集中式污染治理设施、移动源及其他产生、排放污染物的设施。内容包括普查对象的基本信息、污染物种类和来源、污染物产生和排放情况、污染治理设施建设和运行情况等。污染源普查工作的开展，主要通过监测实测、产物系数、物料衡算等环境统计方法完成污染源排放污染物的核算。自 2017 年 10 月以来实行的第二次全国污染源普查是近年来最新的一次污染源调查。主要围绕环境质量改善和环境风险防范工作需要，以环境质量为核心，确定主要污染物和敏感污染物，追溯污染源的活动水平和基本信息。通过建立农业生产活动水平与污染物排放量之间的定量关系；核算各类农业生产活动主要污染物产生量、排放量，估算农业源入水体污染物量，力求掌握农业污染对环境影响的贡献。根据排放量对污染源提出环境管理要求，减少污染物排放，服务环境质量，建立"环境质量—污染物—污染源—排放量—环境质量"之间的动态响应关系。

农业方面，普查工作主要以入户调查和原位监测的方式开展。入户调查，重点对规模畜禽养殖场(小区)进行入户调查，其他调查对象(种植业、水产养殖业、畜禽养殖户)不全面发表调查；充分利用各行业主管部门生产活动水平的统计数据，通过抽样调查、各部门数据宏观比较(第三次全国农业普查、年鉴数据)等方法进行数据更新、校核。原位监测，涵盖种植业氮磷流失系数测算原位监测；养殖粪污产排原位监测；主要覆膜作物农田的地膜残留量监测；以及监测作物在监测点位的草谷比和可收集系数。如表 7-1 所示为生产水平基量获取方法。

表 7-1　生产活动水平基量获取方法表

类别		污染物量	核算基量	获取方式
畜禽养殖	规模养殖场	产生量	养殖场畜禽存/出栏量	入户调查
		排放量	养殖场清粪方式、污染治理设施、粪污资源和利用去向	入户调查
	养殖户	产生量	养殖户存/出栏总量，区域养殖户污染治理设施和资源化利用去向	县级行业主管部门填报
		排放量		

续表

类别	污染物量	核算基量	获取方式
种植业	排放量	单位面积化肥/农药使用量 农膜使用量/回收量 秸秆产生量/利用量	县级行业主管部门填报
水产养殖	产生量	水产品品种/产量	县级行业主管部门填报
水产养殖	排放量	区域水产养殖产品结构和污染治理现状	县级行业主管部门填报
农村生活	产生量	农村常住人口数量	县级行业主管部门填报
农村生活	排放量	生活污水排放方式、污染治理设施	县级行业主管部门填报

农业污染源包括种植业、畜禽养殖业、水产养殖业以及农村生活源的干扰。①种植业中的普查对象为种植业源以及地膜、秸秆，包括粮食作物、经济作物和果蔬主产区种植情况、肥料和农药使用情况及氮磷流失情况；地膜主要包括不同农业区域和不同作物的使用量、残留量、回收利用量及分布特征；秸秆主要包括水稻、小麦、玉米、甘蔗等作物的秸秆产生量、可收集量和利用量。②畜禽养殖业中的普查对象为畜禽养殖业源，是指具有一定规模的养殖场、养殖专业户（家庭农场）和散养户（农户散养），普查内容包括开展生猪、奶牛、肉牛、蛋鸡和肉鸡的养殖情况，污水和粪便的产生与排放及去向的情况调查；开展总氮、总磷、氨氮等涉水污染物的流失量监测。③水产养殖业普查，开展县域水产养殖情况统计，如水产养殖类型（围水养殖、池塘养殖等）、各养殖产品产量等，获取水产养殖业生产活动基础数据；监测养殖尾水的化学需氧量、总氮、总量、氨氮等涉水污染物排放量。④农村生活污染源，包括对农村人口调查统计，农村基本污水排放方式等调查。

农业源污染物的计算，主要利用统计的污染源数量，结合污染物的产排污系数进行计算。在农业源污染物排放量核算方面，主要运用产排污系数进行计算。对于种植业，利用不同土地利用类型的肥料流失系数与土地利用类型图中各用地类型面积，计算种植业污染物排放量；对于畜禽养殖，利用研究区统计年鉴与实地调研资料，确定各畜禽种类数量及规模化与分散养殖数量（或比例），结合畜禽养殖产排污系数，确定畜禽养殖污染物排放量；对于水产养殖业，结合统计年鉴和入户调查的投入量和产出量数据，利用单位产量产排污系数进行计算排放量；对于农村分散生活，结合统计年鉴和调研数据，确定乡村人口数量，运用产污系数法，计算农村分散生活源的污染物排放量。其中，产排污系数主要基于全国第一次及第二次污染物普查农业源污染物产排污系数，同时可结合相关文献资料进一步确定。表7-2所示了水污染物的产排污核算单元和核算体系。

表7-2 水污染物的产排污核算单元和核算体系表

类别		污染物量	核算单位	核算方法
畜禽养殖	规模养殖	产生量	单个养殖场	单位畜禽产生系数法
畜禽养殖	规模养殖	排放量	单个养殖场	单位畜禽排放系数法
畜禽养殖	养殖户	产生量	县（区）	单位畜禽产污系数法
畜禽养殖	养殖户	排放量	县（区）	单位畜禽排放系数法

续表

类别	污染物量	核算单位	核算方法
种植业	排放量	县（区）	单位面积化肥流失系数法
水产养殖	产生量	县（区）	单位产量产生系数法
	排放量		单位产量排放系数法
农村生活	产生量	县（区）	单位人口产污系数法
	排放量		单位人口排放系数法

7.2 流域污染源调查—核算方法

1. 污染源调查内容

流域污染源调查内容应包括流域各类污染源的污染物产排污特征和入河排污口信息，如污染源名称、排放口位置排放去向、入河排污口位置、排放浓度水平、废水排放量和污染物排放量等信息。

如果将污染源按照点源与非点源划分，对于点源调查而言，有较为详细的参考文件，一般要求调查：

（1）污染物产生和排放控制数据资料，主要包括：各类生产原辅材料类型与化学成分、生产工艺过程、污染物种类、产污节点与产污水平，以及各类排放控制技术与排放水平、投资成本与运维成本及其占比情况、环境管理措施等。分析未来排放控制技术发展趋势。

（2）排放监测数据资料，主要包括：在线监测、执法监测、排污单位自行监测、建设项目竣工环境保护验收监测数据，包括污染物的瞬时、小时和日平均排放浓度、排水量，以及企业设计产能、实际产能、生产负荷等。分析各类生产工艺的污染物排放水平、达标比例、排放特征。而对于非点源污染而言目前还没有较为详细的指导与规范。

如果将污染源调查按照污染来源划分为生活源、工业源与农业源，需要调查的内容主要如下。

（1）生活源。

①基本情况调查。

a. 城市。

常住人口，房屋竣工面积，人均住房（住宅）建筑面积，新建沥青公路长度，改建变更沥青公路长度，城市道路长度等。

b. 市区及县城。

城镇常住人口，公共服务用水量，居民家庭用水量，生活用水量（免费供水），用水人口等。

c. 农村生活源。

农村常住人口和户数，人均日生活用水量，住房厕所类型，人粪尿处理情况，生活污水排放去向等。

②主要调查污染物。

化学需氧量、氨氮、总氮、总磷、五日生化需氧量、动植物油。

(2)工业源。

①企业或项目情况调查。

a. 企业或项目概况。

企业概况主要包括企业名称、厂址、所有制性质、规模、产品、产量等；项目概况主要包括工程名称、建设性质、建设地点、项目组成、建设规模、车间组成、产品方案、辅助设施、配套工程、储运方式、占地面积、职工人数、工程总投资及发展规划等，附总平面布置图。

b. 能源、水源与原辅材料。

主要原料、辅料、材料、助剂、能源（煤、焦、油、气、电和蒸汽）以及用水等的来源、成分和消耗量（单耗、总耗和资源利用率等）。

c. 生产布局。

企业总体布局、原料和燃料堆放场、车间、办公室、厂区、居民区、堆渣区、污染源位置、绿化带等。

d. 生产管理。

管理体制、编制、生产制度、管理水平及经济指标；环境保护管理机构编制、环境管理水平。

e. 发展规划调查。

未来的生产发展方向、规模、指标、三同时措施等。

②污染排放与治理情况调查。

a. 污染物排放情况调查。

污染物种类、数量、成分、浓度、性质、排放规律、排放口位置等。废水应说明种类、成分、浓度、排放方式、排放去向；废液应说明种类（按《固体废物污染环境防治法》进行分类）、成分、浓度、处置方式和去向等有关问题。

b. 污染物治理调查。

工艺改革、综合利用、管理措施、治理方法、治理工艺、投资、效果、运行费用、副产品的成本、销路等。

c. 污染危害调查。

危害对象、程度、原因、历史、损失、赔偿、病物相关分析、重大事件发生事件、原因、危害程度、处理情况。人体、动植物健康危害。

③主要调查污染物。

化学需氧量、氨氮、总氮、总磷、石油类、挥发酚、氰化物、砷、铅、镉、铬、汞。

(3)农业源。

①基本情况调查。

a. 种植业。

主要作物播种面积，农药、化肥、地膜等生产资料投入情况，地膜回收与秸秆利用情况等。

b. 畜禽养殖业。

规模畜禽养殖场调查畜禽种类、存/出栏量、饲养阶段、饲养周期、日饲喂量等，养殖场污水和粪便产生及处理利用情况(包括处理工艺、治理设施、处理利用方式及比例等),污水和粪便消纳利用配套土地情况等。各县(区、市、旗)不同畜禽种类养殖户数量、存/出栏量、清粪方式、污水和粪便处理利用方式及消纳利用配套土地情况等。

c. 水产养殖业。

各县(区、市、旗)不同养殖模式的养殖品种、投苗量与产量、养殖面积等。

②主要调查污染物。

氨氮、总氮、总磷、化学需氧量(畜禽养殖业和水产养殖业)。

2. 污染源核算方法

(1)物料衡算法。

物料衡算法是根据质量守恒定律,通过生产过程中物料与投入和产出的平衡关系,求出污染物的排放量。这一方法是根据理论计算求得结果,较为简单,但计算中设备运行均按理想状态考虑,所以计算结果有时偏低。

$$\sum G_{投入} = \sum G_{产品} + \sum G_{损失} \tag{7-1}$$

物料衡算法假设进入生产过程中的原料总量 M_i 等于进入产品的量 P_i、副产品的量 B_i、回收的量 R_i 与形成污染物(废水、废气、废渣)的量 W_i 之和,W_i 除以总产品数量就可以得到单位产品的污染物量 W_i,表达式如下:

$$M_i = P_i + B_i + R_i + W_i \tag{7-2}$$

物料衡算法的基本步骤包括确定物料衡算的系统与对象、收集物料衡算的基础资料(生产工艺流程图、反应方程式等)、确定计算基准物(为了方便比较与评价,所有的污染物通常折算成某一基准物进行计算)、进行物料衡算计算(总量法、定额法)、物料衡算结果的分析及应用。

(2)排污系数法。

排污系数法是指根据生产过程中单位的经验排放系数进行计算求得污染物排放量的计算方法。其计算方法为,将已知的某行业某产品的产量、产值和原材料消耗量乘相应的排污系数,得到污染物排放量。排污系数法的关键在于单产排污系数的选取,应该选择规模、工艺、产品、产量均大体相近的生产厂的污染物排放量,作为参考数据进行计算。排污系数法的计算公式为:

$$M = K \times W \tag{7-3}$$

其中,M 代表某行业某产品某种污染物的排放量(kg/年),K 为排污系数,每吨产品排放的污染物(kg/t),W 为产量(t/年)。

小知识

产污系数和排污系数

产污系数(污染物产生系数):是指在正常技术经济和管理条件下,生产单位产品或单位强度(如质量、体积和距离等)的产生污染活动所产生的原始污染物量。

排污系数(污染物排放系数):是指上述条件下经污染控制措施削减后或未经削减直接排放到环境中的污染物量。

（3）单产平均减污法。

单产平均减污法与排污系数法具有相似的计算过程，其计算公式为：

$$M = m \times G \tag{7-4}$$

式中，G 是预计的产量；m 是目标年的单产产生的排污量；单产排污系数 m 是一个变化的量；一般认为随着技术进步和管理水平的提高，单产排污量逐步下降，因此 m 的计算式如下：

$$m = m_0(1-k)^{t-t_0} \tag{7-5}$$

式中，k 是单产排污量的年削减率；t 是年限；m 是目标年的单产产生的排污量；m_0 是 t_0 年单产产生的排污量。

（4）实测法。

在污染源调查中，实测法是应该首先使用的方法，它仅适用于已经投产的污染源。其测定方法是，通过在正常的生产情况下，对重点污染源在有代表性的采样点上取样，测得废水中污染物的浓度及废水的流量，两者相乘即为污染物向环境水体中的排放量。废水中污染物的排放量可以按照如下公式计算：

$$M = c \times q_v \tag{7-6}$$

式中，M 代表污染物的排放量（kg/h）；c 为污染物的排放浓度（kg/m³）；q_v 为废水流量（m³/h）。

7.3　流域水环境质量评价方法

7.3.1　水文评价方法

1. IHA 法与 RAV 法

IHA 法全称为水文变异指标法，常用于评估河流生态水文变异情况。其主要以 5 组，33 个水文指标为基础进行评价，涉及水文的量、时间、频率、延时和变化率 5 种基本特征数据，如表 7-3 所示。

表 7-3　水文改变指标（IHA）评价指标

分组	指标序号	指标含义
月径流量	1～12	各月平均流量
年极端水文条件及持续时间	13～24	年最大、最小、1、3、7、30、90 日流量平均值；断流天数；基流指数
年极端流量发生时间	25～26	年最大、最小流量发生时间
高低流量脉冲频率与持续时间	27～30	每年发生低流量、高流量的次数；低流量、高流量的平均延时
流量变化率及频率	31～33	流量平均减少率、增加率；每年流量逆转次数

RVA 法全称为变异幅度法，其在水文变异指标法的基础之上，采用详细的河流流量数据来确定变化前后河流流量的状态，从而分析河流变化前后的改变程度，主要分为如下几个步骤。

（1）以变化前的日流量资料计算 33 个 IHA 指标特征值；

（2）依据计算结果定义各个水文变异指标的变异幅度法的目标范围；

（3）以变化后的日流量资料计算 33 个 IHA 指标特征值；

（4）依据变异幅度法的目标范围，来评判变化后河流水文情势的改变程度与影响，以整体水文改变度表征。

各指标的水文改变度的计算式子为：

$$D_i = \left| \frac{Y_{0i} - Y_f}{Y_f} \right| \times 100\% \qquad (7\text{-}7)$$

式中，D_i 代表第 i 个水文变异指标的水文改变度；Y_{0i} 代表第 i 个水文变异指标在变化后仍然处于变异幅度法的目标范围的年数；Y_f 代表变化后水文变异指标预期仍然处于变异幅度法的目标范围的年数。一般而言，D_i 在 $0 \sim 33\%$ 属于低度改变，在 $33\% \sim 67\%$ 属于中度改变，在 $67\% \sim 100\%$ 属于高度改变。

当 IHA 指标均属于低度变化级别，则归为整体低度变化，当 33 个 IHA 指标至少有一个属于中等变化但是没有一个属于高度变化，则归为整体中等变化，当 33 个 IHA 指标至少有一个 IHA 属于高度变化，归类为整体高度变化。

2. Mann-Kendall 法

在计算水文指标的变化趋势时，非参数 Mann-Kendall 趋势检验方法是一种常用的方法，通常简称为 M-K 趋势检验，该方法主要通过一系列变化趋势值的中位数 β 来表示指标的趋势变化：

$$\beta = \text{median}\left(\frac{x_j - x_i}{j - i} \right) \qquad (7\text{-}8)$$

式中，x_j 与 x_i 分别代表第 j 年与第 i 年的对应值。

同时计算统计检验值 Z_c，用于在一定置信水平下进行结果检验，Z_c 的计算公式如下：

$$Z_c = \begin{cases} \dfrac{S-1}{\sqrt{\text{Var}(S)}}, & S > 0, \\ 0, & S = 0, \\ \dfrac{S-1}{\sqrt{\text{Var}(S)}}, & S < 0 \end{cases} \qquad (7\text{-}8)$$

式中，$S = \sum\limits_{i=1}^{n-1} \sum\limits_{j=i+1}^{n} \text{sgn}(x_j - x_i)$，$n$ 为时间序列数值的总个数，$\text{sgn}(x_j - x_i)$ 为表征函数，根据不同的条件分别取 0、1、-1；且 $\text{Var}(S) = [n(n-1)(2n+5) - \sum t(t-1)(2t+5)]/18$。

3. 人工神经网络法

人工神经网络是一种模仿动物神经网络行为特征，进行分布式并行信息处理的算法数学模型。这种网络依靠系统的复杂程度，通过调整内部大量节点之间相互连接的关系，从而达到处理信息的目的。其可以进行水文情况分类和识别，预测预报以及优化计算。其包含输入层、隐藏层与输出层，每层包含多个神经元，各层之间以权值相连，如图 7-3 所示。

人工神经网络的特点和优越性，主要表现在三个方面：

（1）具有自学习功能。例如实现图像识别时，只要先把许多不同的图像样板和对应的应识别的结果输入人工神经网络，网络就会通过自学习功能，慢慢学会识别类似的图像。自学习功能对于预测有特别重要的意义。预期未来的人工神经网络计算机将为人类提供经济预测、市场预测、效益预测，其应用前途是很远大的。

（2）具有联想存储功能。用人工神经网络的反馈网络可实现这种联想。

（3）具有高速寻找优化解的能力。寻找一个复杂问题的优化解，往往需要很大的计算量，利用一个针对某问题而设计的反馈型人工神经网络，发挥计算机的高速运算能力，可能很快找到优化解。

图 7-3　神经网络结构

在使用神经网络进行水文评价时，首先要将评价标准中的评价因子作为网络的输入参数，每个分级标准就是一个标准学习样本，在[0，1]区间上随机赋予隐藏层和输出层的初始权值和阈值，对每个学习样本进行反复学习，直到输出层输出值均方误差小于给定精确度学习结束，并输出调整后的权值和阈值，最后用调整权值和阈值后的 BP 网络评价河流水文状况。

4. 小波分析法

小波分析是在 20 世纪 80 年代发展起来的一种新型数据处理方法，又称为多分辨分析。小波分析的思想是将一般的函数（信号）表示为规范正交小波基（其中每个基函数对应各自不同的频率）的线性叠加，从而将对原来的函数（在时域和频域）的研究转化为对这个叠加的权系数，即小波变换的研究。小波分析的权系数是频率和时间的二元函数。

小波分析通过伸缩和平移等运算功能可以对水文时间序列进行多尺度细化分析，从而研究水文序列在不同尺度下随时间的演变。在利用小波分析对水文时间序列进行分析时，小波的选取非常重要，目前常用的小波有 Haar 正交小波、Daubechies 正交小波、样条小波、双正交小波等，不同小波的性能相差很大。

例如薛联青等人曾对宜昌站年径流量距平数据进行小波变换，结果见图 7-4。图中上半部分与下半部分为高、低频区，图中等值线代表小波参数值，每条等值线的间隔为 1 000，正值中心与负值中心为高、低流量中心。图中纵坐标代表频率参数，以年（a）为单位，横坐标代表时间（年份）。由图 7-4 可观察到，年径流量在低频区 120 年周期附近有 1次突变，突变出现于 1950 年附近，1950 年之前径流量较大，1950 年之后径流量较小；此外，在 25 年周期附近还存在 7 个突变点，分别出现在 1900 年、1912 年、1920 年、1944年、1962 年、1980 年和 1999 年附近。1900 年之前径流量较大，1901—1912 年径流量较小，1913—1920 年径流量较大，1921—1944 年径流量较小，1945—1962 年径流量较大，1963—1980 年径流量较小，1981—1999 年径流量较大，2000 年之后径流量较小。年径流量 12 a 附近的高频区有多个突变点，周期交替明显。由此可见通过小波分析，得到了大

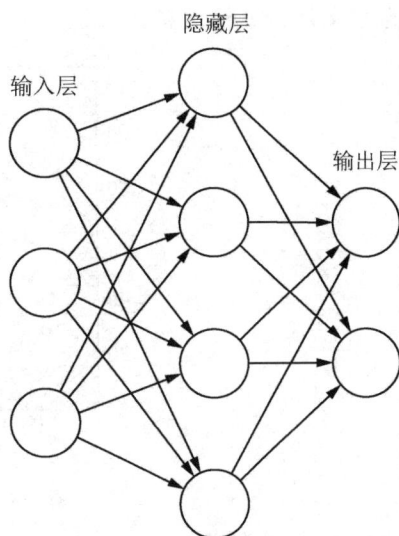

量水文评价分析信息。

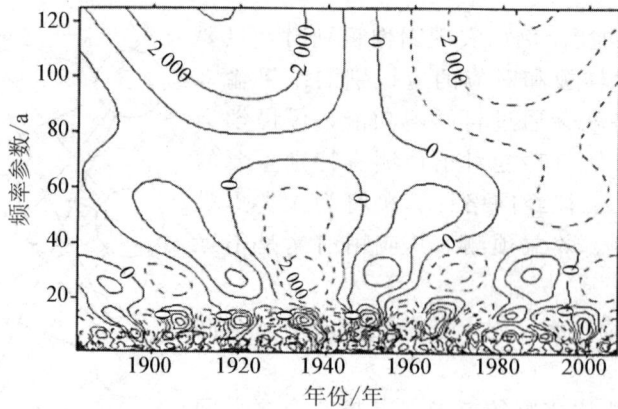

图 7-4　宜昌站径流量距平小波分析结果

1. 单因子评价法

单因子评价法将各参数浓度监测代表值与评价标准逐项对比，以单项评价最差项目的类别作为水质类别。该法目前使用广泛，可直接了解水质状况，给出各评价因子的达标率、超标率和超标倍数等特征值。此处介绍单因子评价法中的标准指数法，其中一般参数表达式如下：

$$P_i = \frac{C_i}{C_{si}} \tag{7-10}$$

式中实测统计代表值 C_i 的获取方法有极值法(适用于某水质因子的监测数据量少，水质浓度变幅大的情况)、均值法(适用于某水质因子的监测数据量多，水质浓度变幅小的情况)、内梅罗法(适用于某水质因子有一定的监测数据量；水质浓度变幅较大的情况)。

特殊参数的表达式为：

当 $DO_i \geqslant DO_{si}$，$P_i = \dfrac{|DO_f - DO_i|}{DO_f - DO_{si}}$，$DO_f = 468/(31.6 + T)$

当 $DO_i < DO_{si}$，$P_i = 10 - 9\dfrac{DO_i}{DO_{si}}$

当 $pH_i > 7.0$，$P_i = \dfrac{pH_i - 7.0}{pH_{上限} - 7.0}$

当 $pH_i \geqslant 7.0$，$P_i = \dfrac{7.0 - pH_i}{7.0 - pH_{上限}}$

当标准指数≤1时，表明该水质因子在评价水体中的浓度符合水域功能及水环境质量标准的要求，其中超标倍数＝标准指数－1。

2. 综合评价法

综合评价法的主要特点是用各种污染物的相对污染指数进行数学上的归纳统计，得出一个简单的代表水体污染程度的数值。该法能了解多个水质参数与相应标准之间的综合相对关系，但有时会掩盖高浓度的影响。

综合评价法包括简单综合污染指数法(叠加型、均值型、极值型)、双综合污染指数法和分类综合污染指数法。一般用 P_i 表示各种污染物的污染指数，W_i 表示各种污染物指标的权重，C_i 表示各种污染物实测浓度，C_{si} 和 C_{0i} 表示各种污染物的评价标准值或参考值。

简单综合污染指数法的叠加型分为简单叠加型和加权叠加型，其中简单叠加型容易掩盖量少但危害大的物质，而加权叠加型则会通过给危害大的物质加重权而避免此问题，计算公式分别如下：

$$P = \sum_{i=1}^{n} P_i = \sum_{i=1}^{n} \frac{C_i}{C_{si}} \tag{7-11}$$

$$P = \sum_{i=1}^{n} (W_i P_i) = \sum_{i=1}^{n} \left(W_i \frac{C_i}{C_{0i}} \right) \tag{7-12}$$

简单综合污染指数法的均值型也分为均值平均型和加权平均型，公式如下：

$$P = \frac{1}{n} \sum_{i=1}^{n} P_i = \frac{1}{n} \sum_{i=1}^{n} \frac{C_i}{C_{si}} \tag{7-13}$$

$$P = \frac{1}{n} \sum_{i=1}^{n} (W_i P_i) = \frac{1}{n} \sum_{i=1}^{n} \left(W_i \frac{C_i}{C_{0i}} \right) \tag{7-14}$$

简单综合污染指数法的极值型则分别包括内梅罗指数、再次平均型指数、几何平均型指数，计算式分别如下：

$$P = \sqrt{\frac{[(P_i)^2_{\max} + (\overline{P_i})^2]}{2}} = \sqrt{\left[\left(\frac{C_i}{C_{0i}} \right)^2_{\max} + \left(\frac{C_i}{C_{0i}} \right)^2 / n \right] / 2} \tag{7-15}$$

$$P = [(P_i)_{\max} + (\overline{P_i})^2] / 2 \tag{7-16}$$

$$P = (P_i)_{\max} \times \overline{P_i} \tag{7-17}$$

综合评价法中的双综合污染指数法计算式如下：

$$P = \sum_{i=1}^{n} P_i \tag{7-18}$$

仅当两个值同时都较小时，水质为好，而只要其中一个较大，水质即为差，其综合了污染指数的方差，从而反映污染参数分指数的离散程度。

$$P_\sigma^2 = \sum_{i=1}^{n} W_i (P_i - P)^2 \tag{7-19}$$

综合评价法中的分类综合污染指数法时先对水污染物按类型分类(无机类、有机类、重金属类)，或者按水的用途分类(人类直接接触用水、间接触用水、不接触用水)，然后进行计算：

$$P_{总} = \sum_{j=1}^{m} (W_j P_j) \tag{7-20}$$

3. 其他评价方法

其他常用的水质评价方法还包括水质质量系数方法、有机污染综合评价值方法、布朗水质指数方法、豪顿水质指数方法、罗斯水质指数方法、聚类分析方法、层次分析方法、模糊数学方法、神经网络方法、专家评价方法、模型预测方法、集对分析方法等。下面主要对模糊评价方法和集对分析方法作简要介绍，并在表 7-4 中展示了地表水环境质量标准基本项目标准限值。

表7-4　地表水环境质量标准基本项目标准限值

项目		Ⅰ类	Ⅱ类	Ⅲ类	Ⅳ类	Ⅴ类
基本项目	水温	人为造成的环境水温变化应限制在：周平均最大温升≤1℃ 周平均最大温降≤2℃				
	pH	6～9				
	溶解氧≥/(mg/L)	饱和率90％（或7.5）	6	5	3	2
	高锰酸盐指数≤	2	4	6	10	15
	化学需氧量(COD)≤/(mg/L)	15	15	20	30	40
	五日生化需氧量≤/(mg/L)	3	3	4	6	10
	氨氮(NH_3—N)≤/(mg/L)	0.015	0.5	1	1.5	2
	总磷(湖、库以P计)≤/(mg/L)	0.01	0.025	0.05	0.1	0.2
	总氮(湖、库以N计)≤/(mg/L)	0.2	0.5	1	1.5	2
	铜≤/(mg/L)	0.01	1	1	1	1
	锌≤/(mg/L)	0.05	1	1	2	2
	氟化物(以F^-计)≤/(mg/L)	1	1	1	1.5	1.5
	硒≤/(mg/L)	0.01	0.01	0.01	0.02	0.02
	砷≤/(mg/L)	0.05	0.05	0.05	0.1	0.1
	汞≤/(mg/L)	0.000 05	0.000 05	0.000 1	0.001	0.001
	镉≤/(mg/L)	0.001	0.005	0.005	0.005	0.001
	铬(六价)≤/(mg/L)	0.01	0.05	0.05	0.05	0.1
	铅≤/(mg/L)	0.01	0.01	0.05	0.05	0.1
	氰化物≤/(mg/L)	0.005	0.05	0.2	0.2	0.2
	挥发酚≤/(mg/L)	0.002	0.002	0.005	0.01	0.1
	石油类≤/(mg/L)	0.05	0.05	0.05	0.5	1.0
	阴离子表面活性剂≤/(mg/L)	0.2	0.2	0.2	0.3	0.3
	硫化物≤/(mg/L)	0.05	0.1	0.2	0.5	1
	粪大肠菌群/(个/L)≤/(mg/L)	200	2 000	10 000	20 000	40 000
水源地补充项目	硫酸盐/(mg/L)	250				
	氯化物/(mg/L)	250				
	硝酸盐氮/(mg/L)	10				
	铁/(mg/L)	0.3				
	锰/(mg/L)	0.1				

模糊评价方法是一种基于模糊数学的综合评价方法，其根据模糊数学的隶属度理论把定性评价转化为定量评价，即用模糊数学对受到多种因素制约的事物或对象做出一个总体的评价，其在水质评价中可以发挥很好的作用。

模糊评价方法的具体步骤为：

(1)确定评价因素(指标)集 U，设 $U=\{u_1, u_2, u_3, \cdots\}$，其中 u_1, u_2, u_3 等为被评价对象的各个因素；

(2)确定评价等级(评语)集 V，设 $V=\{v_1, v_2, v_3, \cdots\}$，其中 v_1, v_2, v_3 等为各个等级(评语)；

(3)确定模糊(关系)矩阵 $\boldsymbol{R}$，对每个单评价因素 u_i 进行评价，得到 V 上的模糊集 $(r_{i1}, r_{i2}, \cdots, r_{im})$，其为从 U 到 V 的一个模糊映射 f，由 f 可以确定一个模糊关系矩阵 $\boldsymbol{R}$；

(4)确定评价权重集 A，设各个因素 u_1, u_2, $\cdots$, u_n 所对应的权重分别为 a_1, a_2, $\cdots$, a_n，则 $A=(a_1, a_2, \cdots, a_n)$，可看成 U 的模糊集；

(5)进行综合评价，设 $B=A\bigcirc\boldsymbol{R}$，其中运算关系 $\bigcirc$ 由评价函数所确定，根据 B 各分量的大小可对被评对象进行评价。一般情况下，B 中分量大的所在等级，可作为被评对象的评价等级。运算关系 $\bigcirc$ 通常包含两种模型：

①模型 I：$M(\wedge, \vee)$——主因素决定型。

其运算公式为 $b_j=\vee\{(a_i \wedge r_{ij}), 1\leqslant i\leqslant n\}(j=1, 2, \cdots, m)$，由于综合评价的结果 b_j 的值仅由 a_i 与 $r_{ij}(i=1, 2, \cdots, n)$ 中的某一个确定(先取小，后取大运算)，着眼点是考虑主要因素，其他因素对结果影响不大，这种运算有时出现决策结果不易分辨的情况。

②模型 II：$M(\cdot, +)$——加权平均模型。

其运算公式为 $b_j=\sum(a_i \cdot r_{ij})(j=1, 2, \cdots, m)$。模型 $M(\cdot, +)$ 对所有因素依权重大小均衡兼顾，适用于考虑各因素起作用的情况。此模型称为模糊乘加综合评价。

集对分析方法集对分析(Set Pair Analysis, SPA)是我国学者赵克勤先生于 1989 年提出的用联系度统理确定与不确定系统的一种理论，其在湖泊富营养化评价中已经得到了良好的应用。集对是指有一定联系的两个集合所组成的一个对子。集对分析是在一定问题背景下，对所研究的两个集合(集对)的所有特性进行全面分析，总共得到 N 个特性，其中有 S 个特性是两个集合共同具有；在 P 个特性上两个集合相对立，在余下的 $F(F=N-S-P)$ 个特性上既不对立，也不共同具有，则称 S/N 为两个集合在所研究问题下的同一度(用 a 表示)；F/N 为两个集合在所研究问题下的差异度(用 b 表示)；P/N 为两个集合在所研究问题下的对立度(用 c 表示)，并统一表示为：

$$\mu=\frac{S}{N}+\frac{F}{N}i+\frac{P}{N}j=a+bi+cj \tag{7-21}$$

式中，$a+b+c=1$，μ 即为两个集合的联系度，也成为三维联系数，若将 bi 展开，$bi=b_1i_1+b_2i_2+\cdots+b_ni_n$，就可得到多元联系数。$a$ 为同一分量；b_1, b_2, $\cdots$, b_n 为差异度分量，分别表示不同级别的差异程度；i_1, i_2, $\cdots$, i_n 为差异不确定分量系数；c 为对立分量；j 为对立分量系数。如果确定了各分量值及分量系数值，就可以对两个集合的相互关系进行定量的分析，从而就可以应用到水文评价中。

4. 评价结果分类与表征注意事项

水质评价时段应分为旬、月、水期和年度。水期应分为汛期和非汛期，汛期和非汛期的划分应遵循有关水文规范的规定。并且应按河流和湖泊（水库）两种水体类型分别进行评价。水库应根据其水力特性和蓄水规模等因素区分为河流型水库和湖泊型水库。河流型水库按河流评价，湖泊型水库按湖泊评价。对于流域及区域水质评价应按水资源分区和行政分区两种口径分别进行评价。

旬、月评价可采用一次监测数据，有多次监测数据时应采用多次监测结果的算术平均值。水期评价应采用 3 次（含 3 次）以上监测数据的算术平均值；年度评价应采用 6 次（含 6 次）以上监测数据的算术平均值。

水质站水质评价应包括单项水质项目水质类别评价、单项水质项目超标倍数评价、水质站水质类别评价和水质站主要超标项目评价 4 部分内容。水质站水质类别应按所评价项目中水质最差项目的类别确定。水质站主要超标项目的判定方法应是将各单项水质项目的超标倍数由高至低排序，列前三位的项目应为水质站的主要超标项目。对于流域及区域水质评价应包括各类水质类别比例、Ⅰ～Ⅲ类比例、Ⅳ～Ⅴ类比例、流域及区域的主要超标项目 4 部分内容；对于河流应按水质站、代表河流长度两种口径进行评价；对于湖泊应按水质站、水面面积两种口径进行评价；水库应按水质站、水库蓄水量和水面面积三种口径进行评价。

水质评价结果除列表表述外，还应该提供水质成果图，同时应该包括静态和动态水质结果，以及时、空分布统计成果。评价成果图的底图应包括主要水系、水资源分区和行政分区要素。水质类别图例图色值设置应符合有关规定（Ⅰ类蓝色、Ⅱ类绿色、Ⅲ类黄色、Ⅳ类红色、Ⅴ类紫色、劣Ⅴ类黑色）。

5. 水质趋势分析

趋势分析指分析一段时间内某类随机变量的一系列观测值，判断其总体的概率分布是否随时间变化，进而描述变化程度或变化速率。水质随时间变化的类型有随机性变化、循环性变化、趋势性变化以及三者综合的类型。

水质趋势分析分方法通常包括回归分析法和时间序列分析法。当数据呈一种简单的线性增加或减少的趋势，可采用变量与时间的某种线性回归模式来拟合数据，并用 t 检验法来检验回归效果的显著性。而如果获得了长期的等间距的数据序列（至少 50 个），可用时间序列分析的 Box-Jenkins 模式来模拟水质的趋势成分，通过建模分析趋势的存在及大小。

7.4　流域水环境调研评价案例

本节以全国第二次污染普查中长江区洞庭湖环湖区典型流域的农业源污染物入水体系数及负荷核算为例，进一步地介绍流域水环境污染源调研与评价。

总体思路为：以洞庭湖环湖区湖南省岳阳市境内的新墙河流域为典型基本测算单元，细化模拟基本测算单元农业源污染物入水体系数和入水体负荷量，并推广获得亚区边界范围内的其他流域单元的农业源污染物入水体系数和入水体负荷量。如图 7-5 所示为技术路线。

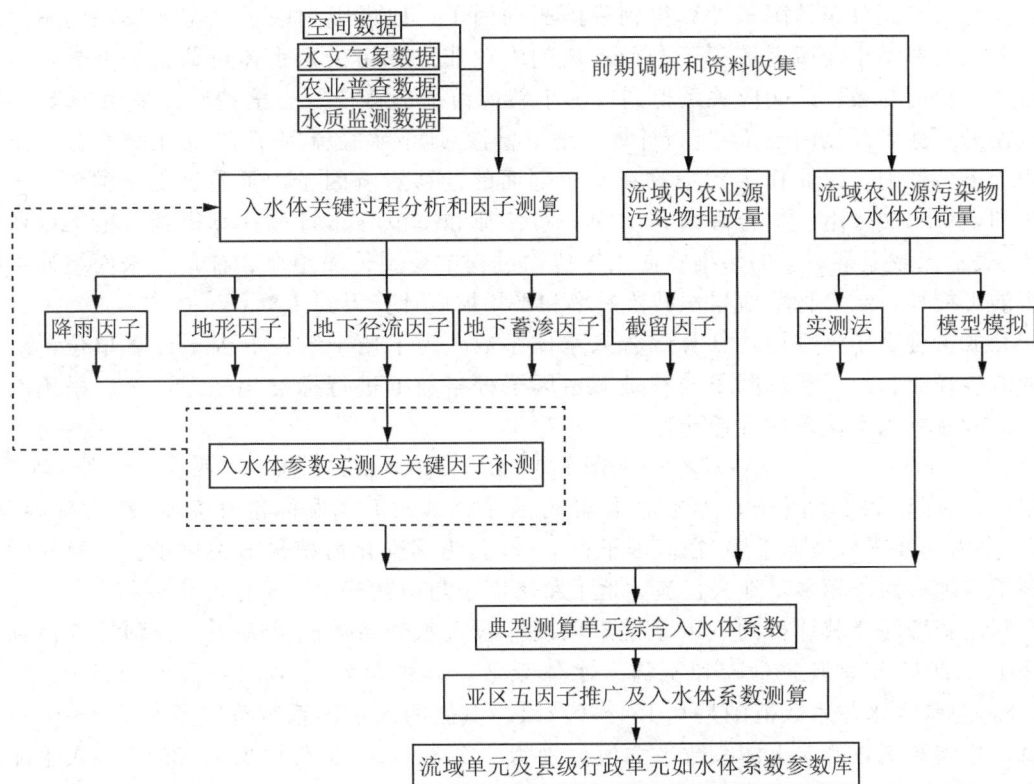

图 7-5　长江区洞庭湖环湖区典型流域的农业源污染物入水体系数及负荷核算技术路线

7.4.1　入水体系数关键影响因子及综合入水体系数测算

新墙河流域大部分位于岳阳县东部、临湘市南部，地势东高西低，水流自东向西汇入东洞庭湖。通过查阅岳阳市统计年鉴（2018 年）以及岳阳县国民与社会经济发展公报（2017 年），结合研究区实地调研情况，调查了农用化肥施用量、农用薄膜使用量、地膜覆盖面积、农药施用量、农用柴油使用量，以及 2017 年主要禽畜产品和大牲畜出、存栏情况。

在典型流域基本测算单元的污染测算中使用五因子法，结合典型测算单元测算相关数据的完善情况，对典型测算单元的五因子（降雨因子、坡度因子、地表径流因子、地下蓄渗/径流因子和截留因子）进行了计算，同时结合典型测算单元的具体情况，进行了相应的修正及对比分析。

$$\lambda = f(\alpha, \beta, I_T, I_L, I_R) \tag{7-22}$$

其中，λ 为流域基本单元农业源污染物入水体系数；α 为降雨驱动因子；β 为地形驱动因子；I_T 为地表径流因子；I_L 为地下蓄渗/地下水径流因子（Leaching Index）；I_R 为截留因子（Retention Index），包括地表植被截留、水面截留和降解过程。

计算降雨驱动因子 α 时，首先对新墙河流域内的大量监测数据进行回归分析，建立流域全区多年年平均降雨量与农业非点源污染物入水体负荷的相关关系，然后结合降雨年际差异与空间分布情况来计算得到降雨驱动因子；地形影响因子 β 主要反映的是流域基本单元与典型小流域因坡度不同而造成的农业非点源污染入水体负荷量的差异，也可通过建立负荷与坡度的响应关系得到；由于新墙河地形特征及土壤性质，采用 SCS—CN 产流模型对地表径流因子 I_T 进行计算；地下蓄渗/地下水径流因子 I_L 指土壤水分随土壤剖面的下渗能力，以此作为污染物在土壤剖面的迁移影响因子，可通过土壤类型、土地利用和土壤水文分组，结合降雨量空间分布特征和季节分布特征计算得到；植物截留因子 I_R 表示流域上某一点的污染物向水体传输过程中受到传输距离、林草、水面缓冲系统截留的可能性，结合林草地累积截留效率和平均坡度计算得到 I_R。

完成关键因子测算后，计算综合入水体系数，为了便于统一五因子计算单位，对获取的地表径流、地下蓄渗因子与植被截留因子栅格数据进行标准化处理，然后采用因子相乘的方法对入水体系数进行计算：

$$\lambda = \alpha \times \beta \times \mathrm{nor}(I_\mathrm{T}) \times \mathrm{nor}(I_\mathrm{L}) \times \mathrm{nor}(I_\mathrm{R}) \tag{7-23}$$

式中，α 为降雨驱动因子；β 为地形驱动因子；$\mathrm{nor}(I_\mathrm{T})$ 为标准化后地表径流因子；$\mathrm{nor}(I_\mathrm{L})$ 为标准化后地下蓄渗/径流因子；$\mathrm{nor}(I_\mathrm{R})$ 为标准化后植被截留因子。计算时，降雨因子与地形因子相乘，地表径流、地下蓄渗因子与植被截留因子标准化后相乘。

利用新墙河流域计算的五因子结果以及综合入水体系数测算方法，分别计算得到流域 2014—2017 年总氮、总磷和氨氮入水体系数，其中总氮入水体系数范围是 0.183～0.308，总磷入水体系数范围是 0.134～0.251，氨氮的入水体系数范围是 0.182～0.310。总氮、总磷和氨氮的入水体系数平均值分别为 0.258、0.195 和 0.269，2017 年入水体系数为 0.308、0.251 和 0.302。然后结合典型测算单元入水体系数及测算单元所涉及的区县，提取典型单元内涉及的主要区县（临湘市和岳阳县）入水体系数值。

7.4.2 农业源污染物排放量估算

采用输出系数模型估算农业源污染物排放量，输出系数计算式如下：

$$L = \sum_{i=1}^{n} E_i A_i(I_i) + P \tag{7-24}$$

式中，L 为农业非点源入水体负荷强度（kg/a）；E_i 为第 i 种污染源的输出系数；A_i 为第 i 种土地利用类型的面积（hm²）或牲畜、人口数量；I_i 为第 i 种污染源的输入量（kg）；P 为降水输入的污染强度。研究区输出系数中，采用了第二次污染普查项目组提供的耕地及园地排污系数进行采用，其中旱地采用所提供的耕地排污系数。对于其他类型的排污系数，利用第一次污染源普查农业源排放系数，结合研究区相关研究资料，确定典型单元排污系数。通过典型单元排污系数，结合岳阳市与咸宁市统计年鉴等生产量数据，计算新墙河流域的农业源污染物排放量，主要包括农村生活污水排放、种植业农业化肥流失量以及畜禽养殖排污量。不同来源的污染负荷排放计算方法如下。

1. 农村生活污染源排放

根据《第一次全国污染源普查城镇生活源产排污系数手册》，同时参考研究区相关文献研究，确定新墙河流域岳阳市农村人口生活产污系数。查询岳阳市及咸宁市 2015—2018 年统计年鉴得到新墙河流域所包含下属县市的农业人口数量，利用输出系数法与面积平均，计算得到新墙河流域所含农村人口及生活污染排放量。

2. 种植业污染源排放

将新墙河流域耕地类型分为水田和旱地，耕地的流失系数根据《第一次全国污染源普查—农业污染源肥料流失系数手册》。同时，将土地利用类型划分为耕地、林地、草地、建设用地、其他用地，并借鉴其他研究区的相关研究成果，结合岳阳市统计年鉴查得各类型土地利用面积，通过计算得到新墙河流域乡镇种植业污染源排放。

3. 畜禽养殖污染源排放

根据《第一次全国污染源普查—畜禽养殖业源产排污系数手册》查询得到牲畜的产污系数，确定畜禽养殖产排污系数，按各类型每年排泄物中总氮、总磷和氨氮含量折合计算。根据岳阳市 2015—2018 年统计年鉴中岳阳市畜禽养殖数量，计算新墙河流域畜禽养殖排放负荷。

【思考与习题】

1. 流域污染源调查的基本程序及内容是什么？

2. 常用的水质评价方法有哪些？

3. 如何进行水质趋势分析？

4. 请基于全国第二次污染调查，结合你家乡所在县区市，为某种农业源类型设计一份合适的调查问卷。并基于上述数据，核算农业非点源排放量。

第8章 流域系统模拟方法

> **导读：**
>
> 　　模型是对客观世界的模拟，可通过概化的数学公式帮助我们认识复杂的系统与过程。经过多年的发展，已经出现了大量的成熟模型，这些模型在流域水文评价、流域水质预测、流域规划、流域污染控制等方面发挥了重大的作用。本章将就常见模型进行简要介绍。
>
> 　　本章的知识采集点包括：
>
> 　　1. 流域模型分类。
>
> 　　2. 流域水文过程及如何模拟。
>
> 　　3. 流域模型建模过程。
>
> 　　4. 学习利用流域模型开展流域水环境研究。

8.1 模型基础知识

8.1.1 模型相关概念

　　模型是一个复杂系统的简化，被模拟的现象称为原型，模型通常是对原型的概化。仿造原型的过程称为模拟。

　　流域模型即用数学语言或物理模型对流域过程进行概化，并对流域变化模拟和预报。所有的流域模型必须能反映被模拟的水文、水质、水生态的基本过程，内置结构可以是水量、水文、水质或某个生态过程。一般而言，流域模型具有如下特点：①整体性，即模型能考虑流域内降雨径流等多个子过程以及各子过程间的相互联系作用；②复杂性，各子过程间的关系复杂且具有时空异质性；③研究问题的尺度可以大到全球水文循环系统，也可以小到一棵树的蒸散发过程；④需要借助电子计算机，因为整体性及复杂性导致模型研究的工作量庞大，只能以电子计算机解决优化参数及检验。

　　运用流域模型的目的是解决流域内的水环境问题，为流域水质规划和管理提供科学依据。

8.1.2 模型分类方法

　　对于流域模型而言，有不同的分类方法。

　　(1)按照模型构建，可分为物理模型、概念模型和黑箱模型。其中，物理模型中每一个关系式均以严格的物理定律为基础；概念模型的结构、参数均具有物理意义，但结构不是以严格的物理定律为基础；而黑箱模型的关系式无任何物理意义。

　　(2)按照模型对流域过程的描述离散程度，可以分为集总式模型、分布式模型与半分布式模型。集总式模型将流域作为一个整体来模拟其径流形成过程；分布式模型按照流域各处气象信息以及下垫面特性的不同，将流域划分为多个小单元，在每一个小单元上用一组参数反映其流域特征，具有从机理上考虑降雨及下垫面条件空间分布不均匀对流域过程流形成造成影响的功能；半分布式模型介于集总式模型与分布式模型之间。

(3)按照数学方法，可以分为随机性模型与确定性模型。

(4)按照模型结构，可以分为线性模型和非线性模型。

(5)按照模型参数，可以分为时变模型和时不变模型。

(6)按照研究对象划分，可分为河流、河口（潮汐/非潮汐）、湖泊（水库）、非点源模型。

(7)按照模型涉及的水质组分，可分为单一组分、耦合和多重组分模型。

(8)按照水质系统的状态，可分为稳态和非稳态模型。

(9)按照所描述的数学方程的解，可分为准理论和随机模型。

(10)按照反应动力学，可分为纯反应型、惰性物质的纯迁移型、迁移反应型以及生态模型。

(11)按照水质模拟的空间维数，可分为零维、一维、二维和三维模型。

(12)按模型性质，可分为黑箱、白箱和灰箱模型。

8.1.3　流域模型中的水文模块

1. 蒸散发算法

蒸散发包括水面蒸发、陆面蒸发、植被蒸腾以及植被截留的水量，以约60%的降水量返还大气，是水文循环的重要环节。蒸散发在耦合生态系统水量平衡和能量平衡公式如下。

$$P = ET + Q \pm \Delta S \tag{8-1}$$

式中，P 代表降水量（mm）；ET 代表蒸散发量（mm）；Q 代表河川径流量（mm）；ΔS 代表储水量变化（mm）。能量平衡的公式为：

$$R_n = ET \times L + H + G \tag{8-2}$$

式中，R_n 代表净辐射（W/m^2）；H 代表显热（W/m^2）；G 代表土壤热通量（W/m^2）；$ET \times L$ 代表潜热，其中 L 代表水分汽化热[cal/g（水）]，计算式为 $L = 597.3 - 0.57T$，其中 T 代表空气温度。通过水量平衡与能量平衡方程式，得到蒸散发估算公式：

$$ET = P - Q \pm \Delta S = (R_n - H - G)/L \tag{8-3}$$

但对于植被截留水量无法直接测量，因此多数研究是通过降水、径流等的测量值间接求算植被截留水量，从而建立了经验公式。其中较为著名的有 Horton 于 1919 年建立的截留总损失与植被蓄水能力和蒸发之间的公式，Shuttleworth 于 1983 年提出的全球蒸发模型，仪垂祥等于 1996 年对传统公式加以改进的计算植被降水截留公式，何东进和洪伟于 1999 年考虑降水量的影响改进的植被截留降水量计算公式。其中对 Horton 模型进行简要介绍：

$$I = C_m + et \tag{8-4}$$

其中，I 代表次降雨植被截留水量；C_m 代表植被蓄水容量；e 代表湿润树体表面蒸发强度；t 代表降雨历时。Horton 模型中假定 C_m 已知，在降雨开始时正确与否取决于植被特性、降雨特性、前期降雨等，同时在计算中没有考虑雨强与雨量，因此后来的学者基于这些问题对公式进行了改进，加入了穿透降雨系数、降雨强度和排水经验参数等因子。

2. 下渗算法

根据算法构建，下渗算法可分为物理算法、半经验算法和经验算法三类。物理算法是基于物质守恒定律以及达西定律建立的，如 Green-Ampt 算法、Philip 算法、Mein-Larson 算法、Smith 算法和 Smith-Parlange 算法等；半经验算法是基于连续方程和下渗率—累积下渗量关系或通量—浓度关系所建立的，如 Horton 算法、Holtan 算法、Overton 算法、Huggins-Moke 算法和 Grigorjev-Irtz 算法等；经验算法基于实验数据建立，如 SCS-CN 算法、Kosti-akov 算法和 Collis-George 算法等。其中，Horton 算法、Green-Ampt 算法及 SCS-CN 算法［即美国水土保持局（Soil Conservation Service，SCS）开发的径流曲线值（Curve Number，CN）法］为我国目前最为常用的三种下渗算法，下面对这三种算法进行简要介绍。

Horton 算法为经验算法，它采用 3 个系数描述入渗率随降雨历时的变化，表达式如下：

$$i = f_c + (f_0 - f_c)e^{-kt} \tag{8-5}$$

式中，i 代表 t 时刻的下渗率（mm/h）；k 代表衰减速度（h^{-1}）；f_0 代表初始下渗率（mm/h）；f_c 代表饱和下渗率（mm/h）。在降雨的前期，土壤干燥因此入渗能力较强，但随着降雨进行其入渗能力逐渐降低。

Green-Ampt 算法为物理算法，是基于达西定律描述了下渗的物理过程，主要考虑了土壤含水量的影响，未考虑下垫面的影响，因此对于城市区域不是很适用。该算法参数均由土壤物理特性推导而来，因此在模拟时需要详细的土壤数据。

$$f_p = K_s \left[1 + \frac{\varphi_s \theta_d}{F} \right] \tag{8-6}$$

$$F = K_s t + \varphi_s \theta_d \ln \left(1 + \frac{F}{\varphi_s \theta_d} \right) \tag{8-7}$$

式中，f_p 代表下渗率（mm/hr）；K_s 代表饱和的水力传导率；φ_s 代表湿峰面上土壤的吸水能力；F 为下渗量；θ_d 可通过 $L_s = \dfrac{F}{\theta_d}$ 求得，其中 L_s 为高度（mm）。

SCS-CN 方程同样属于经验算法，用于计算没有降雨记录地区的径流量。根据土壤类型定义不同的 CN 值，CN 值与流域下垫面、土壤类型、土壤前期情况、土地利用等有关。该算法适用于大流域以及强度较大的降雨情境，其表达式如下：

$$Q = \frac{P^2}{P^2 + S_{max}} \tag{8-8}$$

$$F = P - \frac{P^2}{P^2 + S_{max}} \tag{8-9}$$

$$f = \frac{(F_2 - F_1)}{\Delta t} \tag{8-10}$$

式中，Q 代表单位面积单位时间的径流量（mm）；P 代表降雨量；S_{max} 代表土壤最大储水能力，可以通过曲线数 CN 求得（mm）；F 代表下渗量即降雨量减去径流量（mm）；f 代表下渗率；F_2 与 F_1 分别代表 t 时段初与末的下渗量；Δt 代表 t 时段的长度。

3. 产流算法

产流算法指降雨经过损失阶段而产生径流的数学模型，分为蓄满产流（又称超蓄产流）和超渗产流两类算法。蓄满产流是指在包气带土壤含水量达到田间持水量后的产流；超渗产流是指在包气带未蓄满前因雨强大于渗强而出现的产流。我国南方地区的湿润流域主要为蓄满产流，而北方地区的干旱流域则主要为以超渗产流，对于半湿润半干旱流域则同时存在两种产流。

蓄满产流的表达式如下：

$$R = P - (W_m - W_0) \tag{8-11}$$

式中，R 代表次降雨产生的径流量；P 代表次降雨量；W_m 为包气带蓄水容量；W_0 为降雨前包气带的蓄水量。表达式表明降水量满足缺水量（$W_m - W_0$）后，稳定下渗部分形成地下径流。

超渗产流的表达式如下：

$$r = i - f \tag{8-12}$$

式中，r 代表径流率；i 代表降雨强度；f 代表下渗率。当 i 大于 f 时产生径流，当 i 小于 f 时不产生径流。

4. 汇流算法

汇流算法是描述由降水到径流再到流域出口断面的全过程汇流演算的模型。研究流域汇流的路径通常有两条，即概念性流域汇流算法和地貌瞬时单位线理论。传统概念性流域汇流算法主要是由线性水库和线性渠道等概念性元素所构成，其着重于描述汇流过程的宏观表现而不涉及汇流过程的详细物理机制，其基于水的波动性寻找波流量的传播规律来解释汇流过程。地貌瞬时单位线理论是基于水的粒子性，寻找水质点等待时间的概率密度函数来对汇流过程进行描述。

8.2　常见流域模型介绍

8.2.1　流域模型

1. 新安江模型

新安江模型是赵人俊先生于 1973 年提出的概念性模型。其理论基础为赵人俊先生于 1963 年提出的蓄满产流概念，之后增加了蒸发、产流、汇流等环节的连续计算公式。传统新安江模型的建立包括单元划分、数据输入、参数率定几方面。单元划分一般依据降雨和下垫面分布数字化得到。参数率定方面，新安江模型一共有 15 个主要的参数，这些参数都具有明确的物理意义，但是由于缺乏对物理量空间分布的定量描述和模型中间物理变量的验证，均需要依赖于流域出口断面的径流数据进行率定，这极大地限制了模型的推广，尤其是对于无资料地区。随着后期的发展，模型计算单元的划分形式逐渐多样化，很多学者将新安江模型运用于栅格之上；同时模型的产汇流模块物理化，从而可以通过物理关系式推求相关参数，解决了参数高度依赖于率定的问题。

新安江模型最初应用于预测水库入库洪水预报，在 20 世纪 80 年代，新安江模型在应用中趋于成熟，成为适用于我国湿润与半湿润地区的降雨—径流模型，现在新安江模型已发展为适合用于水文预报、水资源管理、水土资源评价、非点源污染预测、气候变化和人类活动影响研究的多功能水文模型。

2. AGNPS & AnnAGNPS 模型

AnnAGNPS 为概念性模型，是由美国农业部开发研制的连续型分布式参数模型，主要用来模拟流域地表径流、泥沙侵蚀和氮磷流失。其前期版本是单一事件分布式模型 AGNPS。AnnAGNPS 相较 AGNPS 的改进之处在于，AnnAGNPS 是以日为基础的连续模拟，可用于评价流域内非点源污染的长期影响，同时模型的模拟尺度和显示度也得到显著提高。AnnAGNPS 模型以流域数字高程模型（DEM）为基础，按照微地形一致性原则，将流域划分为若干任意形状的子单元，然后由河网把这些子单元连接起来，以日为尺度连续预测各子单元的径流、泥沙、养分和农药负荷量，通过河道演算得到流域出口处各种成分的量。AnnAGNPS 还可以分层预测地表径流和渗透对可溶性营养物质的输移，监测农业流域非点源污染，评价流域不同管理措施的管理效果。

该模型自开发以来，在水库、流域、湖泊的非点源污染防治方面，以及农业非点源污染优先控制区域的识别、水源防护区范围的绘制、地表水监测网的设计和水资源规划等方面得到了广泛应用。

3. HSPF 模型

HSPF 模型是美国环境署推出的半分布式模型，主要用来模拟农村和城市地区非点源污染和次降雨水文过程。HSPF 模型在斯坦福模型基础上发展而来，能够在 BASINS 系统和 WDMUtil 等工具辅助下，模拟大多数流域和不同气候带的径流、土壤流失、污染物传输等。模型依托于 BASINS 系统，利用 ArcGIS 软件自动划分子流域，生成所需河网水系，从而实现对土地利用、土壤、地形等数据的引用及可视化。其可实现对泥沙、BOD、溶解氧、氮磷、农药等污染物迁移转化的长时间序列连续模拟。模拟模块分为透水地段模块、不透水地段模块、地表水水质模块，以及与流域管理相关的 BMPs 模块。HSPF 模型对于数据要求较高，需要长时间的降水、蒸发、日照、气温等序列数据，同时也需水文水质监测数据来校正模型，而我国各地区资料相对短缺，缺乏长时间、高精度的监测数据支撑。

国内外基于 HSPF 模型已开展了降雨径流过程的精细化模拟。

4. SWAT 模型

SWAT（Soil and Water Assessment Tool）模型为美国农业部开发的分布式模型，主要包括水文、气象、侵蚀、营养物质和农药迁移模块，SWAT 模型适合对长时间序列的流域模拟，对数据需求量较高，是世界范围内应用最为广泛的流域模型。SWAT 根据数字高程模型划分子流域，通过不同土地利用、土壤类型和坡度划分水文响应单元，再独立计算每个单元的水量、泥沙和污染物，最终将结果累计叠加到子流域中。其地表径流用 SCS 曲线模拟，泥沙模拟则用 MUSLE。SWAT 的水文模拟分为坡面产流、坡面汇流和河道汇流三部分，其中坡面过程决定每个子流域内主河道水、沙和化学物质等输入量，后者决定河网向流域出口的输出量。地表、壤中和地下径流因素均被充分考虑在内。SWAT 广泛应用于评估流域的气候变化、管理方式对区域供水及非点源污染造成的影响。

5. APEX 模型

APEX(The Agricultural Policy Environmental Extender)模型由美国德克萨斯黑土地研究与推广中心开发,其适应性较强,主要适用于田间和小流域尺度的模拟。APEX 模型由水文、气象、泥沙、土壤温度、碳循环、养分循环、作物生长、侵蚀沉积、农牧业管理、杀虫剂、种植环境控制、经济预算、地下水和水库等模块组成。其可以模拟降雨并计算各个水文响应单元的地表径流、下渗、蒸散发等水文过程;模拟降雨、太阳辐射、风速等气象条件;基于 EPIC 模型的算法来模拟作物、树木及其他植被的生长;独立模拟 N、P 两种元素的循环;模拟农业管理措施,包括灌溉、排水、沟渠堤坝、缓冲带、梯田、水道、施肥和使用农药/杀虫剂的信息、粪便管理、池塘和水库管理、作物轮作和选择、覆盖作物、生物质去除、农药效应、放牧和耕作等。其被广泛应用于农场和小流域农业管理的评估和规划。

6. SWMM 模型

SWMM(Storm Water Management Model)模型于 1971 年由美国 EPA 开发,历经 40 余年完善发展,目前最新版本已更新至 SWMM5.1.013。在 1984 年加拿大水力计算研究所(CHI)将其商业化成为 PCSWMM,2011 年同济大学的李树平教授将其汉化为 SWMMH,进一步推动了 SWMM 在中国的普及。相较于 SWMM,PCSWMM 拥有更强大的功能,比如 PCSWMM 可以支持 GIS 和 CAD 格式的文件,而 SWMM 只支持 INP 格式的文件,又比如 PCSWMM 有 SRTC 参数率定与模型验证工具,而 SWMM 只能支持手动调参数率定。SWMM 的功能主要分为水文模拟、水力模拟和水质模拟三方面。水文模拟即模拟产流和汇流,产流计算上首先将汇水区分为透水与不透水两类,然后依据下渗方程等用降雨量减去总下渗量、蒸发量、洼地蓄水量等得到径流量,汇流计算方式是将各子汇水区的雨水径流量转化为经过透水区、有洼蓄透水区、无洼蓄透水区产流演算后的出流量,并利用非线性水库模型模拟并求解圣维南方程。水力模拟主要是模拟雨水从检查井到出口的过程中,在管网里的汇流过程,其计算主要采用水动力学法离散求解圣维南方程组,包括了恒定流、动力波和运动波 3 种演算方法。水质模拟主要包括降雨冲刷、污染累计、街道清扫、管网迁移衰减和 LID 设置等,径流中的污染物浓度由累积与冲刷两个过程决定,而污染物去除主要依赖于 LID 模块的设置。

SWMM 的运用十分广泛,包括低影响开发(LID)的雨水控制效果和水质调控模拟,城市暴雨洪水模拟中的参数敏感性分析与识别,城市雨水径流非点源污染特性分析及负荷估算,城市雨水管网优化改造等。

7. GLWF 模型

GLWF(Generalized Watershed Loading Function)模型是由宾夕法尼亚州立大学开发的流域负荷模型。GLWF 模型为半分布式模型和半经验式模型,模拟精度较粗糙。其以月长为单位,在流域的径流产出、营养盐负荷模拟与预测、土壤侵蚀、非点源污染分析方面应用广泛。其可以利用 GIS 及 RS 提供的空间数据,在中型尺度流域的范围内进行非点源污染负荷估算,模型比较适合于数据量少,参数相对缺乏的地区。GLWF 模型优点在于使用方便,同时相对其他的流域水质模型例如 SWAT、SWMM、HSPF 等来说其输入数据相对简单。其在模拟时各个流域不进行详细区分,空间方面流域被认为是一个单元,对污染物负荷量只简单叠加,一般使 SCS 曲线方法计算地表径流,泥沙土壤侵蚀量用 USLE 算法评估，模拟地下水量和营养物迁移模块分别根据水量平衡的经验公式和污染物单位负荷率。其主要分为水文模块、沉积物模块和水质模块。

GLWF 模型可用于评估流域逐月的河川径流量以及其来源组成，即地表径流和地下水各自所占比例；评估流域逐月的沉积物产量；评估流域逐月的营养盐负荷量，现有 GWLF 模型主要针对总氮总磷进行分析，可解析流域污染负荷来源，预测与评价未来流域可能的污染负荷趋势。

8.2.2 河流—湖泊模型

1. QUAL 模型

20 世纪 70 年代，美国等发达国家建立了不少综合水质模型，其中最早的两个模型是 QUAL-Ⅰ和 QUAL-Ⅱ。QUAL-Ⅱ全面考虑了河流自净作用机理，可预测多种污染物在水体中的衰减变化；后经多次修订和增强，相继推出了 QUAL2E、QUAL2EUNCAS。其中，QUAL2E 应用较广，并在此基础上发展了目前最新的 QUAL2K，2007 年推出 QUAL2Kw。

QUAL 模型可按需要任意组合方式模拟各种水质组分，包括 BOD、DO、温度、藻类—叶绿素、有机氮、氨氮、亚硝酸盐氮、硝酸盐氮、有机磷、溶解氧、大肠杆菌、任意一种非保守物质和 3 种保守物质。QUAL 模型可研究入流污水负荷（包括数量、质量和位置）对受纳水体水质的影响，也可用它来研究非点源问题。它既可以用作为稳态模型，也可以用作为时变的动态模型。QUAL 模型适用于枝状河流，它假设河流中的平流和弥散作用只在主流方向上是主要的，是一个一维的综合河流水质模型，它允许沿河有多个排污口、取水口、支流，也允许入流量有缓慢地变化，它可被用来计算靠增加河流流量来满足溶解氧水平时所需要的稀释流量。

2. WASP 模型

WASP 模型系统（Water Quality Analysis Simulation Program Modeling System）是由美国国家环保局暴露评价模型中心开发的用于地表水水质模拟的模型，其可以对河流、湖泊、河口、水库、海岸的水质进行模拟。它能够用于不同环境污染决策系统中分析和预测由于自然和人为污染造成的各种水质状况，可以模拟水文动力学、河流一维不稳定流、湖泊和河口三维不稳定流、常规污染物（包括溶解氧、生物耗氧量、营养物质以及海藻污染）和有毒污染物（包括有机化学物质、金属和沉积物）在水中的迁移和转化规律，被称为万能水质模型。WASP 由两个独立的计算机程序组成：水质分析模拟程序 WASP 以及一维的水动力模拟程序 DYNHYD，其中 WASP 包括有毒化学物模型 TOXI 与富营养化模型 EUTRO，涉及 BOD、DO、P、N 等的传统水质问题由 EUTRO 子模块来完成，涉及有机污染物、重金属、底泥等有毒污染物质的问题则由 TOXI 子模块来完成。

3. SMS 模型

SMS（Surface-water Modeling System）模型是美国陆军工程兵水利工程实验室（United States Army Corps of Engineers Hydraulics Laboratory）和扬·伯明翰大学等合作开发的是一维、二维和三维水文建模的综合环境，是一个表面水建模和设计的预处理和后处理平台。SMS 模型包括二维有限元、二维有限差、三维有限元和一维死水建模工具。SMS 模型系统主要包含水动力和泥沙模型，其对于水质变化过程的模拟能力有限，

但可通过耦合其他水质模型来模拟水质状态变量。SMS 模型可用于模拟和分析地表水的运动规律，计算水库水位、流速、污染物浓度、泥沙分布、波浪等参数。SMS 计算所用的网格多为无结构网格，其比矩形网格或正交曲线网格模拟复杂边界要更为方便。

4. EFDC 模型

EFDC(Environmental Fluid Dynamics Computer Code)模型是由威廉玛丽大学弗吉尼亚海洋科学研究所开发的三维地表水水质数学模型，其为美国 EPA 推荐的水动力和水质模型之一。EFDC 包括了水动力、泥沙、有毒物质、水质、底质、风浪等多个模块，可用于河流、湖泊、水库、湿地和近岸海域的一维、二维和三维物理及化学过程的模拟。在使用模型时，需要输入河流湖泊等的固定边界、地形、位置等初始化数据，入水量、出水量、污染负荷等时间序列数据，以及程序运行和计算所需要的模型参数数据。EFDC 模型在运行时首先计算出流速场，然后再计算泥沙迁移、冲淤作用、水质变化等过程。EFDC 的水动力模块包括流速、示踪剂、温度、盐度、近岸羽流和漂流的模拟，其输出结果可作为泥沙、水质、有毒物质等模块的流场条件。泥沙模块将泥沙区分为悬移质与推移质，从而进行多组分泥沙的沉降、沉积、冲刷及再悬浮等过程的模拟。有毒物质模块可模拟各种污染物的迁移转化过程，但需要输入不同污染物的反应方程式及参数信息。水质模块涉及了多种富营养化物质、藻类和总活性金属，并涉及大气沉降，溶解氧的复氧和消耗，无机氮磷和有机氮磷之间的相互转化，以及藻类的新陈代谢和光合作用等过程的模拟，最终输出 COD、DO、NH_x 等污染物的浓度场数据，EFDC 还可以日通过与 WASP 耦合进行水质模拟。底质模块则主要模拟沉积物与水体的物质交换过程。

应用方面，EFDC 模型可以用于分析河流悬浮泥沙的输移过程，水利工程等对河流湖泊的影响，河流湖泊的水文水质状况等。EFDC 模型曾成功预测了海水入侵对 St. Lucie 河口的生态影响，并且是美国最大日负荷总量(TMDL)等环境保护计划主要使用的水质模型。

5. DNDC 模型

DNDC 模型是 Denitrification-Decomposition(反硝化—分解作用)的缩写。DNDC 模型是一个描述农业生态系统中碳和氮生物地球化学过程的计算机模拟模型，其可以模拟农业生态系统的农作物产量、土壤固碳作用、硝酸盐淋失以及碳和氮多种气体的排放。DNDC 模型由两个部分构成，第一部分包括土壤气候、农作物生长和土壤有机质分解三个子模型，利用生态驱动因子(即气候、土壤、植被以及人类活动)来模拟土壤环境条件(即土壤温度、水分、酸碱度、氧化还原电位以及相关化学底物浓度梯度)。第二部分包括硝化作用、反硝化作用以及发酵作用三个子模型，模拟土壤环境条件对微生物活动的影响，计算植物—土壤系统中二氧化碳(CO_2)、甲烷(CH_4)、氨(NH_3)、氧化亚氮(N_2O)、一氧化氮(NO)以及氮气(N_2)的排放。DNDC 模型中所使用的函数方程来自物理学、化学和生物学的经典法则或实验室研究所产生的经验方程。

DNDC 模型为目前国际上最成功的生物地球化学模型之一，它可以被发展为适合一个特定国家或地区环境条件的模型。DNDC 模型在我国应用时引入了一些适用于中国的参数与方程，其应用主要集中在作物产量管理与预测、农田土壤有机碳(SOC)动态变化、农田温室气体如 CO_2、CH_4、N_2O 的排放以及农田氮素淋失估算方面。其可以在点位尺度以及流域尺度上应用，其中流域尺度的应用需要基于点位尺度的结果。

8.2.3 其他常用模型/方法

1. 单位线法

单位线法由 L. R. K. 谢尔曼在 1932 年提出，是指在给定流域内单位时段内均匀分布的单位地面净降雨量，在流域出口断面形成的地面径流过程线，其可以反映流域的汇流特征与规律。单位净雨量一般取 10 mm，单位时段可取 1、3、6、12、24 h 等。单位线法将流域视为集总的线性时不变系统，适用于倍比和叠加原则。其中包含了三个假设：①单位时段内净雨量不同，但所形成的地面径流过程线的总历时（即底宽）不变；②单位时段内 n 倍单位净雨量所形成的出流过程，其流量值为单位线的 n 倍；③各单位时段净雨所产生的出流过程不相干扰，出口断面的流量等于各单位时段净雨所形成的流量之和。

当研究流域具有实测降雨与径流资料时，可以采用直接分析法得出流域单位线。但由于实际汇流情况并不严格满足于倍比和叠加假设，而且观测资料具有一定误差，因此用直接分析法得出的单位线可能呈现锯齿状或者负值，可以在后期进行光滑化修正。但是直接分析法只适用于只有两个时段净雨的情况，对于多于两个时段净雨的情况，可以采用试错法，即先假设一条单位线，根据已知的地面净雨过程计算地面径流出流量过程，若结果与实测资料吻合较好，则认为该单位线为所求目标，否则重假设单位线直到吻合结果较好。此外还可以采用最小二乘法或者矩阵法进行求解。

2. SPARROW 模型

SPARROW(Spatially Referenced Regressions On Watershed Attributes)模型是由美国地质调查局(USGS)开发的一个基于流域空间属性进行回归分析的非线性模型。模型使用统计分析系统(SAS)的宏语言编写，其中的统计程序由 SAS 交互式矩阵语言(IML)完成，并通过这些组件来共同执行运算。同时，SPARROW 模型作为开源软件，支持使用者在原模型的基础上进行修改及二次开发。模型模拟以农业施肥为代表的非点源污染，在陆地过程的传输中经过蒸发、入渗等作用后输到就近的河段，输入水体的污染物在河流网络中会连续向下游传输，同时也会因河段的特征而产生不同程度的衰减或滞留。SPARROW 模型的基础结构是一大特色，它包括详尽的河流网络、基于 DEM 刻画的流域，而其中的监测站点和关于流域特征的 GIS 数据等都是基于空间的。

SPARROW 模型具有较强的空间特性和污染负荷预测及定量化功能。在径流、泥沙迁移、污染源来源及迁移过程、营养盐的长期去除率和远距离传输时定量化方面应用广泛。其可整合来自不同监测途径的水质样本，提供具有地理空间代表性的水质状况的描述；可通过在 TMDL 分析中进行污染源的定量，从而建立一个污染源的负荷分配体系；可模拟水质状况的空间变化，也能模拟平均水质状况的时间变化；可检查所涉及的解释性因子(污染源和流域属性等)和地表过程对采样点水质的显著性；可用来解释某一特定的水质监测网络获得的数据，优化监测网络。

3. LOADEST 模型

LOADEST 模型的全称为 LOAD ESTIMATOR，由美国地质调查局(USGS)于 2004 年基于 LOADEST2 和 ESTIMATOR 两个未正式记录的软件开发，使用 Fortran 语言编写，并在 2013 年进行了部分程序的改进，主要用于估算河流中的负荷组成情况。在用户给定流量、附加数据变量以及组分浓度等时间序列后，LOADEST 可以帮助用户搭建用

于估计组分负荷(校准)的回归模型。其在估计和校准过程中所使用的三种统计方法包括调整最大似然估计(AMLE)和最大似然估计(MLE)和最小绝对偏差(LAD)。调整最大似然估计(AMLE)和最大似然估计(MLE)适用于校正模型误差或残差正态分布的情况。其中，AMLE会在校准数据集(流量时间序列、附加数据变量和浓度)包含删失数据(数据不是特定值，而是落在某一区间)时使用。最小绝对偏差法(LAD)是残差非正态分布时最大似然估计的替代方法，也适用于校正模型误差或残差正态分布的情况。

　　LOADEST擅长模拟大型的非城市流域污染通量情况。其可以利用连续的日流量数据和有限的、离散的水质数据，建立污染物通量回归方程，进而估算河流不同时间尺度下的输移通量；还能够用于确定水质监测的最佳频率，评估BMPs措施的实施效果；其估算结果还可用于污染物迁移转化机理模型的参数率定和验证，提高机理模型的模拟精度等。

小知识

模型的选取

　　不同的水文水质模型具有其特定的思路和基本的前提假设，因此它们都有着各自的适用区域与模拟强项。

　　在选择模型时，首先要根据研究区尺度选择，是流域尺度还是田间尺度，是超大流域还是中等小流域，如果是超大流域尺度可以选取美国农业部开发的SWAT模型和AnnAGNPS模型以及美国环保局的BASINS模型等，如果是中小尺度流域可以选择CREAM、CLEAMS、HSPF、SWMM等，如果是田间尺度应该选择APEX等。

　　其次要根据研究区域特征来选择，因为不同的流域往往有不同的气候环境、地形地貌和水文等特征条件，需要明确研究区是属于城市区域还是非城市区域，降雨等气象条件如何(从而确定是超渗产流还是蓄满产流等问题)，是山区还是平原(从而确定主要汇流过程等问题)等，从而决定了应该选取哪一大类的模型。例如研究区为自然农业流域，就可以选取SWAT、AnnAGNPS等模型，如研究区为城市流域，就应选择考虑了城市管网等因素的SWMM，Infoworks等模型。

　　最后要根据研究的目的来选择，如是主要模拟流域陆域过程还是水域过程，是为了研究大气沉降还是农药污染，从而根据模型的模拟强项进行选择。例如研究大气沉降就可以选择EFDC等模型，考虑农药污染就可以选取AnnAGNPS等模型。

8.3　流域模型建模过程简介

8.3.1　基础数据收集

　　在建模过程中需要用到大量的数据，涉及气候、地形、土地利用、水文水质等多个方面，因此对相关数据的收集是建模中至关重要的一步。表8-1中简要归纳了在建模过程中常使用的数据类型以及来源。

表 8-1　建模过程中常用到的数据类型及主要来源

数据类型	参　数	数据来源
DEM	高程、坡面和河道的坡度、坡长、坡向	遥感资料
土地覆盖	叶面积指数、植被根系、径流曲线数、冠层高度、曼尼系数	遥感资料
土地利用数据	土地利用变化	遥感资料
土壤类型	土壤物理组成、饱和导水率、持水率颗粒含量	土壤志
气象数据	最高最低气温、日降水量、相对湿度、太阳辐射、风速（2004—2011 年）	气象局
水文数据	日流量、月基径流量（2005—2011 年）	水文站
水质监测数据	总氮、氨氮、硝态氮、有机氮	环保局、采样
氮污染源负荷	点源污染情况、畜禽养殖、人口统计、生活排污、工厂排污、污水处理厂	统计年鉴、调研
土地管理信息	耕作方式、植被类型、灌溉方式、施肥时间和量	统计年鉴、调研

8.3.2　模型建立

对于不同的模型，其建模思路与过程均有差异，但一般可归纳为以下步骤，图 8-1 展示了建模流程。

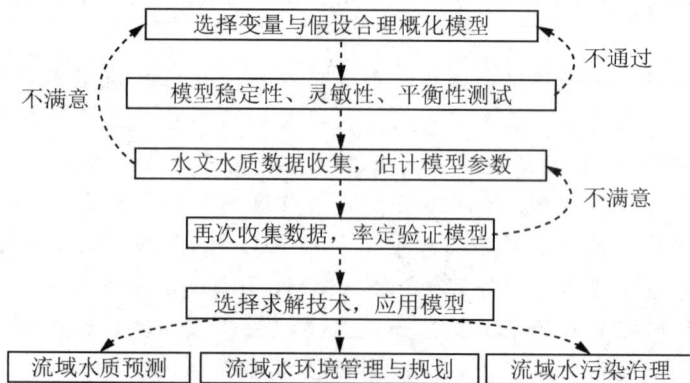

图 8-1　建模流程

第一步是模型的概化，选择合适的物理变量与公式，提出合理的假设，来概化自然过程中真实的关键的水文水质现象，从而搭建起模型的基本框架。

第二步是对前一步建立的模型框架进行性质研究，在这一步，需要探讨建立模型的灵敏性、平衡性、稳定性等方面的性质，从而确定建立的模型框架是合理可行的。在建立好模型后，开始应用于确切的研究区，模拟真实流域水环境过程。

第三步是应用收集到的研究区的各种水文水质数据，采用各种数学统计方法对模型的具体参数进行估计。

第四步是运用再次收集的数据，对已经初步估计出的模型参数进行率定与验证，使

用 R^2 或者 E_{ns} 等进行模拟优度表征，这一步至关重要，决定着模型模拟的可用性与准确性。常用表征参数 R^2 和 E_{ns} 的表达式如下：

$$E_{ns} = 1 - \frac{\sum\limits_{t=1}^{N}(q_{sim,t} - q_{obs,t})^2}{\sum\limits_{t=1}^{N}(q_{obs,t} - q_{avo})^2} \tag{8-13}$$

$$R^2 = \left[\frac{\sum\limits_{t=1}^{N}\left((Q_{sim,t} - Q_{avs}) \times (Q_{obs,t} - Q_{avo})\right)}{\sqrt{\sum\limits_{t=1}^{N}(Q_{sim,t} - Q_{avs})^2} \times \sqrt{\sum\limits_{t=1}^{N}(Q_{obs,t} - Q_{avo})^2}}\right] \tag{8-14}$$

式中，N 为模拟步长数量；$q_{obs,t}$ 为 t 时刻实测流量序列；$q_{sim,t}$ 为 t 时刻模拟流量序列；q_{avo} 为实测流量过程的均值；q_{avs} 为模拟流量过程的均值。

第五步是将率定好的模型运用得到具体的流域水环境问题当中，如流域水质预测、流域水环境管理与规划、流域水污染控制等。

8.4 流域模拟案例

SWAT 由美国农业部在 1994 年开发，经过数十年的发展已经具有成熟的模拟框架，因此可视为已完成变量的选择与假设的合理概化，以及模型稳定性、灵敏性、平衡性测试，在使用 SWAT 模型建模时可以直接进入后续建模步骤。

SWAT 的建模流程如图 8-2 所示，第一步要收集所有 SWAT 模型运行必需的数据，包括 DEM 数据、土地利用数据、土壤数据和气象数据；第二步划分子流域，输入 DEM 数据，进行河流流向及累积分析，设置好子流域出口、排水流域入口、点源情况、流域总出口等数值，SWAT 会进行子流域的自动划分；第三步需要对流域进行水文响应单元（Hydrologic Response Unit，HRU）的划分，划分时依据土地利用类型、土壤类型和坡度，将子流域内具有同一组合的不同区域划分为同一类 HRU，同类的 HRU 具有相同的水文行为，在计算子流域水文水质数据，将所有 HRU 的运行数据进行叠加，从而得到整个子流域的模拟数据；第四步需要进行模型参数敏感性分析，找到对模型运行结果影响最大的参数类别，便于在之后的率定环节修正模型参数，提高模拟性能，常用的方法有回归分析法、Morris 筛选法、Sobol 方法、FAST 方法和 RSA 方法等；第五步对模型的参数进行率定与验证，这一步决定着模型的可用性，是后续研究应用的基础，常用的方法有人工试错法、最小二乘法、LGCPSO 算法等；第六步可将模型应用于特定的研究课题中，研究目标科学问题。

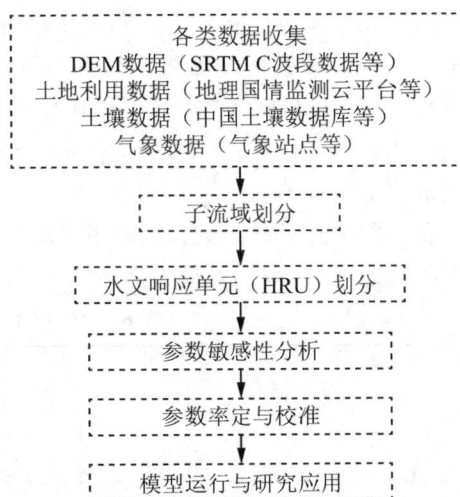

各类数据收集
DEM 数据（SRTM C 波段数据等）
土地利用数据（地理国情监测云平台等）
土壤数据（中国土壤数据库等）
气象数据（气象站点等）

↓

子流域划分

↓

水文响应单元（HRU）划分

↓

参数敏感性分析

↓

参数率定与校准

↓

模型运行与研究应用

图 8-2 SWAT 建模步骤图

以三峡库区大宁河流域为研究区域建立 SWAT 模型,并基于模型进行了流域非点源污染负荷的模拟计算。在建模过程中主要的输入数据及来源见表 8-2。

表 8-2　SWAT 模型主要输入数据及来源

数据类型	数据项目	数据来源
图件	DEM(1∶25 万)	国家基础地理信息中心
	土地利用图(1∶10 万)	中国科学院地理科学与资源研究所
	土壤图(1∶100 万)	中国科学院南京土壤研究所
水文	流量、泥沙与水质	长江水利委员会水文局
气象	气温、降雨和风速等	长江水利委员会水文局、巫山气象局
土壤物理属性	密度、水力传导度、田间持水量等	《中国土壤系统分类——理论·方法·实践》
土壤化学属性	土壤有机氮、硝酸盐氮、有机磷等	中国土壤数据库
作物管理措施	作物生育期和施肥等	实地调查

然后根据实际情况或者模型使用手册中的推荐数据估计模型参数,确定范围,再使用巫溪水文站 2000—2004 年的日观测径流量数据和泥沙数据进行参数率定与模型验证,其中 2000—2002 年的数据用于参数率定阶段,2003—2004 年数据用于模型验证阶段。泥沙及径流的参数率定采用计算机自动优化法和人工试错法相结合的方式进行。水质数据只有 2004 年的月监测数据,因此营养负荷的率定过程和验证过程同时进行,采用人工试错法进行模型调参。参数率定目标方程采用 SSQ 方程。模型参数率定的顺序是:先率定水量,再率定输沙量,空间上的调参顺序是先上游后下游。在参数率定的基础上,选择巫溪水文站 2003—2004 年数据用作模型验证。选用相对误差 R_e(模拟值与真实值的绝对误差与真实值之比乘以 100%所得的数值)、相关系数 R^2 和 Nashe-Suttcliffe 系数 E_{ns} 评价模型的适用性。

表 8-3 列出了对径流、泥沙和 NH^3—N 率定和验证结果的评价系数。结果表明,经率定和验证后的 SWAT 模型适用于大宁河流域进行农业非点源污染研究。

表 8-3　SWAT 参数率定和模型验证结果

变量名称		月均值		R_e	R^2	E_{ns}
		实测值	模拟值			
径流量/10^6 m³	率定期	158.21	173.88	9.90%	0.91	0.79
	验证期	192.43	225.59	17.20%	0.76	0.68
泥沙负荷/t	率定期	120 354.00	83 163.00	−30.00%	0.83	0.78
	验证期	91 012.00	108 161.00	18.84%	0.73	0.66
NH_3—N/t		1 920.15	1 913.06	−0.36%	0.78	0.72

最后将调试满意的模型运用于流域研究与实践,以 2003 年模拟结果为例,从计算效率和该研究区的实际情况出发,取河道阈值面积 3 000 hm²,划分 27 个子流域,分析研究区域降水量、径流深、土壤侵蚀及非点源污染负荷的空间分布特征,结果如图 8-3 所

示。分布图显示大宁河流域西部地区是土壤侵蚀发生相对严重的地区，有机氮产出的地区和高泥沙量产出的地区大致相同。总体上，大宁河流域非点源污染的产生量西部高于东部，南部高于北部，中部地区最小。针对 SWAT 模型的空间分析结果提出了该区非点源污染的防治措施。

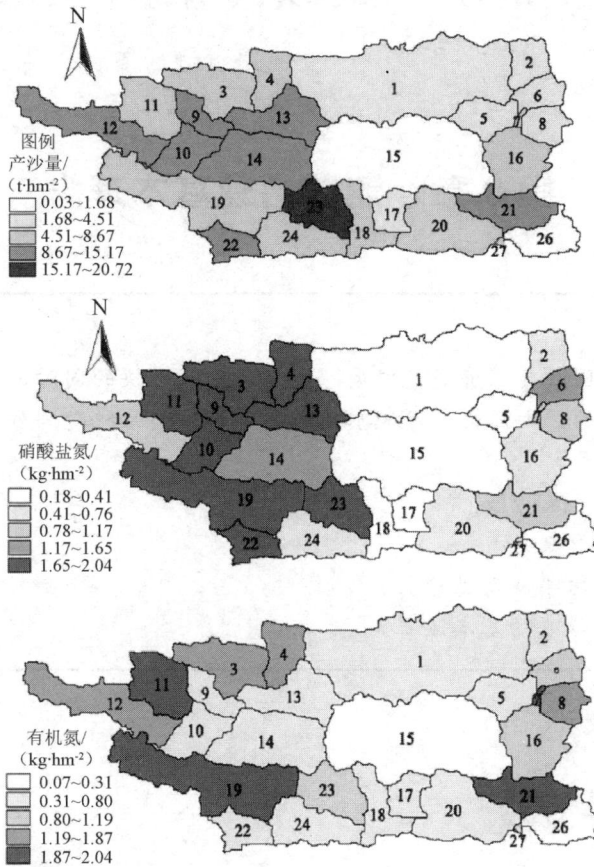

图 8-3　大宁河各子流域产沙量、硝酸盐氮肥及有机氮空间分布

【思考与习题】

1. 流域水文模型的分类有哪些？

2. 蓄满产流适用于我国_____地区、超渗产流适用于我国_____地区。多向流适用于我国_____地区，单向流适用于我国_____地区。

3. 如何选择合适的模型？有哪些准则？

4. 流域模型的基本建模过程是什么？

第四部分　流域污染治理案例

第 9 章　流域治理基本理念

> **导读:**
>
> 　　近年来,在我国社会经济高速发展、城市化进程加快的同时,流域系统受到了来自自然和人为因素的巨大压力,河流水质恶化,水生态系统受到破坏,从而导致水体功能退化。
>
> 　　本章的知识采集点包括:
>
> 　　1. 干扰理论的含义。
>
> 　　2. 流域水体的污染源及区分。
>
> 　　3. 流域水环境修复的基本流程。

9.1　干扰理论概述

9.1.1　干扰的定义与性质

1. 定义

　　干扰作为适用于各种生物系统的一般化定义,是指阻断原有生物系生态过程的非连续性事件,它改变或破坏生态系统、群落或种群的组成和结构,改变生物系统的资源基础和环境状况。干扰理论指处于一定状态下的生态系统,在外在干扰的作用下,其连续性的动态平衡状态将会被阻断,在一定条件下,实现从一种状态到另一种状态的转变,即生态演替。由于干扰的后果既可能是积极的,也可能是消极的。积极的干扰有利于维持生物组分或生态系统的总体稳定,甚至使作用对象正向演替,消极的干扰将促使干扰作用对象发生退化,即逆向演替。

　　干扰的分布、频率、尺度、强度和出现的周期成为影响景观格局和生态过程的重要方面。干扰的一般性质可以概括为表 9-1。干扰的强度、作用频率、范围等特性在某一时间过程的总和被称为干扰体。

表 9-1 干扰的一般性质及其含义

干扰的性质	含义
分布	包括地理、地形、群落梯度
频率	一定时间内干扰发生的次数
重复间隔	频率的倒数，两次干扰之间的平均时间
周期	干扰频率的倒数称为干扰周期
预测性	由干扰的重复间隔的倒数来测定
面积及大小	每次干扰过后一定时间内景观被干扰的面积
规模和强度	干扰事件对格局与过程，或对生态系统结构与功能的影响程度
影响度	对生物有机体、群落或生态系统的影响程度
协同性	对其他干扰的影响（如火山对干旱；虫害对倒木）

干扰范围，是指干扰体作用的空间范围的分布特点，它常与地理、地形和环境梯度有关系。

干扰频率，是指同一空间范围或同一组织水平内，单位时间某一干扰发生的次数。其倒数称为干扰周期，即某一干扰两次发生的时间间隔。

干扰强度，是指干扰发生时，干扰因素所表达出的能力值。由于干扰因素的差异，这一特性的定量分析要视具体干扰类型来确定强度衡量的具体单位。

时间尺度，是指干扰发生的具体时间及其时间跨度，不同时间的干扰作用，会产生不同的干扰效果。

按干扰动因划分为自然干扰和人为干扰。人为干扰从伤害强度、作用范围、持续时间、发生频率、潜在危害、诱发性等都高于自然干扰。自然干扰是指来自不可抗拒的自然力的干扰作用，包括大气干扰、地质干扰和生物干扰等。如火灾、冰雹、洪水冲积、雪压、异常的霜冻、酸雨、地震、泥石流、滑坡、病虫害侵袭和干旱等。这类干扰通常无人为活动介入，在自然环境条件下发生的干扰。自然干扰能够对流域水环境产生影响，主要包括气候变化、海平面上升、水灾、旱灾、火灾、病虫害等影响。自然干扰多与自然灾害相关，而自然灾害的产生多与地理环境因素相关，在某些板块活跃地带，自然灾害发生频率高。自然干扰常常会对流域水环境产生一定的影响，甚至能够产生严重干扰，如泥石流、洪水等。现今，随着人类改造自然的能力逐渐加强，自然干扰在一定程度下可以实现预防，甚至可以有效规避，这不仅包括对人类生命财产安全的有效规避，也能够对流域水环境起到一定的保护作用。

人为干扰是区别自然干扰的另一种主要干扰方式，是指由于人类生产、生活和其他社会活动形成的干扰体对自然环境和生态系统施加的各种影响。人为干扰是人类对自然生态系统的一种最主要的直接干扰方式，在自然界中出现频率高，干扰强度大、面积广，容易对流域水环境产生影响。传统劳作方式对生态系统的干扰一般表现如下。

对森林和草原植被的砍伐与开垦，这种干扰始于1万多年前的早期农业，会导致一系列生态环境问题发生，如森林被大量砍伐后，不仅导致森林植被的退化、水土流失加剧、区域环境的变化，还会造成因生物环境的破坏导致的生物多样性的丧失。

采集的干扰，据统计全球 80％的人口依赖于传统医药，其 85％与野生动植物有关。例如，美国用途最广泛的 150 种医药中 118 种源于自然，其中 74％来源于植物，18％源于真菌。

采樵的干扰，采樵满足人们对能源的需求，对生态系统造成的影响则是破坏了物质循环的正常进行。

捕捞和狩猎，对水生生物资源的适度捕捞，可保持水产品的持续利用，即中度干扰假说；但种群繁殖前的大量捕捞，则会导致种群生殖年龄提前，个体小型化，种群数量急剧下降等；狩猎则是一种特殊干扰方式，人类以经济和食用为目的的非计划性狩猎，尤其是对种群数量很少的濒危动物的捕杀，将会严重破坏动物种群的生殖和繁衍。

当今社会经济快速发展，人为干扰的形式已经远远超过传统劳作的干扰强度，主要表现在：人类向自然环境排放了大量的生活垃圾、工业垃圾、农药以及各种对环境有毒害性的污染物；工业废水直接排放使许多水域被污染，水质下降；大量化石燃料的使用向大气排放的各种污染物，不仅使空气受到污染，而且进入大气的硫氧化物、氮氧化物，与水蒸气结合后形成极易电离的硫酸和硝酸，导致大气酸度增加，许多地区甚至酸雨成灾，对生态系统和土壤等带来了灾难性的影响。此外，不断出现的新干扰形式如旅游、探险活动等，这些干扰也都对自然生态环境造成了不同程度的破坏。人类对生态系统还会产生许多直接或间接地影响，如森林的砍伐不仅使本区域的生态环境发生变化，而且还对河流整个流域的径流造成影响，使河流的水文特征改变，进而影响流域水环境。

然而，正是由于流域受到了一系列不利的人为干扰，反过来作用于人类的生产生活，进而出现了流域治理与修复等正向地人为干扰，包括河道的底泥疏浚、水面植物浮床、河岸设立缓冲带，以及西北防护林，农业耕作改良等有利于水环境恢复的干扰措施逐步被发掘与采用。总之，相比于自然干扰，人为干扰产生的频率高、影响大，需要引起人类的重视。且随着社会经济的发展，干扰逐步演化为农业活动干扰，城市活动干扰以及水利工程建设等几大类别的干扰，此外，由于全球变暖导致的气候变化带来的干扰也逐渐引起人类的关注。不可否认，随着人类对自然界改造能力的日益提升，未来可能存在多种形式的干扰，而这些干扰对流域水环境产生的影响也将引发人类社会的重视。

2. 性质

干扰的性质可以归纳为以下几点。

（1）具有较大的相对性。自然界发生的同样事件，是否对生态系统形成干扰不仅仅取决于干扰本身，同时还取决于干扰发生的客体。对干扰事件反应不敏感的自然体，或抗干扰能力较强的生态系统，往往在干扰发生时，不会受到较大影响，这种干扰行为只能成为系统演变的自然过程。

（2）干扰具有明显的尺度性。如病虫害的发生，对于种群而言，是一种严重的干扰行为；从生态系统的尺度，则是一种正常的生态行为。

（3）干扰是对生态演替过程的再调节。干扰的再调节作用，能够使生态系统的演替过程加速或倒退。如森林火灾发生过后，森林发育不得不从头开始，可以说火灾使森林的演替发生了倒退；但又可以说火灾促进了森林系统的演替，使本该淘汰的树种加速退化，促进新的树种发育。而通过合理的生态建设，如植树造林、封山育林、退耕还林、引水灌溉等，可以使其向反方向转变。

（4）干扰经常是不协调的。干扰常常在一个较大的景观中形成具有一定的大小、形状不协调的异质斑块，这可能导致景观内部异质性提高。

（5）干扰在时空尺度上具有广泛性。在景观尺度上，干扰往往是指能对景观格局产生影响的突发事件；在生态系统尺度上，对种群或群落产生影响的突发事件就可以看作干扰；从物种的角度，能引起物种变异和灭绝的事件就可以认为是较大的干扰行为。

中度干扰假说，指中等程度的干扰能维持物种高多样性。理由在于：①在一次干扰后少数先锋种入侵断层，如果干扰频繁，则先锋种不能发展到演替中期，使多样性较低；②如果干扰间隔期很长，使演替过程能发展到顶级期，多样性也不是很高；③只有中等干扰程度使多样性维持最高水平，它允许更多的物种入侵和定居。

积累效应，是指无论是环境污染，还是生态破坏，除了个别情况下是突如其来的环境灾难外，更多的环境变化是逐步发展的，一开始并不被人们所察觉或重视，通过逐步积累，最后产生不可逆转的后果，这就是积累效应。积累效应包括两个层面：一是人类活动对环境因子的改变程度及其效应程度是不断积累的；二是环境因子的改变范围和效应范围也是不断积累的。前者主要侧重于环境污染，后者主要侧重于生态破坏。量的积累和范围的延伸是受损环境及其效应不断发展的两个方面。累积环境效应强调单一影响活动在短时间内产生的环境影响可能不明显而被忽视，但多项活动或多次重复活动叠加，在长时间和较大空间范围的影响是潜在的和显著的。生态累积效应通常是指性质相同的活动通过加和作用或性质不同的活动通过交互协同作用，使生态环境效应在一定的时间和空间内累积后使得在其外部状态和内部结构上发生的根本性变化。

干扰能够对自然生态系统产生较大的影响。其中对自然界的积极作用表现如下。

（1）有利于促进系统的演化。干扰往往始于系统的局部，其作用特征首先是呈现斑块化，影响生态系统的时空异质性。而斑块的出现可增加环境异质性，进而可增加物种多样性，有利于系统的自然演化。

（2）干扰是维持生态平衡和稳定的因子。经常处于变化环境中的物种一般要比稳定环境中生存的物种更可能忍受环境压力。因为不稳定的群落中常生活着对环境适应能力强、能忍受高死亡率的物种。因此，不稳定的群落常常具有较强的恢复力。

（3）干扰能调节生态关系。干扰对生物群落中生物间各种生态关系的影响是极其复杂的，也是多方面的。目前研究较多、较公认的是草原放牧干扰的生态学意义。适度放牧即轻度干扰能促进群落的生物多样性和生产力提高。干扰常用人为干扰度来衡量，是与自然度相对立的概念，最早描述的是人类活动对一个森林生态系统的影响指数，现已经被广泛地应用于农、林、景观以及城市等诸多领域的生态评价研究，特别是人为干扰活动的空间辨识与空间分析已经成为湿地研究热点问题之一。人为干扰度常用来反映人类活动强度。

9.1.2　干扰对流域异质性的影响

干扰是景观异质性的一个主要来源，它既改变景观格局同时又受制约于景观格局。景观可以认为在某一时刻处于动态平衡状态，当未受干扰时，景观的水平结构趋于均质性，受到干扰后因一种作用力超过另一种作用力而迅速发生变化。中度的干扰会迅速增加其异质性，严重干扰则可能增加或减少异质性，干扰是景观异质性的主要动力。景观格局，是大小、形状、属性不一的景观空间单元（斑块）在空间上的分布与组合规律，不仅反映景观要素各类型对生态过程的影响，更强调景观要素的空间配置和组合关系的作用。景观格局变化，是各种自然和人为干扰因素综合作用的结果，它影响着流域景观内物种的丰富度、分布、种群的生存能力及抗干扰能力，同时影响到该景观的水文过程、生态过程和边缘效应。其中，人类活动对流域景观格局的影响尤为突出，使得流域景观格局受到严重的影响。通过定量监测流域景观格局的时空分异规律，并分析其与水质以及人为干扰之间的关系，对流域生态系统的保护与管理具有重要意义。

干扰能够影响流域的源汇景观。**"源—汇"景观理论**是景观生态学中的一项基本理论。源景观是指能促进生态过程发展的景观单元，汇景观是那些能阻止延缓生态过程发展的景观单元。目前该理论在大尺度下的生物多样性保护、城市热岛效应、土壤侵蚀、农业污染等非点源污染控制等领域应用前景广阔。不同的景观类型存在不同的源—汇作用。如农田、耕田，在流域生态系统中，更多的作为源景观；而林地、草地，由于其植被过滤带的拦截、修复作用，常被视为汇景观。干扰能够对流域源汇景观均产生影响，对于污染而言，源景观的不利干扰会增加污染物的释放，而汇景观的不利干扰，会减少污染物的去除。

干扰会对景观格局指数产生影响。景观格局指数是指将景观格局数量化，客观直观地描述不同尺度上景观特点，进而建立景观结构与过程的联系，是应用最广泛的一种景观格局分析方法。根据"斑块—廊道—基质"将景观指数分为两类：描述斑块形状的景观指数如形状指数与描述斑块镶嵌的景观指数如优势度。目前广泛应用的是将景观格局指数分为斑块水平指数、斑块类型水平指数、景观水平指数。近年来，学者通过景观格局指数分析研究区的景观格局变化，研究范围包括城市景观格局，流域景观格局、植被景观格局等。在干扰的作用下，流域景观格局将不断产生变化。

9.2 流域治理基本流程

流域作为一种独特的自然资源，是以河流为中心、由分水岭包围的区域，是从源头到河口的完整、独立、整体性极强的自然区域。水资源的运动是以流域为单元的，流域内不同区域如上下游之间、左右岸之间密切的联系主要是通过流域内水的循环与流动而建立起来的。由于地理位置的优势，在水的利用方面，上游地区具有天赐的优越性，而下游地区则要受到上游地区用水和水环境状况的制约。江河流域常涉及多个行政区，这些行政区在资源利用方面常存在利害冲突，导致难以调和的矛盾。因此，在进行流域治理时必须要统筹上游与下游、地表水与地下水、陆域与水域等之间的关系，按生态功能分区、分级指导，从流域整体系统控制污染。

流域治理的基本环节主要包括：
（1）污染源、水环境现状的调查与评价；
（2）水环境容量计算；
（3）允许的污染物排放量；
（4）污染物削减量分配；
（5）污染物削减技术与水环境修复技术；
（6）流域水污染控制长效管理。

对流域进行治理时，需要根据环境科学的基本原理与原则，分析和协调水污染系统各组成因素间的关系，并综合考虑与水质有关的自然、技术、社会、经济诸多方面的关系，对排污行为在时空范围上合理安排，从而达到预防或减轻环境问题发生，促进流域环境与社会经济的可持续发展。

图 9-1 为流域水污染控制模式。

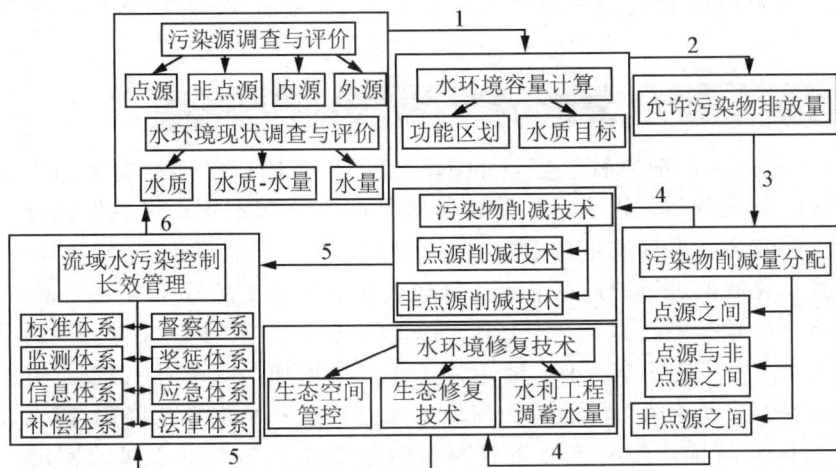

图 9-1　流域水污染控制模式

流域水环境污染控制体系，第一，应该对整个流域的污染源进行调查与评价，内容主要包括点源污染、非点源污染、内源污染、外源污染；第二，进行水环境现状调查与评价，包括流域的水量、水质状况；第三，进行水环境容量计算，主要包括功能区划和水质目标，据此计算出允许污染物的排放量；第四，进行污染物削减量分配，即流域内点源排放削减量、流域内非点源排放削减量；第五，根据制定的点源与非点源削减份额，采用相应的水环境修复技术进行污染削减；第六，建立起流域水污染控制长效管理体系，主要包括标准体系、监测体系、信息体系、补偿体系、督察体系、奖惩体系、应急体系、法律体系。

流域水污染控制是以流域水质管理为目标，根据环境科学的基本原理与原则，分析和协调水污染系统各组成因素间的关系，并综合考虑与水质有关的自然、技术、社会、经济诸多方面的关系，对排污行为在时空范围上合理安排，从而达到预防或减轻环境问题发生，促进流域环境与社会经济的可持续发展的目的。在水污染治理的实践中，流域单点分区段治理存在明显局限性，只有将流域看作一个完整的自然—社会—经济复合生态系统，注重外源—内源污染控制结合、原位—异位/旁位控制结合、工程措施—生态修复协同性，从流域整体高度开展水污染控制工作才能从根本上解决水环境问题。流域水环境污染控制的难点在于，流域涉及范围广、牵扯方面复杂，所以流域水环境治理需要多个部门进行配合，统一规划，明确责任。

此外，生态环境空间管控是指：从生态环境保护角度对国土空间进行分区管控，综合考虑自然、环境、生态以及经济社会等多方面因素，是改善我国生态环境问题的有效措施之一。生态环境空间管控的基础是划定生态环境功能分区，其核心是制定不同生态环境功能分区的目标和管控措施,其目的是实施差异化政策制度。通过约束和引导区域开发布局,控制和改善建设开发活动的生态环境行为,确保国土开发布局与生态环境安全格局相协调,将生态环境资源的利用强度控制在生态环境承载力范围之内,实现区域资源环境的永续利用和经济社会的可持续发展。在现有生态环境管理体系中,环境功能区划、生态功能区划、水气专项要素环境功能区划、"三线一单"(即"生态保护红线、环境质量底线、资源利用上线和环境准入负面清单"的简称)等都属于生态环境空间管控范畴。

9.3 课堂练习: 设计一个实验分析气候变化对水环境的影响

进入 21 世纪以来,随着社会经济的不断发展,全球性气候波动更加剧烈,温室气体(主要是 CO_2)排放导致气温上升、降水量级及时空分布不均、极端性强降水事件频繁发生、旱涝交替灾害性事件发生概率大幅度增加。IPCC 先后于 1991 年、1996 年和 2001 年对全球气候变化状况进行的评估显示,全球表面平均温度在 20 世纪已升高 0.6℃,第 5 次评估报告将这一数据更新为 0.8℃。中国在 1951—1990 年的 40 a 里,平均最低气温每 10 a 增加 0.2℃,尤其是冬季,平均最低温度每 10 a 增加约 0.4℃。温度上升造成的直接后果是流域潜在蒸发量增大,同时导致流域水文过程从一个综合的降雨/降雪体系转变为降雨占主导的体系结构,影响流域水资源量时空分布,冬季洪水风险剧增、夏季干旱频发。

气候变化对流域水环境的影响主要体现在以下几个方面。

9.3.1 物理特性的影响

气候变化对流域水环境物理特性的影响主要表现在水体温度的上升、河道形态的改变以及河川径流流速、流量的变化等几个方面。

水温的变化是水体对气候变化响应最为敏感的要素之一。温室气体排放引起的全球温度升高,对水环境造成的直接后果是水体温度的上升。而降水时空分布不均匀性的加剧,使得旱涝事件频繁发生,随着降水、径流大幅度的时空变异,由土壤侵蚀产生的土壤流失事件急剧增加。尤其是连续干旱后的暴雨事件,冲刷河道坡岸携带大量泥沙入河,造成河道淤积,改变河流物理形态,进而影响径流流速以及流量的变化。

9.3.2 化学特性的影响

目前,针对气候变化对水环境化学特性影响的研究主要集中在水体营养盐及溶解性有机质浓度变化、重金属污染程度以及持久性有机物(POPs)含量的变化等几个方面。

温度升高加速水体中化学反应和生物降解速率,同样影响水体中营养盐及溶解有机质的浓度。例如温跃层加深将导致下层沉积物向上传送磷通量增加、气温升高导致流域潜在蒸发量增大,入河水量减少,使得营养盐等的稀释率下降。气候变化通过改变重金属元素在自然相中的分布,加速其在各相间的运移,影响其在水体中的迁移转化过程和剧烈程度,对水体中重金属元素含量及分布情况产生影响。气候变化大背景下环境温度、降水模式、积雪融化及海水盐度等诸多方面的变化,均导致 POPs 在环境介质中分布的改变。

9.3.3 生物特性的影响

目前，受气候变化影响最严重的是浮游植物和浮游动物。

温度升高、降水时空变异造成的旱涝交替对土壤的冲刷作用使得受水水体营养物含量尤其是以 N、P 为主的营养盐含量的增加，是造成浮游植物尤其是藻类生长状况变化的主要原因。浮游动物生命周期短、分布广泛，并且随水体流动而移动，其对气候变化的响应更为敏感，受气候变化影响程度更加严重。以温度升高为主要特征的全球性气候变化对浮游动物生理过程、丰度、生物量、多样性和群落结构以及浮游动物栖息地等都会产生不同程度的影响。

在探究气候变化对流域水环境的影响时，人类对生态系统的干扰不可忽视。人类活动加剧了气候变化对水环境的影响大小，通过改变流域下垫面情况、改变物质能量的流动、影响流域产流机制，使得水环境进一步恶化。

因此，请结合你的专业知识，设计一个实验分析气候变化对水环境的影响。

【思考与习题】

1. 什么是中度干扰假说和累积效应？
2. 根据干扰的性质，简述自然干扰与人类干扰的区别。
3. 干扰生态学涉及哪些主要干扰类型？
4. 简述流域治理的基本环节。

第 10 章　农业流域污染控制

导读：
　　农业是生态文明建设的重要领域，随着我国农产品需求上升，农药、化肥不合理使用、资源化利用不足，加大了对流域水体的环境压力，威胁着我国农业和农村生态环境安全。有效改善农业流域环境是促进生态文明建设的关键环节。
　　本章的知识采集点包括：
　　1. 农业流域的污染主要来源。
　　2. 农业非点源污染治理模式。
　　3. 农业非点源污染治理技术。

10.1　农业流域污染成因及特征

　　农业自有人类活动以来一直是维系人类生存和发展的基础。近年来，随着高强度农业活动，农业流域污染也成为普遍的现象。特别是农业非点源污染，即在农业生产活动中，氮、磷等营养物质、农药以及其他有机或无机污染物质，通过农田的地表径流和渗漏，形成对水环境和农田环境所造成的大面积污染。国家统计局最新数据显示，2018 年我国生产化肥达到 5 418 万 t(折纯量，下同)，该年我国肥料进口量为 950 万 t，较 2017 年的 918 t 增长 3.49%，其中农用化肥施用量约为 5 653.42 万 t。

10.1.1　种植业干扰

　　种植业污染是农业流域污染的重要组成部分，指农业生产活动中使用施肥、农药、农用塑料地膜使用等产生的废弃物等通过农田地表径流、壤中流、农田排水等方式，进入水体后造成水体污染，其对流域水质具有决定性影响。目前种植业非点源污染占了水质总污染的 1/3 以上，已经成为国内外水库、河流、水源等水环境治理的焦点。

1. 施肥

施肥(图 10-1)是农业干扰中一项重要活动方式，以化肥施用为主，污染成因如下。

图 10-1　种植业施肥

(1)化肥亩均投入量偏高。

经调查我国农作物的亩均化肥投入量约为 21.9 kg，约为当前世界平均水平的 3 倍。同时我国化肥利用率低于发达国家，未被利用的养分一方面吸附在土壤中影响其理化性质，另一方面随地表径流、雨水淋失等方式进入水体，造成污染。

(2)施肥结构不平衡，局部地区过量施用。

我国化肥使用过程中"三重三轻"问题突出，即重化肥、轻有机肥，重大量元素肥料、轻中微量元素肥料，重氮肥、轻磷钾肥，这导致国内施肥结构不平衡。长期氮肥施用往往造成土壤板结，土壤肥力下降，土壤结构破坏，肥效下降，造成营养素流失。

(3)施肥方式不合理。

肥料施用方式对作物生长和肥效具有重要影响。当前国内施肥依然以传统的人工施肥为主，化肥撒施、表施现象较难改善，机械施肥面积在农作物种植面积中所占比重仅为 30% 左右，利用率较低。

化肥过量及不合理投入不仅会增加农户成本负担，而且还产生了大量的化肥非点源污染，严重污染水体。具体污染如下。

(1)对土壤生态环境的影响。

大量施用化肥会导致土壤的再生产能力逐渐下降。长期大量施用化肥，特别是单质肥料，会导致土壤逐渐酸化、土壤理化性质恶化，生产力降低，并可活化有害重金属元素，如铝、锰、镉、汞、铅、铬等，增加它们在土壤中的活性，或导致有毒物质释放，进一步对土壤生物造成危害。

(2)对水环境的影响。

农业上长期大量施用化肥是水体富营养化的主要来源，也是造成地下水硝酸盐污染的重要原因。大量监测数据显示农村浅层地下水普遍存在氨氮、硝酸盐氮、亚硝酸盐氮严重超标的情况。

(3)对作物的影响。

过量施用化肥对植物体内有机化合物的代谢产生不利影响，导致植物体内可能积累过量的硝酸盐和亚硝酸盐，从而对动物和人有很大毒性。特别是亚硝酸盐，其毒性要比硝酸盐高出 10 倍。

(4)对大气环境的影响。

化肥氨的挥发、释放等会使大气中的氮含量增加。硝化及反硝化释放的 N_2O 气体会造成温室效应，同时还会产生 CH_4 和 CO_2 等其他温室气体。

2. 农药施用

在现代农业生产的过程当中，农药的使用是非常重要的农业生产手段。在农药使用的过程当中，农药会通过蒸发、渗透等不同的方式，进入土壤河流和大气当中，进而对于生态环境产生很大的影响(图 10-2)。其污染成因如下。

(1)农药使用量大，利用率低。

一般来讲，只有 10%～20% 的农药附着在农作物上，而 80%～90% 则流失在土壤、水体和空气中，并在各环境要素中循环、分配，导致污染范围极大扩散。

(2)施用方式不合理。

农药多使用喷洒方式，大量有机溶液以及部分农药会飘浮在空气中，对大气环境造

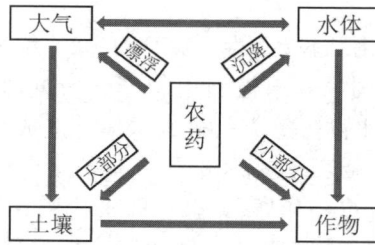

图 10-2　农药在环境中的迁移

成污染。

（3）环保知识匮乏。

在实际农业生产的过程中，为了提高收入增加产量，盲目地对农药进行不合理的使用，甚至选择一些高浓度的农药，这就导致了农药残留物难以得到有效的控制，从而引发了更加严重的水环境污染问题。

图 10-3 为水田与旱地农药喷洒。

图 10-3　水田与旱地农药喷洒

农药施用的具体污染如下。

（1）对土壤生态环境的影响。

被农药长期污染的农田土壤会出现明显酸化，土壤的肥力下降，空隙变小，造成土壤结构板结；农药在消灭害虫的同时，也会对土壤中的微生物，原生动物等产生危害，动物种群的种类和数量都会减少。

（2）对水环境的影响。

由于不同的水生植物与动物对农药的敏感程度不同，进入水体的农药会对生物产生不同程度的危害。农药的使用不仅能直接污染地表水，同时，通过淋溶、渗透等途径也能污染地下水。

（3）对作物的影响。

土壤中残留的农药对作物的生长十分不利。过量施用除草剂或者利用除草剂含量较高的污水进行回灌，会影响作物的正常生长。长期接触或食用含有农药残留的食品，会对人体健康产生威胁。

（4）对大气环境的影响。

大气中的农药主要是以气体或被大气中悬浮的微小粒吸附的两种形式存在。喷洒农药时药剂微粒漂浮天空中或被漂浮的尘埃所吸附，在气流的作用下，可漂移到数里远的

地方。大气中农药的含量大小与农药本身的理化性质，施药的类型、药量、方式和施药时的气象条件有关。

3. 农用地膜的使用

农用地膜污染，是指在田间耕作过程中为促进农作物生长而使用农膜覆盖以保持水分或热量的过程中残留的塑料薄膜。由于其难以在短期内降解，破坏了土壤结构，阻隔了农作物对水肥的吸收从而影响农作物生长。20 世纪 80 年代以来，我国地膜用量和覆盖面积一直呈大幅上升态势，年增长率在 8% 左右，2013 年全国地膜用量 136.2 万 t，覆盖栽培面积超过 0.25 亿 hm^2；2014 年地膜覆盖栽培面积超过 0.25 亿 hm^2（预估数），地膜年销量 142.8 万 t。其污染成因如下。

（1）农用地膜使用量大，应用范围广。

我国地膜覆盖面积和使用量呈现逐年攀升态势，地膜覆盖应用也从经济作物扩展到了粮食作物，应用面积比较大的有玉米、蔬菜、棉花和薯类。

（2）使用过程不规范。

残留的地膜回收不及时、处理不得当时，农膜碎片不断累积于土壤，大量残留农用地膜造成"白色污染"（图 10-4）。

图 10-4 农用地膜覆盖

农用地膜的使用的覆盖主要危害包括：

（1）对土壤环境的影响。

破坏土壤可耕性，土壤保肥、保水能力下降，阻碍作物根系生长，影响土壤中营养元素、水分和空气运动；且降解后产生有害物质，污染土壤生态环境。

（2）对水环境的影响。

农用地膜通过各种渠道流入水体，如在降雨条件下，松散土壤易发生水土流失，白色污染物随着径流迁移到河流中，对水生生态系统构成了巨大威胁。

4. 其他问题

农作物秸秆和农田灌溉处理的不合理，也会造成水环境污染（图 10-5）。

图 10-5 秸秆燃烧与污水灌溉

（1）农作物秸秆。

全国不少农村地区秸秆资源丰富，但焚烧和废弃率高，其中水稻、小麦收获季节秸秆焚烧尤为严重，主要是在春、秋两季。大量没有经焚烧的秸秆堆放路边或推入到河道、水沟中，经长期日晒、雨淋、河水浸泡造成腐蚀，产生污染，从而污染水体。

（2）农田灌溉。

近几年来，灌溉水造成的污染日益加剧，尤其是土壤重金属污染。在水资源缺乏比较严重的区域，农民大多采用清水和污水混合进行农田的灌溉。而我国对污水灌溉技术的开发相对比较落后，对灌溉后农田土壤的环境和农作物的生产状况缺少有效的检测手段，造成农田里土壤和农作物出现污染的情况。

10.1.2 养殖业干扰

养殖业是农业流域的另一重要污染源。特别是，近年来随着我国养殖业发展，规模化、集约化养殖场、小区不断增加，养殖业污染问题越来越突出。

1. 畜禽养殖业（图 10-6）

畜禽养殖污染主要表现在对畜禽养殖产生的固体废物和废水没有进行及时有效的处理。随着饮食结构改变，养殖业规模、数量不断增加，畜禽粪便及粪水的排放总量逐年增加，主要污染物包括 COD、BOD、NH_3—N、TN、TP 等。规模化养殖场的污染物无害化处理率偏低，部分养殖场处于直排状态，资源利用率低。特别是一些散养农户的粪便堆放场不经过防渗而露天堆放、堆肥，经雨水冲刷，容易进入水体。由于畜禽粪便运输、施用困难，又没有化肥的速效作用，处理不及时易造成严重的流域环境污染。

图 10-6　畜禽养殖

畜禽粪便携带大量的大肠杆菌、寄生虫卵等病原微生物和氮、磷等进入江河湖泊或地下水，不仅污染养殖场周围的环境，而且导致水体和大气的污染，更是我国江河湖海富营养化的重要污染源。如果养殖场周边的居民以地下水为生活用水水源，将直接危害人体健康。其次，粪便中的添加剂残留物例如铜、铁、锌、砷等微量元素进入环境，通过食物链的生物富集作用，最后也会对人体产生危害。

2. 水产养殖业（图 10-7）

各种高产养殖方式（如工厂化养殖、网箱养殖、流水养殖等）被广泛采用，淡水养殖数量呈现逐年上升的趋势。水产养殖产生污染包括残余的饵料、养殖产品的排泄物等直接进入水体，导致的水体有机元素增加，造成水体污染。尤其在减污技术、设施没得到改善之前，势必给水环境带来巨大压力。

为了保证水产养殖的产量，通常都会使用集约养殖模式，由于没有严格控制饵料投

放量，会出现因为饵料过多而污染水体的状况。同时，很多养殖户为了降低管理难度而过度使用药物，会降低水体中有益微生物的数量，使水生态系统失去平衡。

水产养殖会产生大量的有机物和营养盐，致使水体出现富营养化，以及底部沉积物出现厌氧状态，导致水体生物种群多样性的改变；同时有机物在水中进行分解转化将消耗大量的溶解氧，导致鱼虾贝类生长受抑，饵料系数降低，甚至出现窒息死亡。水产养殖导致的水体变色与异味、残饵、飘浮腐烂的生物残体等必将对人们的感官产生不良的影响；作为治疗剂抗菌药在水产养殖业中使用可能会在水产品中残留，进而对人类健康产生潜在危害。

图 10-7　水产养殖

3. 其他问题

放牧作为农业活动的干扰输入，也会直接或间接导致流域水环境污染。特别是一些不合理的放牧方式，如过度放牧将导致草场退化，大面积土地出现荒漠化，容易在特定气象条件下，发生沙尘暴及水土流失，使得土壤氮磷等营养物质迁移到水体中。同时，放牧中牲畜的粪便及尿液，随意直接排放，在大规模放牧下，也是不容忽视的农业污染影响因素之一。

10.1.3　农村生活污水

随着农村社会经济的快速发展，农村生活所产生的废水和垃圾量日益增多。一般而言，农村人口比重大，但生活污水及生活垃圾处置措施相对不完善，由于农村和村镇有沿河沿湖岸堆放垃圾的习惯，这些垃圾在暴雨时会被直接冲入河道，日益成为农业流域污染的重要影响因素(图10-8、图10-9)。另外大多乡镇企业更多追求经济效益，大多生产规模较小、治污配套设施不完善，加之地方政府发展压力，从而形成更直接、危害大的非点源污染。

图 10-8　农村生活污水直接排放

图 10-9 农村生活垃圾直接入河

农村生活污水中的氮、磷排入水体，会引起水体富营养化，病原菌、虫卵等进入水体造成污染；大量蔬菜、秸秆等生产垃圾与生活垃圾一起四处堆放，在雨水的冲刷下使大量的渗滤液排入水体；把水体作为消纳垃圾的场所，直接造成了水体的污染和沟道的阻塞。

10.1.4 农业流域的污染特征

1. 分散性和隐蔽性

与点源污染的集中性相反，农业流域污染源，特别是非点源污染具有分散性的特征。土地利用状况、地形、地貌、水文特征等的不同导致农业非点源污染在空间上的不均匀性。排放的分散性导致其地理边界和空间位置不易识别。

2. 随机性和不确定性

农业非点源污染负荷和影响存在随机性。例如，农作物的生产会受到自然（天气等）的影响，降雨量、温度、湿度的变化会直接影响化学制品（农药和化肥等）对水体的污染情况。此外，污染源的分散性导致其排放的分散性，因此其空间位置和涉及范围不易确定。

3. 广泛性和不易监测性

非点源污染涉及多个污染者，在给定的区域内它们的排放是相互交叉的，加之不同的地理、气象、水文条件对污染物的迁移转化影响很大，因此很难具体监测到单个污染者的排放量。严格地讲，农业流域污染的识别和监测需要更高的监测和管理成本。近年来，运用遥感（RS）、地理信息系统（GIS）可以对非点源污染进行模型化描述和模拟，为其监控、预测和检验提供有力的数据支持。

10.2 农业流域治理模式及具体技术

10.2.1 农业流域污染治理思路

1. 治理模式

4R 理论，即源头减量（Reduce）、过程阻断（Retain）、循环利用（Reuse）和生态修复（Restore），四者之间相辅相成，构成完整的农业流域治污体系链（图 10-10）。

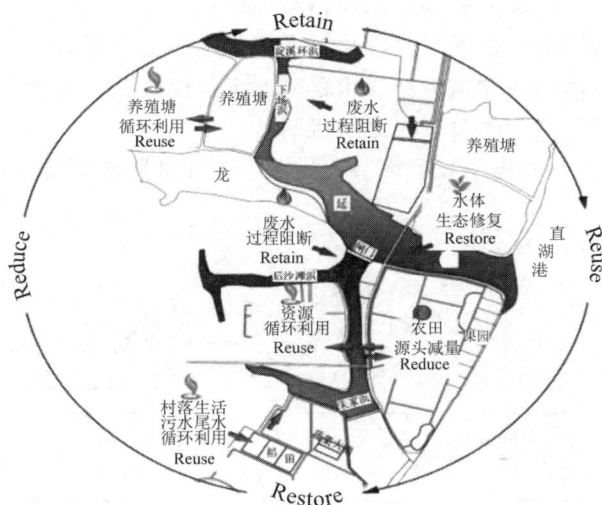

图 10-10　非点源污染治理"4R"技术体系构架

(1)源头减量。

源头减量技术即通过农村生产生活方式的改变来实现非点源污染产生量的最小化。如新型缓控释肥、调整种植制度等方式，减少化肥使用量。

(2)过程阻断。

过程阻断技术指在污染物向水体的迁移过程中，通过一些物理的、生物的以及工程的方法等对污染物进行拦截阻断和强化净化，延长其在陆域的停留时间，最大化减少其进入水体的污染物量。目前常用的技术有两大类，一是农田内部的拦截，如稻田生态田埂技术、生态拦截缓冲带技术等。二是污染物离开农田后的拦截阻断技术，包括生态拦截沟渠技术、人工湿地塘技术等。

(3)循环利用。

循环利用技术即将污染物中包含的氮磷等养分资源进行循环利用，达到节约资源、减少污染、增加经济效益的目的，如生活污水回灌农田等。

(4)生态修复。

生态修复是农村非点源污染治理的最后一环，也是农村非点源污染控制的最后一道屏障。狭义地讲，其主要指对水体生态系统的修复，通过一些生态工程修复措施，恢复其生态系统的结构和功能，包括岸带和护坡的植被、濒水带湿地系统的构建、水体浮游动物及水生动物等群落的重建等，从而实现水体生态系统自我修复能力的提高和自我净化能力的强化，最终实现水体由损伤状态向健康稳定状态转化。目前常用的技术有河岸带滨水湿地恢复技术、生态浮床技术等。

2. 具体步骤

核心环节包括：

(1)农业非点源污染负荷估算；

(2)农业非点源污染对水环境质量影响的必要监测；

(3)农业非点源污染关键源区识别；

（4）农业非点源污染治理措施效果预评估与筛选；

（5）农业非点源污染治理措施空间优化配置与成本效益分析；

（6）将筛选及评估出的治理措施通过工程或非工程模式落地实施；

（7）农业非点源污染治理的政策与激励机制。

总体来讲，前五个方面属于技术环节，后两个方面则属于政策保障环节（图 10-11）。

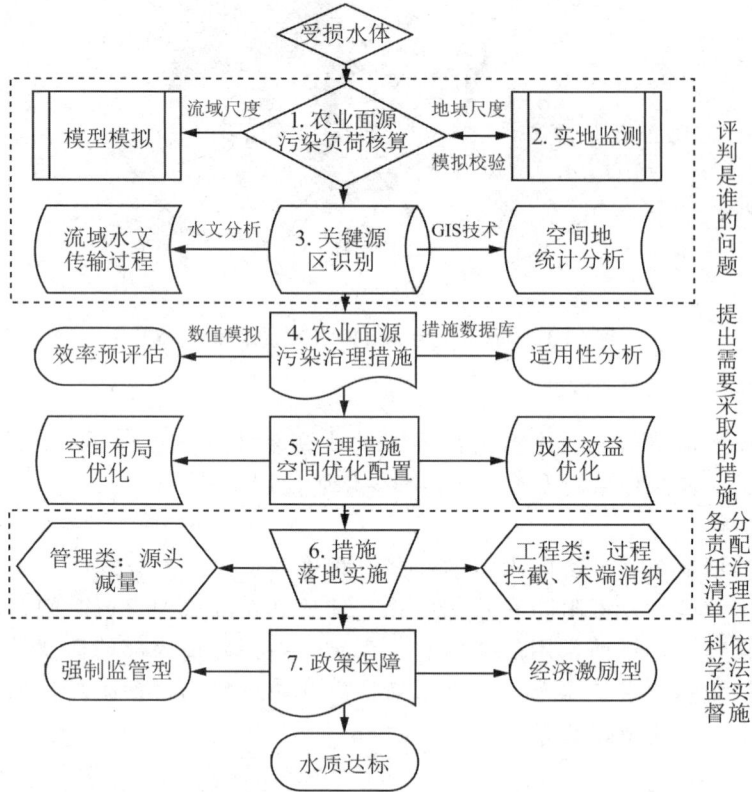

图 10-11　农业非点源污染治理流程

10.2.2　农业流域污染治理技术

1. 化肥污染

（1）基于增效原理的优化施肥技术。

平衡施肥技术：也称测土配方施肥技术，其在作物需肥规律、土壤供肥特性与肥料效应的基础上，统筹考虑了氮、磷、钾 3 种大量元素及微量元素的供应，从而使土壤养分的供应能够全面满足作物生产的需要，提高肥料利用率，减少损失。

新型缓控释肥技术：新型缓控释肥通过对传统肥料外层包膜处理来控制养分释放速度和释放量，使其与作物需求相一致，可显著提高肥料利用率。

（2）有机肥替代减量技术。

这类技术多以农业废弃物如秸秆、处理过的畜禽粪便、沼液沼渣、菌渣、绿肥等富含养分的有机物料来替代部分化肥，利用有机物料中养分缓慢释放的特点，达到减少化

肥用量，减少非点源污染排放的目的。

（3）基于种植制度/轮作制度调整的源头减量技术。

60%以上的设施菜地在夏季期间处于揭棚状态，而揭棚期（6—9月）又恰逢降雨高峰期，加上设施菜地土壤硝态氮高残留现象普遍，导致该期土壤硝态氮淋失严重，为氮流失的高峰时期。该期种植填闲作物，可有效吸收土壤根层氮素，减少径流损失；同时植物的蒸腾作用减少了土壤剖面中的水分，减少了硝酸盐随水分的下移；深根系的填闲作物还可通过根系的下扎将土壤下层养分像泵一样抽上来，从而显著减少了土壤淋洗的风险。

（4）节水灌溉及水肥一体化技术。

农田氮磷等养分的流失是以水为载体，对于旱地，水分还是影响肥料有效性的重要因素，因此农田水分管理对控制农业非点源污染起着不可忽视的作用。在旱作和蔬菜生产中，多采用大水畦灌、随水冲肥的方法，造成氮素养分向深层土壤淋失，氮素利用率降低。优化灌溉管理，发展水肥一体化技术（滴灌、喷灌），可有效提高水肥利用率，减少氮、磷流失，并缓解土壤次生盐渍化问题。

（5）稻田消纳技术。

稻田具有双重性的特点，作为农业生产系统，需要大量肥料投入来确保高产，保障我国粮食安全，从而导致部分氮磷流失，成为非点源污染物的发生源；但是，稻田作为一个天然的人工湿地系统，包含其周边河流及沟渠在内的水文单元，均可以被用来处理非点源水，作为非点源氮磷和低污染水的汇流消纳场所，起到"汇"的功能。在中国南方地区，大面积分布的稻田有着较大的潜力可以挖掘，用于回收利用及消纳非点源污水中的氮磷营养元素。

（6）前置库技术。

20世纪50年代后期，前置库就开始被作为流域非点源污染控制的有效技术进行开发研究。前置库技术是利用水库的蓄水功能，将污水截留在水库中，经物理、生物作用强化净化后，排入所要保护水体。前置库这种因地制宜的水污染治理措施，对控制非点源污染，减少湖泊外源有机污染负荷，特别是去除入湖地表径流中的氮磷安全有效，在非点源污染治理中发挥了巨大的作用。

（7）缓冲带。

缓冲带是一类水土保持和非点源污染控制的生物治理措施的总称，被广泛应用于农村非点源污染物的过程阻断、坡地水土流失控制和河（沟）道稳定性保护等。所谓缓冲带或缓冲区，就是指永久性植被区，宽度一般为5～100 m，大多数位于水体附近，这种缓冲区降低了潜在污染物与接纳水体之间的联系，并且提供了一个阻止污染物输入的生化和物理障碍带。缓冲区的植被通常包括树、草和湿地植物。恢复河岸森林植被带能有效地截留来自农田的养分和泥沙，地表径流氮磷显著减少，从而在一定程度上控制农业非点源污染。

2. 畜禽粪便污染

（1）养分再利用技术。

农业废弃物以及农村废水中的氮磷进入水体会成为水系污染源，但进入农业生产系统就是作物必需的大量营养元素。因此，对这些氮磷养分进行循环利用，是控制农村非点源污染的有效途径之一，也是农村非点源污染治理的"4R"控制技术中不可或缺的一个环节。养分再利用技术包括畜禽粪便氮磷养分农田回用技术、农作物秸秆中氮磷养分的农田回用技术以及农村生活污水、农田排水及富营养化河水中氮磷养分的稻田处理技术。

（2）畜禽粪便氮磷养分农田回用技术。

畜禽粪便是一种有价值的资源，它包含农作物必需的 N、P、K 等多种营养成分，经过处理后可作为饲料，具有很大的经济价值。施于农田有助于改良土壤结构，提高土壤有机质含量，促进农作物增产。畜禽粪便的有机物含量高，进行生化处理后可产生价值较高的沼气。因此畜禽粪便不是垃圾，而是放错地方的资源。对畜禽粪便的处理应遵循减量化、无害化、资源化、产业化和生态化的原则，要将畜禽粪便由废弃物变成资源，变成农业的肥料、饲料和燃料。

（3）农作物秸秆中氮磷养分的农田回用技术。

农作物秸秆中含有大量的有机质、氮、磷、钾、镁、硫和微量元素，将其通过机械或生物性处理后直接还田，能够有效改良土壤，提高地力，降低生产成本，提高农产品的产量和质量。其主要包括秸秆粉碎还田、根茬粉碎还田、整秆翻埋还田、整秆压扁还田和堆沤还田等形式。

3. 农村分散生活污水

新兴的农村分散生活污水处理技术主要有厌氧沼气池处理技术和蚯蚓生态滤池污水处理技术。

（1）厌氧沼气池处理技术。

在中国农村生活污水处理的实践中，最通用、节俭并能够体现环境效益与社会效益结合的生活污水处理方式是厌氧沼气池。它将污水处理与其合理利用有机结合，实现了污水的资源化。污水中的大部分有机物经厌氧发酵后产生沼气，发酵后的污水被去除了大部分有机物达到净化目的，产生的沼气可作为浴室和家庭用炊能源，厌氧发酵处理后的污水可用作浇灌用水和观赏用水。在农村有大量可以成为沼气利用的原材料，如农作物秸秆和人畜粪便等。

（2）蚯蚓生态滤池污水处理技术。

这项技术适用于 50～300 户的集中型农户的污水处理系统。滤池主要由布水装置、生态滤床和排水装置三部分组成。生态滤床从下层依次往上是：大石头、鹅卵石、直径 4～7 cm，小石头直径 1～3 cm，沙子和土壤层，此层也可以是蚓粪层，是蚯蚓活动的主要场所，土壤上面可以种植一些植物。

表 10-1 为农村生活污水处理模式。

表 10-1 农村生活污水处理模式

处理模式	适用范围	适用技术
分散处理模式	村庄布局分散、人口规模较小、污水不易集中的地区	多采用无动力的庭院式小型湿地、污水净化池和小型净化槽等分散处理技术
适度集中处理模式	村庄布局相对密集、人口规模较大、经济条件较好的地区	可采用活性污泥法、生物接触氧化法、氧化沟法和人工湿地进行适度的集中处理

10.3 案例分析

10.3.1 研究区介绍

研究区位于太湖流域直湖港下游的龙延村村域(北纬 31°31′,东经 120°06′),面积约 2.0 km²(图 10-12)。该地区属于典型的亚热带季风气候,年降水量约 1 048 mm,主要集中在 6、7、8 月的夏季。

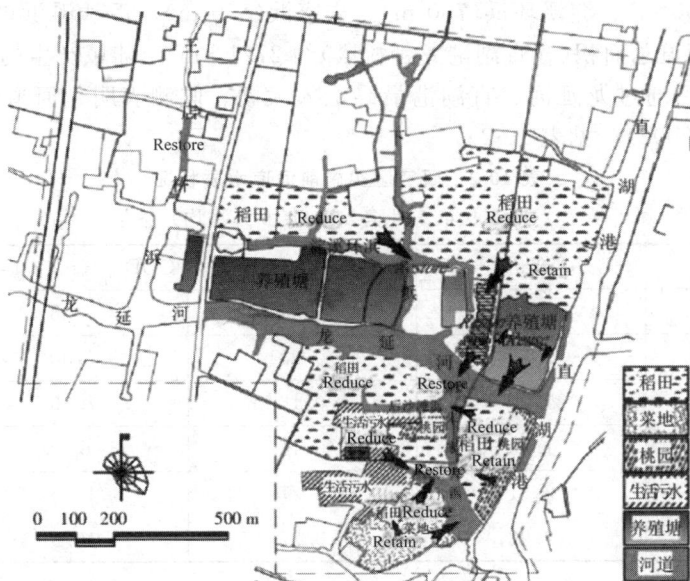

图 10-12 示范区技术应用及工程布局

1. 污染源分析

(1)化肥施用。

研究区土地利用类型主要有稻田、设施菜地以及水蜜桃园。农田面积为 84.7 hm²,其中稻田面积约 77.3 hm²,水蜜桃园约 2.5 hm²,设施蔬菜约 4.9 hm²。稻田主要是稻麦轮作,年施氮量 450~510 kg N·hm⁻²。设施菜地主要种植番茄、莴苣、芹菜等,每年种植蔬菜 3 季,年施氮量在 1 000~1 500 kg·hm⁻²。水蜜桃园年施氮高量达 1 200~1 400 kg·hm⁻²。根据该区域农田污染排放监测数据,估算出该区域每年农田总氮排放量约 5.9 t。

(2)水产养殖。

研究区覆盖池塘养殖水面近 13.3 hm²,分布在龙延河北侧,主要养殖鱼类、河蟹和甲鱼,其中鱼类占 83%,河蟹占 12%,甲鱼占 5% 左右。据监测,各养殖池塘氮、磷污染较严重,TN 为 2.0~7.8 mg·L⁻¹,TP 为 0.2~1.9 mg·L⁻¹。污染物主要来源于过量投放饲料和饵料。根据对各养殖池塘的水质监测数据和整年的排水量分析,得出示范区养殖池塘在传统养殖模式下的 TN 排污通量分别为 378 kg·hm⁻²·a⁻¹(鱼塘)、486 kg·hm⁻²·a⁻¹(鱼苗塘)、209 kg·hm⁻²·a⁻¹(蟹塘)、121 kg·hm⁻²·a⁻¹(蟹苗塘)和 101 kg·hm⁻²·a⁻¹(甲鱼塘)。

（3）生活污水。

后沙滩村共有 75 户人家计 210 人，生活污水未经任何处理直接排放入周边的支浜朱家浜和后沙滩浜。据 2008 年调查数据，生活污水中 TN、氨氮和 TP 的浓度分别在 26.3～58.2 mg·L^{-1}、16.4～35.6 mg·L^{-1} 和 1.82～3.74 mg·L^{-1}，该村生活污水年排放量约 5 500 t，总氮排放量约 0.242 t，氨氮约 0.15 t，总磷约 0.016 t。

2. 水质分析

研究区内的河道主要有直湖港的主干支流龙延河（龙延村段，1 400 m）以及 5 条次级支浜：下场浜（990 m）、淀溪环浜（700 m）、朱家浜（550 m）、后沙滩浜（200 m）和王店桥浜（1 350 m），河道总面积（含直湖港龙延村段）约 27.1 hm^2。陆域产生的非点源污染物汇入附近支浜，然后通过龙延河、直湖港最终汇入太湖。监测表明，河道水质长期处于劣 V 类（GB 3838—2002），见表 10-2。

表 10-2　研究区实施前河道水质状况

（2009 年 5 月至 2010 年 5 月平均）

河道	NH$_3$—N/(mg·L^{-1})	TP/(mg·L^{-1})	COD$_{Mn}$/(mg·L^{-1})	透明度/cm
朱家浜	3.89	0.24	13.8	45
后沙滩浜	2.25	0.23	7.80	35
淀溪环浜	1.00	0.16	7.30	50
下场浜	1.43	0.18	9.10	45
王店桥浜	2.71	0.27	11.5	25
龙延河（龙延村段）	2.92	0.27	10.3	30

10.3.2　治理措施

1. 源头减量技术

这主要涉及农田及村庄生活污水两部分。

稻田主要采用有机无机配施技术、新型缓控释肥技术和轮作制度调整技术（稻麦轮作改为稻—紫云英轮作或冬季休耕），设施菜地主要采用基于氮肥—产量报酬曲线的化肥减量技术，水蜜桃园主要采用了桃园专用缓控释肥深施技术。

生活污水采用了塔式蚯蚓生物滤池处理技术。

2. 过程阻断与拦截技术

针对农田径流和排水，将原有的土质和三面光水泥沟渠改造为生态拦截沟渠，对径流中的氮磷污染物进行拦截。此外，设施菜地在夏季揭棚期种植填闲作物来阻断养分的下渗和径流，在桃园树下种植三叶草来减缓径流速度和沉降径流中的颗粒物。同时，利用龙延河青云桥旁边一处废弃鱼塘，改造成兼氧—好氧湿地塘，有效拦截净化龙延河北侧农田径流排水，在无径流排放期间，净化龙延河富营养化河水。为了有效拦截消除生活污水等对朱家浜水质的影响，在朱家浜设计应用了生态丁型潜坝技术。

3. 养分的循环利用技术

对于设施菜地及桃园的径流排水，经生态拦截沟渠初步拦截净化后，引入周围的稻田，使排水中的氮磷养分进一步被稻田所吸收利用。并在稻田排水末端设置无肥拦截带和小型湿地，对稻田排水中的养分进行拦截再利用。针对生活污水处理后的尾水及部分低污染河水，专门设计建设了 800 m² 的稻田人工湿地，使这部分污水中的氮磷得以循环利用。针对陆域水产养殖的污染排放，利用鱼蟹养殖对水资源需求与排放不同期的特点，利用沉水植物—浮叶植物将蟹塘设计成高效人工湿地，对其他池塘养殖的污水进行异位湿地处理，综合调控与合理利用水资源，实现水产养殖水资源的循环利用以及污染物的减排。

4. 河道水质的生态修复技术

在对陆域污染物进行拦截和养分循环利用的基础上，针对河道水体，因地制宜地采用了置入式生态滤床技术、组合式生态浮床技术、底泥污染控释技术、河滩湿地恢复技术及岸带植被恢复技术等，对河道水体进行生态修复。

10.3.3 治理成效

1. 源头减量化效果

(1)农田。

稻季减少化肥氮用量 60~117 kg·hm⁻²，减施比例为 22%~43%。麦季种植紫云英或休耕，不施肥，可减少总氮排放 15~16 kg·hm⁻²，氮减排率分别为 50% 和 53%。麦季其他化肥减量技术的化肥氮减施量在 60~80 kg·hm⁻²，减施比例为 25%~33%，总氮减排量为 7.77~11.92 kg·hm⁻²，减排率 26%~39%。菜地采用化肥减量技术后，氮肥用量可比常规农户减少 40%，总氮排放量减少 42%~52.3%，产量增加 15.1%~39%，具有良好的生态和经济效益。

(2)生活污水。

生活污水经过塔式蚯蚓生物滤池处理后，排放标准可达一级 B 以上。排水标准按照一级 B 来计算，单个生活污水处理工程(处理户数 75 户，210 人口)每年可减少总氮排放 64.19 kg，氨氮排放 65.29 kg，总磷排放 5.99 kg，污染减排率分别为 26.5%、59.1% 和 52.1%。

2. 过程阻断与拦截效果

生态拦截沟渠的监测数据表明，菜地生态沟渠进水浓度为 3.3~39.2 mg·L⁻¹，出水浓度为 0.3~14.7 mg·L⁻¹，稻田生态沟渠进水浓度在 2.14~8.86 mg·L⁻¹，出水浓度在 1.36~4.63 mg·L⁻¹。生态沟渠对菜地、稻田径流排水中总氮的平均拦截率分别为 57.3% 和 37.4%。

3. 养分资源再利用效果

菜地排水经稻田循环再利用后，排水浓度进一步降低，总氮由原来的平均 6.74 mg·L⁻¹ 降低到 3.08 mg·L⁻¹。稻田排水经生态沟渠拦截净化后进一步汇入稻田的无肥拦截带和小型湿地中。监测数据表明，无肥拦截带对总氮的拦截率平均为 46.6%，出水浓度在 0.81~2.41 mg·L⁻¹，平均为 1.33 mg·L⁻¹。

4. 水体生态修复效果

朱家浜、后沙滩浜、淀溪环浜及下场浜为全河道修复，效果较为明显，四条河道修复后水质可达Ⅳ～Ⅴ类水标准，尤其是朱家浜，氨氮去除率高达 79.2%，COD$_{Mn}$ 去除率为 55.1%（表 10-3）。王店桥浜仅在河道中段采用水稻浮床进行了修复，氨氮、COD$_{Mn}$ 浓度略有下降，对 TP 没有效果，水质改善效果略差。

表 10-3 河道生态修复后水质状况及去除率

（2010 年 6 月至 12 月平均）

河道	NH$_3$—N		TP		COD$_{Mn}$		透明度/cm	
	修复后浓度/(mg·L^{-1})	平均去除率/%	修复后浓度/(mg·L^{-1})	平均去除率/%	修复后浓度/(mg·L^{-1})	平均去除率/%	修复后	平均提高/%
朱家浜	0.81	79.2	0.17	29.2	6.02	55.1	80	35
后沙滩浜	1.74	22.8	0.17	24.1	6.00	23.1	65	30
淀溪环浜	0.56	44.0	0.14	12.5	5.50	24.7	70	20
下场浜	0.76	46.9	0.15	16.7	5.90	35.2	60	15
王店桥浜	2.11	22.1	0.27	—	10.4	9.60	55	30
龙延河（龙延村段）	2.17	25.7	0.28	—	7.80	24.3	30	—

10.3.4　总结

4R 理论是现阶段治理农业流域污染的有效手段，源头减量结合区域内养分资源再利用是关键，区域联控是核心。未来需要不断地扩展更新农业流域污染防控技术体系，尤其要注重技术的标准化、产品化和配套的政策法规支持。

［本案例摘自杨林章，薛利红，施卫朋，等（2013）。］

【思考与习题】

1. 解释以下概念的含义。

干扰理论　农业非点源污染　4R 理论

2. 农村非点源污染的治理模式和具体步骤是什么？

3. 分别列举化肥、畜禽粪便以及农村生活污水污染治理的关键技术。

4. 联系自身实际，阐述自己家乡所在流域的农业污染现状、成因。

第 11 章　城市流域污染控制

导读：

　　城市化是现代人类文明的重要体现，但城市发展也一定程度上给水环境带来了压力。近年来，随着海绵城市和黑臭水体治理等理念的提出，城市流域污染控制日益为人所重视，了解城市流域污染成因，并掌握城市低影响开发模式等污染治理思路具有重要意义。

　　本章的知识采集点包括：

　　1. 城市流域的污染成因。

　　2. 点源污染治理技术。

　　3. 低影响开发及包括的技术。

　　4. 学习海绵城市理念和具体实现途径。

11.1　城市流域污染成因及特征

11.1.1　城市点源污染

　　随着中国经济的高速增长，城市化水平也在逐步提高。自改革开放到 2016 年年末，城市常住人口由 1.7 亿人增加到 7.9 亿人，城镇化率从 17.92％上升至 57.35％，年平均增长 1.03 个百分点；且在 2018 年年末，我国常住人口城镇化率达到 59.58％，较 1949 年年末提高 48.94 个百分点，年均提高 0.71 个百分点，越来越多的人享受到了城市化带来的红利。从世界城镇化发展过程演化对比上发现，进入 2000 年后，中国的城镇化率迅速上升，上升速率领先许多发达国家，逐步逼近世界平均水平。但是，与发达国家的城镇化率仍然存在一定的距离。然而，我国的经济正处于高速发展和结构调整阶段，以牺牲环境作为代价的社会转型与经济增长成为一个重大的现实问题，自然环境遭到严重破坏，生态退化及环境污染问题严重。在城市人口迅速暴涨这一过程中，环境污染早已严重影响了城市自身的健康发展、居民生活、生产等一系列活动。生态环境持续恶化问题也成为城市化推进过程中不可回避的严重问题。

1. 生活污水

　　随着城市建设规模的扩大，城市常住人口不断上升，生活污水的排放量成比例增长，但是城市污水处理能力和效率存在滞后，特别是地下管网和部分污水处理厂存在超负荷运行现象，加重生活污水对环境的污染。生活污水中携带的大量氮、磷等有机营养元素，将导致城市水体富营养化问题不断加剧，部分生活污水作为中水回用将对土壤环境和地下水环境产生影响，会引发直接饮用这些污水的居民中毒，严重影响市民的生命安全。

2. 工业废水

　　工业作为城市经济发展的重要组成部分，带来了巨大经济效益的同时，工业污水成倍地增加。工业产业种类众多，不同的施工工艺与材料决定着废水的成分各不相同，处理难度较大；同时我国工业废水的处理和再循环利用技术在国际社会一直处于较弱地位，部分企业存在超标排污和偷排偷放现象，给城市流域环境带来了严重影响。

工业废水类型不同，对环境的影响也存在差异。比如部分纸浆、纤维工业在生产制造过程中所产生的纤维素，选煤、选矿期间排放的微细粉尘等大量不溶性悬浮物，会逐渐沉淀至水底中，继而形成"毒泥"，对整个区域内生态造成破坏；含高浊度和高色度废水产生的污染会引起光通量不足，影响生物的生长繁殖。而酸性及碱性废水产生的污染，在对自然界生物造成危害。

含有毒物质的有机废水以及无机废水会对人体健康造成直接危害。例如部分工业废水中所含氰、酚等急性的有毒物质，以及重金属等慢性有毒物质等，一旦未对其进行及时的有效处理，会直接危害整个生态系统，并通过食物链危害人体健康，如水俣病、痛痛病等。同时如果其与空气发生反应则会产生有毒气体，该区域内人群吸入后自身健康也会遭到损害。

11.1.2　城市非点源污染

城市非点源污染是指城市下垫面累积的各种污染物在降水径流淋洗与冲刷大气的作用下以广域、分散的形式进入受纳水体引发的水体污染。污染成因如下。

1. 不透水地表面积增加

城市化建设使得下垫面硬化、渗透性下降，城市水文调蓄能力减弱，暴雨径流量增加，洪峰形成时间缩短，地表径流含有大量污染物；湿地、林草地面积减小，导致其涵养水源、净化水质能力，对河流缓冲能力下降、对水文和水质产生负面影响。

2. 城市热岛导致降雨条件改变

城市降雨特征具有特殊性，而降雨量、降雨强度及频度和下渗能力三者密切相关。径流引发土壤侵蚀，降雨量决定污染物的稀释程度，降雨强度决定冲刷地表的力度。降雨历时越长，土壤侵蚀越严重，溶质流失量加剧。一般随降雨历时的增长，污染物的浓度初期较高后期趋于平缓。

3. 高强度人类活动导致较高污染物积累

晴天时，污染物质通过大气沉降、土壤侵蚀等方式在地表积累，其累计程度影响降雨后水体污染程度。不同的土地利用类型有着不同的下垫面，进而影响非点源污染中不同污染物的积累与转输过程。

4. 城市非点源污染治理相对滞后

非点源污染的来源随机、广泛且复杂。同时由于其与降水过程密切相关，降水也具有非常大的随机性和地域差异性，造成城市非点源污染负荷在时间和空间上的变化幅度大。因此，城市流域污染治理难度极大。

城市非点源污染特征如下：

（1）广泛性。

非点源污染的范围与不可控的气候事件和地质地理条件相关，且由于城市地面及上空等处滞留的污染物在随降雨径流进入水体前几乎遍及城市广大地域，故而体现出污染源多、分布范围广、途径多样化等特征。

（2）复杂性。

城市降雨径流中包括了大量的污染物质，主要来源于大气干湿沉降、地表垃圾和灰尘以及下水道系统沉积物，包括物理性、化学性和生物性污染物，成分复杂、检测难度大。

（3）随机性。

城市非点源污染源、污染物组分及污染途径具有不确定性，受外在因素影响较大，如降雨、地表径流、地下渗流等往往成为非点源污染的触发机制，促成城市非点源污染的发生，因而使城市污染具有偶然性和随机性。

（4）滞后性。

非点源污染本身与点源污染不同的是点源污染发生是定点的、可预见的和可控的，而非点源污染则是累积的、不宜观测的和不易控制的，它在土壤中滞留或进入水体造成潜在威胁。同样，非点源污染对城市环境的影响有一个量的积累过程，在时间上表现出滞后效应，如一些化学污染物使用的量及频率与水体结合性质以及降水条件等都有相关性。

（5）空间性。

城市非点源污染涉及大气、水体土壤及地下水等多层空间，同时来源分布范围广，某一层次发生污染都会影响其他层次，使得城市污染空间变幅大。

城市地表径流中包含的大量悬浮物、营养物质、重金属以及有机污染物流入受纳水体中，破坏水体的各项理化性质，引起富营养化、黑臭水体等现象，危害生态环境与人体健康。例如大量的耗氧有机物造成水中的溶解氧迅速消耗，给城市自然水系里的需氧水生物造成很大的影响。

11.2　城市治理模式及具体技术

11.2.1　治理模式

城市河道生态系统具有一定的复杂性与综合性，该系统主要由河岸区环境、流域区环境、河道内水环境以及河堤两岸区四个部分构成，这四个部分相互影响、相互作用。由此可见，河道生态修复是一个整体性、系统性的治理过程，而不是针对某一部分的修复治理工作。其主要包括污染源调查、污染源治理、河流生态修复、政策支持。针对城市外源治理的核心模式如下。

（1）海绵城市（sponge city），是新一代城市雨洪管理概念，是指城市能够像海绵一样，在适应环境变化和应对雨水带来的自然灾害等方面具有良好的弹性，也可称之为"水弹性城市"。国际通用术语为"低影响开发雨水系统构建"，下雨时吸水、蓄水、渗水、净水，需要时将蓄存的水释放并加以利用，实现雨水在城市中自由迁移。

（2）绿色基础设施（green infrastructure，GI），最早于1999年由美国保护基金会和农业部森林管理局组织的"GI工作组"提出，该小组将绿色基础设施定义为"自然生命支撑系统"，即一个由水道、绿道、湿地、公园、森林、农场和其他保护区域等组成的维护生态环境与提高人民生活质量的相互连接的网络。这些要素组成一个相互联系、有机统一的网络系统。该系统可为野生动物迁徙和生态过程提供起点和终点，系统自身可以自然地管理暴雨，减少洪水的危害，改善水的质量，节约城市管理成本。

（3）可持续性城市排水系统（sustainable urban drainage system，SUDS），是近几年西欧国家为可持续城市发展探索出的一种新方法，它通过设计，对城市排水系统统筹考虑，同时引入可持续发展的概念和措施。传统的地表水处理和排放一般考虑水的流量、质量和环境的舒适，将这三个因素综合考虑，解决地表水的排水问题就称之为可持续的城市排水系统。可持续排水系统是利用自然方式排除雨水而不是仅仅依靠管渠来排除。例如在排水系统的上游各子流域内将雨水就地渗入地下或延长其排放时间或暂时蓄存，以收到削峰、减流、净化雨水径流、补充地下水之效果。其工程设施有渗塘、地下渗渠、地表透水路面、受控雨水排放口、各种干或湿的池塘、小型水库等。可持续排水系统也建议已有的合流制和分流制系统需要继续完善和发展，而不需要施工费和雨水排放费。图11-1 所示为城市流域污染治理思路。

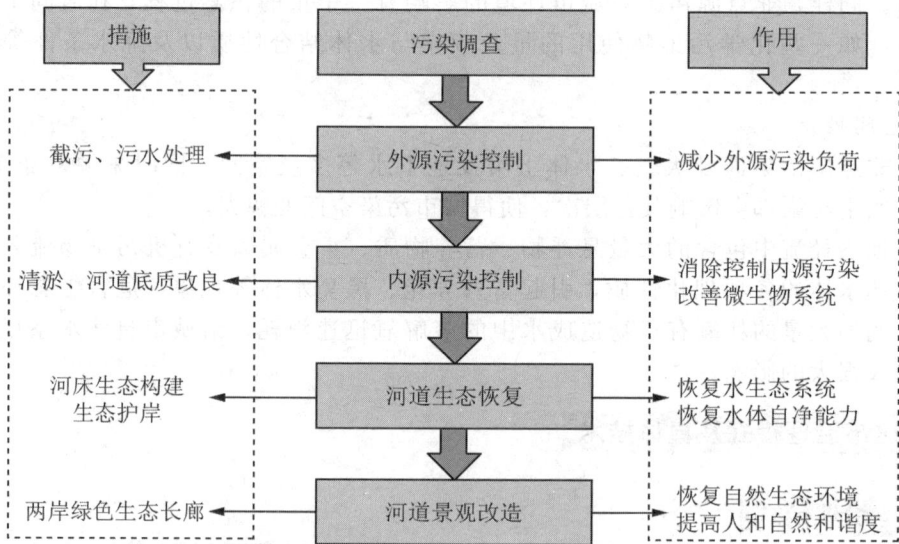

图 11-1　城市流域污染治理思路

11.2.2　点源污染治理技术

点源污染控制技术按其作用原理，可分为物理法、化学法、物理化学法和生物法四类，简述如下。

（1）物理法有过滤、沉淀、浮力法等。

（2）化学法有混凝法、中和法、氧化还原法、化学沉淀法等。

（3）物理化学法有吸附法、离子交换法、膜分离法、气提法、萃取法等。

（4）生物法有好氧生物处理和厌氧生物处理。

1. 物理处理技术

物理处理技术是通过物理或机械作用分离或回收废水中不溶解的呈悬浮状态的污染物的废水处理方法，其处理过程不改变污染物质的化学性质。物理法废水处理技术通常有过滤法、浮力法、分离法等。物理法简单易于操作，成本低廉，处理过程中废水中物

质的化学性质不会变化，但其处理效果有限，一般作为水处理的前处理步骤。

（1）过滤法。

过滤工艺通过截留和筛滤作用，去除二级出水中的生物絮体和胶体物质，降低水中的 SS，并且由于颗粒物质的去除，协同去除了颗粒态存在的有机物与 TP，因此过滤作为深度处理的核心工艺在污水处理中得到了广泛应用。过滤技术分类及特点如表 11-1 所示。

表 11-1　过滤技术分类及特点

分类	原理	特点
表层过滤	机械筛除，过滤介质按照其孔径大小对过滤液体中的颗粒进行截留分离；还可以是在过滤面上形成的少量生物膜协同发挥截留作用	膜材料可以清洗，多次使用；表面过滤由于表面颗粒堆积较快，堵塞也加快，影响滤速
深层过滤	以接触凝聚附着为主，机械筛除为辅，即在滤池的表面对大颗粒进行机械筛除，细小颗粒不断在向深度方向迁移的过程中，凝聚附着在滤料上，从而得到截留	纤维材料由纤维堆积形成，过滤颗粒先在材料内部堆积再在表面不断堆积，不可清洗；一次性用的时间较久

根据过滤技术机理分类，可分为表层过滤和深层过滤。表层过滤装置包括转盘过滤器、滤布过滤器、膜过滤等。由于膜过滤的投资及运行成本较高，并且出水水质远优于一级 A 标准，对于仅要求达标的情况下，可选用转盘过滤器或滤布过滤器。深层过滤工艺根据水流方向分为上向流滤池、下向流滤池；根据滤层性质，分为单层滤料滤池、双层滤料滤池、均质滤料滤池；根据滤料成分，分为石英砂滤池、陶粒滤料滤池、无烟煤滤料滤池等。

图 11-2 所示为表面过滤与深层过滤示意图。

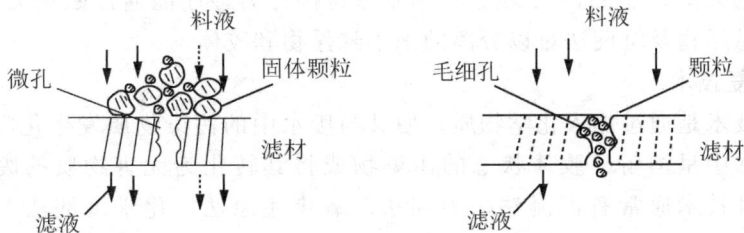

图 11-2　表面过滤与深层过滤示意图

（2）浮力法。

浮力法是利用重力作用原理使废水中的悬浮物与水分离，去除悬浮物质而使废水净化的方法。它可分为沉降法和上浮法。悬浮物比重大于废水者沉降，小于废水者上浮。影响沉淀或上浮速度的主要因素有颗粒密度、粒径大小、液体温度、液体密度和绝对黏滞度等。

根据水流方向将沉淀池分为平流式沉淀池、竖流式沉淀池以及辐流式沉淀池（图 11-3）。

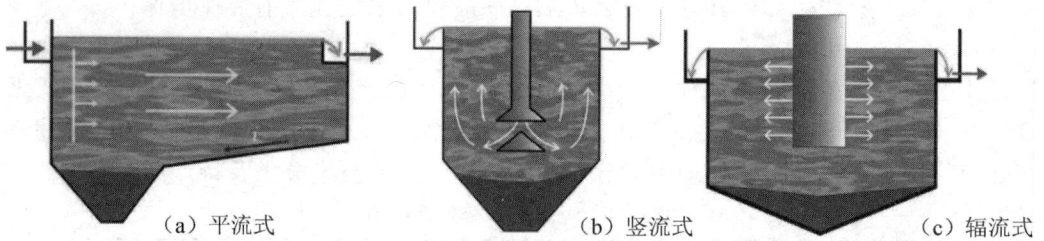

（a）平流式　　　　　　　（b）竖流式　　　　　　　（c）辐流式

图 11-3　不同沉淀池流态

根据分散相物质的亲水性强弱和密度大小，浮力浮上法可分为自然浮上法、气泡浮上法和药剂浮选法（表 11-2）。

表 11-2　浮力浮上法的分类及原理

分类	原理	常见工艺
自然浮上法	如果水中的粗分散相物质是比重小于 1 的强疏水性物质，则可依靠水的浮力使其自发浮升至水面	隔油池
气泡浮上法	如果分散相物质是乳化油或弱亲水性悬浮物，则需要在水中产生细微气泡，使分散相粒子黏附于气泡上一起浮升至水面	气浮池
药剂浮选法	如果分散相物质是强亲水性物质，就必须先投加浮选药剂，将粒子表面性质转变为疏水性，再利用气浮法加以去除	浮选池

（3）分离法。

分离法可以分为离心分离法和磁力分离法。离心分离法是利用离心力使污染物与废水分离。磁力分离技术是利用磁场力的作用截留废水中的不溶性污染物质。磁性污染物可直接通过磁场去除；非磁性污染物需投加磁粉接种后，才能通过磁场去除。一般用于去除废水中的悬浮物及沉淀法难以分离的细小悬浮物和胶体。

2. 化学修复技术

化学修复技术是通过加入化学物质，使其与废水中的污染物质发生化学反应来分离、去除、回收废水中呈溶解、胶体状态的污染物或将其转化为无害物质的废水处理方法。化学法废水处理技术通常有混凝法、中和法、氧化还原法、化学沉淀法、消毒杀菌等。与物理处理法相比，化学法的处理效率更加高效，与生物处理法相比，能较迅速、有效地去除更多的污染物，可作为生物处理后的三级处理措施。此法还具有设备容易操作、容易实现自动检测和控制、便于回收利用等优点。化学处理法能有效地去除废水中多种剧毒和高毒污染物。

（1）混凝法。

混凝法就是在混凝剂的离解和水解作用下，使水中的胶体污染物和细微悬浮物脱稳并聚集为具有可分离性的絮凝体的过程，其中包括凝聚和絮凝两个过程，统称为混凝。混凝剂种类的选择取决于胶体和细微悬浮物的种类、性质和浓度。如果污染物主要是细微悬浮物，则只采用高分子絮凝剂；如果污染物主要呈胶体状态，则先用无机混凝剂使其脱稳，再加高分子絮凝剂。混凝剂分类及特点如表 11-3 所示。

表 11-3　混凝剂分类及特点

分类	常用药剂	特点
无机金属盐混凝剂	硫酸铝	价格较低，使用便利，混凝效果较好，不会给处理后的水质带来不良影响；当水温低时硫酸铝水解困难，形成的絮体较松散
	聚合氯化铝	应用范围广易快速形成大的矾花，沉淀性能好，投药量一般比硫酸铝低；适宜的 pH 范围较宽($5\sim9$)；水温低时，仍可保持稳定的混凝效果；其碱化度比其他铝盐、铁盐微高，因此药液设备的侵蚀作用小
	硫酸亚铁	混凝效果不及三价铁盐；残留在水中的 Fe^{2+} 会使处理后的水带色
	三氯化铁	极易溶于水；沉淀性好，处理低温水或低浊水效果比铝盐的好；氯化铁液体、晶体物或受潮的无水物腐蚀性极大，调制和加药设备必须考虑用耐腐蚀材料
有机高分子混凝剂	聚丙烯酰胺类	药剂消耗量大大低于无机混凝剂，处理安全，操作容易，在水中呈弱酸性或弱碱性，腐蚀性小，滤饼量增加很少；在使用高分子混凝剂前，必须对各种污泥做混凝试验；还应注意，有时虽然能提高悬浮粒子的凝聚作用和沉淀性能，但其脱水性能未必提高

（2）中和法。

中和法指利用酸碱中和原理，处理酸性或碱性废水。向酸性废水中投加碱性物质如石灰、氢氧化钠、石灰石等，使废水变为中性；以粒状石灰石、大理石或白云石作为滤料，进行过滤中和；对碱性废水可吹入含有 CO_2 的烟道气进行中和，也可用其他酸性物质进行中和；酸、碱废水混合中和等。

（3）氧化还原法。

氧化还原法是利用氧化还原反应将溶解于废水中的有毒物质转化为无毒或微毒物质。废水中呈溶解状态的有机或无机污染物，在投加氧化剂或还原剂后，发生氧化或还原作用，使其转变为无害的物质。

（4）化学沉淀法。

化学沉淀法是向废水中投加可溶性化学药剂（即沉淀剂），与水中呈离子状态的无机污染物起化学反应，生成不溶于水或难溶于水的化合物，析出沉淀，使废水得到净化。化学沉淀法多用于去除废水中的重金属离子，如汞、铬、铅、锌等。化学沉淀法有氢氧化物沉淀法、硫化物沉淀法、钡盐沉淀法、铁氧体沉淀法。

（5）消毒杀菌。

消毒杀菌技术主要用于水的深度处理。消毒杀菌主要使用氯、次氯酸盐、二氧化氯、臭氧、紫外线等。二氧化氯用于给水处理消毒，近年来受到广泛的关注，主要是由于它不会与水中的腐殖质反应产生卤代烃。臭氧消毒被认为是在水处理过程中替代加氯的一种行之有效的消毒方法，因为臭氧首先是具有很强的杀菌力，其次是氧化分解有机物的速度快，使消毒后水的致突变性降为最低。消毒剂种类及特点如表 11-4 所示。

表 11-4　消毒剂种类及特点

项目		特点
臭氧		用量少、作用迅速、杀菌彻底、副产物少、易得；但同时耗资高、稳定性差，此一般要用第二消毒剂进行辅助消毒
氯化	氯气、漂白粉、漂白粉精、次氯酸钠等	氯具有很好的消毒作用主要是因为次氯酸具有体积小，电荷中性等优势，很容易穿过细胞壁，同时其强氧化性能够损害细胞膜，释放蛋白质、氨基酸等物质并且影响多酶系统，从而导致细菌死亡；但是氯化消毒会有许多副产物产生，这些副产物对人体健康有很大的危害
二氧化氯		二氧化氯在酸性条件下具有很强的氧化性，容易透过细胞膜通过其强氧化性，从而达到杀灭微生物的目的；二氧化氯水溶液不会产生对人体有很大危害的三卤甲烷；二氧化氯在除嗅和脱色性能上有很明显的优势
紫外线		紫外线则会透过微生物细胞壁和细胞膜，直接作用于细胞内的核酸和蛋白质，从而发生各种化学变化而造成微生物死亡。紫外线消毒法能够在较短的时间内达到很高的杀菌效率；没有持续杀菌的作用，容易造成微生物复生的现象；处理水量较小，运行成本也比较高

3. 物理化学修复技术

物理化学修复技术是运用物理和化学的综合作用使废水得到净化的方法。它是由物理方法和化学方法组成的废水处理系统，或是包括物理过程和化学过程的单项处理方法，如浮选、吹脱、结晶、吸附、萃取、电解、电渗析、离子交换、反渗透等。将物理法和化学法相结合对废水的处理相对于单一的物理法和化学法更加彻底。

（1）膜分离。

膜分离技术的主要原理是利用一种特殊的薄膜，在外力影响的条件下，溶液中的某些溶质能够穿透薄膜，而有些则会被隔离在外。透过这层特殊的薄膜可以对溶液进行分离和提纯，有效实现了对溶液的净化作用。膜分离技术对于水处理环境的要求较低，而且相关设备的价格较低，处理过程也不会对环境产生二次污染；但同时它还有一些问题，比如膜的更换周期问题等。

（2）离子交换法。

离子交换是借助于固体离子交换剂中的离子与稀溶液中的离子进行交换，是液相中的离子和固相中离子间所进行的一种可逆性化学反应，当液相中的某些离子较为离子交换固体所喜好时，便会被离子交换固体吸附，为维持水溶液的电中性，所以离子交换固体必须释出等价离子回溶液中。以达到提取或去除溶液中某些离子的目的，是一种属于传质分离过程的单元操作。

（3）萃取法。

废水萃取处理法是利用萃取剂，通过萃取作用使废水净化的方法。根据一种溶剂对不同物质具有不同溶解度这一性质，可将溶于废水中的某些污染物完全或部分分离出来。向废水中投加不溶于水或难溶于水的溶剂（萃取剂），使溶解于废水中的某些污染物（被萃取物)经萃取剂和废水两液相间界面转入萃取剂中。

萃取剂的选择应满足：①对被萃取物的溶解度大，而对水的溶解度小；②与被萃取物的比重、沸点有足够差别；③具有化学稳定性，不与被萃取物起化学反应；④易于回收和再生；⑤价格低廉，来源充足。此法常用于较高浓度的含酚或含苯胺、苯、醋酸等工业废水的处理。

（4）吸附法。

废水吸附处理法是利用多孔性固体（称为吸附剂）吸附废水中某种或几种污染物（称为吸附质），以回收或去除某些污染物，从而使废水得到净化的方法。有物理吸附和化学吸附之分。前者没选择性，是放热过程，温度降低利于吸附；后者具选择性，系吸热过程，温度升高利于吸附。吸附法操作分三步：①使废水和固体吸附剂接触，废水的污染物被吸附剂吸附；②将吸附有污染物的吸附剂与废水分离；③进行吸附剂的再生或更新。

4. 生物法

生物处理法就是利用微生物的新陈代谢功能，通过微生物的吸附、降解废水中的有机污染物，将废水中呈溶解、胶体以及微细悬浮状态的有机物、有毒物等污染物质，转化为稳定、无害的物质的废水处理方法。生物法处理有可能产生可以利用的资源或能源，相对来说更加环保，但它的处理效率并不高效，可以与其他类型的方法进行结合使用。

（1）生物膜法。

废水连续流经固体填料（如碎石、炉渣或塑料蜂窝等），在填料上形成污泥状的生物膜（图11-4）。生物膜上繁殖着的微生物，能够起与活性污泥同样的净化作用，吸附和降解废水中的有机污染物，从填料上脱落下来的衰死生物膜随废水流入沉淀池，经沉淀分离，废水得以净化。

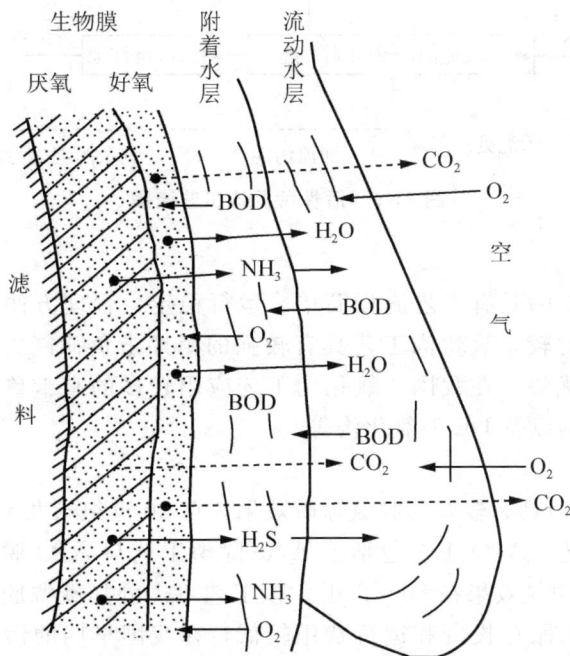

图 11-4　生物膜构造

表 11-5 所示为好氧处理与厌氧处理原理及特点。

表 11-5　好氧处理与厌氧处理原理及特点

	常见工艺	原理	特点	适用范围
好氧生物处理	活性污泥法、生物膜法、生物稳定塘和土地处理法等	在有溶解氧的条件下，依靠好氧菌及兼性厌氧菌分解氧化废水中的有机物，以降低其含量	反应速度快，反应时间短，处理构筑物占地少；处理过程中较少产生臭气	中、低浓度的有机废水
厌氧生物处理	厌氧活性污泥法、厌氧生物膜法等	在无溶解氧的条件下，依靠兼性厌氧菌和专性厌氧菌转化和稳定有机物	无须充氧，运行费用低；剩余污泥量少，可回收能源；反应速度慢、时间长，处理构筑物占地大；维持较高温度都需耗费能源；有机物分解不完全，产生臭气	高浓度有机工业废水和城市污水中的污泥

（2）活性污泥法。

这是当前使用最广泛的一种好氧生物处理方法。在充分曝气供氧的条件下，废水与絮状的微生物絮凝体——活性污泥接触，活性污泥中的微生物以有机物为食料迅速生长增殖，消耗有机物，使废水得以净化。序批式活性污泥法（SBR）适用于处理可生化性较好的高浓度有机废水。目前它已经成功应用于碱渣废液、汽提净化水、农药废水、造纸废水、焦化废水和印染废水等有机废水的处理。活性污泥法工艺流程如图 11-5 所示。

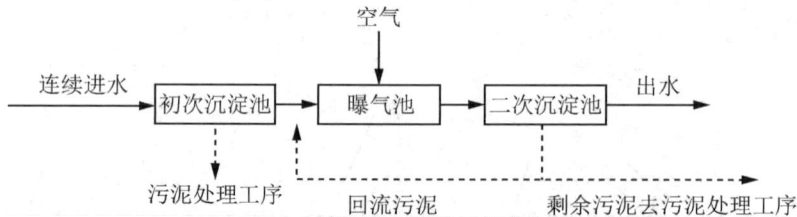

图 11-5　活性污泥法工艺流程

（3）氧化沟工艺。

氧化沟工艺（图 11-6）具有工艺流程简单、运行稳定、管理方便等特点，而且处理费用较低。与其他工艺比较，氧化沟工艺具有较强的耐冲击负荷能力、出水水质好、剩余污泥少、构筑物少等优势。在我国，氧化沟工艺应用较多的有卡鲁塞尔氧化沟、奥贝尔氧化沟、三沟式氧化沟以及 DE 型氧化沟等。

（4）A/O 工艺。

A/O 工艺（图 11-7）具有较好的脱氮除磷效果，在 20 世纪八九十年代是城市污水处理中脱氮除磷的主流工艺。A/O 工艺包括了 A/O 除磷工艺与 A/O 脱氮工艺，通常除磷效果可达到 90％以上，脱氮效果在 80％以上。该工艺不需外加碳源脱氮，又能充分实现反硝化且易于控制污泥膨胀，投资和运行费用较低，在我国早期的污水处理厂中具有广泛的应用。如天津东郊污水处理厂、北京高碑店污水处理厂以及杭州四堡污水处理厂、沈

阳西郊污水处理厂等。

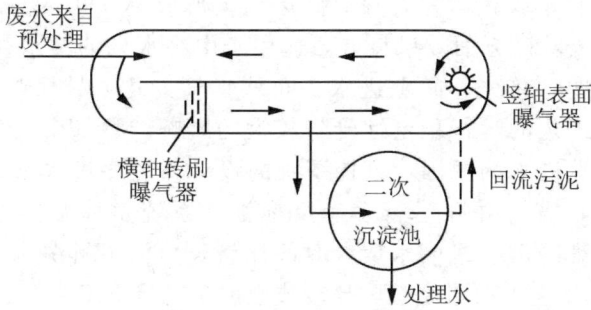

图 11-6　氧化沟工艺

(5)A²/O 工艺。

A²/O 工艺(图 11-8)我国常用的同步脱氮除磷工艺,其在只有除磷功能的 A/O 工艺中加了一个缺氧池,实现了脱氮除磷的同步进行,操作简单、费用低廉,因此在我国的污水处理厂中得到了广泛的应用。昆明第二污水处理厂、广州大坦沙污水处理厂、西安邓家村污水处理厂都应用了该工艺。但采用此种工艺不能实现同时高效的脱氮除磷,其工艺本身存在的缺陷,即硝化菌、反硝化菌以及聚磷菌在有机负荷、碳源需求上存在着矛盾与竞争,很难在同一系统中实现氮磷的同时高效去除。

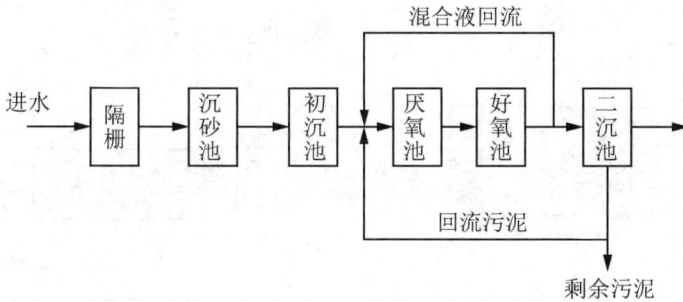

图 11-7　A/O 工艺

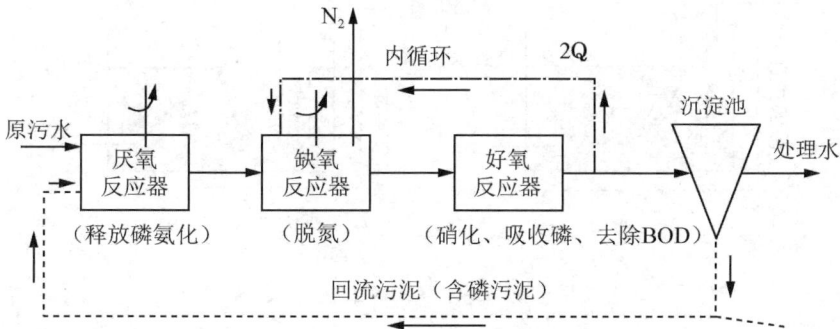

图 11-8　A²/O 工艺示意图

(6)SBR 工艺。

SBR 工艺是通过自动控制程序，在时间序列上形成 A^2/O 系统，具有经济高效、控制灵活的特点，在脱氮除磷方面效果良好，适用于中小水量的污水处理厂。典型 SBR 工艺存在一定的技术问题，首先，间歇进水、间歇曝气方式，鼓风曝气机由于间歇运转，频繁启停，使得整个工艺的运行稳定性受到较大的影响，曝气阶段反应池的利用率也比较低；其次，由于间歇进水的原因，自控系统的设计与顺序进水闸阀的安装变得较为复杂，当进水量较大时，需要并联运行多套反应池，系统整体复杂性增大；最后，对于一些具有较高浓度的难降解有机废水反应时间比较长。为了解决以上问题，众多研究者们进行了对典型 SBR 工艺的改进变型，比较成熟的工艺有 ICEAS 工艺、DAT-IAT 工艺、CASS 工艺(图 11-9)等。

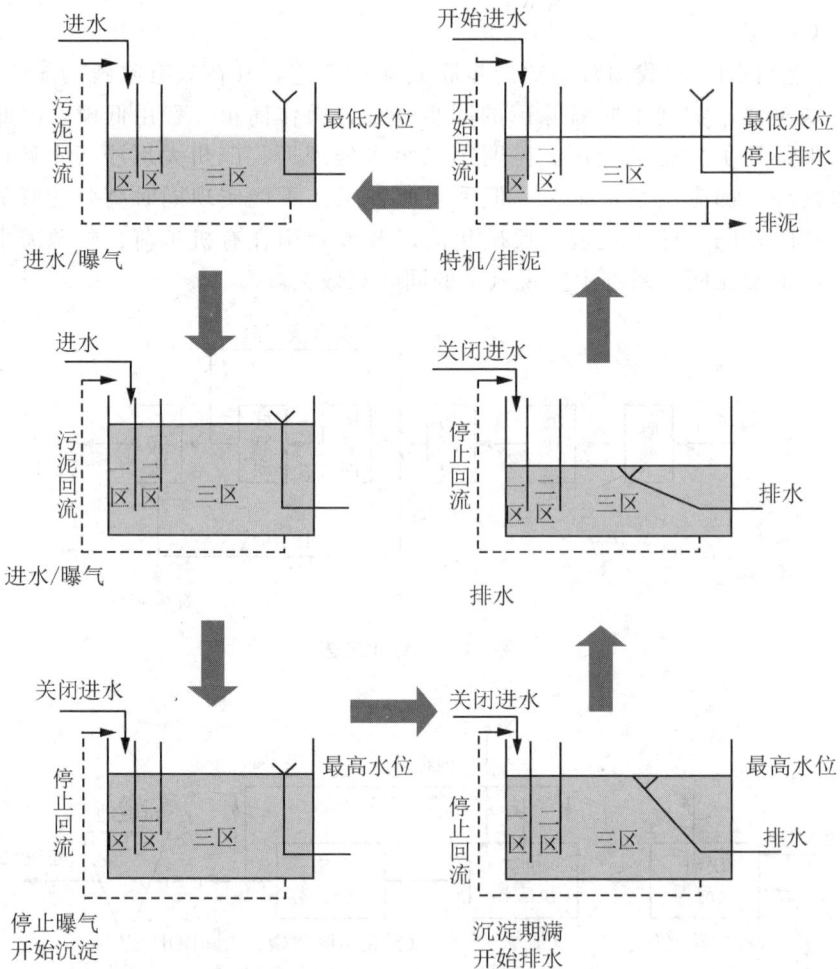

图 11-9　CASS 工艺

11.2.3　城市非点源污染治理技术

非点源污染控制按污染物所处位置的不同，分为源头的分散控制和末端的集中控制。

1. 源头分散控制

源头分散控制，就是在各污染源发生地采取措施将污染物截留下来，避免污染物在降雨径流的输送过程中进行溶解和扩散。该控制措施可降低水流的流动速度，延长水流时间，对降雨径流进行拦截，消纳、渗透，减轻后续处理系统的污染处理负荷和负荷波动，对入河的非点源污染负荷起到了一定的削减作用。

城市河流周边地区绿地、道路、岸坡等不同源头的降雨径流的控制技术措施主要包括下凹式绿地、透水铺装、缓冲带、生态护岸等。在技术措施选用时，可依据当地的实际情况，单独使用或几种技术配合使用。

（1）下凹式绿地（图 11-10）。

通常绿地与周围地面的标高相同，甚至略高，通过改造，使绿地高程平均低于周围地面 10 cm 左右，保证周围硬质地面的雨水径流能自流入绿地。绿地下层的天然土壤改造成渗透系数大的透水材料，由表层到底层依次为表层土、砂层、碎石、可渗透的底土层，增大土壤的存储空间。在绿地的低洼处适当建设渗透管沟、入渗槽、入渗井等入渗设施，以增加土壤入渗能力。这种既能保持一定的绿化景观效果，又能净化降雨径流的控制措施，具有工艺简单、工程投资少、不需额外占地等优点。

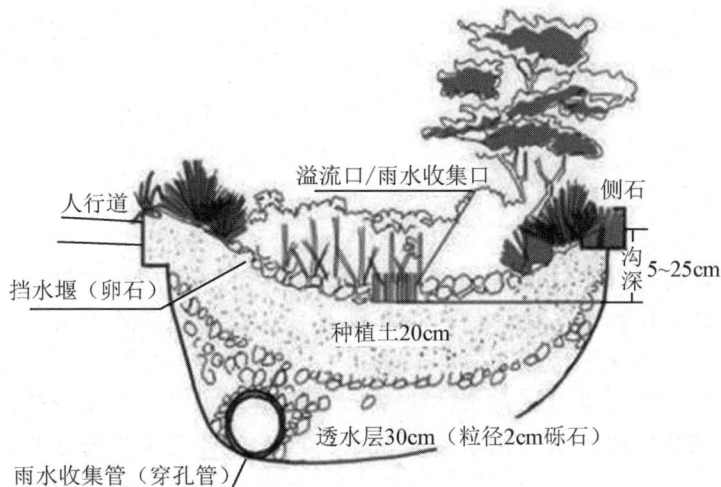

图 11-10　下凹式绿地

（2）透水铺装（图 11-11）。

河流两侧、承担荷载较小的人行步道和江滨路路面，可以采取在路基土上面铺设透水垫层、透水表层砖的方法进行渗透铺装，以减少径流量，对于局部不能采用透水铺装的地面，可铺设坡度不小于 0.5％的路面，倾向周围的绿地或透水路面。对于车流量较大的江滨路，可适当降低路两侧的地面标高，在路两侧修建部分小型引水沟渠，对路面上的雨水由中间向两侧分流，使地表径流流入距离最近的下凹式绿地。

2. 末端集中控制

该控制手段主要的技术措施有：路边的植被浅沟、植被截污带、雨水沉淀池、合流制管系溢流污水的沉淀净化，分流制管系上的各类雨水池，氧化塘与湿地系统等。这类

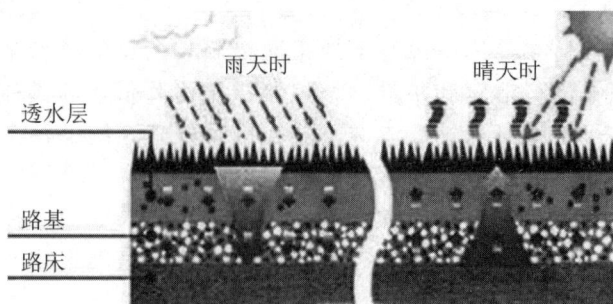

图 11-11　透水铺装

技术往往受城市建筑、占地等条件的限制，实施改造难度较大，代价也很高。欧美一些发达国家在治理城市非点源污染时付出了巨大代价，一些城市至今仍受其困扰。

（1）雨水调节池。

设置雨水调节池，既可以控制径流量，又可以通过池内发生的各种物理、化学和生物过程来改善水质。因此，可以因地制宜，将城市水面如天然洼地、池塘、公园水池等改建为雨水调节池，利用天然水渠和人工湿地，建立林草缓冲带。雨水调节池设施对于城市内涝的控制有着重要的作用，但在实际工程中往往受土地利用条件限制而无法设置大的集中调节池，在城市区域用地紧张的局势下，通过调节池的分散设置，在总调蓄容积近似的情况下，可以有效减少单个调节池的容积，在城市地区无法进行大面积调节池建设时具有很大优势。

（2）末端截污。

雨水口是城市雨水排放系统的源头，通常设置在广场集水区、路口和街道排水沟、街道边沟等区域，通过雨水快速外排来防止道路或低洼地区积水，避免造成交通阻碍或道路损坏。雨水口不仅担负着雨水快排的重要功能，是城市排水系统瓶颈，也是非点源污染进入城市水体的源头。雨水口如果被树叶、塑料袋等垃圾堵塞，将会引发路面积水甚至城市内涝，污染物也将给城市水体带来严重污染。在雨水合流制管网系统末端设置截污箱涵，截留部分初期雨水和污水进入污水厂或大型调蓄池进行处理，减轻城市非点源污染。

11.3　案例分析

11.3.1　研究区概况

随着城市化进程不断加速，城市中土地利用情况和城市下垫面发生了巨大改变，地表不透水面比例的增加改变了降雨的自然水文过程，阻碍了自然的水循环，在降雨期间易产生大量地表径流，进而发生城市内涝。除了在水量上给城市带来影响外，其水质污染对环境的影响也不容忽视。城市内的屋面、路面的垃圾、沉积物在暴雨中都有可能被冲刷而随着径流进入排水管网直至受纳水体，从而引起水质恶化和富营养化等问题。

本研究选取广东佛山新城重点开发区为案例区进行降雨径流控制规划研究。该区域位于广东省佛山市顺德、禅城两区，总面积约 $29.5~km^2$。该区的定位为生态优先，将区内发达的水系与绿地相结合，构造生态功能层次清晰的城市格局，从源头控制降雨径流，削减城市非点源。

研究主要分为文献调研及资料收集、模型建立、模拟优化 3 个阶段。

文献调研及资料收集：收集整理国内建成 LID-BMPs 效能、成本等信息；收集研究区域相关数据。

模型建立：选用美国环保署(USEPA)于 2009 年发布的 SUSTAIN(System for Urban Stormwater Treatment and INtegration)模型进行降雨径流控制规划。参考美国 BMP 数据库，根据整理的国内 LID-BMPs 数据，对研究区进行土地利用重分类、汇水区划分、LID-BMPs 布置，根据整理得到的我国 LID-BMPs 数据库设置 SUSTAIN 中相关参数。

模拟优化：用 SUSTAIN 对一子汇水区进行预模拟，比较不同 LID-BMPs 方案的效益，选取较优方案应用于研究区域降雨径流 LID-BMPs 控制规划的模拟，分析 LID-BMPs 规划情景对降雨径流的控制效果，并进行成本—效益最优化分析。

本研究的技术路线如图 11-12 所示。

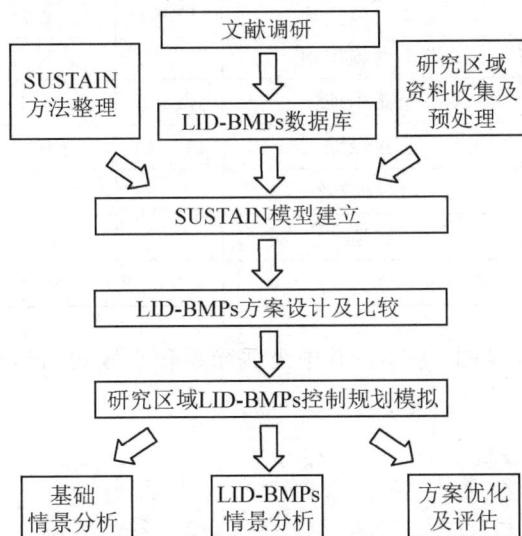

图 11-12　技术路线

11.3.2　研究区基础资料收集和整理

1. 土地利用

佛山新城重点开发区规划用地总面积约 29.5 km^2，按用地性质分为二类居住用地、商业设施用地、道路用地、仓储用地、公共绿地、水域等近二十类，各类用地面积及比例如表 11-6 所示。

表 11-6　佛山新城重点开发区土地利用规划统计表

序号	用地	代码	用地性质	用地面积/hm²		比例/%	
1	R	R2	二类居住用地	813.22	525.69	27.54	17.80
		R5	商住混合用地		287.53		9.74

续表

序号	用地	代码	用地性质	用地面积/hm²		比例/%	
2	A	A3	教育设施用地		63.20		2.14
		A4	体育设施用地	109.51	38.95	3.71	1.32
		A5	医疗卫生用地		7.35		0.25
3	B	B1	商业设施用地		245.28		8.31
		B2	商务设施用地		26.57		0.90
		B3	娱乐康体设施用地	323.53	36.13	10.96	1.22
		B1B2B3	商业文化混合用地		15.30		0.52
		B4	加油加气站用地		0.26		0.01
4	S	S1	道路用地	378.74	374.93	12.83	12.70
		S4	交通场站用地		3.81		0.13
5	U	U1	供应设施用地		6.98		0.24
		U2	交通设施用地	13.51	4.71	0.46	0.16
		U3	安全设施用地		1.81		0.06
6	W	W1	仓储用地	44.37	44.37	1.50	1.50
7	G	G1	公共绿地	616.44	616.44	20.88	20.88
8	E	E1	水域(含滩涂)	636.56	596.22	22.12	20.19
		E2	耕地		57.34		1.93
9			规划总用地	2 952.88		100	

开发区土地利用规划见图 11-13，其中公共绿地和水域的用地比例都达到了规划总用地的 20% 以上。

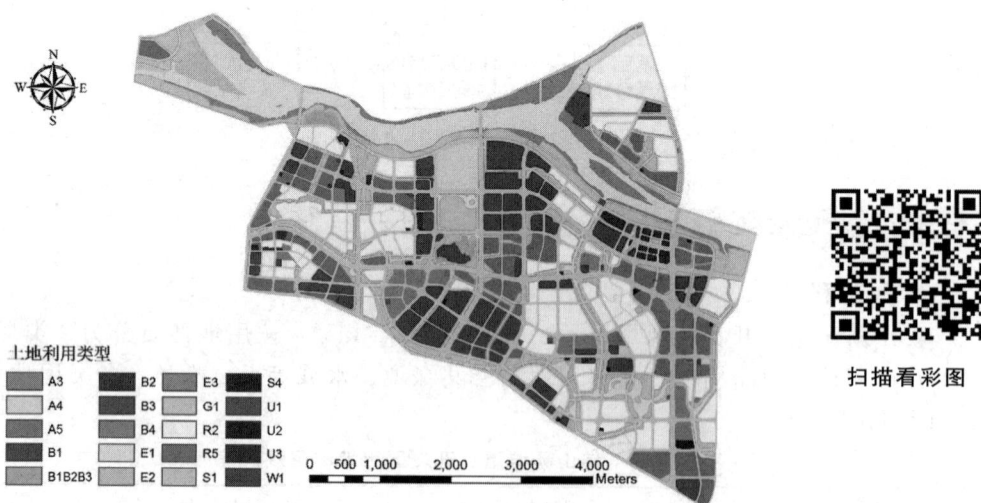

扫描看彩图

图 11-13 佛山新城重点开发区土地利用规划

2. 排水系统

规划区内采取雨污分流的排水系统，雨水工程规划见图 11-14。

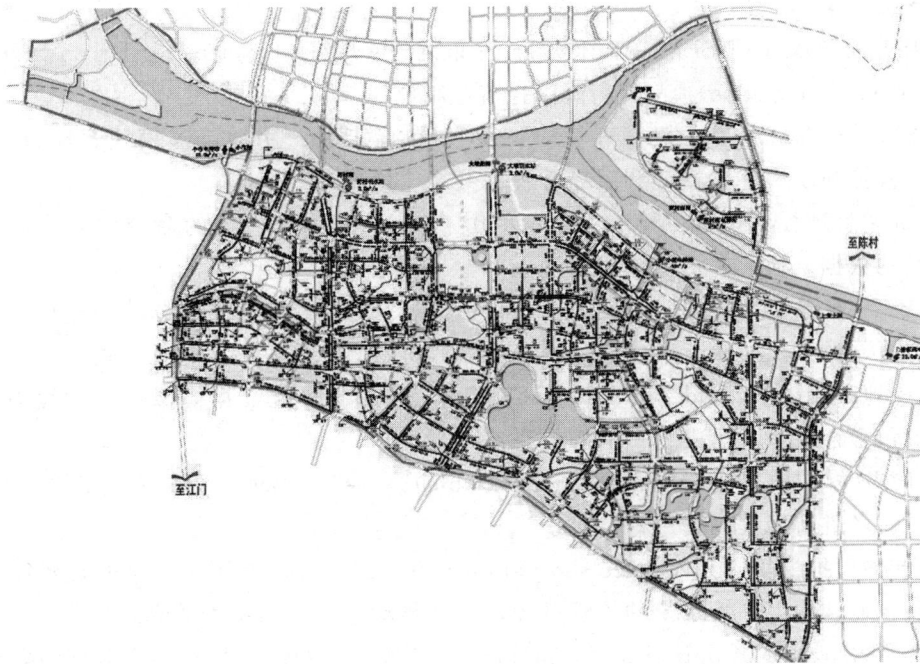

图 11-14　佛山新城重点开发区雨水工程规划

由于规划区内水系发达，径流进入雨水管网后就近排入内河涌，之后在防洪堤附近由排涝泵站排至外江河。根据雨水管网规划图提取出雨水管网布置信息，识别出雨水排出口，再根据雨水排出口和内部河涌信息概化出雨水排放路径，如图 11-15 所示。

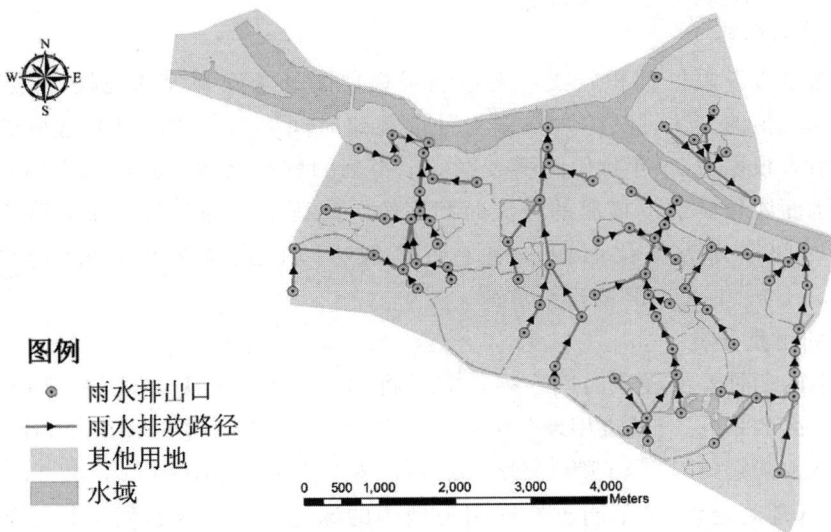

图 11-15　佛山新城重点开发区雨水排出口与排放路径

11.3.3 模型及数据准备

1. SUSTAIN 模型

选用美国环保署(USEPA)于 2009 年发布的 SUSTAIN(System for Urban Stormwater Treatment and INtegration)模型进行降雨径流控制规划。

SUSTAIN 模型包括框架管理模块、BMP 布局工具、用地产流模块、BMP 模拟模块、传输模拟模块、优化模块和后处理程序共 7 个组成模块。

(1)框架管理模块(framework manager):是 SUSTAIN 系统的命令中心,可实现各个模块间的数据交换,并进行数据的输入和输出。

(2)BMP 布局工具(BMP siting tool):可根据一定的选址标准在场地中选出适合不同 BMPs 建设的地点,支持点、线、面状十多种不同的 BMPs 设施的选址分析。

(3)用地产流模块(land simulation module):可根据气象数据模拟降雨过程中地表产流情况,包含径流量及污染物负荷等信息。

(4)BMP 模拟模块(BMP simulation module):可模拟 BMPs 设施对降雨径流的处理效果,同时可进行工程的费用计算。

(5)传输模拟模块(conveyance simulation module):可根据用户定义的径流路径,模拟径流在土地、沟渠、管线中的传输过程,以及传输过程中污染物的衰减变化。

(6)优化模块(BMP optimization module):选取一定的优化目标和决策变量,模型在可行的方案中,运用优化算法找出经济有效的最佳方案。可以进行成本最小的方案优化和成本—效益曲线的生成。

(7)后处理程序(post-processor):借助 Microsoft Excel,提供模拟结果的输出显示与分析,可分析优化方案中成本的构成比例,也可以比较不同降雨事件中开发前、开发后和 BMP 布局情景的径流产生情况。

2. 径流时间序列

佛山新城重点开发区面积较大,土地利用规划图只精确到大的地块,在 SUSTAIN 中宜采用外部模拟的方法,其输入数据为外部径流时间序列。本次研究选取的外部径流时间序列是前人根据 2008 年佛山降雨数据模拟得到的城市绿地、其他透水面、城市建筑和其他不透水面四种典型下垫面的径流时间序列。降雨数据为每日每小时降雨量,模拟得到的径流时间序列为单位面积土地上每日每小时径流流量及 COD、SS(悬浮物,suspended solids)、TN、TP 的污染负荷。

3. 土地利用重分类

根据选取的四种外部径流时间序列,需要将佛山新城重点开发区的土地利用类型进行相应不透水区的划分。《城市用地分类与规划建设用地标准 GB 50137—2001》《佛山市城市规划管理技术规定(2011 修订版)》《城市居住区规划设计规范 GB 50180—93(2002 版)》《佛山市绿化管理规定》中对不同土地利用类型中的绿地率和建筑密度进行了规定,其中绿地率给出了下限,建筑密度给出了上限,对于其他不透水面和透水面则没有给出明确的要求。

本研究选取最不利情况进行参数设置，即绿地率选取给定的下限，建筑密度选取给定的上限，将水域和耕地设为其他透水面，剩余部分皆为其他不透水面，此情景为可能情境中不透水率最大的情况。

根据不同土地利用类型的绿地率、建筑密度，将参数相同的土地利用类型归并，进行土地利用重分类，结果如表 11-7 所示。

表 11-7　土地利用重分类

代码	用地性质	重分类	透水（不透水）区域比例/%			
			绿地	建筑	其他不透水面	其他透水面
R2	二类居住用地	居住	30	30	40	0
R5	商住混合用地					
A3	教育设施用地	商业	35	40	25	0
A4	体育设施用地					
B1	商业设施用地					
B2	商务设施用地					
B3	娱乐康体设施用地					
B1 B2 B3	商业文化混合用地					
B4	加油加气站用地					
A5	医疗卫生用地	医疗	40	40	20	0
S4	交通场站用地	交通	20	45	35	0
U1	供应设施用地					
U2	交通设施用地					
U3	安全设施用地					
G1	公共绿地	绿地	75	15	10	0
W1	仓储用地	仓储	20	50	30	0
E1	水域（含滩涂）	透水	0	0	0	100
E2	耕地					
S1	道路用地	道路	0	0	100	0

本研究选取规划范围内东平河、潭洲水道以南部分进行降雨径流控制规划，此区域内规划雨水管网较完善，依据表 11-7 中数据，对研究区域进行土地利用重分类，如图 11-16 所示。

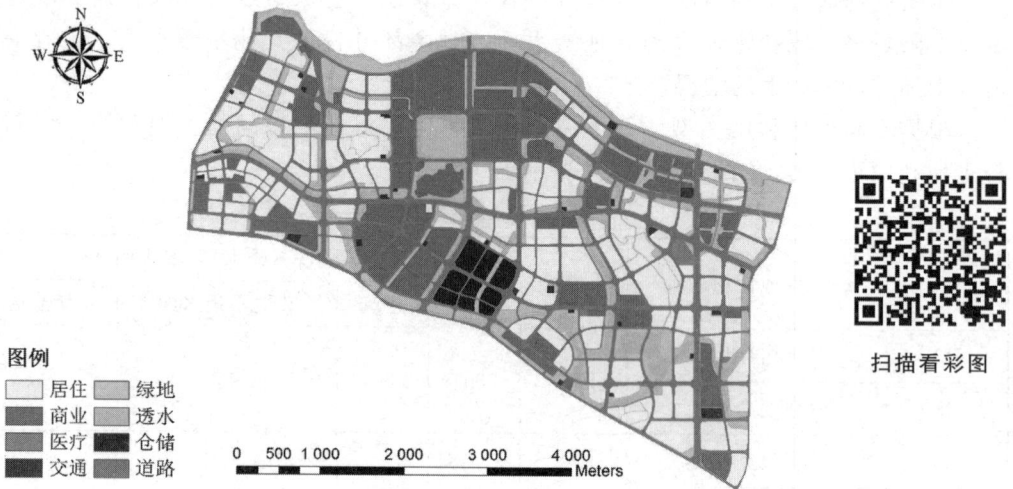

图例

- 居住
- 商业
- 医疗
- 交通
- 绿地
- 透水
- 仓储
- 道路

0 500 1 000   2 000   3 000   4 000
Meters

扫描看彩图

图 11-16 研究区域土地利用重分类

根据土地利用重分类结果，以及不同土地利用类型里的绿地率、建筑密度等，算出研究区域内四种透水（不透水）面面积及比例见表 11-8，区域内总的不透水率为 64.14%。

表 11-8 研究区域透水面（不透水面）信息

序号	透水（不透水）面	面积/km²	比例/%
1	绿地	6.41	29.14
2	建筑	4.54	20.64
3	其他不透水面	9.57	43.50
4	其他透水面	1.48	6.72
	总计	22.00	100

4. 汇水区划分

汇水区的划分主要依据区域内土地利用类型及排水体制。本研究选用外部模拟方法，使用集成式 LID-BMPs 进行研究区内的降雨径流控制规划模拟，为了保证模拟的准确性，同时尽可能提高模型计算的效率，每个小汇水区的面积尽可能控制在 128 acre（约 0.52 km²）左右。

由于研究区域内水系较发达，雨水管线的布置使得雨水就近排入内部河涌，再在防洪堤附近由排涝泵站排至北部外江河。依据图 11-17 概化出的雨水排放路径，可将研究区域分为四个大的汇水片区，每个片区内再根据土地利用类型划分为小的子汇水区。各汇水区透水面信息及不透水率总结见表 11-9。

表 11-9 研究区域汇水区透水面（不透水面）信息

汇水区	透水（不透水）面面积/acre				总面积	不透水率/%
	绿地	建筑	其他不透水面	其他透水面		
一	434.08	317.50	712.72	65.99	1 530.29	67.32

续表

汇水区	透水(不透水)面面积/acre				总面积	不透水率/%
	绿地	建筑	其他不透水面	其他透水面		
二	359.95	277.37	442.58	72.73	1 152.63	62.46
三	398.13	262.78	594.48	126.66	1 382.05	62.03
四	390.2	265.25	615.03	100.75	1 371.23	64.20
整体	1 582.36	1 122.90	2 364.81	366.13	5 436.20	64.16

注：1 acre＝4046.86 m²。

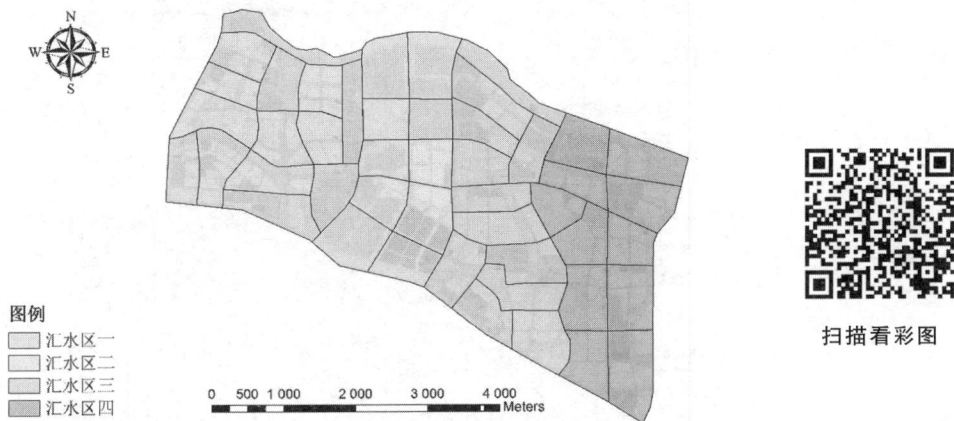

图例
　汇水区一
　汇水区二
　汇水区三
　汇水区四

0 500 1 000　2 000　3 000　4 000 Meters

扫描看彩图

图 11-17　研究区域汇水区划分

11.3.4　模拟与优化结果

为了更好地开展整个区域内的降雨径流控制规划，设计了四种不同集成式 LID-BMPs，选取一典型子汇水区进行规划方案的预模拟，比较各方案对降雨径流流量与污染物的控制效果，从而识别出相对较优的方案应用于整个研究区域。

1. 集成式 LID-BMPs 方案及选择

SUSTAIN 中将集成式 LID-BMPs 分为四个组成部分：原位拦截措施有雨水罐、蓄水池和绿屋顶，原位处理措施有生物滞留设施、透水铺装、入渗沟，沿途处理措施有植草沟和生态沟渠，区域集中处理措施包括干塘和湿塘。对于每个子汇水区，需要指定集成式 LID-BMPs 不同组成单元所对应处理的透水(不透水)地块及其比例。

佛山新城重点开发区为待开发区域，规划范围内建成区域较少，可将降雨径流控制规划与每个地块的具体工程规划结合起来，具有较好的灵活性。区域内河网、绿地数量可观，进行降雨径流控制规划可与当地自然条件相结合。

综合考虑研究区域各方面条件，设计了生态控制型和多方位控制型两种集成式 LID-BMPs 组成。第一种集成式 LID-BMPs 为生态控制型降雨径流控制，主要针对区域本身的绿地和水系等透水面进行设计，依托绿地建造生物滞留设施和植草沟，并建造一定量的湿塘，无须对建筑物、道路等不透水面做改动。第二种集成式 LID-BMPs 为多方位控制型降雨径流控制，在前者的基础上，对于已建成建筑配置雨水罐，新建建筑修建绿屋顶，并对部分路面和停车场改用透水铺装，此方案工程量更大，透水面和不透水面都进行建设，在源头、输移、末端对降雨径流进行多方位的控制，成本也相对更高。

根据上述两种集成式 LID-BMPs 设计，对 LID-BMPs 组成单元进行透水（不透水）面分配，定义径流流经各 LID-BMPs 组成单元顺序，得到四种降雨径流控制规划方案，各方案中集成式 LID-BMPs 处理降雨径流示意图见图 11-18。

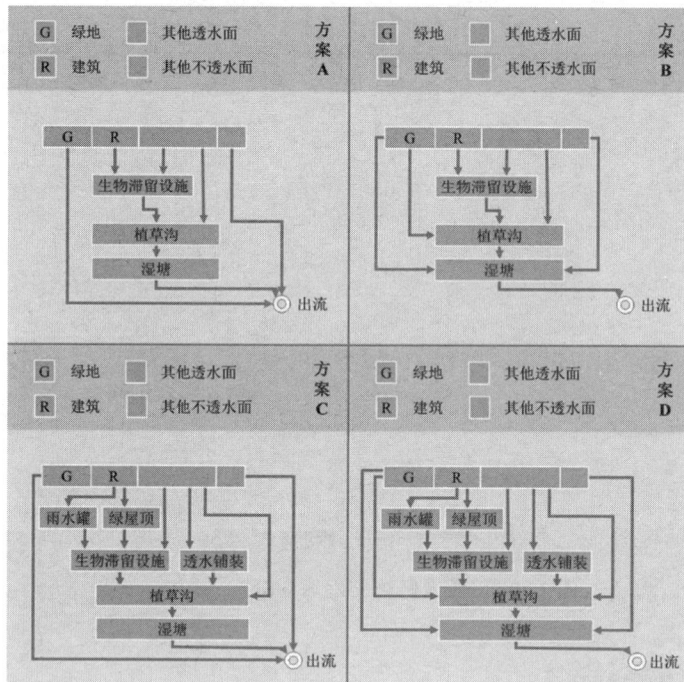

图 11-18　各方案集成式 LID-BMPs 处理降雨径流示意图

方案 A 和方案 B 选用了较为简单的生态控制型集成式 LID-BMPs：生物滞留设施的出流流进植草沟，植草沟的出流进入湿塘，这两种方案中都采取生物滞留设施收集处理全部的建筑屋面雨水，其他不透水面的降雨径流则由生物滞留设施和植草沟平均分配处理，两种方案的区别在于方案 A 设定绿地和其他透水面的降雨径流不经处理直接流出，而方案 B 则设定由植草沟和湿塘平均分配处理来自绿地的径流，其他透水面的径流全部流入湿塘。

方案 C 和方案 D 采取组成单元更多的多方位控制型集成式 LID-BMPs：其中雨水罐和绿屋顶分别收集处理 20％和 80％建筑屋面雨水，两者的出流流进生物滞留设施；其他不透水面的降雨径流由生物滞留设施、透水铺装、植草沟分配处理（50％、25％、25％），生物滞留设施和透水铺装的出流流进植草沟，植草沟出流进入湿塘；方案 C 和方案 A 一样设定绿地和其他透水面的降雨径流不经处理直接流出，方案 D 对透水面降雨径流的设定则与方案 B 一致。

此次规划根据 EPA 提供的 SUSTAIN 使用指南以及本研究整理的国内 LID-BMPs 尺寸、效能信息进行规划方案中集成式 LID-BMPs 的参数选取，成本信息采用住建部 2014

年 10 月发布的《海绵城市建设技术指南》给出的参考价格。对于集成式 LID-BMPs 的布置，需计算每个组成单元的个数，根据选定的设计汇水区面积以及分配方案中所对应的总服务面积可进行计算。以方案 D 为例，生物滞留设施设计汇水区面积为 0.1 acre，因其接受雨水罐和绿屋顶的出流，并处理 50% 不透水面的径流，其对应的服务面积为全部的建筑面积和其他不透水面的一半，共 42.4 acre，由此算得方案 D 中所需生物滞留设施个数为 424，实际模拟中可取 450。照此方法算得各方案中集成式 LID-BMPs 组分个数，见表 11-10。

表 11-10　子汇水区各规划方案集成式 LID-BMPs 组成单元个数

方案	集成式 LID-BMPs 单元组成单元个数					
	雨水罐	绿屋顶	生物滞留设施	透水铺装	植草沟	湿塘
A			450		700	5
B			450		800	5
C	400	1 500	450	120	700	5
D	400	1 500	450	120	800	5

根据表 11-10 计算结果，对选择典型的子汇水区进行集成式 LID-BMPs 的参数设置，并在 SUSTAIN 中选取年径流量、峰值流量、COD、SS、TN、TP 的年负荷作为评价指标对四种方案的效果进行模拟评估。

综合基础情景和优化模拟的结果，方案 C 和方案 D 能够更好地控制径流流量，两者成本接近，而方案 D 则对污染物有更好的去除效益。因此，选用规划情景方案 D 应用于整个研究区域的降雨径流控制模拟。

2. 研究区域基础情景分析

对四个汇水区进行规划方案的基础情景分析，将开发前土地利用设置为水域、森林等，土地利用规划对应土地利用设为开发后情景，开发后情景较开发前径流总量、COD、TP 年负荷等都有不同程度增加，如表 11-11 所示。

表 11-11　研究区域基础情景模拟分析结果——开发后较开发前增长情况　　单位：%

汇水区	年径流量	峰值流量	COD	SS	TN	TP
一	130.21	4.87	50.16	13.86	16.04	58.85
二	121.39	4.53	53.92	15.64	14.05	61.37
三	120.28	4.49	49.30	13.05	14.90	56.42
四	124.34	4.64	49.32	13.19	15.44	57.07
整体	124.33		50.52	13.86	15.18	58.32

3. 研究区域集成式 LID-BMPs 规划情景模拟及分析

根据子汇水区的模拟结果，将集成式 LID-BMPs 规划方案 D 应用于整个研究区域的降雨径流控制规划中，以汇水区一为例，集成式规划情景方案布局如图 11-19 所示。

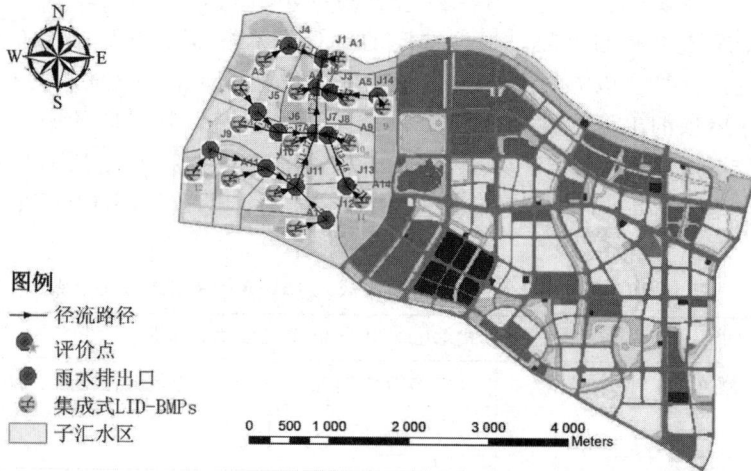

图例
- → 径流路径
- ● 评价点
- ● 雨水排出口
- 集成式LID-BMPs
- □ 子汇水区

图 11-19　汇水区—集成式 LID-BMPs 布置

在 SUSTAIN 中对四个汇水区的规划情景进行模拟，结果显示，采取集成式 LID-BMPs 方案 D，在规划情景下四个汇水片区的年径流量相对开发后情景都有 40％左右的削减，峰值流量削减近 15％，规划方案对污染负荷控制效果较好，COD、SS、TN、TP 年负荷削减都达到了 60％以上。

研究区域规划情景模拟结果具体数值见表 11-12，为便于比较，将开发前与开发后情景模拟结果一并列入表中。规划情景的各指标削减率如表 11-13 所示。

表 11-12　研究区域集成式 LID-BMPs 规划情景模拟结果

区域	情景	年径流量/ (万 m³/a)	峰值流量/ (m³/s)	COD/ (t/a)	SS/ (t/a)	TN/ (t/a)	TP/ (t/a)
一	开发前	417.53	84.38	100.12	635.45	17.04	1.60
	开发后	961.21	88.49	150.34	723.55	19.77	2.54
	规划	576.09	75.00	54.62	161.50	5.27	0.73
二	开发前	314.50	63.56	75.42	478.66	12.83	1.20
	开发后	696.27	66.44	116.09	553.54	14.64	1.94
	规划	409.86	55.00	44.77	133.90	4.22	0.59
三	开发前	377.05	76.20	90.42	573.85	15.39	1.44
	开发后	830.58	79.63	134.99	648.75	17.68	2.56
	规划	504.23	68.24	52.26	165.05	5.23	0.71
四	开发前	374.16	75.62	89.72	569.44	15.27	1.43
	开发后	839.36	79.13	133.97	644.56	17.63	2.25
	规划	501.68	67.66	51.86	160.68	5.10	0.70

表 11-13 研究区域集成式 LID-BMPs 规划情景的各指标削减率 单位：%

汇水区	年径流量	峰值流量	COD	SS	TN	TP
一	−40.07	−15.25	−63.67	−77.68	−73.35	−71.20
二	−41.13	−17.22	−61.44	−75.81	−71.17	−69.50
三	−39.29	−14.29	−61.28	−74.56	−70.39	−68.69
四	−40.23	−14.49	−61.29	−75.07	−71.05	−69.07
整体	−40.14		−61.99	−75.84	−71.56	−69.67

4. 研究区域集成式 LID-BMPs 规划情景方案优化

由基准情景模拟结果及 2008 年降雨数据，算得四个汇水片区的年径流总量控制率分别为 54.42%、56.95%、55.83%、55.70%，但还未达到住建部《海绵城市建设指南》中对佛山市的要求，需对方案进行优化。

选取 60% 的年径流总量控制目标，算得对应的 LID-BMPs 规划方案径流削减量，见表 11-14。

表 11-14 研究区域降雨径流规划控制目标削减量

汇水区	面积/ acre	降雨量/ mm	降雨体积/ （万 m³/a）	开发后径流量/ （万 m³/a）	目标径流量/ （万 m³/a）	径流削减/ %
一	1 530.29		1 263.90	961.21	505.56	47.40
二	1 152.63		951.99	696.27	380.79	45.31
三	1 382.05	2 040.9	1 141.47	830.58	456.59	45.03
四	1 371.23		1 132.53	839.36	453.01	46.03
整体	5 436.2		4 489.88	3 327.42	1 795.95	46.03

以年径流流量作为优化目标对各方案进行优化，优化决策变量为集成式 LID-BMPs 组成单元的个数，变化上限为双倍于初始情境下 LID-BMPs 的组成单元个数，搜索间隔为其十分之一。每个汇水片区进行成千次模拟，得到每个汇水区的成本—效益曲线。以汇水区一为例，其成本—效益曲线见图 11-20。

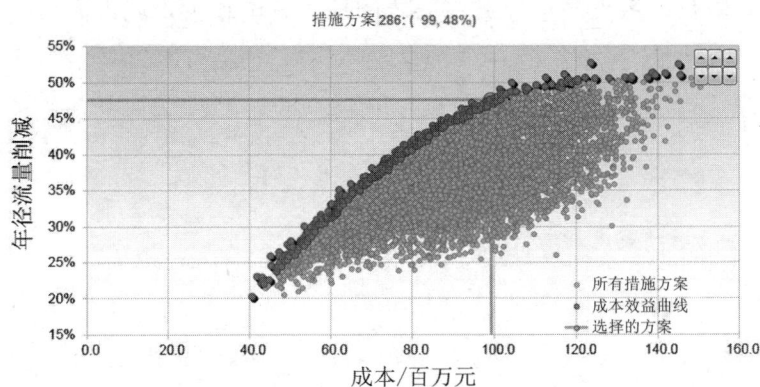

图 11-20 汇水区一优化模拟成本—效益曲线

扫描看彩图

成本—效益曲线图中选中的用绿色标出的点为满足年径流总量控制率 60％的临界点，四个汇水片区临界方案相比开发后情景径流总量削减分别为 47.58％、45.82％、45.68％、46.65％，达到了径流削减目标。其成本分别为 0.99 亿元、0.64 亿元、0.76 亿元、0.77 亿元，区域内总成本约 3.16 亿元，相比优化前方案节省了约 0.8 亿元。以汇水区一为例，优化方案集成式 LID-BMPs 各组成单元的成本分配比例，如图 11-21 所示。

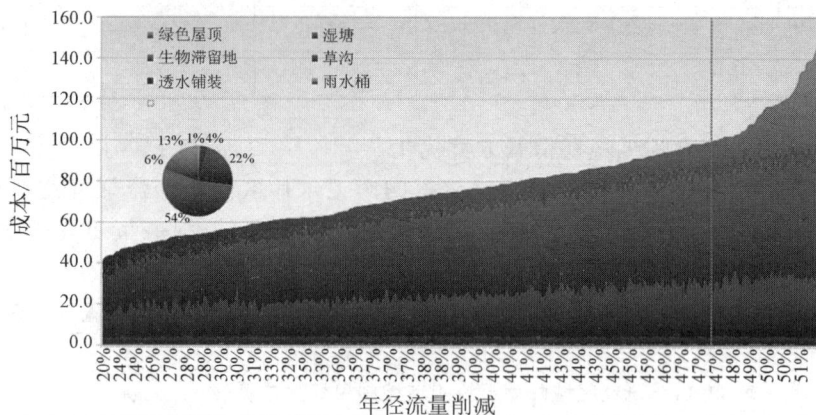

图 11-21　汇水区一集成式 LID-BMPs 成本分配

成本分配图中横轴为方案的年径流总量削减，纵轴为方案的总成本，用不同的颜色代表集成式 LID-BMPs 的不同组成单元。图中的竖线为选定的达到径流总量控制目标的临界方案，饼状图则显示了选定方案中绿屋顶、生物滞留设施等六种 LID-BMPs 组成单元的成本分配比例。

【思考与习题】

1. 城市非点源污染与农村非点源污染防治的差异性有什么？
2. 简述城市点源控制技术及其特点。
3. 简述海绵城市理念及低影响开发模式。
4. 城市非点源污染技术有哪些？
5. 论述你觉得逆城市化是有利于还是不利于水环境的发展，并给出理由。（逆城市化即由于交通拥挤、犯罪增长、污染严重等城市问题的压力日渐增大，城市人口开始向郊区乃至农村流动）

第 12 章　湖库流域污染控制

导读：

　　湖泊—水库污染治理的难点在于内源污染。一般来说，污染物在水体中会逐渐下沉形成底泥而作为污染物的汇，但是当外界条件发生改变，水体中沉积物—水界面将受到干扰，底泥中物质平衡被打破，底泥释放出的污染物质会对上覆水体产生不同程度的污染，此时，底泥便从污染物的汇转变为污染物的源。因此，对于水体底泥的治理和修复，是从根本上解决湖泊—水库污染问题的重要途径之一。

　　本章的知识采集点包括：

1. 湖泊—水库常见的污染类型。
2. 富营养化发生的条件。
3. 内源污染治理技术。

12.1　污染成因及特征

　　对于较深的水库与湖泊而言，水体分层是一种常见的自然现象，由于剧烈的温度梯度的存在，使易混的表层水体与较深的底层水体密度不同而分离，导致水体在垂直方向上的交换。在春、秋季节，大量的营养物质在翻库作用下从底层被输送到表层，使表层水体获得足够的营养盐而促进了水体的富营养化，导致水库与湖泊水质进一步恶化。在有些情况下，即使受纳水体的外源污染得到控制，沉积物对上覆水体季节性营养盐的释放可使水体富营养化维持数十年。图 12-1 所示为水体"富营养化"过程。

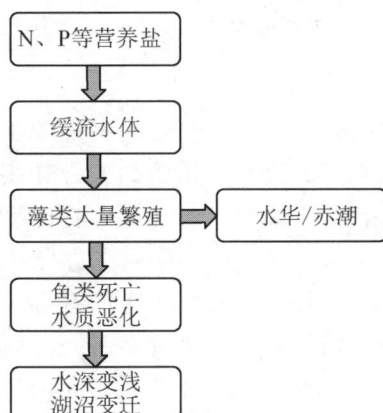

```
┌─────────────────┐
│  N、P 等营养盐   │
└────────┬────────┘
         ↓
┌─────────────────┐
│    缓流水体      │
└────────┬────────┘
         ↓
┌─────────────────┐      ┌──────────┐
│  藻类大量繁殖    │─────▶│ 水华/赤潮 │
└────────┬────────┘      └──────────┘
         ↓
┌─────────────────┐
│    鱼类死亡      │
│    水质恶化      │
└────────┬────────┘
         ↓
┌─────────────────┐
│    水深变浅      │
│    湖沼变迁      │
└─────────────────┘
```

图 12-1　水体"富营养化"过程

　　水体"富营养化"是指在人类活动的影响下，处理过剩的氮、磷等营养物质进入江、河、湖、泊等水体，引起藻类及其他浮游生物迅速繁殖，导致水体游离氧含量下降，鱼类及其他水生生物大量死亡，最终水质变差的现象。

1. 污染成因

影响水体"富营养化"的主要因素主要包括污染物输入与水动力条件两个方面。有以下几个因素：总氮总磷等营养盐相对比较充足；铁、硅等含量比较适度；适宜的温度，光照条件和溶解氧含量；水流缓慢，水体更新周期长。

只有在上述四方面条件都比较适宜的情况下，才会出现某种优势藻类"疯狂增长"现象，发生水体"富营养化"。例如，在较为封闭的海湾、湖泊等水体中，水体流动缓慢，自净能力较弱，一方面污染物（氮、磷、铁以及硅等）易于积累，另一方面适宜的温度，光照条件、溶解氧含量以及静水条件利于水生植物（优势藻类）的繁殖，从而导致水体缺氧，鱼类及其他水生生物大量死亡，水体生态系统失去平衡。

2. 污染区域

水体的"富营养化"现象按照发生场所的不同可以分为水华与赤潮（图 12-2）：若发生在淡水区域中，例如湖泊、水库等，则称之为水华；若发生在海洋区域，则称之为赤潮。引起水华和赤潮的藻类很多，不同藻类产生的毒素也不同。蓝藻是最常见的水华藻类，在其 50 多个属中，至少有 20 个属的 50 多种可以产生毒素的赤潮藻类主要是甲藻，另外也有一些硅藻。

扫描看彩图

图 12-2 水华与赤潮

3. 危害

水中植物无法进行光合作用以及释放氧气，同时浮游生物的大量繁殖，消耗了水中大量的氧，使水中溶解氧严重不足。而水面植物的光合作用，则可能造成局部溶解氧的过饱和。溶解氧过饱和以及水中溶解氧少，都对水生动物（主要是鱼类）有害，造成鱼类大量死亡。

底层堆积的有机物质在厌氧条件下，分解产生的有害气体，以及一些浮游生物产生的生物毒素也会伤害水生动物。例如藻毒素可使各种鱼类、水鸟、家禽及牲畜等中毒甚至死亡，不但破坏生态环境，还对水产养殖业造成重大的经济损失。更严重的是，这些毒素会富集于贝类或鱼类中通过食物链传递，或直接存在于饮用水源及娱乐用水中威胁人类的健康，人畜长期饮用这些物质含量超过一定标准的水，会中毒致癌。

12.2　湖泊—水库流域污染治理模式及具体技术

12.2.1　物理修复技术

1. 环保疏浚

（1）目的。

疏浚是较早研究的污染底泥处理技术之一，它可以快速有效去除水体底泥内源污染物，被广泛地应用于水污染治理工程。就目的而言，一般的工程疏浚只是为了疏通航道，或增加航道。而环保疏浚的目的则是通过底泥的疏挖去除底泥中所含的污染物，清除水体内源污染，从而改善水质、提高水体环境容量、促进水生生态环境的恢复。因此，环保疏浚技术源于传统疏浚工程，其优势在于能够将水底淤泥清理与水体生态修复相结合，提供一种系统化、协调化的水体治理方案。

表 12-1 所示为底泥内源修复技术分类及特点。

表 12-1　底泥内源修复技术分类及特点

分类	定义	常用技术	特点
物理修复技术	通过物理手段对污染底泥进行处理	环保疏浚、底泥原位覆盖、人工曝气与调水冲污	技术见效快，但工程量大，消耗大量人力财力物力，且修复效果不稳定
化学修复技术	向污染底泥中投加化学药剂，即通过投加化学试剂与污染物发生氧化、还原、沉淀或聚合等反应	氧化还原技术、原位钝化技术与异位淋洗	可有效地去除污染物，但是化学药品选择不当时，可能会引发二次污染或引起其他污染物的异常释放
生物修复技术	利用微生物、植物、动物等的生命活动，对水体中的污染物进行吸附、转移、转化和降解作用	植物修复、动物修复与微生物修复	修复缓慢，环境依赖性强，无二次污染

（2）分类。

常见的环保疏浚技术包括排干疏浚和带水疏浚。

排干疏浚指在河道施工段构筑临时围堰，将河道水排干后进行疏浚。排干后又可分为干挖疏浚（人力清挖或机械清挖）和水力冲挖疏浚（带浮筒的高压水枪及吸泥泵）。干式疏浚能够彻底清除河湖底泥中污染程度重的深层底泥，还可以彻底查清河床所有污水入口，断绝一切污染源。挖出来的泥浆浓度高，施工精度高，而且其成本低于常规挖泥船（图 12-3）的一半。但是，排干疏浚（图 12-4）必须将所有的水放干以便机械化作业，这种要求一般很难做到，因此这种方法应用非常有限，大多数应用在小型湖泊中。

带水疏浚（图 12-5）指将疏浚设备架设于船上，在水面上操作设备开挖底泥，并通过管道输送系统转移到岸上。带水疏浚中最主要的设备是挖泥船。目前挖泥船的形式多种多样，有耙吸式、链斗式及抓斗式等。由于环保疏浚对施工精度和二次污染的控制等方面要求比较严格，原用于水利方面的这些挖泥船大都不能满足其需要。与排干疏浚相比，带水疏浚的应用范围较广，江河湖库的疏浚都可用之，但该方法回淤情况严重、疏浚底泥含水率高。

图 12-3 挖泥船

图 12-4 排干疏浚

图 12-5 带水疏浚

（3）特点。

环保疏浚既要除去湖底的污染底泥，又要避免超挖、漏挖，还要尽量减少底泥的运输和处理费用。因此，环保疏浚的施工精度远远高于普通工程疏浚的施工精度。疏浚太浅可能达不到预期的效果，而疏浚太深又会破坏原有的生态系统，使生态修复更加困难。因此，疏浚前应进行科学实验，不仅要考虑底泥的垂直分布特性，而且要考虑湖底植物恢复的生存条件，合理选定疏浚深度。

疏挖时由于挖泥船的搅动导致局部区域底泥中污染物的释放和扩散，底泥中氮、磷污染物的释放速率较静止状态提高 1~2 倍，同时底泥堆放场泥浆余水中含有重金属及氮、磷等污染物自然降雨及地表冲刷情况下，污染物会随径流下渗或侧渗，对地下水、地面水环境可能形成二次污染。环保疏浚的工艺流程复杂、设备昂贵、科技含量高，导致其费用比普通工程疏浚高很多。

2. 原位覆盖技术

（1）目的。

底泥覆盖主要是通过在污染底泥上构建一层或多层覆盖物，实现水体和污染底泥的

物理隔离，并利用覆盖材料和污染物之间的吸附和降解等作用以减少底泥中的氮磷营养盐、重金属和难降解有机物等污染物向水体迁移。

底泥覆盖技术的主要目的有：①将污染底泥和底栖环境进行物理分开；②使污染底泥固定，阻止底泥的再悬浮；③对底泥的污染物进行有效的化学吸附，降低上覆水中溶解性污染物的释放通量。覆盖材料将底泥和上覆水通过物理方式阻隔，有效地防止底泥悬浮，缓解底泥中的污染物向上覆水中释放。

图 12-6 所示底泥修复前后对比。

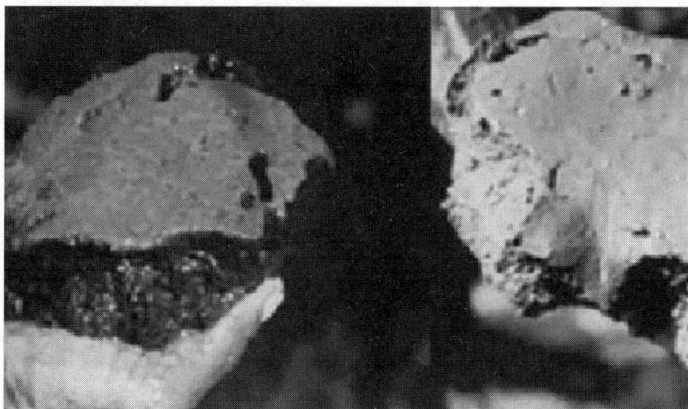

图 12-6　底泥修复前后对比

（2）组成。

底泥覆盖主要包括覆盖材料和施工方式两大部分。

常用的覆盖材料包括天然材料（如清洁的沉积物、土壤、沙子、沙砾）、改性黏土（如有机改性膨润土、有机改性沸石、有机改性高岭土）和活性覆盖材料（如零价铁、磷灰石、方解石）等。黏土材料透水性低，有机质含量高，能促进对亲水性和疏水性物质的吸附作用。而活性覆盖材料将原位覆盖和原位处理相结合，例如零价铁、磷酸盐矿物或微生物等材料结合原位覆盖技术降解污染物。

施工方式有利用起重机等机械设备直接向水体表层倾倒，利用覆盖材料重力作用将底泥污染物掩盖，这种方式成本低，但容易受到地域条件限制；驳船表层撒布，不受地理条件限制，可以覆盖水域的任何一个区域，这种方式简单、经济但是需要投入大量的人力；还有驳船水力喷射覆盖法和驳船水下管道法，分别是利用高压水力将覆盖物喷射入水和利用管道将覆盖材料注入底部，对底泥进行掩埋，这些施工手段可直接覆盖底泥污染物，成本相对较高。

（3）特点。

原位覆盖技术可以有效控制底泥中氮磷等营养盐、重金属及 PCBs、PAHs、苯酚等持久性有机物的释放，对污染底泥的修复效果非常明显，工程造价低。覆盖具有对有机污染物和无机污染物处理均适合、环境潜在危害小等优点。覆盖技术并未将污染源从水体中移除，在覆盖层遭到破坏时仍存在污染物释放到水体的风险。即使覆盖材料能够吸附污染物，在条件合适时也有发生脱吸附的可能。因此，单独使用覆盖技术是存在一定风险的。但覆盖技术可与底泥疏挖联合使用，即在疏挖后对河床进行覆盖，以求进一步降低污染物向水体释放的可能。

一方面，覆盖技术对受污染区域的水深有一定要求，因为铺设覆盖层，会一定程度增加水体中底质的厚度，使水深相应地减少，影响水底的坡度。因此在水深较小的河海岸边以及水道航线区域，不建议实施原位覆盖操作。另一方面，覆盖技术铺设覆盖层需要一定的稳定条件，如若施加在水流较快的区域，则会影响覆盖层的完整性，减弱覆盖的效果因此该技术不适用于浅水水域如河道、湖泊和港口等，较适用于深海底泥修复。

3. 人工曝气

通过鼓风曝气、射流曝气和移动船载设备曝气等方式，可以向水体中充入氧气或空气。人工曝气(图 12-7)可迅速提高水体溶解氧浓度，增加水体的自净能力，加快污染物分解，从而起到治理富营养河道的作用。以这种方式增加水体扰动，不利于水体中悬浮物的沉降，也容易造成臭味的散发。此外，因为曝气需要耗费能量，而氧气的溶解度不高，溶解速度较慢，会有大量气体散逸出水体，造成浪费。因此，目前急需发展出氧气利用率高、耗费低的人工曝气技术。

图 12-7　人工曝气

4. 引水冲污

该技术通过引调附近的清洁水源或再生水进入河道，通过冲刷、稀释等作用，提高了水体溶解氧浓度，降低了水体和底质中的污染负荷，增强了河流的自净作用，实现对污染河道的修复。这种方式可快速改善本水域的水质，但效果不能持久，黑臭现象极易复发，而且会对受纳水体带来污染，也依赖于附近是否拥有大量清洁水源。

12.2.2　化学修复技术

1. 氧化还原技术

（1）目的。

氧化还原技术是在污染底泥中投加氧化还原剂，在氧化还原药剂的作用下，使有机

污染物发生电子转移，进而实现污染物的分离或无害化。氧化还原法适于修复复合污染底泥。目前较多应用的化学药剂有硝酸钙、高锰酸盐、过氧化氢、Fenton 试剂、过氧化钙、零价铁等。

（2）原理。

硝酸钙药剂的主要作用机理为：向底泥中注入硝酸钙后，底泥中脱氮微生物的活性得到提高，在将 NO_3^- 转化为 N_2 的过程中，同时降解有机物；钙离子可与底泥空隙水及底泥上覆水体中的各种磷酸根结合成不溶性的盐，沉淀吸附在底泥颗粒表面；底泥中的 Fe^{2+} 被硝酸盐氧化为 Fe^{3+}，加强了铁氧化物对磷的吸附，从而减少了 Fe、P 的释放；硝酸盐可以抑制硫化氢的产生，也能将底泥中的酸性挥发硫转变成硫酸盐，CuS、PbS、ZnS、FeS 等难溶沉淀物中的 S^{2-} 会被硝酸盐氧化为 SO_4^{2-}。硝酸钙（图 12-8）则对提高磷、硫化物、油和 PAHs 的去除有很大帮助，因其治理成本低、效果好已广泛应用。

图 12-8　硝酸钙

强氧化剂 $KMnO_4$ 和 H_2O_2 能提高底泥的氧化还原电位，控制酸挥发性硫化物的含量，有效改善底泥黑臭；而 CaO_2（图 12-9）作为氧气缓释剂在去除底泥有机碳和有机氮、控制河道底泥臭味及氮磷释放等方面都具有明显效果，此外，研究还发现 CaO_2 会使底泥中的细小颗粒凝聚形成大颗粒，使污染物不易被其吸附而以游离形式存在，便于去除；零价铁（图 12-9）作为还原剂可将某些大分子有机物还原成生物可利用的小分子有机物，也可对难降解有机物进行脱氯和脱硝作用以提高其生物可利用性，还可还原某些重金属离子以降低其毒性。同时，零价铁腐蚀时释放的 Fe^{2+} 和 Fe^{3+} 可与硫化物形成沉淀抑制硫化氢的产生。

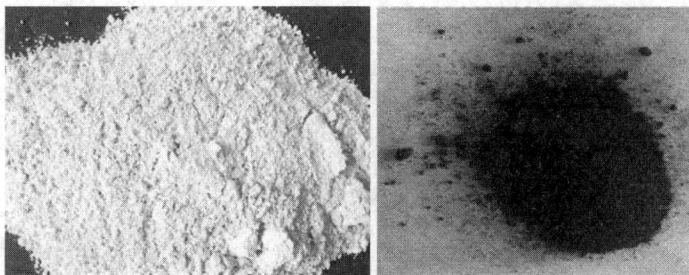

图 12-9　过氧化钙（左）与零价铁（右）

（3）特点。

原位化学处理适用于一些污染较严重的水体，对硫化物和重金属的控制效果较好。在工程应用中，根据底泥中污染物不同，需要选择不同的药剂及用量。化学处理技术见效较快但持续时间较短，投加量难以确定，并且有时需要反复投加。因此药剂的投加方式、投加量和投加深度是影响处理效果的关键因素。其次化学药剂可能会引起污染物的异常释放和稳态改变。如投加 $Ca(NO_3)_2$ 会引起氨氮、重金属等的异常释放；氧化剂在提高底泥氧化还原电位的同时可使底泥中的重金属由稳定结合态向不稳定结合态转化。因此，化学修复可能更适用于应急处理。

2. 原位钝化技术

（1）目的。

原位钝化技术是通过向水—沉积物系统中施加所优选的钝化药剂，经化学沉淀、物理吸附等作用固定水体和底泥中的营养盐，主要是磷，同时使底泥中污染物惰性化，在污染底泥的表层形成隔离层，增加底泥对污染物的束缚能力，从而有效削减污染向上覆水体释放。其功能主要分为磷沉淀和磷钝化。较为常用的钝化剂为铝盐、铁盐和钙盐。

（2）原理。

铝盐水解后形成 $Al(OH)_3$ 的絮状体，一方面可以去除水体中的颗粒物和磷，另一方面通过在底泥表面形成 $Al(OH)_3$ 的絮状体毯子，有效吸附从底泥中溶出的磷。在 $pH>6$ 时，用铝盐进行处理对生物无毒性。铝盐常用的有硫酸铝（图 12-10）、氯化铝等。硫酸铝对磷的钝化效果较稳定，不受氧化还原电位的影响，处理效果好且有效时间长。

铁盐（图 12-10）对水体磷的抑制作用主要是通过铁氢氧化物的吸附絮凝作用而实现的。铁盐水解可生成 $Fe(OH)_3$，而 $Fe(OH)_3$ 又可以吸附那些不稳定扩散状态的胶体；另外，$Fe(OH)_3$ 自身带有正电荷，能强烈地吸附磷并在沉积物的表面形成一个氧化带；同时也能与磷反应生成磷酸铁，但主要还是以 $FeOOH—PO_4$ 络合物的形态去除磷。采用铁盐作钝化剂不仅可以促进水质净化，提高水的透明度，而且不会对水生生物产生毒性作用。但用铁盐处理时容易受氧化还原电位和 pH 的影响，所以通常都需结合其他的辅助措施如曝气进行。

常用的钙盐有熟石灰（图 12-10）、$CaCl_2$、CaO 等。当 pH 在 $10\sim12$ 时，磷主要是以 $H_2PO_4^-$ 的形态存在，易与钙盐形成羟磷灰石 $[Ca_2(OH)(PO_4)_3]$ 沉淀，从而达到磷去除的目的；同时，羟磷灰石对磷还有一定的吸附作用。钙盐的沉淀过程不仅可以去除水中大量的磷，而且在自然条件下，Ca—P 很难再释放到水体中；钙盐还可以抑制厌氧、缺氧等还原条件下其他形态磷的释放，但是钙盐的使用会导致水体的 pH 大幅上升。

图 12-10　硫酸铝（左）、氯化铁（中）与熟石灰（右）

(3)特点。

化学修复虽然能耗较低、投资较少，但也存在问题。首先，铝盐存在增加水体毒性的可能。如在低或中等碱度（$<30\sim50$ mg·L^{-1} 以 $CaCO_3$ 计）的湖泊中投加少量铝盐，水体 pH 会明显下降，使铝盐以毒性较强的 $Al(OH)_2^+$ 和 Al^{3+} 形式存在。铁盐和钙盐对水体无毒性，但是其钝化效果受水体 pH 和氧化还原状态的影响，在 pH 或氧化还原状态发生改变时磷容易重新释放出来。除此之外，施加钝化剂的过程很难控制，易造成不同区域加药不均匀，导致处理效率不一致。钝化剂施加以后，由于风浪、底栖生物等的扰动，会使钝化层失效，也有可能使污染物重新释放出来，影响钝化处理效果。因此，改良现有的钝化剂或几种钝化剂联合使用以及多种底泥治理技术协同作用以达到最好的钝化效果。

3. 异位淋洗

异位淋洗是指将污染沉积物从河底转移，然后加入淋洗剂，使得污染物从沉积物中分离到淋洗剂，从而达到净化沉积物的目的。沉积物的异位淋洗技术主要去除重金属，从土壤淋洗技术发展而来。目前在国外应用较多，国内由于环境条件不适、沉积物淋洗成本高、设备技术不完善等原因较少得到应用。

12.2.3 生物修复技术

1. 植物修复

(1)目的。

植物修复是以植物能耐受和积累的一种或几种化学元素为前提，利用植物吸收、降解、固定等作用，有效去除水中有机和无机污染物，达到净化底泥目的的修复技术。植物修复大多用于重金属污染底泥及湖泊富营养化修复。植物修复在工程上的应用较多，除直接在河道内种植植物外，常用的水培技术、生态浮床技术等其实质也是植物修复。

(2)原理。

植物修复机制包括生物物理和生化过程，如吸附、运输和易位，以及植物酶的转化和矿化。通过这些方式吸收底泥中的营养物质，固化底泥，抑制底泥中营养盐及重金属的释放。其根部特有的微环境将重金属离子吸收、络合形成配位体，并达到固定或改变重金属价态的作用。如利用苦草（图 12-11）对磷具有较强的吸收作用、萹草对重金属 Zn 的强富集性。

植物的根系也能为微生物提供良好的栖息地，还能分泌促进微生物生长的有机质，从而改善水体的生态环境。在实际的运用过程中最为常见的植物分别为沉水、挺水、漂浮及浮叶植物等，具体的包括浮萍、香蒲（图 12-11）、芦苇、金鱼藻、蒋菜、狐尾藻、凤眼莲（图 12-11）及睡莲等。沉水植物修复、人工湿地、生态浮岛等均属于治理的主要形式。

图 12-11 苦草（左）、香蒲（中）与凤眼莲（右）

（3）特点。

植物修复建造和运行成本相对较低，运行维护技术也相对简单。与其他修复技术相比，还具有投资少、能耗低、无二次污染、美化环境等优点。但植物修复也存在一些局限：周期长，见效慢；修复效果随季节变化波动；对污染物耐受性有限，高浓度突发污染易造成植物死亡；不当的引入植被可能引发生物入侵风险。

2. 微生物修复

（1）目的。

微生物修复是根据污染环境不同，向底泥中培育和接种特定微生物，并提供其适宜的繁殖条件，来调控水体中微生物群体的组成和数量，提高生物可利用性，优化群落结构，提高水体中有自净能力的微生物对污染物的去除效率，使底泥污染物就地降解，使河水最大程度恢复其原有的自净能力。

（2）原理。

微生物修复主要是通过生命体氧化、还原、水解等作用对有机物的降解，通过其分泌的胞外酶降解有机物，或将有机污染物吸收到细胞内，由胞内酶降解。微生物主要包括细菌、真菌、放线菌、病毒等生物群体。

（3）特点。

微生物修复治理费用低，环境影响相对较小，同时有利于水生生物多样性的恢复，但由于大多数降解菌只能针对一种或几种特定污染物进行降解，不具有广谱性，故需要根据底泥的污染状况选择不同的微生物进行处理。与物理化学修复技术相比，微生物修复技术虽发展时间较短，但因其环境友好、操作维护简便、处理费用低等优点，得到了广泛的运用。

3. 动物修复

动物修复是通过动物的摄食行为或富集能力去除氮磷、重金属和有机物污染物，以达到底泥净化目的的一种生物学修复手段。例如螺类可以从底泥中富集重金属，并且对溶解态、离子交换态、碳酸盐结合态和结晶态重金属都有富集作用。同时，动物在沉积物中的搅动还能促进污染物的释放，有利于底泥中污染物的去除。

仅放养动物虽可以对池底泥进行修复，但很难彻底净化水质。因此，动物修复应与其他修复技术配合使用，从而达到更好的底泥修复和水质净化效果。另外，动物投放量要保持在合理范围。密度过小，无法起到净化作用；密度过大，动物自身的呼吸作用与排泄反而会导致水体污染。在重污染环境，由于动物对氧气需求和其他生存要求较高，其适用性受到限制。动物修复宜用于溶解氧充足，适于生存的轻度污染水域或后期保持阶段。

12.2.4 联合修复

由于底泥污染的复杂性，有时单一的技术手段并不能达到长期稳定的效果，因此在实际运用中往往结合多种修复技术，涉及物理、化学、生物等多个方面的综合作用，以达到对污染水体更好更彻底的修复。

1. 植物—微生物联合修复

植物微生物共生体系是消除底泥中污染物的有效方法，高等植物根区环境中具有明显的厌氧、缺氧和好氧微生物降解功能区。在共生系统中高等植物不仅能够为微生物提供碳源和能源，根周围的渗出液还能够提高微生物的降解活性。高等植物作为原位微生物修复的"固定化载体"，投入底泥修复系统中的大量微生物制剂，如微生物体、输氧剂、替代电子受体和营养物等，都能够附着在植物体上，进而对微生物修复底泥起到强化作用。在实际应用中，基于上述修复原理采取的生物反应器、生物通风法等方法也取得了不错的效果。

2. 化学—生物修复

在生物修复中，由于底泥中有机物的水溶性低，而生物反应主要在液相中进行，因此底泥中有机物的低利用性影响了生物修复效率。在化学修复中，淋洗和电动修复可增加污染物质的溶解，使污染物分布均匀，从而促进生物的吸收。如淋洗法，加入淋洗液（表面活性剂等）可将污染物洗脱出来后再进行生物修复。而电动修复可使添加的细菌、营养物质等在底泥中分布均匀，使微生物能有效接触污染物质，这些化学方法可以说是生物修复的增强技术。另外还有臭氧生物修复，先将底泥进行臭氧化处理，减少其中的难降解有毒有害物质，为后续的生物修理提供有利条件。

12.3 案例分析

12.3.1 背景

滇池地处长江、珠江、红河3大水系的分水岭地带，流域面积 2 920 km²，湖面面积 309.5 km²。自 20 世纪 70 年代后期以来，由于流域经济社会的迅速发展，加之城市规划及市政设施建设滞后，造成入湖污染负荷激增、滇池水质逐渐恶化，主要污染物化学需氧量指数、氨氮、总氮、总磷和 Chla 浓度急剧升高，湖泊富营养化严重。

自"九五"以来，滇池被纳入国家重点治理的"三湖"，开展规模化治理。"九五"至"十三五"期间，滇池流域水污染防治规划累计计划安排滇池治理规划项目 404 个，预计规划总投资 900 多亿元，实际投入 500 多亿元。在长期的治理过程中，逐步构建了以较为完备的城市排水系统为骨干、以上截—中疏—下泄为整体、以关键节点生态修复与内源治理为突破、以强有力的管理制度创新统筹推动协同共治为抓手的滇池治理格局。

12.3.2 治理关键技术与工程

滇池治理的核心是以"环湖截污及交通、外流域调水及节水、入湖河道整治、农业农村非点源治理、生态修复与建设、生态清淤"的六大工程，下面逐一对其进行阐释。

1. 环湖截污与尾水资源化

环湖截污工程作为削减入湖污染负荷和治理保护滇池最直接、最根本的手段，目前开展了片区截污、河道截污、集镇及村庄截污、干渠（管）截污四个层次。自 1991 年建成第一水质净化厂以来，经过 4 个五年规划建设，目前滇池流域内已建成运行和试运行的污水处理厂 26 座，设计处理规模为 211 万 m³/d，配套雨污水收集管网逐步完善，旱季污水收集处理率达 95% 以上，2 座污水处理厂具备一级强化处理模式，运行能力为 28 万 m³/d，减轻了雨季合流溢流污染。"十三五"期间，滇池流域在建污水处理厂 2 座，设计处理规模

32 万 m^3/d，并建设 40 万 m^3/d 一级强化处理设施；建成后，流域内污水处理厂将达到 28 座，总设计处理规模 243 万 m^3/d，所有污水处理厂达到一级 A 排放标准。流域内的部分污水处理厂尾水外排提供给下游安宁等区域生产用水，以 2019 年为例外排水量为 40 817 万 m^3。此外，"十一五"以来，在滇池流域新建 201 座再生水利用设施，处理规模 6.6 万 m^3/d。2020 年 4 月，昆明市发布了更为严格的《城镇污水处理厂主要水污染物排放限值》，为进一步推进尾水资源化提出了更高的要求。

2. 外流域补水

滇池流域生态用水严重缺乏，因此通过从外流域引水入湖的方式促进滇池水生生态环境恢复，是治理滇池的关键措施。按照"先节水后调水，先治污后通水，先环保后用水"的原则，在加大水环境综合治理的基础上，实施了牛栏江—滇池补水工程。牛栏江—滇池补水工程年引水量约 5.6 亿 m^3，约占流域陆域清洁来水的 63.5%，占陆域来水总水量的 38.1%。牛栏江—滇池补水工程的实施对滇池湖体水质改善明显，水体置换周期由 4 年缩短为 2 年，湖泊生态缺水状态基本扭转。

3. 入湖河道整治与溢流污染治理

滇池流域制定了河道管理的地方性法规，实施"河（段）长负责制"，按照"治湖先治水、治水先治河、治河先治污、治污先治人、治人先治官"的思路，对 35 条主要入湖河道及 84 条支流开展综合整治。

"十三五"期间，通过河岸截污、河内清淤、生态修复、清水补给等措施，实施了 35 条主要入湖河道及支流沟渠综合整治，对 4 100 多个河道排污口进行截污改造，铺设改造截污管道 1 300 km，河道清淤 101.5 万 m^3；采取控源截污、内源治理、生态修复、活水保质等举措，完成 22 个城市黑臭水体治理，河道生态得到明显改善，水质明显提升。

为进一步推进对雨季溢流污染的治理，滇池流域已建成运行了 19 座市政调蓄池，调蓄总容积 215.4 万 m^3，减少雨季合流溢流污水 1 434 万 t；为提高污水处理厂雨季处理能力，进一步削减溢流污染负荷，在第五和第七、第八水质净化厂建成运行雨季一级强化处理系统，处理规模分别为 10 万 m^3/d 和 18 万 m^3/d。结合河道整治工程和排水管网改造工程，滇池流域的排水防涝能力不断提升。

4. 农业农村非点源治理

以禁养和减少化肥施用量为重点，开展农业农村非点源污染防治。制定出台《关于昆明地区"一湖两江"流域范围规模畜禽养殖迁建扶持的指导意见》《关于进一步加快畜牧业发展的意见》，完成集中养殖区、禁养区和限养区的划定工作；调整滇池流域农业产业结构，以生态农业、循环经济的生产模式从事农业生产。

5. 湖滨生态修复

自"十一五"开始，在滇池湖滨开展了"四退三还一护"（即退塘、退田、退房、退人，还湖、还湿地、还林地，护好滇池水）、滇池面山绿化、水土保持和水源地保护工作。目前，在湖滨 33.3 km^2 范围内建设了湖滨湿地。沿湖共拆除防浪堤 43.14 km，增加水面面积 11.5 km^2，新增湖滨湿地 3 600 hm^2。通过滇池外海环湖湿地建设工程，环湖湿地结构初步形成，即以湖滨湿地与湖内湿地、河口湿地及湖滨林地相结合的生态景观代替了农田、鱼塘和村庄的人工景观。根据调查，湖滨植被覆盖度从 19.9% 增长为 79.4%，植物物种增加 43 种，一些历史上有分布的植物如苦草、轮藻、海菜花等群落重新出现。鸟类

物种数量从 124 种增加到 138 种，对环境较为敏感的水禽数量增加，分布区域更加广泛。

6. 内源治理与生态恢复

"十一五"以来，通过滇池外海主要入湖河口及重点区域底泥疏浚、滇池污染底泥疏挖及处置二期工程、草海及入湖河口清淤工程等工程的实施，共清除滇池污染底泥约 850 万 m^3，降低了滇池湖泊内源污染的释放与沉积。同时，还积极推进了底泥发电、肥料利用、建筑材料开发等资源化利用的研究和试验。此外，通过适当人工引种，修复湖泊水生态系统，湖泊内源污染治理逐步由工程治理向生态治理过渡。"十二五"期间，草海湖南部大泊口水域生态修复工程与外草海湖内生态修复工程实施后，区域水域水质改善明显，水生生态系统逐步实现良性发展。草海湖内沉水植被的分布区域开始向深水区域扩大，西部区域的植物盖度有较为明显的提高。沉水植被的物种组成也有一定变化，在原有篦齿眼子菜的基础上，穗状狐尾藻和金鱼藻在全区域内的分布有较大比例的增加。此外，近年来，通过蓝藻打捞和蓝藻外排工程的实施，2019 年累计收集富藻水约 2.78 亿 m^3，打捞藻浆约 2 765 万 m^3（其中完成藻水分离处理约 636 万 m^3、生产藻泥约 2.64 万 t）。

7. 以管理制度创新推动协同共治

在滇池流域内全面深化了河长制度，建立市、县、乡、村、村小组"四级河长五级治理"体系，创新制定了联席会议、河湖长日常巡查等制度，建立了黑臭水体常态排查识别机制，落实城市黑臭水体整治工作联席会议机制，落实定期水质监测制度，加快推行排污许可证制度，强化运营维护制度，落实河道垃圾管理制度，落实活水调度机制，落实信息公开公示、公众监督受理机制，落实信息报送制度 11 项制度；探索并建立了河道跨界断面水质不达标区域生态补偿机制，实现"谁达标、谁收益，谁超标、谁补偿"。

12.3.3　治理效益评估

上述工程大幅削减了入湖污染负荷，以 2019 年为例，经核算，重点工程 COD_{cr} 负荷削减量就达到 187 254 t、TN 23 214 t、TP 3 649.5 t；滇池重点水域蓝藻水华发生频次得到有效控制，滇池外海年均水质达到Ⅳ类。基于构建的滇池三维水动力—水质—藻类模型，对工程的削减进行水质影响的评估。

(1)牛栏江补水工程保障了滇池的水量平衡，为尾水资源化和外排提供了实施条件。两者协同的水量调度，显著地降低了外海存在超标风险的 TN、TP 浓度，提高断面Ⅳ类水质考核达标率：使得 TN 达标月份数从 0 增加至 11 个，TP 达标月份数从 10 增加至 11 个，尤其对北部晖湾中断面的改善效果最为显著，TN、TP 年均值分别下降 73% 和 17%。

(2)环湖截污工程的水质改善效益同样明显，每年削减陆域入湖 TN、TP 负荷分别为 879.9 t 和 336.4 t，有效降低 TN、TP 浓度，TN 达标月份数从 6 增加至 11 个，TP 达标月份数从 5 增加至 11 个，且在雨季对藻类浓度有明显的抑制作用。

(3)底泥清淤与蓝藻打捞、外排的内源治理措施的水质改善的效果体现在局部区域。

(4)当外部入湖负荷削减后，滇池底泥作为内源的吸收/释放强度随之变化，导致实际作用于湖体的负荷削减量小于外部负荷削减，已实施工程的水质效益也因此产生了一定程度的非线性弱化，这也充分说明了滇池治理的复杂性。

【思考与习题】

1. 简述内源治理的必要性。
2. 环保疏浚与传统疏浚的目的有何不同？
3. 简述原位覆盖技术的优缺点。
4. 列举化学修复技术。
5. 简述生物修复的原理及分类。
6. 列举联合修复技术。

第 13 章　黑臭水体流域污染控制

导读：

　　黑臭水体是当前水环境治理的重点，掌握黑臭水体成因，科学合理地采取黑臭水体污染防治控制技术，可提升黑臭水体修复的科学性、系统性和有效性。

　　本章的知识采集点包括：

　　1. 黑臭水体的成因。

　　2. 黑臭水体修复技术。

　　3. 原位处理与异位处理的优势。

13.1　黑臭水体成因及特征

13.1.1　黑臭水体

　　黑臭水体是指因过量纳污而导致溶解氧低于 2.0 mg/L，进而发黑发臭的水体，其水质通常低于地表水环境质量标准 V 类水质标准，水体透明度低，呈现异样颜色。图 13-1 所示为河道黑臭现象。

扫描看彩图

图 13-1　河道黑臭现象

　　影响水体黑臭的主要因素包括污染物输入与水动力条件两个方面，主要有以下几个因素：金属元素如铁锰元素的大量存在；有机物质的大量输入；水温升高；水流缓慢、流通不畅。

　　黑臭现象产生的根本原因就是一种生化现象的反映，当水体中有机污染物含量过高，有机物的好氧分解使水体中耗氧速率大于复氧速率，从而呈现缺氧或者厌氧状态。致使有机物降解不完全、速度减缓，产生大量的氨、硫化氢等恶臭物质，致使水体变臭；同时环境中大量的铁、锰等金属离子，与水中的硫离子产生化学反应，合成 FeS、MnS 等黑色物质，被水体中的悬浮颗粒吸附，进而导致水体变黑。

位于人口密集的城乡接合部、城市建成区及县城等区域内的水体多呈黑臭水体。根据水体透明度、溶解氧、氧化还原电位、氨氮等指标的不同，可以将城市水体的黑臭级别分为三类（表 13-1）。

表 13-1　城市黑臭水体污染程度分级标准

特征指标	透明度/cm	溶解氧/(mg/L)	氧化还原电位/mV	氨氮/(mg/L)
轻度黑臭	25~10*	0.2~2.0	−200~50	8.0~15.0
重度黑臭	<10*	<0.2	<−200	>15.0

注：* 水深不足 25 cm 时，该指标按水深的 40% 取值。

黑臭水体的危害主要有以下几个方面。

1. 水功能丧失

水体的物理性质、化学性质均受到严重影响，水体的功能基本丧失。水中的氧气被大量消耗，直接导致水中的一些生物死亡。

2. 危害人体健康

黑臭水会散发出具有毒害作用的物质，对周边居民的生产生活产生影响，身体健康难以得到保证。

3. 破坏城市生态平衡

黑臭水体的存在不仅影响城市的景观，同时降低整个城市的生态环境质量，如果黑臭水体长期得不到有效治理，那么经过不断地积累和扩散，最终将破坏整个城市的生态平衡。

13.1.2　治理思路

黑臭水体治理技术系统主要包含四个方面：控源截污技术、内源控制技术、生态修复技术以及其他技术。解决思路可以概括为"黑臭在河里、根源在岸上、关键在排口、核心在管网"（图 13-2）。

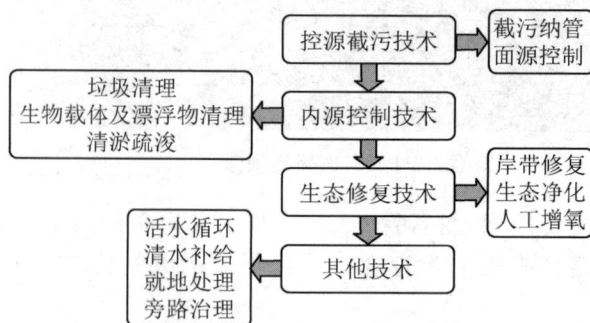

图 13-2　黑臭水体治理思路

13.1.3 技术选择原则

城市黑臭水体整治技术的选择应遵循"适用性、综合性、经济性、长效性和安全性"等原则。

1. 适用性

地域特征及水体的环境条件将直接影响黑臭水体治理的难度和工程量，需要根据水体黑臭程度、污染原因和整治阶段目标的不同，有针对性地选择适用的技术方法及组合。

2. 综合性

城市黑臭水体通常具有成因复杂、影响因素众多的特点，其整治技术也应具有综合性、全面性。需系统考虑不同技术措施的组合，多措并举、多管齐下，实现黑臭水体的整治。

3. 经济性

对拟选择的整治方案进行技术经济比选，确保技术的可行性和合理性。

4. 长效性

黑臭水体通常具有季节性、易复发等特点，因此整治方案既要满足近期消除黑臭的目标，也要兼顾远期水质进一步改善和水质稳定达标。

5. 安全性

审慎采取投加化学药剂和生物制剂等治理技术，强化技术安全性评估，避免对水环境和水生态造成不利影响和二次污染；采用曝气增氧等措施要防范气溶胶所引发的公众健康风险和噪声扰民等问题。

13.2 黑臭水体修复模式及具体技术

13.2.1 控源截污技术

控源截污技术主要有非点源控制和截污纳管两种。非点源控制技术在第11章已经介绍过。针对合流制管网设置沿河截污干管，针对分流制雨水管网设置初期雨水收集调蓄系统。通过对非法排污口开展溯源治理，保证从源头上削减点源污染，沿着河道两岸，设置初期雨水收集管道，将其运送到雨水处理站经过处理后，当作城市的循环补水。这种技术的应用减少了点源污染，同时为后期水质的保持打好了基础。

13.2.2 内源控制技术

河道底泥是最为常见的内源性污染，河道底泥不仅含有大量的有机物，还包含大量的 N、P 污染物，这些物质的分解都会导致水体发黑发臭。最常见的内源控制技术有底泥疏浚、添加过氧化钙以及生物修复等，在第12章中有详细的介绍。

13.2.3 生态修复技术

1. 生态净化

治理完点源、非点源及内源污染后，还需要采取有效的措施恢复水体水质。构建完善的生态系统，通过土壤、微生物以及植物的作用，去除水体中的污染物。目前，人工湿地是常见的一种水质改善方法，利用植物根系的吸附以及截留作用，吸附和截留污染后，然后利用表面生物膜的分解作用，分解和去除污染物。

2. 人工增氧

人工增氧技术是指在适当的位置对河水进行人工复氧，使水体中的溶解氧浓度上升，恢复水体中好氧生物的活性，让水体的自净功能得到一定恢复，从而实现对河流水质的改善。曝气复氧技术具有操作简便的特点，曝气过程中可对河水和底泥进行搅拌，有利于污泥絮凝与河流水体的混合，但增加水体扰动，不利于水体中悬浮物的沉降，也容易造成臭味的散发。该技术的缺点是不能实现对污染物的输出和转移，当停止曝气增氧作业后河流水质会发生污染反弹。此外，曝气需要耗费能量，同时氧气的溶解度不高，溶解速度较慢，会有大量气体散逸出水体，造成浪费。因此，目前急需发展出耗费低、氧气利用率高的人工曝气技术。

3. 岸带修复

大多城市在建设河道河岸带的时候会对其进行硬化处理，使得河岸到河流之间的过渡段不具备生态系统的功能，另外，经过硬化处理的河岸切断了地下水和地表水之间的循环，导致水陆交错位置的植物、动物以及微生物无法生长，严重影响了水生态平衡。基于此，应该针对硬化处理过的河岸进行生态修复，提高河岸的透水能力，利用植物根系截留和过滤初期雨水，避免污染物随着初期雨水进入到城市水体中。其他常见措施有：植草沟、透水铺装以及生态护岸等。

13.2.4 其他技术

1. 活水循环、清水补给

无论是封闭型、半封闭型河道，还是缓流型、滞流型河道都十分容易发生水体黑臭问题，针对这类河道进行治理的关键在于提高河水的流动性。在水量富足的位置，应用补给清水的措施改善河流的水动力条件，让"死水"变为"活水"、让"流动慢的水"变为"流动快的水"，提高水体的自净能力。另外，治理黑臭水体、改善水质可以通过与"海绵城市"建设理念相结合，首先对雨水调蓄，然后将经过处理的雨水作为城市补给水的来源。在缺水的区域，可以发挥循环泵的作用，提高河流水的流动性。

2. 生物膜法

生物膜法是以纤维和大型鹅卵石等各种天然材料或合成材料为载体，利用载体材料较大的表面积构建一种特殊的生物膜，生物膜法可以为微生物创造理想的生存和繁殖条件，通过微生物的生长繁殖对污染河流水体中有机物进行降解。目前，应用较多的生物膜法主要有生物廊道技术和生物滤池技术等，这些技术经过实践应用被证明能够有效对污染河流水体中污染物质进行降解和过滤等，最终达到改善河流水质和提高河流自净能力的目的。

13.3 案例分析

13.3.1 背景

研究河道（官渎花园内河及申家坟里浜）位于苏州城北部，如图13-3所示。河道走向基本为东西向，总长度约 500 m，河面宽 15～20 m，由官渎花园内河及申家坟里浜两段组成。

图 13-3 研究河道地理位置示意图

河道东西两段分别属于不同的行政区，西段（官渎花园内河）位于平江区，东段（申家坟里浜）位于相城区。

申家坟里浜河段进入官渎花园内河西段的河水以生活污水为主，水质污染严重。2012年 1—3 月对上高路桥涵洞东侧断面采样监测得到的水质指标均值如下：COD：136.9 mg/L，BOD_5：49.4 mg/L，NH_3—N：25.6 mg/L，NO_3^-—N：0.27 mg/L，TN：35.0 mg/L，TP：2.5 mg/L，DO：0.41 mg/L，pH：7.43，SS：66 mg/L，透明度：12.0 cm。

13.3.2 污染物排放及入河量调查

官渎花园内河所在区域产业及人口密集，入河污染物来源错综复杂，污染源按类型仍可分为点源、非点源和内源三大类，但各类污染源具体表现形式各异，具体内涵和影响因素更加错综复杂。本研究对官渎花园内河纳污范围内主要点、面污染源进行调查，明确污染源、入河排污口、纳污水域的对应关系，确定影响河道水质的主要入河排污口及其水污染物排放量，进一步测算不同污染源产生的入河污染物量。调查基准年为2011 年。

1. 调查方法与技术路线

（1）收集现有资料，包括河道所在区域的行政区划图、土地利用图、水系图、地形图、水文气象、水质监测资料、周边企业、三产服务业的相关资料、居民人口、畜禽养殖量、污水收集系统、垃圾和人畜粪便管理情况等。

（2）现场踏勘各河段的纳污情况，调查监测各类水污染源的排放方式、排放量、浓度和废污水去向，对区域污染物排放现状进行系统分析和总结。

（3）针对河道所在区域特点，估算各类污染物入河量。

(4)通过现场监测资料对典型污染源进行校核,分析汇总得到各类污染物入河量及污染物入河总量,在计算各类污染源贡献率的基础上对河道污染成因进行分析。

(5)在各河段布置代表性测点,定期采集河段水样,测定水质参数,在此基础上辨识主要污染因子,分析各水质指标的时空分布规律,对水质现状特征进行分析总结。

污染源调查技术路线如图 13-4 所示。

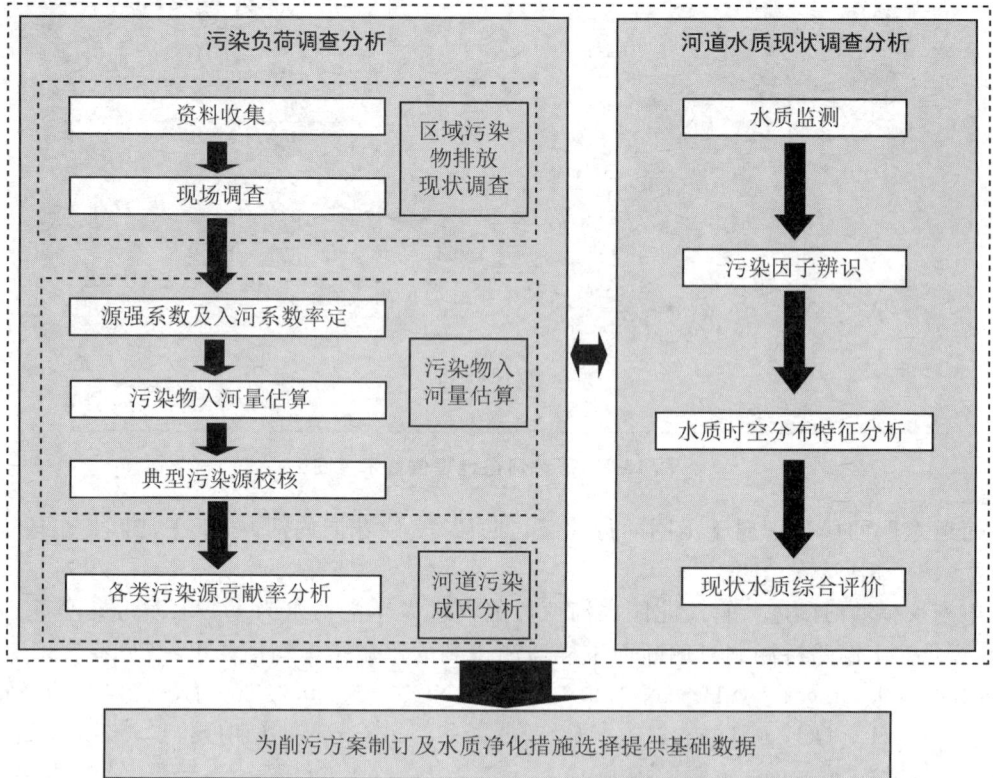

图 13-4 污染源调查技术路线

2. 污染物入河量统计

(1)东侧来水量统计。

对申家坟里浜河段进入官渎花园内河西段的水量(称为东侧来水量)进行统计,该部分水量包括申家坟里浜纳污范围内的生活污水以及降雨径流入河水量,根据测算结果,申家坟里浜纳污范围内生活污水排放总量为 335.25 m³/d,降雨径流入河水量年平均值为 250.14 m³/d,雨季(6—8 月)均值为 507.23 m³/d。因此,官渎花园东侧来水量为全年均值 585.39 m³/d,雨季(6—8 月)均值为 842.48 m³/d。

(2)污染物入河量统计。

根据调查分析,对申家坟里浜及官渎花园内河西段的各类污染物入河量进行汇总,如表 13-2 所示。

表 13-2 各类污染物入河量统计

区域	污染源类型		COD/(t/a)	NH₃—N/(t/a)	TN/(t/a)	TP/(t/a)
官渎花园内河西段	点源	工业污染	—	—	—	—
		生活污染	3.09	0.35	0.46	0.04
		垃圾淋溶	0.70	0.002	0.015	0.002
		雨水管污水漏排	1.30	0.17	0.20	0.032
	非点源	降雨径流污染	7.89	0.07	0.32	0.03
		大气降落污染物	0.13	—	0.0211	0.00018
	小计		13.110	0.592	1.016	0.104
申家坟里浜	点源	垃圾淋溶	0.89	0.003	0.02	0.002
		公厕污染	0.3	0.06	0.07	0.003
	非点源	分散入河生活污染	54.82	5.54	7.99	0.67
		降雨径流污染	20.42	0.2	0.42	0.09
		大气降落污染物	0.056	—	0.0089	0.00018
	小计		76.486	5.803	8.509	0.765
总计			89.596	6.395	9.525	0.869

根据各类污染物入河量统计结果，每年官渎花园内河西段 COD 入河总量为 13.110 t/a，NH₃—N 入河总量为 0.592 t/a，TN 入河总量为 1.016 t/a，TP 入河总量为 0.104 t/a；每年申家坟里浜河段 COD 入河总量为 76.489 t/a，NH₃—N 入河总量为 5.803 t/a，TN 入河总量为 8.509 t/a，TP 入河总量为 0.869 t/a。示范河道污染物年 COD 入河总量为 89.596 t/a，NH₃—N 入河总量为 6.395 t/a，TN 入河总量为 9.525 t/a，TP 入河总量为 0.869 t/a。

（3）各类污染源贡献率分析。

根据上述污染物入河量测算结果，分别计算城镇区域和城中村区域各类污染源的贡献率，见表 13-3。

表 13-3 污染物来源及贡献率 单位:%

污染物来源			COD	NH₃—N	TN	TP
按污染源类型统计	点源	城镇	5.68	8.16	7.09	8.51
		城中村	1.33	0.99	0.94	0.57
	非点源	城镇	8.95	1.09	3.58	3.47
		城中村	84.04	89.76	88.39	87.38
按区域分布统计	城镇区域		7.01	9.15	8.03	9.08
	城中村区域		92.99	90.85	91.97	90.85

续表

污染物来源		COD	NH_3-N	TN	TP
按污染物来源统计	生活污染	64.63	92.10	88.71	81.67
	降雨径流污染	31.60	4.22	7.77	13.80
	环卫设施污染	2.11	1.02	1.10	0.81
	大气降落污染	0.21	0.00	0.31	0.04
	污水漏排污染	1.45	2.66	2.10	3.68

从不同类型污染源对河道污染负荷的贡献率来看，非点源污染对官渎花园内河的污染负荷贡献率大大超过点源污染负荷，不同类型污染源污染物 COD 入河量排序依次为：城中村非点源＞城镇非点源＞城镇点源＞城中村点源，不同类型污染源污染物 NH_3-N、TN、TP 的入河量排序依次为：城中村非点源＞城镇点源＞城镇非点源＞城中村点源。由此可以看出，城中村非点源是造成河道污染严重的主要原因，这与城中村区域排水设施严重缺乏，生活污水及雨水分散入河有关。

从污染源空间分布来看，城中村区域的污染物入河量占总量的 90% 以上。

从污染物来源来看，生活污染的贡献率远远超过其他污染来源，不同来源污染物对 COD 的贡献率排序依次为：生活污染＞降雨径流污染＞环卫设施污染＞污水漏排污染＞大气降落污染，不同来源污染物对 NH_3-N、TN、TP 的贡献率排序依次为：生活污染＞降雨径流污染＞污水漏排污染＞环卫设施污染＞大气降落污染。由此可以看出，生活污染仍然是造成河道污染负荷严重的主要原因，无论在城镇区域还是城中村区域，都存在着生活污染直接入河的现象，并且来自城中村区域生活污染大大超过城镇区域。城镇区域生活污染以点源形式入河，主要原因是一小部分土地规划类型混乱，建筑物功能分区及使用不规范造成；城中村区域的生活污染则普遍以非点源的形式分散入河，与城中村区域外来人口过多，住宅结构杂乱，没有统一功能分区，缺乏有效的污水收集系统有关。

值得注意的是，无论在城中村区域还是城镇区域，降雨径流污染都占有相当的比例，城中村区域的降雨径流污染仅次于生活污染，这与城中村区域雨水以及生活垃圾未能有效收集有密切关系；城镇区域的降雨径流污染则远远超过生活污染，成为城镇区域的主要污染源，这一方面与城镇区域点源治理力度增加，点源负荷降低有关，另一方面也与城市雨水排放系统"快排快泄"的设计特点有关。

13.3.3　官渎花园内河黑臭消除与水质维持

通过污染源调查可知，研究河道的主要污染物来源于申家坟里浜，造成官渎花园内河的水体黑臭，周边居住小区居民反应强烈，急需改善。不过申家坟里浜周边为城中村，属于下一步苏州市整体整治的区域，但在研究期间不会大规模改造，因此本研究着眼于官渎花园内河的水体黑臭消除和水质维持。

1. 河道清淤

2011 年进行了第一次河道清淤，河道清淤面积达 6600 m²。2012 年年底，对官渡花园内河西侧洋泾塘、内河东段、城中村河段进行了清淤，其中内河段清淤面积达 600 m²，洋泾塘河段清淤面积约为 7 000 m²。图 13-5 所示为河道清淤现场。

图 13-5　河道清淤现场

2. 控源截污及溢流堰建设

为改善官渡浜的河道水质，必须采取工程措施整治截流东侧城中村来的污染源。因城中村民房紧靠河道，无地方铺设污水管道来收集城中村污水。考虑采取阶段性措施，在上高路桥东测河道狭窄处设置两道人工格栅，以截留河道两侧居民生活垃圾及污水中杂质；并在上高路桥西侧官渡浜里筑坝，采用钢板桩溢流堰。为保证西侧居住小区的安全性，钢板桩溢流堰设置在小区围墙外东侧。溢流堰将西侧水质较好和东侧水质较差的河道分隔开，通过设置在河道北侧绿化带下的一体化泵井内的潜污泵抽水，将河中污水排至河道北侧的 DN400 污水井里，输送到污水厂处理。

2012 年年底完成了在内河东侧泵站及溢流堰的建设，实现了对东侧城中村来水的截污。

3. 旁位外循环复氧生态系统建设

对于断头浜、内湖等封闭或缓流型城市水体，一般水深浅，缺乏清洁的补充水源，水体交换缓慢，环境容量低，大气复氧能力低，并且通常有控制难度较大的分散污水排入，造成水体的缺氧或厌氧环境，进而导致水体黑臭。针对这些问题利用外循环复氧技术实现城市重污染河道流态调控－增氧与景观功能高效修复。该技术通过物理截留、生物处理的协同作用，实现悬浮物、有机物、氮磷的去除；通过虹吸原理实现处理单元的间歇式复氧，进而实现连续进水和间歇式出水；再加上出水跌水曝气，实现河水的增氧及水流态调控，改善河道水质。

在官渡花园内河沿岸利用小区绿化带设置生态复氧单元。定制复氧控制单元 60 个，总容量 210 m³。其中 48 组填装陶粒滤料，6 组填装卵石滤料，6 组填装混合陶粒、卵石的混合滤料。复氧控制单元每 6 个一组，在 10 个控制终端的控制下，由 10 台潜水泵分别控制运行。平面布置图及现场装置图如图 13-6、图 13-7 所示。

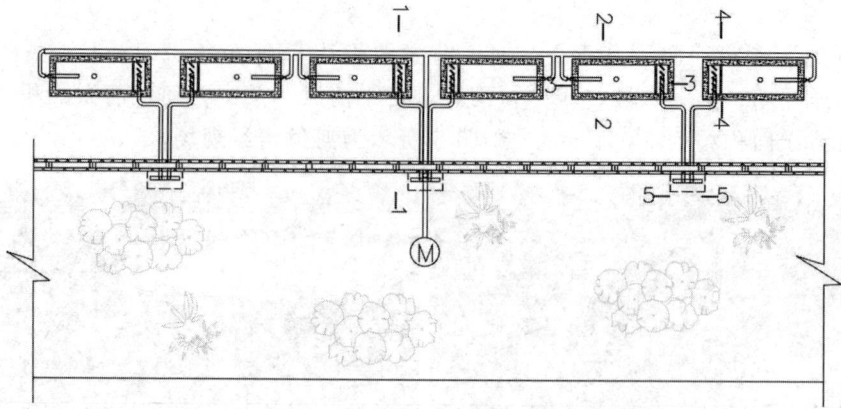

图 13-6　外循环复氧系统单组平面布置

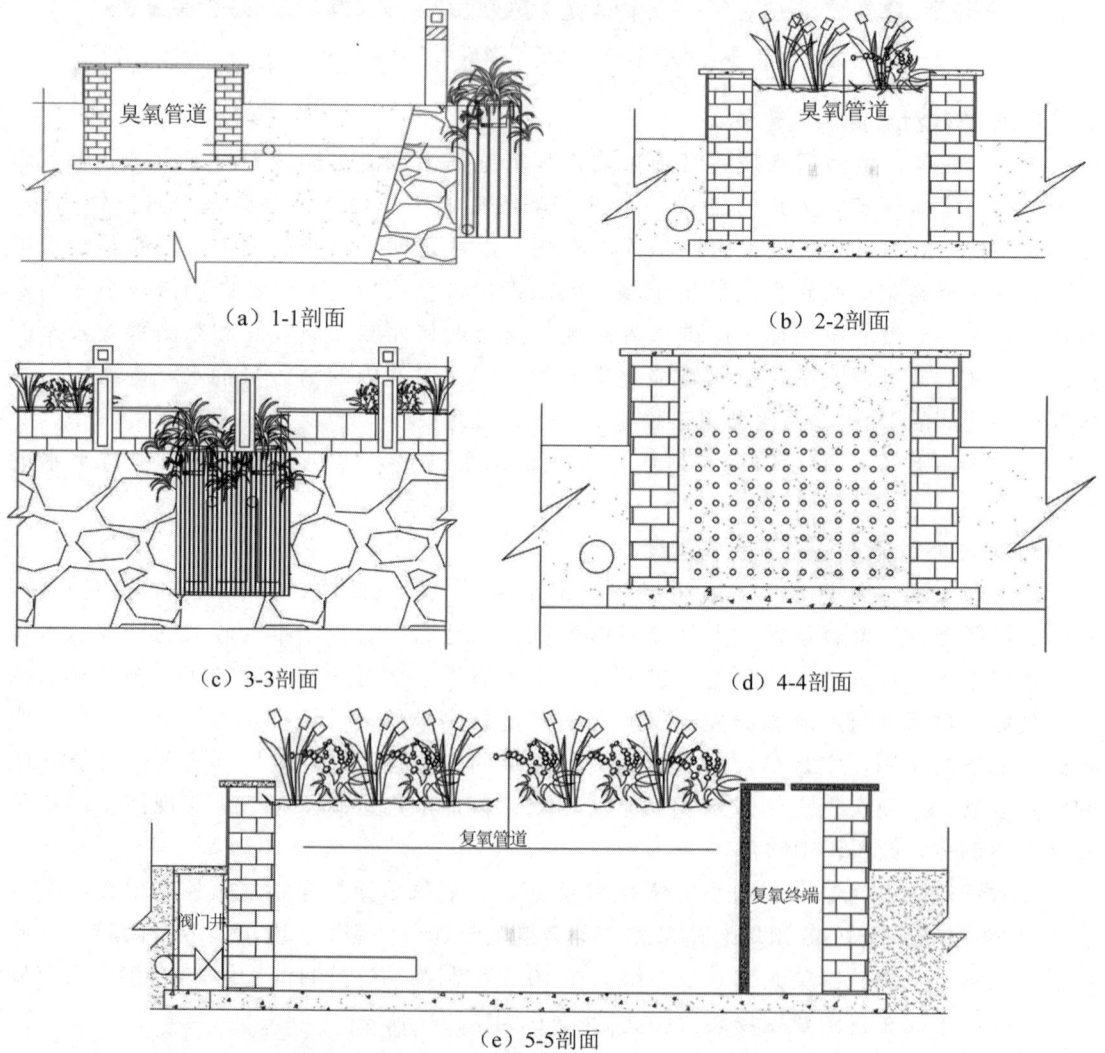

（a）1-1剖面

（b）2-2剖面

（c）3-3剖面

（d）4-4剖面

（e）5-5剖面

图 13-7　复氧单元细部剖面

复氧系统于 2011 年建设，2012 年完成。现场建设情况如图 13-8 所示。

（a）内部填料填充过程 （b）建设完成后的实景

图 13-8 复氧系统单元现场建设情况

4. 生态工程建设

（1）生态浮床及铺设布置（图 13-9、表 13-4）。

图 13-9 官渎花园浮床位置布置

表 13-4 官渎花园浮床位置及铺设面积说明

序号	规格	铺设面积/m²	设计类型	植物种类
1	围堰	30	挺水植物	鸢尾、箭叶梭鱼草、旱伞草、菖蒲
2	3 个边长为 1.5 m 正八边形浮床	34	生态浮床	常绿鸢尾、铜钱草、大聚藻
3	方形浮床 2 m×5 m	10		
4	2 个边长为 1.5 m 正八边形浮床	20		
5	方形浮床 2 m×5 m	10		
6	方形浮床 2 m×5 m	10		
7	方形浮床 2 m×5 m	10		
8	方形浮床 2 m×5 m	10		
9	方形浮床 3 m×5 m	15		

续表

序号	规格	铺设面积/m²	设计类型	植物种类
10	2个方形浮床2 m×5 m	20		常绿鸢尾、
11	2个边长为1.5 m正八边形浮床	20	生态浮床	铜钱草、
12	3个边长为1.5 m正八边形浮床	15		大聚藻
总计		挺水植物30、生态浮床174		

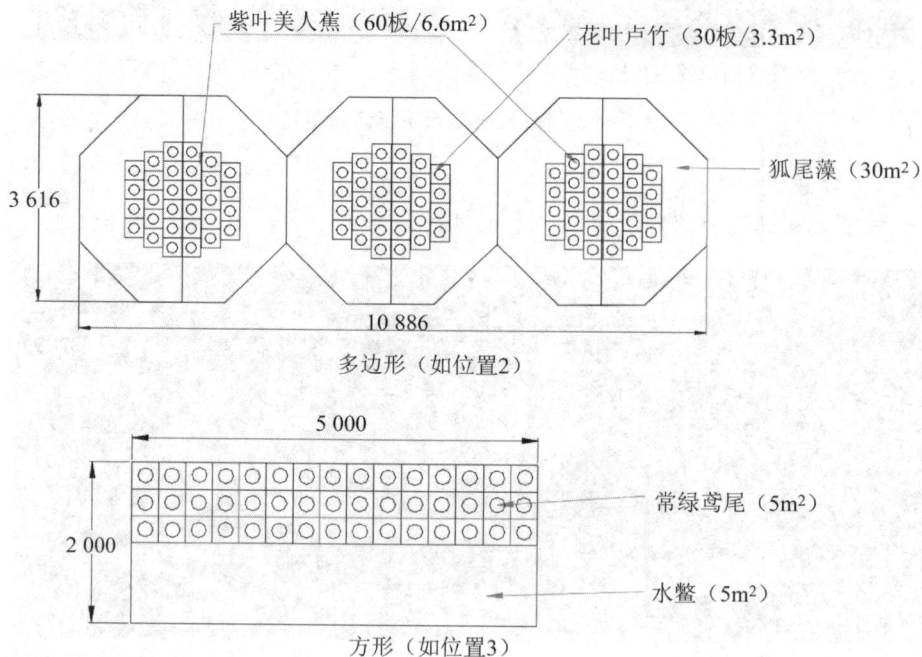

图 13-10　浮床尺寸布置

（2）浮床样式及植物种植说明（图 13-10）。

（3）挺水植物种植。

位置 1 为官渎花园内河最东边，临近上高路（如图 13-11 所示）。根据这一位置的水深（A 处为季节性淹水区，最大水深约 20 cm）情况和景观要求，这一区域可以种植一些挺水植物，植物种植说明见图 13-12、表 13-5。

图 13-11　位置 1 处的现场情况

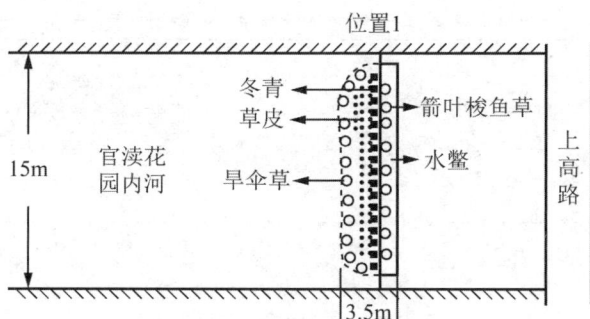

图 13-12　河道西半段(位置 1)

表 13-5　位置 1 处的挺水植物种植说明

植物名	种植密度	备注
旱伞草	3 丛/m，20～100 芽/丛	单排种植
箭叶梭鱼草	3～4 丛/m，1～3 芽/丛	片植(20 m×0.5 m)
水鳖	10～20 株/m²	片植，冬季可换大聚藻或铜钱草
草皮	40 m²	全覆盖
冬青	1 株/15 cm	种两排

13.3.4　官渎花园内河黑臭消除与水质维持效果分析

1. 水质监测结果及分析

从 2015 年 7 月开始，连续 10 个月，每月进行 1 次水质监测，共 8 个监测断面，监测断面如图 13-13 所示。

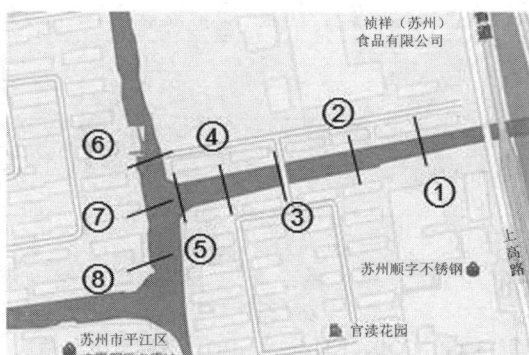

图 13-13　官渎花园内河监测断面位置

监测结果表明，工程建设完成后：官渎花园内河所有断面溶解氧指标均可达到地表水 V 类水标准，COD、氨氮、DO 水质指标时空分布上 94.2% 可达到 V 类水标准。透明度均值可达到 67 cm，很多地方清澈见底(图 13-14)。

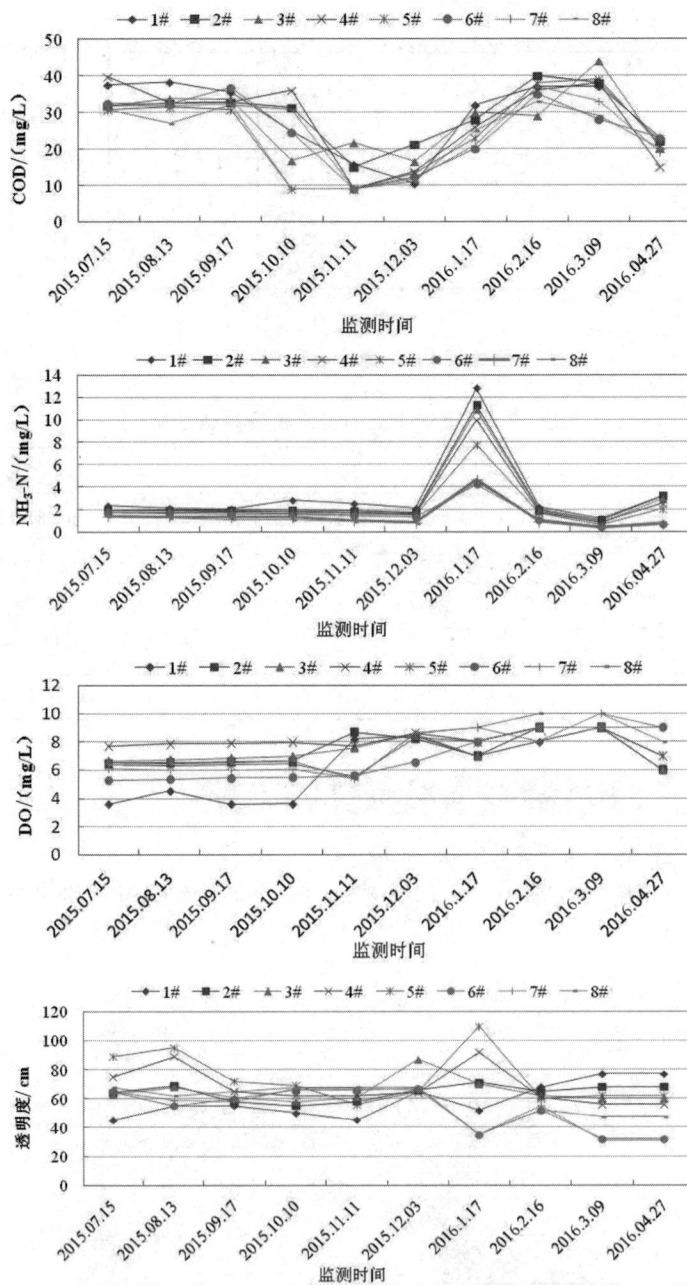

图 13-14　COD、NH₃—N、DO、透明度变化情况

2. 工程建设前后水质对比

工程建设完成后，官渎花园内河水体感观大幅度提升，水质明显好转，从感官上来看，河水黑臭现象消失，河道中重现鱼、水蚯蚓、虾、青蛙等水生、两栖动物。透明度从 10～20 cm 提升至平均 70 cm 左右，有时可高达 1 m 以上。

①围堰西建设前后水质对比。

从表13-6中可以看出，建设前围堰西断面水质为劣Ⅴ类水质，建设后，水质明显改善，COD、NH₃—N指标可以达到Ⅴ类水标准。DO指标可以达到Ⅱ类水标准。透明度指标提高明显。

表 13-6　建设前后围堰西断面水质均值对比

阶段	COD/(mg/L)	DO/(mg/L)	NH₃—N/(mg/L)	透明度/cm
建设前	73	0.4	13.6	19
建设后	37	8.5	1.65	72.5

②人行桥断面建设前后水质对比。

从表13-7中可以看出，建设前人行桥断面水质为劣Ⅴ类水质，建设后，水质明显改善，COD、NH₃—N指标可以达到Ⅴ类水标准。DO指标可以达到Ⅱ类水标准。透明度指标提高明显。

表 13-7　建设前后人行桥断面水质对比

阶段	COD/(mg/L)	DO/(mg/L)	NH₃—N(mg/L)	透明度/cm
建设前	53	0.5	13.9	21
建设后	36.5	9	1.34	61

【思考与习题】

1. 简述原位修复的优缺点。
2. 列举地表水原位修复技术。
3. 简述人工湿地的分类及适用范围。
4. 简述人工湿地修复技术的优缺点。
5. 你认为人工湿地应用的最大限制因素是什么？

第 14 章　受损流域生态系统修复

导读：

　　流域作为重要的自然地理分区，具有突出的生态系统完整性和生态连通性，其生态环境质量既受资源环境禀赋、生态脆弱性等自然因素的影响，又受水资源利用、废水及污染物排放、生态空间侵占等人为因素影响。同时，流域生态环境质量在空间布局上与经济社会发展具有较强的一致性、在上中下游之间具有较强的一体性。因此，了解流域生态系统受损情况，采取适当的生态修复技术，对流域生态环境质量的改善与社会经济的发展至关重要。

　　本章的知识采集点包括：

　　1. 造成我国生态系统受损的原因。

　　2. 我国流域生态系统面临的问题。

　　3. 生态修复技术有哪些？

14.1　成因及污染特征

14.1.1　污染成因

　　当前，重点流域经济社会发展与生态环境保护的矛盾仍然突出，资源环境承载能力已经达到或接近上限；流域生态环境联建联防联治机制尚未完善，区域、要素限制仍然存在，水体污染、河流断流、湿地萎缩等生态环境问题时有发生，生态环境质量与人民日益增长的优美生态环境需要之间仍有差距。

1. 部分河流和湖泊污染问题突出

　　西北诸河和西南诸河水质为优，长江、珠江流域和浙闽片河流水质良好，黄河、松花江和淮河流域为轻度污染，海河和辽河流域为中度污染。在监测长江、黄河、珠江、松花江、淮河、海河、辽河流域水质断面中均有劣 V 类水质断面，其中，海河流域是我国水污染最严重的流域。

2. 对生态空间和自然岸线的侵占严重

　　受工矿建设、资源开发、城镇和农田扩张等因素影响，生态空间被大量挤占、自然岸线持续减少，湿地萎缩，局部区域生态退化等问题严重。

3. 流域发展和生态环境保护模式仍需完善

　　水污染联防联控与生态环境保护要求仍有差距。经济社会发展模式与高质量发展要求仍有差距。

14.1.2 危害

1. 生态环境脆弱，生态系统质量低下

我国生态环境脆弱区面积占国土面积的 60％以上，西北干旱半干旱区、黄土高原区、西南山地区和青藏高寒区等地区尤为突出。全国森林与草地质量低下，生态系统质量为低等级与差等级的面积比例分别占三种类型总面积的 43.7％和 68.2％；质量为优等级的面积比例仅占森林与草地生态系统总面积的 5.8％和 5.4％。局部地区生态系统质量仍在下降，如有 17.6％的森林与 34.7％的草地生态系统质量均有不同程度地下降。

2. 城镇扩张失控，人居环境恶化

城市生态调节功能不断降低，全国所有大城市"热岛效应"不断增强，以地表温度为例，北京、天津、上海、广州、重庆和长沙 6 个重点城市的"高温区"范围都明显增加，其中，上海主城区内"高温区"所占比例由 2000 年的 9.2％增加到 2010 年的 47.7％。全国 62％的城市发生过城市内涝，给城市居民生活带来严重影响。城市大气污染严重，居民健康风险加大。城市绿地结构简单，外来植物比例高，如北京城区外来植物物种占比高达 52.7％，野生动植物种类少、种群数量低。

3. 流域生态破坏严重，生态风险巨大

由于水资源与水电资源的大规模开发，我国河流生态系统面临巨大冲击，河流断流、湿地丧失及废水排放显著增加，水环境污染严重、生物多样性减少且生态调节功能低。长江流域、黄河流域和海河流域的生态环境恶化趋势尤为显著。

14.2 生态修复模式及具体技术

生态修复技术的理论基础来源于恢复生态学。生态修复是根据生态学的原理，在原有湖泊生态系统的基础上运用各种自然学科的知识修复或恢复已受损的生态系统，使生态系统实现自我协调、自我运行的良性循环。生态修复是人为的有目的性的对生态系统进行改良，并不是简单地恢复原有物种，而是对生态系统的结构、功能进行的全面的改良修复。生态修复技术按照原理可以分为物理、化学和生物—生态技术三大类。物理修复如机械除藻、疏挖底泥、引水稀释等和化学修复如添加吸附剂等都在前两章做过介绍，因此本章着重介绍生物—生态修复技术。

水体的生物—生态修复技术，是利用培养、接种微生物或培育水生植物和水生动物，遵循生态系统的能量流动和物质循环动态平衡的原则，对水中污染物进行吸收、降解、转化及转移作用，从而使水体得到净化的技术。该技术是对自然界自我恢复能力、自净能力的一种强化，具有以下优点：处理范围广、污染物去除率高、效果好；生物生态水体修复的工程造价相对较低，不需耗能或低耗能，运行成本低廉。目前广泛运用的生物—生态技术有生物浮床、稳定塘及生态护岸等。

14.2.1 生物浮床

生物浮床技术是以水生植物为主体，使用无土栽培技术，以高分子材料为基质，充分利用水体空间生态位的原则，建立高效的人工生态系统。

1. 原理

生物浮床技术的净化原理(图 14-1)是利用水环境表面积的植被根系形成浓密的网，将水体内的悬浮物吸附住，在植被根系形成生物膜，利用生物膜内的微生物对污染物进行新陈代谢与吞噬，最终将污染物转化为植被生长所需的营养物质，促进水生植被的生长。另外，生物浮床还会遮挡住部分阳光，抑制藻类的生长。生物浮床的沉淀作用会使水环境内的浮游植物沉降，极大地提高了水体的透明度，治理效果相较于前者更为显著。生物浮床技术不仅可以改善水质，美化城市水环境景观，还能够为水生生物提供栖息的场所。

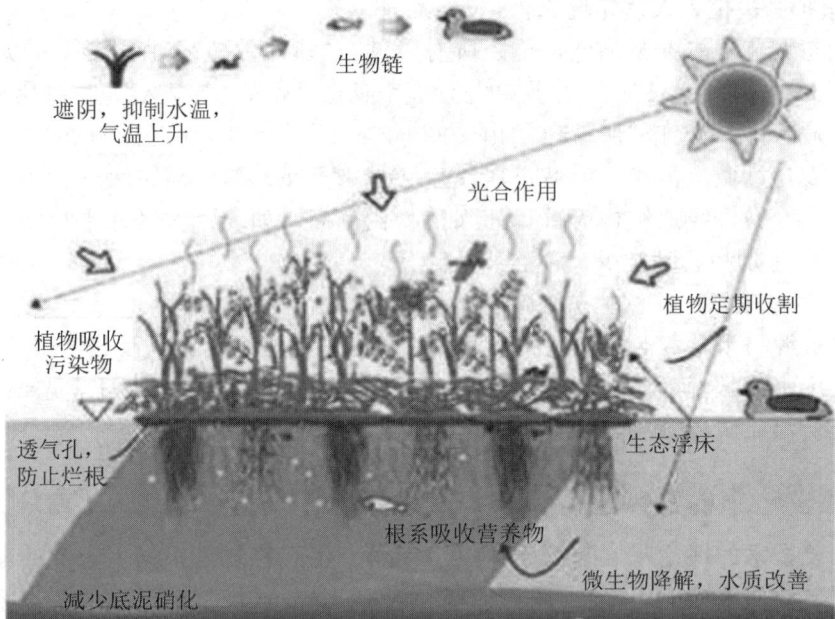

图 14-1 生物浮床技术原理

2. 分类

按照水和植物是否接触可分为湿式浮床和干式浮床，水和植物接触的为湿式，不接触的为干式，干式浮床不与水体接触，水质净化效果较差，而湿式浮床的水生植物与水接触，根系能吸收和吸附水体的有机物，从而净化水质，因此得到广泛的应用。

生物浮床还可分为无框架和有框架两种。无框架式结构比较开放，植物可以在浮床上比较自由地生长，一般用椰子纤维编织而成；有框架式结构是浮床的主流，其框架一般可以用纤维强化塑料、不锈钢加发泡聚苯乙烯、盐化乙烯合成树脂、竹子、木材等材料制作。有框架式浮床结构牢固、浮力大、抗腐蚀、材料易得、造价低廉。因此本章着重讨论的是有框架的湿式浮床。

3. 结构

生物浮床由浮床框架、植物浮床、水生植被、水下固定装置四部分组成。

(1)浮床框架。

框架可采用竹、木条、芦苇帘、藤条等亲近自然的材料，捆绑搭建，绿色环保，但

是景观效果差；还可以采用一些化工塑料，如 PVC 管等，造型多样，提升了美学效果，而且可整体更换或搬迁，管理和维护更方便。

（2）植物浮床。

植物生长的浮床一般是由高分子轻质材料制成，目前用的较广泛的为聚苯乙烯泡沫板、耐酸碱、抗腐蚀、质轻价廉，可在板上打孔，空间栽种水生植物。

（3）水生植被。

传统意义的浮床主要靠水生植物包括截留、吸附、沉降、吸收等的净化作用处理污染水体，据不完全统计，目前用于生物浮床栽培的植物有 80 余种，主要为一年生或多年生草本植物和花卉，这些植物到了冬季大部分会死亡，造成功能丧失，且带来二次污染，因此水生植物的选择是生物浮床的关键。目前水生植物的分类主要包括粮食、蔬菜、花卉、牧草及草坪草，常见的有水稻、美人蕉等。

（4）水下固定装置。

水下固定装置既要保证浮岛不被风浪带走，还要保证在水位剧烈变动的情况下，能够缓冲浮岛和浮岛之间的相互碰撞，常用的固定设施有重量式、船锚式、桩基式等（图 14-2）。另外，一般还会在浮岛本体和水下固定端之间设置一个小型的浮子。

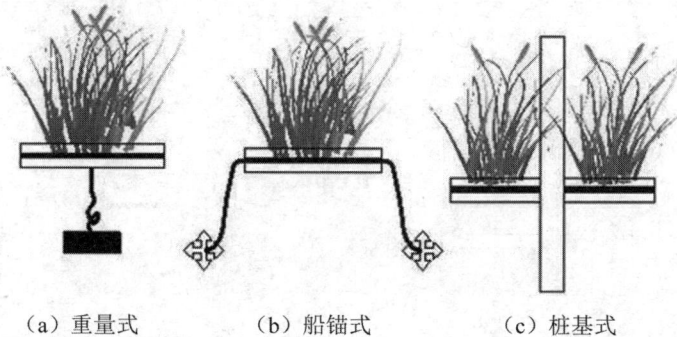

（a）重量式　　　　（b）船锚式　　　　（c）桩基式

图 14-2　生态浮岛的固定方式

4. 特点

（1）投资少、见效快、维护简单。

生态浮岛的治污原理是利用生物的自然生态习性，在受损水体中吸收、吸附消化和降解水中的有机污染物，具有投资少、见效快、节约能源、运行性能稳定、日常维护简单等优点。

（2）改善生物栖息环境，形成自然生态平衡。

人工浮岛是一种生物和微生物生存繁衍的载体。在富营养化水体中浮岛上植物悬浮于水中的根系，除了能够吸收水中的有机质外，还能给水中输送充足的氧气；为各种生物、微生物提供适合栖息、附着、繁衍的空间，在水生植物、动物和微生物的吸收、摄食、吸附、分解等功能的共同作用下，使水体污染得以修复，并形成一个良好的自然生态平衡环境。

（3）营造美丽水岸景观和水上花境，提升环境质量。

人工浮岛除具有显著的污水治理效果外，同时具有强烈的环境景观功能。随着社会经济的发展和人们生活水平的不断提高，对周围生活和工作的环境也提出了更高的要求，城市园林景观建设，正朝着高层次、高品位的方向发展。由于水面绿化景观的效果生动、新颖，越来越引起人们的极大兴趣。

（4）消波护岸作用，保护水利设施，改善滨水地带生物生存环境。

人工浮岛的应用，可以有效地降低风浪对坡岸的拍击与冲刷强度，对于河流、湖泊的坡岸起到良好的保护作用。为滨水地带的水生植物、动物、微生物的繁衍栖息提供有利条件。

（5）有效拦截水面漂浮物。

在流动的河流水面，设置横向人工浮岛可以将表层的各种漂浮物有效的拦截在固定范围，方便及时进行捞除。

14.2.2 生态稳定塘技术

稳定塘又称氧化塘，是一种人工修整或修建的污水池塘，以太阳能为初始能源，借助水体自然净化功能处理污水的生物处理措施，适于中低污染物浓度的污水处理。图 14-3 所示为氧化塘作用原理。

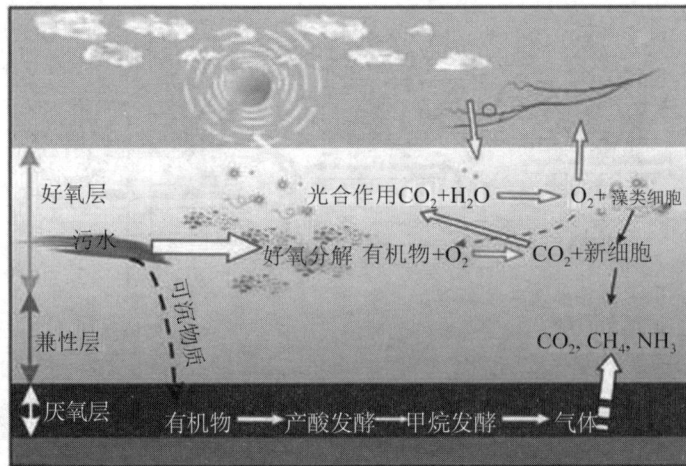

图 14-3 氧化塘作用原理

1. 传统稳定塘工艺

传统的稳定塘按照占优势的微生物种属和相应的生化反应，可分为好氧塘、兼性塘、曝气塘和厌氧塘四种类型。

（1）好氧塘。

好氧塘是一种主要靠塘内藻类的光合作用供氧的氧化塘。为使阳光能达到塘底，好氧塘的深度较浅，一般在 $0.3\sim0.5$ m。阳光能直接射透到池底，藻类生长旺盛，加上塘面风力搅动进行大气复氧，全部塘水都呈好氧状态。好氧塘可分为普通好氧塘和高负荷好氧塘。高负荷好氧塘的 BOD_5 设计负荷较高，因而水力停留时间短。高负荷好氧塘的缺点是出水藻类含量高，只适用于气候温暖且阳光充足的地区。

(2)兼性塘。

兼性塘的水深一般在 1.5～2 m，塘内好氧和厌氧生化反应兼而有之。在上部水层中，白天藻类光合作用旺盛，塘水维持好氧状态，其净化机理和各项运行指标与好氧塘相同；在夜晚，藻类光合作用停止，大气复氧低于塘内耗氧，溶解氧急剧下降至接近于零。在塘底，由可沉固体和藻、菌类残体形成了污泥层，由于缺氧而进行厌氧发酵，称为厌氧层。在好氧层和厌氧层之间，存在着一个兼性层。兼性塘是氧化塘中最常用的塘型，常用于处理城市一级沉淀或二级处理出水。

(3)曝气塘。

曝气塘一般水深 3～4 m，最深可达 5 m。曝气塘采用人工曝气供氧，一般可采用水面叶轮曝气或鼓气供氧使塘水得到不同程度的混合而保持好氧或兼性状态。曝气塘有 2 种，一种是完全混合曝气塘，另一种是部分混合曝气塘。曝气塘有机负荷和去除率较高，BOD_5 去除率平均在 70％以上，占地面积少，但需消耗能源，运行费用高，且出水悬浮物浓度较高，使用时可在后面连接兼性塘来改善最终出水水质。

(4)厌氧塘。

厌氧塘的水深一般在 2.5 m 以上，最深可达 4～5 m。当塘中耗氧超过藻类和大气复氧时，就使全塘处于厌氧分解状态。因而，厌氧塘是一类高有机负荷的以厌氧分解为主的生物塘。其表面积较小而深度较大，水在塘中停留 20～50 d。它能以高有机负荷处理高浓度废水，污泥量少，但净化速率慢、停留时间长，并产生臭气，出水不能达到排放要求，因而多作为好氧塘的预处理塘使用。

(5)特点。

传统稳定塘虽然结构较为简单，投资成本较低，运行维护方便，但是存在处理负荷较小、水力停留时间较长、占地面积过大、淤泥积留严重、污染地下水、散发臭味和滋生蚊虫等问题，处理效果随季节的变化波动较大。

2. 新型稳定塘工艺

通过研究分析传统稳定塘存在的不足，并对其进行技术改善，从而出现了各种新型稳定塘和组合塘工艺，这些技术既弥补传统稳定塘的不足，同时又强化了稳定塘的优势。目前新型稳定塘工艺包括高效藻类塘、生态塘系统、水生植物塘、超深厌氧塘、移动式曝气塘和生物滤塘等。

(1)高效藻类塘(图 14-4)。

高效藻类塘是利用藻类的繁殖，形成更适合菌类生长和繁殖的环境，并且形成更加紧密的藻菌共生系统。利用塘中藻类光合作用提供溶解氧有效地帮助有机污染物分解和转化，而且在藻类的生长繁殖过程中吸收氮、磷等，又可以提高氮、磷等污染物的去除效率。高效藻类塘比传统稳定塘占地面积小。

高效稳定塘不同于传统稳定塘的特征主要表现在四方面：①较浅的塘的深度，一般为 0.3～0.6 m，而传统的稳定塘的深度，根据其类型塘内深度一般在 0.5～2.0 m；②有一垂直于塘内廊道的连续搅拌的装置；③较短的停留时间，一般为 4～10 d，比一般的稳定塘的停留时间短 7～10 倍；④高效藻类塘的宽度较窄，且被分成几个狭长的廊道。这样的构造可以很好地配合塘中的连续搅拌装置，促进污水的完全混合，调节塘内氧和 CO_2 的浓度，均衡池内水温以及促进氨氮的吹脱作用。

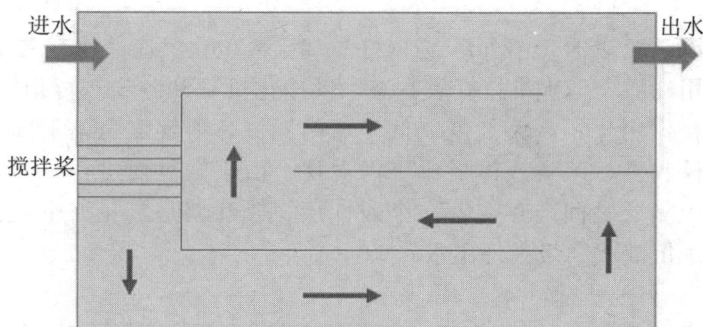

图 14-4 典型高效藻类塘

（2）生态塘系统。

生态塘也称为深度处理塘，进水污染物浓度较低，一般用于污水的深度处理，是一种通过塘内养殖贝、螺、浮游动物、鱼、鸭、鹅等形成食物链的生态系统。能够充分利用地质情况，结构相对简单，投资建造的费用较低，在处理污水的同时又获得经济收益，处理能耗较低，运行维护简便。

（3）水生植物塘。

利用高等水生植物，主要是水生维管束植物提高稳定塘处理效率，控制出水藻类，除去水中的有机毒物及微量重金属。研究表明，生长速度最快和改善水质效果最好的水生维管束植物有水葫芦、水花生、美国爵床和宽叶香蒲。

（4）超深厌氧塘。

超深厌氧塘是通过对塘内深度的加大，在污水停留时间不变的情况下对污水进行处理，因超深厌氧塘一般处在厌氧状态，使得塘中厌氧微生物的生存条件得以改善，从而提高厌氧微生物的浓度，达到快速处理有机物的效果。超深厌氧塘在加大塘深的同时也减少了占地面积，同时减少因季节性变化表面热量的散失，起到了一定的保温效果，并且降低因季节性温度变化影响污染物处理效率。在相同运行条件下，超深厌氧塘比常规厌氧塘有机污染物的去除率更高。

（5）移动式曝气塘。

移动式曝气塘是利用曝气器在稳定塘中的循环移动，使含氧水也随着移动式曝气器的移动而迁移，减少氧分子的扩散时间，使得塘中各处的溶解氧达到均匀分布的要求，并使整个塘体基本处于完全混合状态，促使微生物和有机污染物能充分接触，从而提高污水净化效率。传统的曝气塘为使塘内的溶解氧浓度全部达到要求，需根据稳定塘的规模设置多个曝气器，因放置位置需固定，容易产生溶解氧分布不均匀的情况。移动式曝气塘与传统的稳定塘技术相比具有较多的优越性，即减少了设备和运行的投资费用，避免管理维修的不便，又可提高稳定塘内污水处理效率。

（6）生物滤塘。

生物滤塘是在塘底增加设置卵石层和滤层，通过增加微生物的附着面积，使稳定塘体形成好氧和厌氧的交替带，能更好达到去除氮、磷的效果，并且采用底部分散式进水，可减少水力停留时间。该工艺是在结合厌氧生物膜法、吸附过滤法和稳定塘技术提出并

改良的新型技术。

3. 组合塘工艺

组合塘工艺分为两大类：一是与传统生物法的组合，作为二级处理的补充；二是各类塘型组合。这里主要介绍后者。

(1)多级串联塘(图14-5)。

串联稳定塘较之单塘，不仅出水藻菌浓度低，BOD、COD、N和P的去除率高，而且只需较短的水力停留时间。人们通过染料试验证实了单塘结构的氧化塘短路现象严重，存在很多死水区，将单塘改造成多级串联塘，其流态更接近于推流反应器的形式，从而减少了短流现象，提高了单位容积的处理效率。其次，从微生物的生态结构看，多级串联有助于污水的逐级递变，减少了反混现象，使有机物降解过程趋于稳定。

进水 → 格栅间 → 沉沙池 → 污水泵房 → 厌氧塘 →

→ I级兼性塘 → II级兼性塘 → III级兼性塘 → 出水

图 14-5 多级串联塘

由于不同的水质适合不同的微生物生长，串联稳定塘各级水质在递变过程中，会产生各自相适应的优势菌种，因而更有利于发挥各种微生物的净化作用。因此，确定合适的串联级数，考虑分隔效应，找到最佳的容积分配比特别重要。典型的串联方式如"厌—兼—好"组合塘工艺，可比"兼—好"塘系统节省占地40％。

(2)高级综合塘系统。

普通塘系统由兼性塘、厌氧塘、曝气塘、好氧塘4种普通形式的塘以多种不同的组合方式组成。但是，普通塘系统的一些缺点和局限性影响了其推广和应用。高级综合塘系统由高级兼性塘、高负荷藻塘、藻沉淀和熟化塘4种塘串联组成。每一个塘为达到预期目的而被专门设计。高级综合塘系统与普通塘系统相比，具有如下一些优点：水力负荷率和有机负荷率较大，而水力停留时间较短；节省能耗；基建和运行费用较低；能实现水的回收和再用，以及其他资源的回收。

(3)生态综合系统塘。

利用生态系统处理污水与现在通用的生物处理概念不同，其工作原理是以太阳能为初始能源，利用食物链(网)中各营养级上多种多样的生物种群的分工合作来完成污水的净化。具体是在污水处理生态系统的食物链(网)中的物质转化和能量传递过程中实现的。生态塘的核心是食物链(网)，而食物链(网)中的核心是生物种属的合理构成。生态塘系统采用天然和人工放养相结合，对生态塘系统中的生物种属进行优化组合，使污水中能量得以高效地利用，使有机污染物得以最大限度地在食物链(网)中进行降解和去除。在生态塘中，还可以水生作物、水产和水禽形式作为资源回收，净化的污水可作为再生水资源予以回收再利用。

14.2.3 生态护岸

生态护岸(图14-6)，是指恢复后的自然河岸或具有自然河岸"可渗透性"的人工护岸。生态护岸作为一种高级的护岸形式，拥有渗透性的自然河床、河岸基底与丰富的河流地貌，可以充分保证河岸与河流水体之间的水分交换和调节功能，同时具有一定的抗洪强度，把水、河道与堤防、河畔植被连成一体，构成一个完整的河流生态系统。根据生态护岸所采用材料的不同，生态护岸可分为自然原型护岸、自然型护岸以及复合型护岸。

图 14-6 生态护岸

1. 功能

除抗洪护堤外，生态护岸具备如下功能。

(1)滞洪补枯。

在丰水期，河水通过坡面植被向岸堤中渗透储存，可起到缓解洪峰的作用，而枯水期，储水反渗入到河流中，可起到调节河流水位的作用。

(2)增加物种多样性。

生态护岸一般利用植物与工程材料相结合的方法增强岸边动植物栖息地的连续性，在滨水区构建一个包含动植物、微生物并具有一定生态功能的生态系统，对生物多样性保护具有重要作用。

(3)水体自净功能。

护岸的水生植物能够吸收污水中的氮磷等物质，降低河道富营养化水平。研究人员对生态化治理的河道进行监测发现，河流水体的 NH_4^+、TN、TP、COD_{Mn} 等指标都出现显著降低，水质得到净化。

(4)景观功能。

生态护岸摒弃了河道笔直的断面形式和走向设计，恢复了河道纵向上的蜿蜒性以及横向断面上的多样变化，有利于营造出丰富多样的河道空间和护岸景观，为人们提供良好的亲水环境。

2. 分类

(1)自然原型护岸。

自然原型护岸采用种植植被保护河岸、保持自然堤岸特性，主要采用乔灌混交发挥乔木与灌木的自身生长特性，充分利用高低错落的空间和光照条件以达到最佳郁闭效果。同时利用植物舒展而发达的根系稳固堤岸，增强其抵抗洪水、保护河堤的能力。其优点是纯天然、无污染、投资少、施工方便。缺点是抵抗洪水的能力较差，抗冲刷能力不足。适用于流速不快、流量较小、冲刷能力较弱的乡镇级河道，河床过水断面较小。

（2）自然型护岸。

自然型护岸不仅种植植被，还采用石材、木材等天然材料，以增强堤岸的抗冲刷能力。在日常水位线以下采用石笼、木桩或干砌块石，其上筑一定坡度的土堤，斜坡上乔灌草相结合固堤护岸。采用木桩、块石等具有一定强度的材料保护坡脚，使整个护岸的抗冲刷能力大大提高。木桩、块石间的缝隙为水草留下了生长空间，同时也为鱼、虾等水生生物提供了栖息的场所。与自然原型护岸相比，自然型护岸投资较高，工程量加大，且干砌块石与土体的结合并非十分紧密，整体稳定性能较差，适用于各种有较大流速的区县及乡镇级河道、都市景观河道。

（3）复合型护岸。

复合型护岸是在自然型护岸的基础上采用混凝土、钢筋混凝土等材料加强抗冲能力的一种新型生态护岸，其常用的技术方法有很多。主要有以下几种。

①纤维织物袋装土护岸。由岩石坡脚基础、砾石反滤层排水和编织袋装土的坡面组成。面坡箱状石笼护岸。将钢筋混凝土柱或耐水圆木制成梯形箱状框架，并向其中投入一些大的石块，形成很深的鱼巢。再在箱状框架内埋入柳枝、水杨枝等，并于邻水侧种芦苇、菖蒲等水生植物，使其在缝中生长出繁茂、葱绿的草木。

②格宾护岸。采用高强度镀锌低碳钢丝，由机械编织成的双绞六角形钢丝网，采用双扭结网目，即使局部断裂也不影响整体稳定。钢丝外面可以覆抗老化的 PVC 膜，保护钢丝，增加网箱的工程寿命。格宾网箱或格宾网垫中的填充材料，可以就地取材，有效降低工程造价。

③铰链式护岸。铰链式护岸是一种连锁型预制高强混凝土块铺面技术，用于防止由于冲刷引起的土壤流失。该技术是由一组尺寸、形状和重量一致的预制混凝土块用一系列绳索相互连接而形成的连锁型矩阵。主要有中间开孔式和中间封闭式两种类型，混凝土块有不同的尺寸和厚度以适应各种水流情况。压实整平的土基上面铺好符合土质要求的反滤土工布或用于防渗的复合土工膜后，便可铺设连锁混凝土块。

④土工格室填碎石护岸。土工格室填碎石护岸即在土工格室内填充碎石料构成护岸体系。土工格室是由高分子聚合片材经高强度焊接而形成的一种三维网格结构，使用前紧密叠合在一起，便于运输，使用时将土工格室人工拉开成网格状，用钢筋铆固在渠坡上定位，在土工格室内填充碎石料，从而构成蜂窝碎石护坡结构。

3. 特点

现有的生态护岸技术采用人工材料和草本植物相结合的原理，既可以起到稳固河道边坡、防止河道冲刷破坏的作用，又可以增加河道的生态系统功能。明显改善和保护了坡岸和水生态系统的完整性，并且还利用根系发达的植被有效提高了河道坡岸稳定、抗侵蚀能力，同时，在控制地表径流污染方面具有良好的生态效益。

但是，就目前而言，仍存在不少问题：生物技术工程并不能完全替代传统的工程技术；生态护岸技术发展还不太成熟，规范也没有给出明确的规定；生态护岸技术与现代科技的结合还有待研究，并且一些生态护岸技术只在理论上可行，并没有经过实践检验。

14.2.4　人工湿地

人工湿地（图 14-7）是通过人为的控制条件，由水、滤料及水生生物组成，在物理、化学、生物条件下，具有较高的污染物去除效果的一种污水处理技术。人工湿地对天然湿地在功能方面进行了强化，并对天然湿地进行了一些补充及恢复建设，可以明显增强污水净化能力，其主要利用土壤、人工介质、植物、微生物的物理、化学、生物三重协同作用对污水等进行处理。

图 14-7　人工湿地

1. 原理

污水进入人工湿地以后，被水生植物吸收，植物根系发生生物化学反应，将污水中的有机污染物降解，并释放出 CO_2，以氮磷作为营养元素，有机物经好氧微生物分解为无机物，被植物根系吸收，再加上土壤、砂石的过滤作用，水质得以净化。人工湿地实质是利用基质－微生物—植物的复合生态系统，经物理、化学和生物的综合反应，通过过滤、吸附、沉淀、离子交换、植物吸收和微生物吸附、吸收、分解等机制共同使污水高效净化（表 14-1）。

表 14-1　人工湿地作用原理

作用	主要过程	作用机制
物理作用	沉淀、过滤和拦截	颗粒状污染物自然沉降；胶体污染物絮凝沉降；植物根系阻截固体
化学作用	沉淀、吸附和分解	生成难溶解的化合物；被植物根系或介质吸附；被光解或分解
生物作用	吸收、降解	植物吸收；微生物降解

2. 分类

人工湿地按结构特点可分为表面流人工湿地、水平潜流人工湿地和垂直潜流人工湿地（表 14-2）。此外，也有与天然湿地组合的系统。可根据污水或废水的性质、水质和水量选用其中任意 1 种或几种设计其工艺流程。

表 14-2　人工湿地的分类及优缺点

分类	优点	缺点
表面流人工湿地	便于维护；建设和运行成本低	占地面积大；水力负荷小；净化污水能力较弱；且夏季易滋生蚊蝇，散发恶臭气味
水平潜流人工湿地	水力负荷较大；无恶臭和蚊蝇现象	操作复杂；依赖植物的运输作用

续表

分类	优点	缺点
垂直潜流人工湿地	可脱氮；传质能力强；占地少，建设成本低	周期长；受气候因素和自然环境影响较大

（1）表面流人工湿地（图 14-8）。

表面流人工湿地类似于天然沼泽，该项技术水流呈推流式前进，湿地表面形成一层地表水流，污水缓慢流动，流动过程中与土壤、基质、植物，特别是植物根部充分接触，通过物理、化学、生物反应，达到净化的目的。在表面流湿地系统中，种植挺水植物，如芦苇、唐菖蒲等，向湿地表面布水，维持一定的水层厚度。在基质的表层，污水能够自由进行流动。

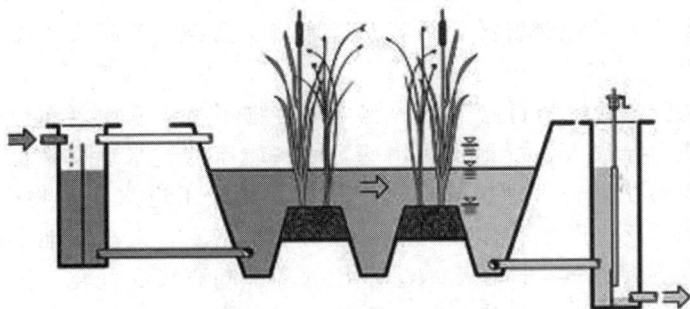

图 14-8 表面流人工湿地

（2）水平潜流人工湿地（图 14-9）。

水平潜流湿地由一个或多个填料床组成，床体填充材料基质，床底设隔水层，污水从布水管进入砾石区，按照特定顺序流经各个填料床，最终从出水管流出。潜流人工湿地的基本特征在于运用基质作用来拦截污水，确保基质下方流经的污水能够被生物膜或者植物根部降解，进而达到较好的污水净化效果。如果运用潜流人工湿地来实现污水处理的目标，那么必须配备填料床的设施，确保流经人工湿地的污水能够得以全面净化。同时在人工湿地填料床的两侧科学设置入水口砾石区和出水口砾石区，可以使中间基质区具有较好的处理效果。

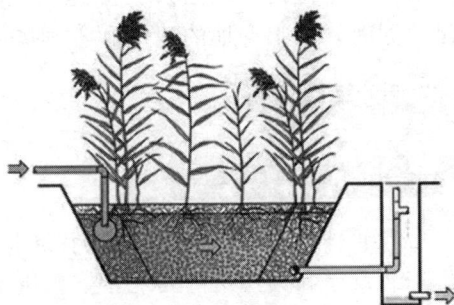

图 14-9 水平潜流人工湿地

（3）垂直潜流人工湿地（图 14-10）。

垂直潜流湿地指污水从表层流至不同介质层最终流向床底，通过物理、化学和生物反应使污水得到净化。垂直流的人工湿地主要分为上行流（经过湿地表层）以及下行流（经过湿地底部）的两种水流类型。在湿地表层，溶解氧充足，硝化能力强，下层缺氧适于反硝化，当碳源足够可以进行反硝化去除总氮。

3. 特点

严格运行管理的人工湿地处理污水效果稳定可靠，对 BOD、COD 以及 SS 等污染物质的处理效果明显高于生物处理，此外，对重金属及难降解有机污染物也有较高的净化能力。建设成本上，投资费用低，运行费用低。操作简便，不需复杂的自动控制系统，设备的管理工作也很少，可减少人力成本。

水生植物能够结合污水处理功能形成自然景观，对环境美化效益而言具有极高实际价值。但是从地域和气候条件来看，人工湿地需要土地面积较大，需依

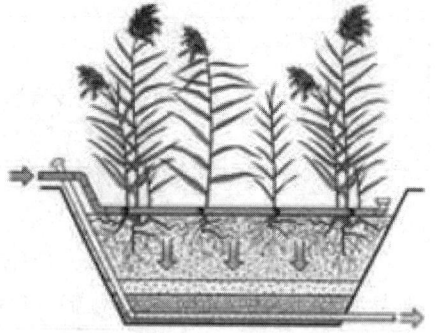

图 14-10　垂直潜流人工湿地

附原有的天然湿地，同时净化能力受气候条件、植物生长影响较大。例如，我国南北跨越大，南北方气候条件差异大，北方冬季气候严寒，人工湿地难以过冬，大量植物腐败，很容易造成二次污染，若将人工湿地翻新重建，则耗费大量人力财力。

人工湿地生物膜中微生物自身分泌的胞外聚合物不断在基质表面包裹形成黏性的致密层，并逐步累积会导致人工湿地生物堵塞。使基质床的过水速率降低，系统整体处理效能减少，运行寿命缩短，管理维护成本增加等。相较于进水悬浮物引起的物理堵塞、填料孔隙间发生化学反应产生胶体或沉淀引起的化学堵塞，人工湿地中的生物堵塞更具普遍性，其后果也更为严重。即使采取进水预处理、基质级配优化、植物优选配置及运行管理优化等预防措施，仍无法避免人工湿地生物堵塞。

我国人工湿地自引用到发展至今日，其工艺成果随着研究不断发展，处理污水的能力不断提高和完善。除了理论研究外，很多工程建设应用也推进了人工湿地的进一步研究和推广。但是，我国人工湿地的应用经验不足，且缺乏长期的运行系统，资料提供不足。同时，人工湿地的建设和管理体制也无法快速跟进。

14.3　案例分析

14.3.1　研究区介绍

河北怀来官厅湿地是以官厅湖水域为中心向外延伸的湿地资源，占地 36 743 hm^2，位于北京市和天津市的西北部、河北省张家口市怀来县境内，地理坐标北纬 40°13′51″～40°26′44″，东经 115°17′05″～115°50′50″。目前国家湿地公园规划区主要包括洋河、桑干河、永定河、官厅水库及其相应的河湖漫滩，规划总面积达 13 533.3 hm^2，其中湿地面积 13 079.87 hm^2。水库湿地及水源涵养林为山地环境，南北为山区，湖区前缘为丘陵、河川区，春季干旱少雨，多大风天气，夏季温暖湿润，秋季天气晴朗，冬季少雪，湿地公园野生动物约 240 种，鸟类种类达 191 种，野生植物资源也极为丰富，约 360 种。

14.3.2　问题分析

1. 入库河流

官厅水库来水主要为上游的桑干河、洋河交汇后形成的永定河，目前洋河、桑干河

区域河流湿地植被退化、水质下降、河床淤泥较多、水系连通性较差。永定河漫滩大部分被开垦为农田，秸秆堆放侵占大面积河道空间，严重影响河道的行洪功能，导致农业非点源污染，滨河带生物多样性降低，对该区域生态环境构成威胁。

2. 库区湿地

近年库区来水水量逐年减少，水系连通性较差，库区保护及涵养不足，水库最高水位 482.8 m，正常蓄水位不超 479 m，村庄库滨岸带建设较差，无生态保护措施与生态隔离带，尽管入库河流水质逐年好转，但距标准水质要求还有差距，2015 年官厅水库各月水质均为Ⅳ类，主要污染指标为化学需氧量、氟化物和总磷，富营养化指数（EI）值为52.5，属于轻度富营养状态。

14.3.3 治理措施

1. 污染源控制与治理工程

湿地保护及修复工程（图 14-11）包括污染源治理工程、湿地生态保育工程、湿地修复及重建工程。

（1）外部水污染负荷削减防控。

针对区域内生活污水，通过分散式生活污水治理工程得以净化回用；对河库周边的农村、农田及雨水径流等非点源污染开展河（库）滨缓冲带建设，通过构建生态下垫面或植物的滞留、过滤作用得以有效控制。对官厅水库上游河道底泥进行清淤，解决河水内源污染，结合复合型河流水质保障工程措施，如：人工湿地、植物—动物—微生物群落构建、生态浮岛等，减轻上游河道对水库的污染；通过水系调控，促进汇水单元水生态的改善。

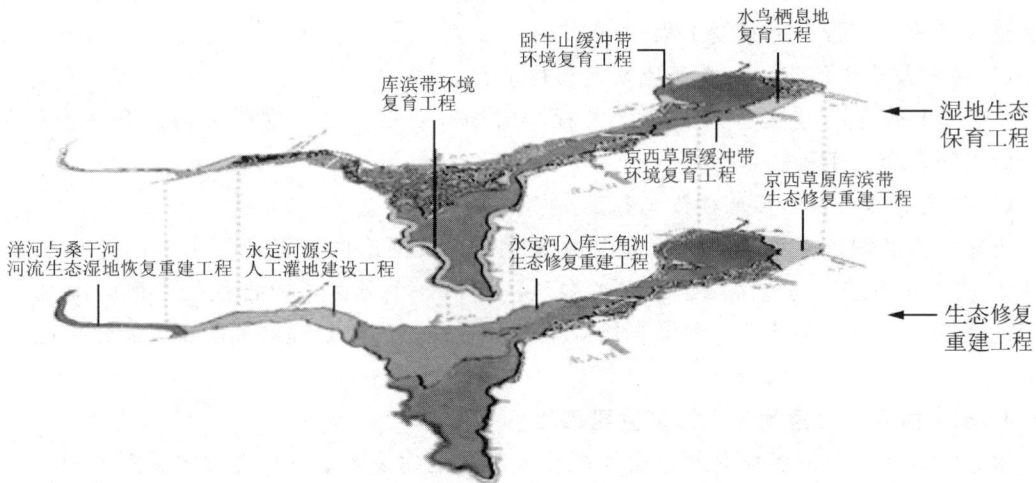

图 14-11 库区湿地工程布置

（2）内部污染防控系统。

通过构建生态导水渠代替排水管道，并辅以采用可渗透地面材料、卵石消能带、经过景观处理的雨水蓄积池和生态植草沟等方式，实现湿地内部污染防控及雨水的截留和自然循环。

2. 湿地生态保育工程

按照库区湿地的区域性分布特征，将其划分为库滨带、缓冲带和动物栖息带 3 部分，分别进行湿地生态保育。

(1)库滨带环境复育工程。

库滨带为 479 m 等高线以下的库滨范围，涉及滩地型和陡岸型两种类型，通过构建挺水植物带、浮叶植物带和沉水植物带 3 个功能带，由沿岸向湖心方向构建多物种植被带，以恢复库滨带的完整性和生态拦截净化功能。

(2)缓冲带环境修复工程。

缓冲带位于库区陆向辐射带，主要在 476～479 m 水位线间，划分为村落型、游览型缓冲带和陡崖缓冲带两种类型，通过构建绿篱隔离带、多自然乔草带、灌木复合带 3 个区域，并在缓冲带外围增设生态透水植被带拦截污染物；最外侧增设绿篱带，以隔离人为干扰，灌草复合带常设置于近水区域。

(3)水鸟栖息地。

在宋家营村南永定河河滩地、月亮岛南区域、卧牛山缓冲带、京西草原缓冲带中地势平缓、大面积的滩涂区域，根据迁鸟、候鸟生存环境及特征重点打造成水鸟栖息地复育区，采用绿篱隔离带—多自然乔草带—灌草复合带—挺水植物带—浮叶植物带—沉水植物带等植被组合；并根据不同纲目类的迁鸟、候鸟生活习惯，加宽或者缩窄植被带，种植水鸟喜爱的陆生、耐水生乔灌木和水生植物，为水鸟提供觅食、栖息及繁育环境。

3. 湿地生态修复与重建工程

按照自然属性划分为洋河与桑干河河流生态湿地、永定河源头人工湿地及入库三角洲和京西草原库滨带生态修复工程。

(1)洋河与桑干河河流生态湿地恢复重建工程。

生态湿地恢复重建工程涉及清淤工程、植物—动物—微生物群落构建和生态浮岛、碳纤维生态草布设工程。

(2)永定河源头人工湿地建设工程。

为净化上游河道来水、河道范围内污水厂排水及河道两侧径流汇水，选择在永定河源头 12.5 km 河道及周边区域建设人工湿地，包括 3 个分区，内含预处理区、漫流式表流湿地区、人工复合湿地区、河流自然湿地区、景观塘、后处理区和附属设施建设区 7 个单元。

4. 永定河入库三角洲生态修复重建工程

永定河入库三角洲区域紧邻永定河源头人工湿地建设区，其功能分区见图 14-13。

5. 京西草原库滨带生态修复重建工程

京西草原库滨带生态修复重建工程位于京西草原及周边区域 476～479 m 水位线之间，总面积 910.5 hm^2，以植被修复手段为主，森林覆盖率为 70%，辅以灌草植被，其中包括 420 hm^2 京西草原湿地风貌展示区。

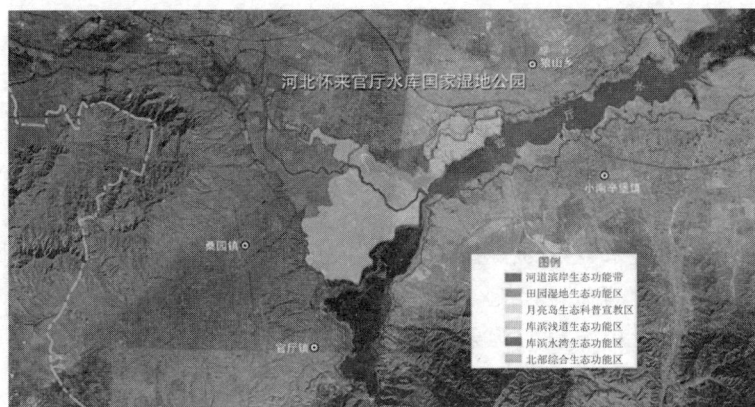

扫描看彩图

图 14-13 永定河入库三角洲区域功能分区

14.3.4 结论

官厅水库国家湿地公园是基于系统性全域生态修复的基本理念和合理功能分区构建的，结合地形水文特征，对库滨湿地实施了污染源控制工程，湿地保育工程及河道、库滨带、缓冲带的修复和治理工程，使得湿地水质得以提升，库滨环境得以优化。通过强化本地水生植物和乡土植物的种植，营造多样性丰富的植物群落，有效保护湿地生态系统及动植物栖息环境，改善周边自然环境，使水岸及景观保持近自然状态，形成融自然山水为一体的独特的湿地景观，同时将其环境效益与社会效益最大化，示范作用明显，对库塘湿地的保护恢复具有重要的参考和借鉴价值。

［本案例摘自冯哲，郑洋(2020)。］

【思考与习题】

1. 简述生态修复的原理与适用范围。
2. 写出生物浮床技术的组成部分。
3. 简述生物浮床技术的优缺点。
4. 简述稳定塘技术原理及新型工艺。
5. 简述生态护岸技术的原理及适用范围。
6. 简述人工湿地技术的分类及优缺点。

第 15 章　综合案例——以巢湖十五里河为例

> **导读：**
>
> 　　针对水环境污染修复的技术以及方案体系众多，如何在实际应用中根据流域特点合理实施措施是流域水环境学的关键问题。本章以巢湖十五里河流域为例，在对流域概况进行介绍的基础上，分析了流域的污染来源以及主要问题，并最终据此设置合理的控制措施。
>
> 　　本章的知识采集点包括：
>
> 　　1. 十五里河流域的主要污染物。
>
> 　　2. 十五里河流域主要环境问题。
>
> 　　3. 学习如何针对流域现有问题采取合理措施。

15.1　典型流域简述

　　巢湖位于长江中下游北岸，属长江重要支流，处在安徽中部，东濒长江，西枕大别山余脉，为中国第五大淡水湖，是沿湖主要城镇 300 多万居民饮用水源之一。东西长 54.5 km，南北宽 21 km，多年平均水位 8.52 m，相应平均水深 2.84 m，库容 21.86 亿 m³，湖面 769 km²。

　　巢湖流域面积 13 486 km²，涵盖合肥、芜湖、六安、马鞍山、安庆 5 市 16 个县（市、区），人口约 1075 万。巢湖流域包括巢湖湖体、巢湖市、肥西县、肥东县、舒城县和合肥市庐阳区、瑶海区、蜀山区、包河区的全部行政区域，以及长丰县、庐江县、含山县、和县、无为县、岳西县、芜湖市鸠江区、六安市金安区行政区域内对巢湖水体有影响的河流、湖泊、水库、渠道等水体的汇水区域。

　　长期以来，随着巢湖流域社会、经济和人口的快速发展，氮磷污染负荷的持续产生与长期输入给巢湖生态系统的安全与健康带来了巨大的压力，加重了巢湖富营养化并引起了巢湖蓝藻水华的频繁爆发。2012—2018 年湖区调查数据显示：巢湖湖体总磷和总氮浓度显著升高，铵态氮浓度显著下降，水华蓝藻总量显著升高。在空间上，各污染指标水平呈现由西向东逐渐降低的趋势，但是各指标在不同湖区随时间的变化趋势差异明显，西部湖区的总磷、总氮和水华蓝藻指标近年来略有下降或持平，中部和东部湖区则显著升高。

　　十五里河为巢湖一级入湖支流，位于合肥市区西南部，由西北向东南穿过高新区、政务区、包河区在同心桥处汇入巢湖，是合肥市重要涉水景观。作为巢湖流域 3 条重污染入湖河流之一，十五里河综合治理备受关注。

15.1.1　流域概况

　　十五里河发源于合肥市大蜀山南麓，河道全长 35 km，流域面积 111 km²，河道平均坡降 0.72‰，不能通航。在河道上游建有人工湖泊天鹅湖，从十五里河与匡河交叉处往上至大蜀山没有明显河道；天鹅湖下游采用溢流坝蓄水，自天鹅湖坝下至入巢湖口长约 26 km，其中上游、中游、下游分别约 5 km、10 km、11 km。

十五里河共有 4 条入河支流，分别是位于河道中游的幸福渠、王年沟和位于河道下游的许小河、圩西河。4 条支流流域面积总和约占十五里河总流域面积的 1/3。2012 年在另外一条巢湖入湖支流塘西河上游与十五里河中游之间，修建了 2 根长约 1 470 m、直径 2.4 m 的管道，用以转输塘西河上游的初期雨水，避免初期雨水进入滨湖新区。图 15-1 所示为研究区位置示意图。

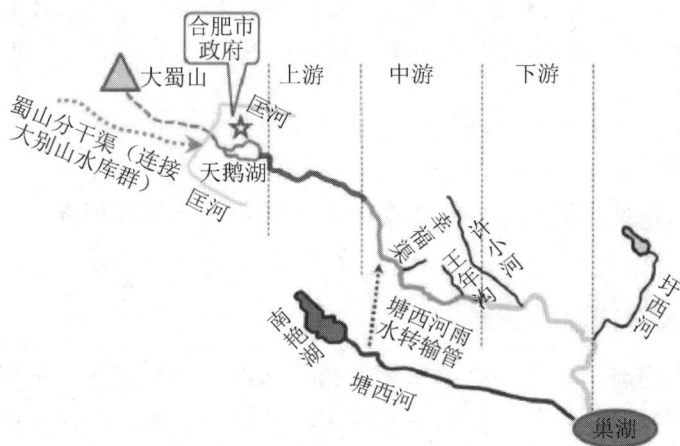

图 15-1　研究区位置示意图

15.1.2　水质状况

十五里河从天鹅湖坝下至入湖口共设 4 个监测断面，分别为：上游的金寨路桥断面、上游与中游交接处的绕城高速桥断面、中游的京台高速桥断面、下游入湖口处的希望桥断面，每月例行采样监测 1 次。

2014 年，通过对上述四个监测断面的 COD、氨氮、总磷指标进行监测，可以得出十五里河总体水质为劣 V 类，主要污染物为氨氮和总磷，呈现出低碳、高氮、高磷的特点。其中，上游与中游交接处的绕城高速桥断面水质最差，其次为上游的金寨路桥，再次为下游入湖口的希望桥断面，中游的京台高速桥断面水质相对较好。

15.2　污染源分析

从污染物来源分析。十五里河流域面积 111 km²，城市建成区面积约占 2/3，中上游基本为城市建成区，中下游为城市建设区，分布有一定面积的农田和村庄。流域污染来源主要有生活源、工业源、农田流失、畜禽养殖和城市径流。经调查分析，流域内 2014 年年底总人口约 28 万人，城镇人口占 80% 左右。在河道下游建有十五里河污水处理厂一座，一期、二期工程总处理能力为 10 万 t/d，出水标准为一级 A，除接纳本流域生活污水外，还接纳了滨湖新区部分区域的生活污水，目前为满负荷运行；流域工业企业主要位于中下游的包河工业园区，企业排放废水均接管进入十五里河污水处理厂，工业废水量仅占污水厂进水总量的 4% 左右；农田和畜禽养殖主要分布在中下游的包河区，污染物在降雨期间随地表径流以非点源形式入河；城市非点源污染除本流域城市径流外，在河道中游还承担了塘西河上游转输的约 30 km² 的初期雨水污染。经计算，流域主要污染源为生活源，COD、氨氮、总磷分别占入河总量的 60%、80%、75% 左右，其余则主要来自城市非点源。经核算，在巢湖流域入湖污染负荷中，十五里河以约 2% 的水量贡献了 6%～7% 的污染物。

从污染入河途径分析。根据来源可知，流域污染物入河可以分为 3 个途径，分别是沿河雨水排口旱季排污(包括支流排口旱季排污)、污水厂尾水排放、地表径流。根据调查分析，污染物主要入河途径为沿河排口旱季排污，其中 COD 约占总入河量的 50%，氮磷约占总入河量的 70%。

15.3　问题识别

根据十五里河流域水质现状及污染源分析，结合大量现场调查结果，总结十五里河流域环境现状主要存在以下问题。

15.3.1　污水管网建设不够完善

十五里河上游高新区、政务区排水体制建设标准为雨污分流，包河区新建城区为雨污分流，老城区部分区域依然为雨污合流。但是实际情况是：即使是雨污分流的区域污水管网错接、混接现象依然严重，晴天时沿河雨水排口有大量污水排出；且由于十五里河上、下游落差大，下游沿河截污干管管内基本处于满流状态，较高的管道压力导致进污水厂前干管破损现象严重，大量污水溢出直接进入十五里河。这是造成河道水质污染的主要原因。

15.3.2　现状污水厂配置不甚合理

截至 2015 年年底，十五里河流域仅有下游的一座污水厂，一期设计规模 5 万 t/d，2009 年投入运行；二期设计规模 5 万 t/d，2014 年投入运行，出水标准均为一级 A，尾水通过管道直接排入十五里河，距离入湖口约 7.5 km。但是十五里河上、下游河道落差大，将上游污水全部收集到下游污水厂进行处理存在诸多弊端，一是增加管道投资，二是增加下游污水干管管道压力，容易造成管道破损，三是未来更大规模的尾水均直接排入下游河道，自净时间短，不利于降低入湖污染负荷，四是污水厂尾水作为城市河道补水的一个重要来源，若尾水全部排放至下游，则河道上游完全截污后，旱季可能会出现断流现象。

15.3.3　城市非点源污染日趋严重

城市非点源是引起城市水体污染的主要污染源之一，主要由降雨径流的淋浴和冲刷作用产生，通过排水系统排放，径流污染初期作用十分明显。特别是在暴雨初期，降雨径流将地表的、沉积在下水管网的污染物在短时间内突发性冲刷汇入受纳水体造成水体污染，主要污染物为有机物、SS、石油类和氮磷等。十五里河流域城市土地利用、道路和小区等设施建设没有充分考虑城市非点源污染控制措施。随着十五里河流域城市开发强度的进一步加大，城市建筑物、人口和车辆密度越来越大，城市非点源污染形势也越来越严峻。根据对 2014 年汛期十五里河中上游雨水排口雨天出流的水质监测数据可知，在降雨较频繁的汛期，雨污分流较彻底的中上游，雨水径流 COD、氨氮、TN、TP 平均浓度约为 40.5、1.6、3.1、0.26 mg/L。在非汛期时段的雨污合流及雨污混流区域，降雨径流中污染物平均浓度会更高。

15.3.4　支流及入河沟渠污染严重

目前十五里河 4 条支流污染严重，水质均为劣 V 类。幸福渠、王年沟、圩西河流域主要为农村区域，主要污染源为农村生活污水和农业非点源；许小河流域大部分为城市建成区，主要受沿岸生活污水污染。幸福渠、王年沟、圩西河 3 条沟渠尚未进行过系统治理，而许小河虽已在 2014 年完成河道综合整治，但因治理范围局限在河道及岸坡，且沿河截污不彻底，水质并未得到根本改善。

15.4　治理措施

根据对十五里河环境问题识别，提出以源头截污为核心，以过程拦截为辅助，以河道自净为补充，辅以补给生态基流的治理策略，具体为以下几条措施。

15.4.1　减少污水直排河道，优化配置污水厂建设

治河先治污，源头截污是城市河流水污染治理的核心。对因雨、污水管道错接、漏接而导致的污水直排河道现象，以及违法侵占河道、倾倒垃圾、偷排污水等涉河违法行为，相关部门要联动合作，加大排查力度，及时发现、及时整改；对新建工业排污项目要加强管理，外排废水经厂区预处理满足纳管标准后接入市政管网进入污水处理厂，杜绝新增排污口。另外，建议在十五里河中上游增设一座生活污水处理厂，收集处理十五里河上游高新区、政务区生活污水，减轻下游污水干管压力。经核算，建议设计规模 8 万～12 万 t/d，尾水就近入河补充中上游河道水量。

15.4.2　重视城市非点源污染，应用城市低影响开发技术

城市非点源污染控制主要针对初期雨水。十五里河上游区域为城市建成区，过去在城镇化建设时，未兼顾城市非点源污染控制问题，地面硬化率较高，径流系数较大，人口密集，社会活动频繁，使得初期雨水污染负荷较重。建议在上游区域按照"截流、调蓄、就地处理"相结合的思路，因地制宜建设初期雨水调蓄净化设施，一方面可减少雨水排放对水环境质量产生的影响，另一方面也可降低河道行洪压力。初期雨水具有随机性、广泛性、复杂性、时空性等特点，目前国家对初期雨水也没有相关的控制标准，建议以溢流雨水的排放满足区域水环境容量的容许值为参考标准来设计雨水调蓄处理设施。而十五里河中下游正在城镇化建设过程中，尤其是下游还存有大量农村区域，目前正处于快速发展期。建议在城镇化建设中将城市规划和环境规划相结合，在规划整体用地布局时，划定河道生态红线，最大限度地保护原有生态系统，为河道保留足够的生态空间，同时充分应用低影响开发建设模式，按照新型城镇化建设要求，打造海绵城市，既能充

分发挥城市绿地、道路、水系等对雨水吸纳、蓄渗和缓释作用，有效缓解城市内涝，又可以削减城市径流污染负荷，节约水资源，保护和改善城市生态环境。

15.4.3　重视河道支流治理，建设生态清洁小流域

支流水质的好坏直接影响到干流水质。建议对幸福渠、王年沟这两条以农村生活污水和农业非点源为主要污染源的支流进行生态化治理。因这两条支流流域内村落近期保留，远期将拆迁；因此，在不影响行洪的前提下可将其打造成具有景观功效的生态处理系统，降低区域内农村生活污水对十五里河的污染负荷，远期进行城镇化建设后将污水纳管处理。圩西河和许小河流域面积相对较大，需对其进行小流域综合治理，对陆域污染源进行削减，对河道及岸坡进行生态化建设，打造生态清洁小流域。

15.4.4　加强河道生态建设，充分发挥生态净化功能

沿河植被具有重要的生态功能，对维持河流生态系统的健康具有特殊意义。河岸和河道边坡通过截留、吸附、沉淀、过滤、净化等作用来削减地表径流中污染物，是降低地表径流入河污染负荷的前两道防线；河道内部微生物、水生植物、水生动物共存，水生生态系统多样，其自净能力是净化污染物的最后一道防线。建议对十五里河河岸、边坡、河道结合景观进行生态建设。十五里河上游处于城市建成区，因用地限制，没有足够条件建设大片生态湿地，可重点建设生态护岸和生态护坡；中下游河道逐渐宽敞，除河口以上 3 km 河道之外，其余河道均已完成综合整治，建议对裸露边坡进行绿化，采用覆土喷草或植草等方式恢复岸坡上的草本植物；下游 3 km 河道已有规划方案，拟在原河道基础上建设约 66.7 hm^2 的大型湿地，既作为城市涉水景观湿地公园，又可涵养水源，为河道蓄水保水，并作为十五里河入巢湖前的前置库，进一步削减入湖污染负荷。

【思考与习题】

1. 十五里河流域的污染物主要有哪些？
2. 流域主要环境问题是什么？
3. 如何针对流域现有问题采取合理措施？

第五部分 流域系统管理模式

第 16 章 流域水环境规划

导读：

　　流域水环境规划是协调流域经济社会发展与水环境保护关系的重要手段，已经越来越受到人们的重视。流域水环境规划从全流域着眼，由技术经济论证入手，在流域范围内协调各个污染源的关系，能够保证在全流域范围内干支流、上下游各个部分均能够满足规定的水质要求。

　　本章的知识采集点包括：

　　1. 流域水环境规划定义。

　　2. 流域水环境规划的分类。

　　3. 流域水环境规划的工作程序。

　　4. 学习如何实现水环境功能区划分。

16.1 流域水环境规划概述

16.1.1 流域水环境规划的概念

　　规划是个人或组织制订的比较全面长远的发展计划，是对未来整体性、长期性、基本性问题的思考和考量，设计未来整套行动的方案。在把水视为人类赖以生存和发展的环境资源条件的前提下，在水环境系统分析的基础上，摸清水质和供需情况，合理确定水体功能，进而对水的开采、供给、使用、处理、排放等各个环节做出统筹的安排和决策，称为水环境规划。

　　一般认为，水环境规划包括水质保护规划和水资源利用规划，这两个部分相辅相成，缺一不可。前者以实现水体功能质量要求为目标，是流域水环境规划的基础；后者强调水资源的合理利用，以满足国民经济增长和社会发展对供水的需要为宗旨，是水环境规划的落脚点。

　　水环境规划可划分为不同层次的规划，不同层次的规划之间相互联系、相互衔接，上一层规划对下一层规划提出了限制条件和要求，具有指导作用，下一层规划又是上一层规划实施的基础。一般来说，规划层次越高、规模越大，需要考虑的因素越多，技术越复杂。其中处于上层的就是流域水环境规划。

流域是一个复杂的系统，各种水环境问题都可能发生。流域水环境规划，就是从全流域的"山水林田湖草"系统着眼，由技术经济论证入手，在流域范围内协调各个主要污染源(城市或区域)之间的关系，保证在全流域范围内干支流、上下游、左右岸的用水能满足规定的水质要求。流域规划属于高层次规划，通常需要高层次的主管部门协调。在规划中应拟定水环境保护的近期要求和远期目标，确定水环境保护方案的经济效益、社会效益和环境效益，并提出规划实施的具体措施和途径。

具体而言，流域水环境规划是指将经济社会与水环境作为一个有机整体，根据经济社会发展以及生态环境系统对流域内水环境质量的要求，以实行水污染物排放总量控制为主要手段，从法律、行政、经济、技术等方面，对各种污染源和污染物排放制定总体安排，以达到保护水资源、防治水污染和改善水环境的目的。

16.1.2　流域水环境规划的工作目的与内容

流域水环境规划的主要内容包括：水环境质量评估、水功能区的划分与协调、水污染物预测、水污染物排放总量控制、水污染防治工程措施和管理措施拟定等。按照其具体工作内容可分为：

(1)提出水体功能区划和水质目标、指标；

(2)确定水质超标河段和主要污染物；

(3)确定各河段主要污染物的环境容量；

(4)确定各排口的允许排污量；

(5)预测污染治理费用，提出最佳规划方案。

流域水环境规划的目的是：协调好经济社会发展与水环境保护的关系，合理开发利用水资源，维护好水域水量、水质的功能与资源属性，运用模拟和优化方法，寻求达到确定的水环境保护目标的最低经济代价和最佳运行管理策略。其工作范畴涉及水文学、水资源学、社会学、经济学、环境学以及管理学等多门学科，需要国家、流域或地区范围内与水有关的部门的通力合作以及公众的积极参与。

16.1.3　流域水环境规划的基本原则

1. 遵守法规、符合政策

近年来，我国先后发布《农村生活污水处理项目建设投资技术指南》《环境监察办法》《水污染防治行动计划》《"十三五"全国城镇污水处理及再生利用设施建设规划》《中华人民共和国水污染防治法》等，不断完善国家对水环境的政策法规与执法体系建设。流域水环境规划应符合国家和地方各级政府制定的有关政策，遵守有关法律法规，以使水环境保护工作纳入"科学治水、依法管水"的正确轨道。

2. 统筹兼顾、突出重点

流域水环境规划是本流域或本地区经济社会发展规划的一部分，应与水资源综合规划、土地利用规划等协调衔接。流域、区域、城市的水环境保护规划是一个有机联系的整体，应从整体着眼，全盘考虑，互相促进，不能过分强调局部利益，否则不利于统筹

兼顾、全面安排。同时，又要突出重点区域、重点行业和重点工程，通过水污染防治重点项目带动水环境质量的整体推进。

小知识

2015 年 2 月，中央政治局常务委员会会议审议通过《水污染防治行动计划》，简称《水十条》，2015 年 4 月 2 日成文，2015 年 4 月 16 日发布，自起实施。

《水十条》总体要求是：全面贯彻党的十八大和党的十八届二中、三中、四中全会精神，大力推进生态文明建设，以改善水环境质量为核心，按照"节水优先、空间均衡、系统治理、两手发力"原则，贯彻"安全、清洁、健康"方针，强化源头控制，水陆统筹、河海兼顾，对江河湖海实施分流域、分区域、分阶段科学治理，系统推进水污染防治、水生态保护和水资源管理。坚持政府市场协同，注重改革创新；坚持全面依法推进，实行最严格环保制度；坚持落实各方责任，严格考核问责；坚持全民参与，推动节水洁水人人有责，形成"政府统领、企业施治、市场驱动、公众参与"的水污染防治新机制，实现环境效益、经济效益与社会效益多赢，为建设"蓝天常在、青山常在、绿水常在"的美丽中国而奋斗。

---

3. 环境与经济社会协调发展

流域水环境规划要与经济社会发展的目标和水平相适应，同时经济社会发展水平又要与资源环境承载能力相适应。要以水环境相关工作为抓手，优化产业结构和布局，加快经济增长方式的转变，进而促进流域水资源的可持续利用和流域绿色发展。

4. 综合治理、多措并举

严格执行污染物总量控制和最严格水资源管理等制度，做到节流与开源、水质与水量有机结合，点源治理与非点源治理相结合，工程措施与非工程措施相结合，以科学的工具为依托构建流域精准治污体系，推进流域水环境、水资源的有效保护。

5. 经济合理、技术可行

进行流域治理需要投入大量的人力、物力和财力，因此规划不仅要考虑技术先进性和效果显著性，也要考虑我国国情和当地实际。在规划时必须实地收集资料，了解当地实际需要以及经济、技术能力，实现综合效益的最大化。

16.2 流域水环境规划核心内容

16.2.1 规划分类和范围

结合流域综合管理与行政区管理的需要，可以将水环境规划的对象分为国家流域、小流域、城内河段、大点源 4 个层次。国家级流域可以划分为若干个小流域，小流域中可能包括若干个城市，城市中分布着许多的大点源。

根据空间尺度和规划对象不同，将流域水环境规划分为国家流域水环境总体规划、小流域水环境规划、城市水环境规划和大点源水污染物减排规划 4 种。

国家流域水环境总体规划的对象是国内跨省的重点流域。国家流域水环境总体规划以小流域为单元，以重要河流干流和重要支流的水质和生态保护为主要内容，通过确定重要断面的控制目标，指导小流域范围规划的编制，一般不涉及具体行动方案的选择，也不涉及单个工程或单个源的控制。

小流域水环境规划的对象是小流域，这是相对于大流域来说的。小流域是一个抽象的概念，主要指介于国家流域和城市之间的流域，包括省级、市级流域等。小流域水环境规划的控制单元包括城市和农村，包括流域内所有河流的水环境控制，根据控制对象特点分别确定详细的行动清单，具体到源。

城市水环境规划的对象是城内河段，指发源于或流经城市行政辖区的河流或河流段。由于城市是人口和工业聚集的地区，需单独制定规划以保证符合上位规划的要求。城市水环境规划以城内河段为主要保护对象，以排放控制和水资源保护为主要内容，同时涉及城市居民的供水和用水安全等内容。

大点源污染减排规划的对象是大点源，主要指大型工业点源、规模以上、具有连续区域排污特点的法人单位，有明确排污主体，能够确定相关干系人。大点源的排放控制是流域排放控制的基础。为了保证大点源排放控制的确定性，大点源有必要单独制定减排规划，通过减排方案的设计和论证，提高方案合理性。

16.2.2 体系框架

流域水环境规划体系内外规划之间的关系见图 16-1。其中，由流域水环境规划体系内的水环境规划取代现有的水污染防治规划；区划包括主体功能区划、水环境功能区划和水功能区划。

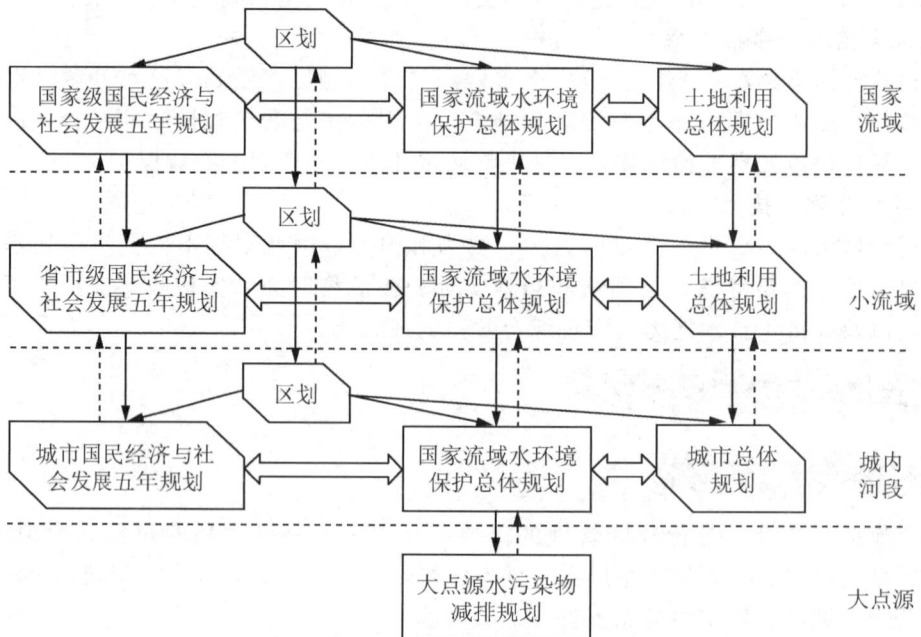

图 16-1 流域水环境规划体系内外规划关系

1. 体系内规划之间的关系

（1）上级指导下级规划，规划之间形成良好的反馈机制。国家流域水环境总体规划指

导小流域水环境规划，小流域水环境规划指导城市水环境规划，依此类推，次一级的流域规划在高一级规划的框架下进行。

（2）流域水环境规划体系内规划管理要相互衔接。通过规划的审批和评估实现对规划的控制，规划之间衔接关系通过规划目标实现，具体体现为指标的联结。

2. 体系内规划与其他相关规划之间的关系

（1）区划指导流域水环境规划的编制。与规划相比，区划更注重自然科学性，制定的目标也更长远。因此，区划应该指导流域水环境规划、国民经济与社会发展五年规划、土地利用总体规划和城市总体规划等的编制。

（2）流域水环境规划指导其他规划的制定。国民经济的发展目标、产业结构和工业布局等活动，都必须在流域水环境的承受能力之内。另外，通过流域水环境规划，综合整理生物资源、环境条件、污染物排放数据等流域基本信息，这是国民经济和社会发展五年规划、土地利用总体规划和城市总体规划的重要依据。

（3）在制定流域水环境规划时，应考虑现有的国民经济和社会发展五年规划、土地利用总体规划和城市总体规划，分析流域发展对水环境的要求，以及经济社会对水环境的支撑能力，确定流域水环境的目标和具体的水环境行动，坚持可实施、可核查以及费用有效性的原则，落实各项措施。

16.2.3 各级规划的特点

1. 国家流域水环境总体规划

国家流域水环境总体规划在流域水环境规划体系中具有最高权威，是流域各相关利益方就流域社会经济发展与水环境保护达成的决策，是其他所有规划制定的基础和依据，核心内容是规划目标的确定。国家流域水环境总体规划是流域综合管理的决策平台和信息共享平台，是刚性约束，为流域水资源开发利用划定红线。国家流域水环境总体规划是目标导向型的，通过指标体系指导省级行政区负责制定的小流域水环境规划，协调流域内省级行政区国民经济和社会发展五年规划、土地利用总体规划、城市总体规划等其他部门规划。

国家流域水环境总体规划由代表国家权威层次的机构负责编制、国务院批准。国家流域水环境总体规划指导小流域水环境保护规划，通过战略环境评价参与城市、土地利用等相关规划的决策过程，以保障国家流域水环境总体规划目标的实现。国家级水环境总体规划的规划期为10~20年，甚至是30年。这是由流域的特性决定的。但目前我国尚处于流域水环境总体规划的探索和讨论期，随着进一步协同流域水环境与绿色高质量发展的需求，水环境总体规划也将会逐步展开。

2. 小流域水环境规划

与国家流域水环境总体规划相比，小流域水环境规划内容更具体，将污染排放控制管理到污染源，并针对不同的源（点源、非点源、内源、流动源等）制订具体的可实施的行动方案。小流域水环境规划可实施性强，将国家流域水环境总体规划制定的目标分解并落实到具体行动上，有详细的行动清单，行动选择考虑费用效益分析，有具体的规划实施管理方案和实施效果评估方案。

小流域水环境规划由地方政府编制，跨市小流域水环境规划由省级环保部门负责，环保部批准；市内小流域水环境规划由市环保部门负责编制，省环保部门批准。由于小流域水环境规划的对象与国家流域水环境总体规划相比，范围更小、问题更易界定，也容易发生变化。小流域水环境规划的规划期为5～10年。

3. 城市水环境规划

城市是流域水环境的重要单元，人口密集、排放强度大，与社会经济规划的相互作用直接、具体。城市水环境规划内容包括工业等点源污染防治规划、城市生活污水处理规划、城市非点源污染防治规划、城市内河治理规划等。另外，饮用水源保护、节约用水等也是重要内容。城市水环境规划要与城市总体规划相衔接，通过影响城市总体规划的编制，提高城市水环境规划的实施效果。城市水环境规划由城市政府负责编制，由省级政府负责审批，规划期可以是5～10年。

4. 大点源污染减排规划

大点源污染减排规划是最基本的规划，通过将流域排放控制行动具体到源，通过分析企业的排放现状和减排潜力，安排减排方案，并以排污许可证制度为载体确保有效实施。工业污染源减排规划由企业编制，其规划期应该是最短的。

16.3 流域水环境规划编制程序

16.3.1 流域水环境规划的工作程序

流域水环境规划应按照以下工作程序制定：

(1)通过资料调研、野外观测，解析流域主要水环境问题。此时需要大量研究流域相关数据与资料支撑，如地图、水文与水质现状、用水现状、污染源清单、流域水资源规划、流域范围内土地利用规划和经济发展规划等有关规划资料、水污染控制方法及其技术经济与环境效益资料等。

(2)量化水功能区划和水环境控制指标。按照现行国家相关法规和标准，以及研究区域具体环境特征，确定相应环境目标，然后再根据定性、定量分析结果划定水功能区。并在此基础上，从水质和水量两个方面拟定水环境控制指标。确定水质超标河段和主要污染物、各河段环境容量、各排口允许排污量。

(3)预测污染治理费用，提出最佳规划方案。通过成本效益分析、可行性分析、水环境承载力分析等方法综合评价各规划方案，从而为最佳规划方案的选择和决策提供科学依据。

16.3.2 水环境功能区划

1. 水环境功能区划的基本原则

水功能区是指水体使用功能所占有的范围，水环境功能区划是根据水体不同区段的自然条件、区域内的用水需求，按照国家和地方的有关法规和标准，对水体不同区段按其功能划分，并确定其相应的环境质量目标。一般来说可参考《地表水环境质量标准》(GB 3838—2002)设定。

水环境功能分区应遵循以下原则：

(1)集中式饮用水源地优先保护；

（2）不得降低现状使用功能，兼顾规划功能；

（3）优质水优用及低质水低用；

（4）统筹考虑专业用水标准要求；

（5）上下游、区域间相互兼顾，适当考虑潜在功能要求；

（6）合理利用水体自净能力和环境容量；

（7）与工业合理布局相结合；

（8）考虑对地下饮用水源地污染的影响；

（9）实用可行，便于管理等。

2. 水环境功能区划的方法

水环境功能区划分的目的就是提出明确的水质目标并加以实现，其具体过程如图 16-2 所示。

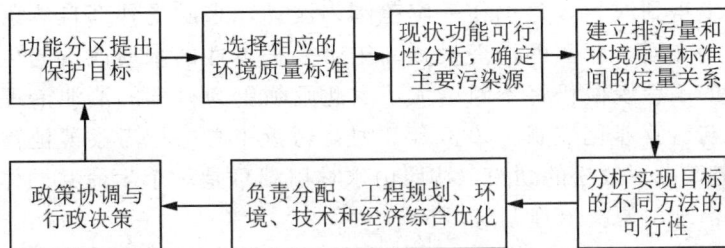

图 16-2 水环境功能区划流程

水环境功能区分为技术准备阶段、定性判断阶段、定量计算阶段和综合评价阶段四个阶段。

（1）技术准备阶段。

首先应收集和汇总现有基础资料和数据，初步划分工作范围和工作深度，对于需要补测的项目制订必要的监测方案。

（2）定性判断阶段。

应对水体现状使用功能、污染源优先控制顺序等进行分析，确定污染因子的种类和污染时段，并提出控制优先级，提出功能区划分初选方案或多种备选方案。

（3）定量计算阶段。

确定设计条件，主要包括：设计流量、水温、流速、排污量、达标率与标准和分期目标。然后选择水质模型进行计算，并对功能区达到各个环境目标的技术方案及投资进行分析和优化模拟。

（4）综合评价阶段。

通过对水环境功能区的综合评价，确定切实可行的区划方案和分期实施方案。

16.3.3 流域水污染控制规划

流域水环境污染防治的途径主要有两种：一是减少污染物排放，二是提高或充分利用水体的自净能力。具体的防治手段可参考本书第四部分。

16.4 案例分析

16.4.1 流域概况

滇池是我国重点治理的"三湖"之一，是长江上游生态安全格局的重要组成部分。国家先后批准实施了滇池流域水污染防治"九五"计划及 2010 年远景规划、"十五"计划、"十一五"规划及补充报告、"十二五"规划、"十三五"规划。在规划的指导下，国家和地方政府实施了滇池治理的"六大工程"，共投资 500 多亿元用于水质改善，并取得了一定的效果。根据监测数据分析，2018 年、2019 年滇池全湖年均水质保持 IV 类，是三十余年来的最好水质。

尽管滇池水质恶化的趋势得到了一定的遏制，但从时间序列的趋势分析结果来看，水质尚未在根本上得到改善，且仍在一定范围内波动，水质受外部自然条件变化的不确定性仍然很大。一方面，巨额的治理投资尚未带来根本性的水质改善与生态恢复，而另一方面滇池治理的工程规模仍将不断增大，因此亟须更为科学的滇池治理规划来指导进一步的污染治理与富营养化控制。2020 年 1 月，习近平总书记考察滇池治理，更进一步强调"要拿出咬定青山不放松的劲头，按照山水林田湖草是一个生命共同体的理念，加强综合治理、系统治理、源头治理"。

滇池位于昆明主城区南部，分为外海和草海（其中外海为主体），处于长江、红河、珠江分水岭地带，属长江流域，为普渡河干流上的湖泊。滇池流域面积 2 920 km²，主要入湖河流有 35 条，集水面积大于 100 km² 的有 7 条，分别是盘龙江、宝象河、洛龙河、捞鱼河、晋宁大河、柴河、东大河。滇池正常高水位为 1 887.5 m，平均水深 5.3 m，湖面面积 309.5 km²，湖岸线长 163 km，湖容 15.6 亿 m³，多年平均入湖径流量为 9.7 亿 m³，湖面蒸发量 4.4 亿 m³。滇池流域的土地利用类型主要分为旱地、水田、园地、林地、建筑用地、水域及自然保留地，林地、城镇用地、旱地、湖泊水面及自然保留地，分别占流域面积的 35.77%、14.51%、10.60%、10.17%、7.65%。

16.4.2 规划技术路线

滇池流域水污染防治中长期规划的目标在于：①综合评估：评估滇池水质变化态势及其流域水污染防治的实施效果；②系统集成：集成滇池相关研究的基础科学问题及结论；③战略规划：为流域水污染防治提供中长期战略规划方案；④决策支撑：为中长期流域水污染防治提供技术、工程和管理决策支持，为滇池富营养化控制提供可能的战略途径。据此提出中长期规划的框架：①战略目标：水质恢复的目标设定及实现程度与可能性，以及不同目标下的流域总量控制方案；②模式路径：不同社会经济发展情景和总量控制方案基础上的控源与减排方案；③适应调控：评估、调控以及在此基础上形成的水污染防治中长期决策方案。

根据技术框架的 3 个主要部分，确定了滇池流域水污染防治中长期规划研究的 6 个具体步骤：问题驱动→调查诊断→规划基础→规划方案→评估反馈→规划战略；并以流域水环境承载力方案及容量总量控制方案为基础展开（图 16-3）：①以流域水环境承载力为约束调整区域产业结构和社会经济发展模式，并考虑到社会经济发展的不确定性来设计水环境承载力情景，作为水质恢复方案的输入条件；基于水环境承载力的约束要求，确定流域社会经济发展的规模、方向和速度。②以水环境承载力情景方案为依托，叠加流域营养物质输移模型的输出结果，得到滇池流域不同时期、不同情景下的污染源排放及空间分布，并将污染负荷输入水质模型中得到水质响应；在此基础上，确定总量的空间分配与不同子流域的污染物削减方案。依据不同规划分区的总量控制方案与不同情景下的源输入与排放，制订以分区为尺度的空间分异性污染控制规划方案，并汇总得到流域总体方案。

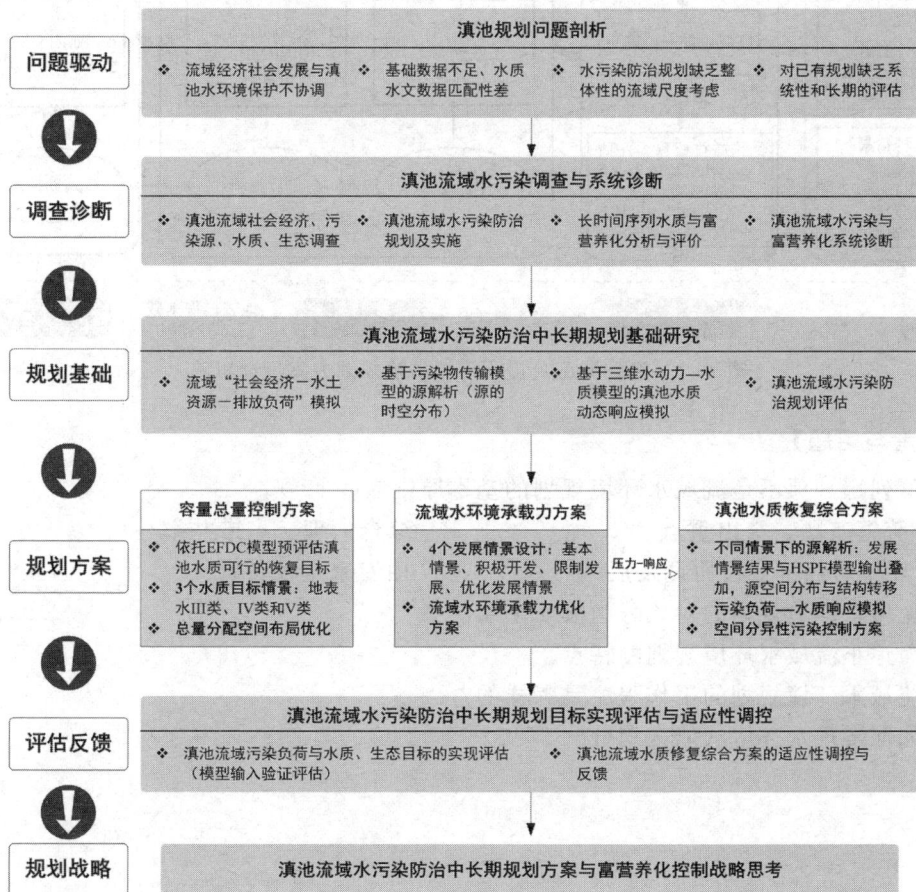

图 16-3 滇池流域水污染防治中长期规划技术路线

16.4.3 水环境规划方案

在本研究中，确定了 2 个规划时段：近期 2020 年、远期 2030 年(兼顾中期 2025 年)；根据滇池的Ⅲ类水环境功能区划要求和劣Ⅴ类的水质现状，设计 3 个递推的水质目标规划情景：Ⅴ类、Ⅳ类和Ⅲ类；基于流域水环境承载力方案确定了 4 个发展情景，即基本情景、积极开发、限制发展、优化发展。流域水环境承载力及 4 个发展情景的量化主要是基于开发的滇池流域"社会经济—水土资源—排放负荷"系统动力学模型及优化模型，流域营养物质输移和滇池水动力—水质模拟分别基于 HSPF 模型和 EFDC 平台，容量总量控制与子流域分配方案则是基于不确定性"模拟—优化"模型。子流域尺度上的空间分异性污染控制规划方案是本研究的重点，为此，在容量总量控制及水环境承载力和流域发展情景的模型结果基础上，提出源头控制、工程控制和末端控制相结合的控制对策(图 16-4)。

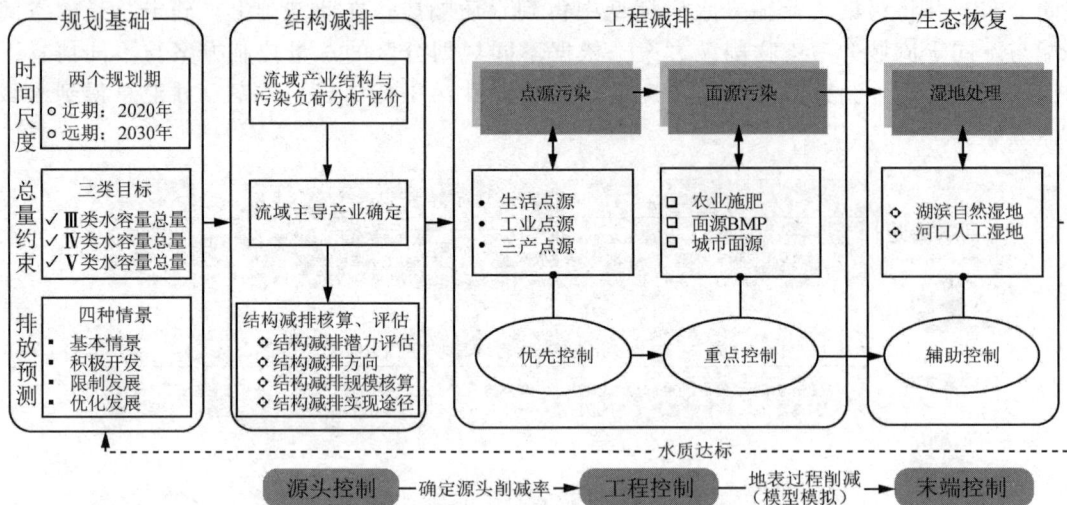

图 16-4　规划分区尺度水污染防治规划方案设计思路

【思考与习题】

1. 下列哪一项不是流域水环境规划的基本原则？(　　)

A. 统筹兼顾、突出重点　　　　　　B. 综合治理、多措并举

C. 环境与经济社会协调发展　　　　D. 由专家全权负责

2. 流域水环境规划的对象分为哪 4 个层次？

3. 简述小流域水环境规划的特点。

4. 流域水环境规划的工作程序是怎样的？

5. 如何实现水环境功能区划分？

第 17 章　流域水环境容量及总量控制

导读：

　　常规的流域水环境管理依据流域系统的管理目标，结合水环境污染控制方法对流域进行有效控制，是人们为科学、有效地开发、利用和保护水资源而建立的适应于水资源自然特性的系统管理方法。

　　本章的知识采集点包括：

　　1. 水环境容量的计算。

　　2. 水环境承载力的计算。

　　3. TMDL 总量控制的含义。

　　4. 水环境管理包含的内容。

17.1　水环境容量

17.1.1　水环境容量的概念及特征

1. 水环境容量与水域纳污能力

　　水环境容量来源于环境容量。环境容量是指在确保人类生存、发展不受危害、自然生态平衡不受破坏的前提下，某一环境所能容纳污染物的最大负荷值。一个特定的环境对污染物的容量是有限的，其容量的大小与环境空间的大小、各环境要素的特性、污染物本身的物理和化学性质有关。环境空间越大，环境对污染物的净化能力就越大，环境容量也就越大。水环境容量是指水体在一定功能要求、设计水文条件和水环境目标下，所允许容纳的污染负荷量，也就是在水环境功能不受到破坏的条件下，水体能容纳污染物的最大数量。水环境容量经常被用来定量描述天然水体对污染物的容纳和自净能力，对于水资源保护和水污染防治具有重要的理论指导作用。

　　水域纳污能力是指水体在设计水文条件下、规定环境保护目标和排污口位置条件下，所能容纳的最大污染物数量。水域纳污能力与水环境容量的主要区别是：水域纳污能力考虑排污口和排放方式；水环境容量一般不考虑排污口情况。通常将给定水域范围、水质标准、设计条件下的水域最大允许纳污量近似看作水环境容量来处理。在实际工作中，水环境容量也是用于计算在限定排污口位置下的污染物最大允许入河量，此时的水环境容量就是水域纳污能力，因此，本书中对两者不作严格区分，主要采用水环境容量。一般而言，我国生态环境管理部门多采用水环境容量，水利部门则习惯采用水域纳污能力。

2. 水环境容量的影响因素

　　影响水环境容量的因素众多，主要包括水体特征、水体功能特性、污染物特性、污染物排放方式等。

（1）水体特征。

水体特征包括水体的几何特征（岸边形状、水底地形、水深或体积等），水文特征（流量、流速、降雨、径流等），化学性质（pH、硬度等），物理自净能力（挥发、扩散、稀释、沉降、吸附），化学自净能力（氧化、水解等），生物降解能力（光合、呼吸作用）。水体特征决定着水体对污染物的扩散稀释能力和自净能力，从而决定着水环境容量的大小。

（2）水体功能特性。

水环境容量是相对于水体满足一定的用途和功能而言的。水体的用途不同，允许在水体中存在的污染物数量是不同的。目前，我国已划定并公布了全国重要江河湖泊的水功能区，提出了不同水功能区的水质目标要求。不同的水功能区划，对水环境容量的影响也是不同的：水质要求高的水域，水环境容量小；水质要求低的水域，水环境容量大。具体水功能区划分可参考流域水环境规划章节内容。

（3）污染物特性。

不同污染物具有不同的物理化学特性和生物反应机理，同时它们对水生生物和人体健康的影响程度也是不同的。因此，不同的污染物具有不同的环境容量，这又会影响到水体的自净能力。但当水体中存在多种污染物质时，其相互之间会有一定的影响，提高某种污染物的环境容量可能会降低另一种污染物的环境容量。

（4）污染物排放方式。

水环境容量还与污染物的排放位置和排放方式有关。一般来说，在其他条件相同的情况下，集中排放的比分散排放的水环境容量小，瞬时排放的比连续排放的水环境容量小，在岸边排放的比在河中心排放的水环境容量小。因此，限定的排污方式也是确定水环境容量的一个重要影响因素。

3. 水环境容量基本特征

水环境容量具有以下基本特征。

（1）资源性。水环境容量是一种自然资源，其价值体现在对排入污染物的缓冲作用，即容纳一定数量的污染物也能满足人类生产、生活和生态系统的需要，但水环境容量是有限的可再生资源，一旦污染负荷超过水环境容量，其恢复将十分缓慢与艰难。

（2）区域性。由于受到区域地理、水文、气象等因素影响，不同水域对污染物的物理、化学和生物净化能力存在明显的差异，从而导致水环境容量具有明显的地域特征。

（3）系统性。河流、湖泊等水域一般处在大的流域系统中，水域与陆域、上游与下游、左岸与右岸构成不同尺度的空间生态系统。因此，在确定局部水域水环境容量时，必须从流域的角度出发，合理协调流域内各水功能区的水环境容量。

4. 水环境容量的应用

水环境容量主要用于水环境质量控制，并作为经济社会发展综合规划的一种环境约束条件而存在。区域经济建设与生活生产导致的污染物入河量，应与当地水功能区的水环境容量相适应。如果超出水环境容量就必须采取相应的措施，如降低污染物排放浓度、削减污染物排放量，加强污水处理设施建设、加大污水处理力度，以及通过合理规划经济社会与生产建设布局，更有效地利用水环境容量。水环境容量的应用主要体现在以下三个方面。

（1）制定水污染物排放标准。

目前制定的全国工业"三废"排放标准往往不能完全涵盖各地区的实际情况，在实际操作中如果只是简单地生搬硬套，就很难取得良好的经济效益和环境效益。即使对同一行业来说，若针对不同环境容量的水体采用同一排放标准，也不可能收到相同的环境效益。因此，需要依据具体水域的水环境容量，有针对性地制定适宜本地区的水污染物排放标准。

（2）编制水环境规划。

水环境容量计算是水环境规划编制的基础工作之一。只有摸清和掌握当地的水环境容量，才能使制定的水环境规划真正体现出其应有的环境效益和经济效益，做到工业布局更加合理和污水处理设施的设计、建造和运行更加经济有效，从而更加合理有效地保护水环境。

（3）水资源开发利用。

水资源的开发利用，不仅要考虑江河湖库能提供相应的符合水质要求的水量，而且还要考虑水体对污染物的容纳能力。区域水环境容量大小也是评价当地水资源是否丰富的重要标准之一。如果不能合理利用和维持水环境容量，则会造成水资源的破坏或浪费。因此，在进行水资源综合开发利用规划时，必须弄清该地区水环境对污染物的容量。

总之，水环境容量的确定是水环境管理与保护工作的前提，也是水资源合理开发利用的保障。由于水环境容量是在考虑水体的污染特性及自净能力基础上，以总量控制的方式来预防水污染，这要比单纯地采用污染物浓度控制更具科学性和合理性。

17.1.2 水环境容量分类及计算

1. 水环境容量分类

按照水环境容量产生的机理不同，水环境容量可以分为稀释容量和自净容量两部分。稀释容量是指在给定水域的来水污染物浓度低于出水水质目标值时，依靠稀释作用达到水质目标所能承纳的污染物量。自净容量是指由于沉降、生化、吸附等物理、化学和生物作用，给定水域达到水质目标所能自净的污染物量。水环境容量概念示意见图 17-1。

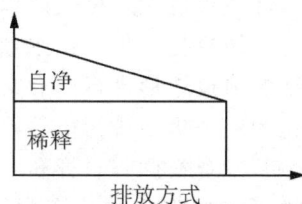

图 17-1 水环境容量概念示意图（一）

按照水体具有存储、降解或使污染物无害化的能力而使自身净化，水环境容量又可分为 3 个组成部分（图 17-2）。

（1）存储容量。由于稀释和沉积作用，污染物逐渐分布于水和底泥中，其浓度达到基准值或标准值时水体所能容纳的污染物量。

（2）输移容量。污染物进入流动水体中，随水体向下游移动。它表示水体输移污染物的能力。

（3）自净容量。水体通过物理、化学、理化、生化等作用对污染物所具有的降解或无害化能力。自净容量反映水体对污染物的自净能力。当污染物主要为易降解有机物时，自净容量又称为同化容量。自净容量可以不断再生，它是环境容量中最重要的组成部分，应加强开发利用。自净容量是水环境容量中最重要的组成部分，河流水环境容量的计算关键在于自净容量的计算。计算河流的自净容量，应给出反映水体自净能力的综合系数——自净系数、水质目标和水体的时空范围。

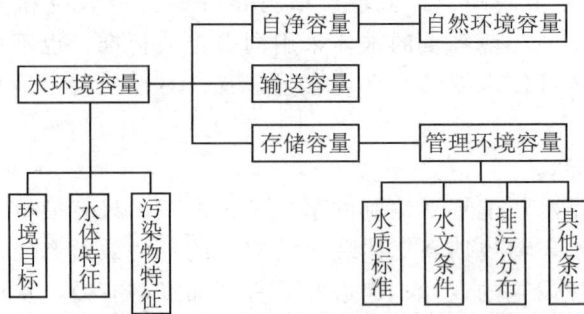

图 17-2 水环境容量概念示意图（二）

水环境容量是水资源保护规划中的一个核心问题。准确定量水环境容量是科学合理制定水污染控制规划的基础，也是保证水功能区划达标的依据。而计算方法的不同，所得到的水环境容量可能会有一定的差异，但是不同计算方法得到的环境容量可能用于不同的目的。在污染物总量控制负荷分配中，实际可使用的部分是可分配环境容量。水体可使污染物降解或使污染物无害化而具有自净作用，因此而具有水环境容量。这部分水环境容量资源是可更新的，应是水环境容量资源中开发利用的主要部分。水体还因可存储、输移污染物而具有的水环境容量。由于水环境容量与水体的动力特性密切相关，在确定计算方法时必须充分考虑到水体的水动力条件。

2. 水环境容量计算

（1）基本流程。

水环境容量大致可按照以下 6 个步骤来进行计算：

①水域概化。将天然水域概化为计算水域，例如将天然弯曲的河道概化为顺直河道，对复杂的河道地形进行简化处理，非稳态水流简化为稳态水流，将多个距离较近的排污口简化为一个集中排污口等。

②基础资料调查与评价。包括调查与评价水域水文资料和水质资料，同时收集水域内的排污口资料、支流资料、取水口资料、污染源资料等，并进行数据一致性分析与处理。

③选择控制点。根据水功能区划和水域内的水质敏感点位置分析，确定水质控制断面和浓度控制标准。对于包含污染混合区的环境问题，需要根据环境管理的要求确定污染混合区的控制边界。

④建立水质模型。根据实际情况，构建相应的零维、一维或二维水环境数学模型，确定模型所需的各项参数。

⑤给出相应的设计条件。进一步给出水环境容量计算时所需的设计水文条件、水质目标浓度、水质背景浓度等计算要素。

⑥确定水环境容量。结合设计条件进行水质模拟计算，利用试算法或建立线性规划模型等方法计算得到水域的水环境容量，然后扣除非点源污染影响部分，得出实际环境管理可利用的水环境容量。

（2）水环境容量计算方法。

对于水环境容量的计算，主要包括公式法、模型试错法、系统最优化法（主要是线性规划法和随机规划法）、概率稀释模型法和未确知数学法五类方法。

①公式法。

最初的水环境容量计算方法之一，是从定义出发而直接建立其计算公式的，可以称这种计算方法为公式法；随着研究的深入，又结合了水环境数学模型，即基于水环境容量定义及水环境数学模型，推导一定条件下的水环境容量计算公式，基于水动力模型和水质模型计算水环境容量计算公式中所需各项参数，进而代入公式计算水环境容量。由于所推导的水环境容量计算公式也被称为水环境容量模型，故公式法又名水环境容量模型法。

水环境容量的计算模型很多，但其基本形式均为：水环境容量＝稀释容量＋自净容量＋迁移容量。随着研究的逐步深入，水环境容量计算公式逐步完善，且根据不同的污染物、不同的水体而建立不同的计算公式，如表 17-1 所示。

表 17-1　常用水环境容量计算公式

污染物类型	计算公式	符号含义	适用条件
可降解污染物	$W = 86.4 q_0 (C_S - C_0) + 0.001 k V C_S + 86.4 q C_S$	q_0 为河道上游来水流量；q 为排污流量；C_S 为污染物控制标准浓度；C_0 为污染物环境本底值；V 为区域环境体积；q 为排污流量，k 为污染物综合降解系数	零维公式，适用于均匀混合水体或资料受限、精确度要求不高的情况
	$W = \left(\sum_{j=1}^{m} q_j C_S - \sum_{i=1}^{n} q_i C_{0i} \right) + k V C_S$	q_i 为第 i 条入湖（库）河流的流量；c_{0i} 为第 i 条河流的污染物平均浓度；q_j 为第 j 条出湖（库）河流的流量；其余符号意义同前	零维公式，适用于均匀混合湖库
	$W = 86.4 \left[(q_0 + q) C_s \exp\left(\dfrac{kx}{86400u} \right) - C_0 q_0 \right]$	u 为河水平均平均流速；x 为河段长度；其余符号意义同前	一维公式，适用于资料较丰富的中小河流
	$W = \dfrac{1}{2}(C_s - C_0)\left(u_x h \sqrt{\dfrac{4\pi D_y x^*}{u_x}} \right)$ $* \exp(-u_x y^2 / 4 D_y x^*)$ $\exp(-k x^* / u_x)$	u_x 为河流纵向平均流速；h 为平均水深；D_y 为横向离散系数；x^* 为给定混合区长度；其余符号意义同前	二维公式，适用于污染物在河道断面非均匀分布，污染物恒定连续排放的大型河段

污染物类型	计算公式	符号含义	适用条件
营养盐	$W=\dfrac{C_S h q_n A}{(1-R)V}$	q_n 为湖库年出流流量；A 为湖库水面面积；R 为营养盐滞留系数；其余符号意义同前	基于狄龙（Dillon）模型，适用于水流交换条件较好的湖库
重金属	$W=C_S q_0+$ $C_{DO}(q_1+q_2)$	C_{DO} 为底泥质量标准，q_1 为底泥推移量；q_2 为底泥表观沉积量；其余符号意义同前	适用于一般河流，考虑了水体及底泥的重金属容量
	$W=C_S h\sqrt{\pi D_y x u}$	符号意义同前	适用于污染物连续排放的宽浅河流，只考虑水体的重金属容量

②模型试错法。

模型试错法求解水环境容量的基本思路为：在河流的第一个区段的上断面投入大量的污染物，使该处水质达到水质标准的上限，则投入的污染物的量即为这一河段的环境容量；由于河水的流动和降解作用，当污染物流到下一控制断面时，污染物浓度已有所降低，在低于水质标准的某一水平（视降解程度而定）时又可以向水中投入一定的污染物，而不超出水质标准，这部分污染物的量可认为是第二个河段的环境容量；依此类推，最后将各河段容量求和即为总的环境容量。

模型试错法本质上同公式法类似，计算中仍需以水环境数学模型为工具。其最大的缺点在于计算过程中需多次试算，计算效率低，最初只适用于单一河道或计算条件简单的其他类型水体的计算；后期随着计算机计算能力的提高及高效数学方法的引入，也在河网等复杂水体得到应用。但相对于其他方法而言，模型试错法的研究及应用较少。

③系统最优化法。

环境科学中所采用的系统最优化方法有线性规划、非线性规划、动态规划及随机规划等。水环境容量计算中所采用的主要是线性规划法和随机规划法。方法基本思路是：a. 基于水动力水质模型，建立所有河段污染物排放量和控制断面水质标准浓度之间的动态响应关系；b. 以污染物最大允许排放量为目标函数或者基于其他条件建立目标函数，以各河段都满足规定水质目标为约束方程或者增加其他约束条件；c. 运用最优化方法（如单纯形法、粒子群算法等）求解每一时刻各污染物水质浓度满足给定水质目标的最大污染负荷；d. 将所求区段内的各污染源允许排污负荷加和即得相应区段内的水环境容量。

④概率稀释模型法。

概率稀释模型法是根据来水量、排污量及浓度等所具有的随机性，运用随机理论对河流下游控制断面不同达标率条件下环境容量进行计算的一种不确定性方法，是目前从不确定性角度计算河流水环境容量的主要方法之一。方法的基本思路如下：a. 基于特定的基本假定，建立污染物与水体混合均匀后下游浓度的概率稀释模型；b. 利用矩量近似

解法求解控制断面在一定控制浓度下的达标率；c. 利用数值积分求解水体在控制断面不同浓度、不同达标率下的水环境容量。

⑤未确知数学法。

采用未确知数学法计算水环境容量是一种较新的方法。未确知数学法计算水环境容量是在将水体水环境系统参数(流量、污染物浓度、污染物降解系数等)定义为未确知参数的基础上，结合水环境容量模型，建立水环境容量计算未确知模型，然后计算水环境容量的可能值及其可信度，进而求得水环境容量。

17.2 水环境承载力

17.2.1 基本概念

1. 水环境承载力的概念

承载力研究起源于生态学，最初用于确定草场的畜牧载畜量，即草场载畜量，反映的是自然资源供给与生物需求之间的供需关系。随着全球经济迅速发展与人口膨胀，各种资源环境问题迅速蔓延，承载力研究被引入人口、土地资源、生态、水资源、水环境、水生态等领域，引申出多种资源环境承载力概念，也就有了水环境承载力概念。其定义分为狭义、广义两种：其狭义的定义指水环境容量，由于水环境容量只是关注水体的自然净化能力，因此只能作为其中的一个要素；其广义的定义主要从考虑对人类活动的支撑能力，较为复杂。

国内比较严格的"环境承载力"的概念最早出现在《我国沿海经济技术开发区环境的综合研究—福建省泥洲湾开发区环境综合研究总报告》中，即"在某一种时期，某种状态或条件下，某地区的环境所能承受的人类活动的阈值。

2. 水环境承载力的本质

根据水环境承载力的定义，其内涵至少包括以下四个方面。

(1)人们在一定生活水平和生活质量要求的承载力，反映在环境方面就是要求满足一定的环境质量标准；

(2)水体的纳污能力，反映在环境方面为相应的污染物容量；

(3)在满足前两个条件的前提下，可支撑社会可持续发展规模，而这又和人们的生产活动方式有关；

(4)水体自我维持、自我调节能力和纳污能力，是水环境承载力的支撑部分，社会可持续发展规模是水环境承载力的压力部分。

水环境承载力发展的根源在于水环境是一个有机的远离平衡态的开放的系统。其内部组成要素按照一定的组合方式结合在一起，形成了稳定的结构，使系统具有了能维持自身稳态的组织能力，可以抵御外界一定的冲击。然而这种冲击是有限的，如果超过一定的阈值，水环境系统的结构将遭到破坏，单纯地依靠其自身的自组织能力无法恢复，进而导致其功能的丧失。因此，水环境承载力的本质就是水环境承载力的结构和功能的外在表现。

从本质上说，水环境承载力是由水环境系统结构决定的，表征水环境系统的一个客观属性，是水环境系统与外界物质输入输出、能量交换、信息反馈的能力和自我调节能力的表现，它体现了水环境与人和社会经济发展活动之间的联系，水环境承载力是有限度的，当人类的行为活动超越了这个限度，它反过来影响人类的生存和发展，而远离水环境承载力这个限度的人类行为不能让人类取得最大的利益，从而又影响人类社会经济的快速发展。

3. 水环境承载力的特征

水环境承载力本质上体现了人类活动所遵循的客观存在的自然规律，同时也反映了随着经济社会发展，水环境资源观和价值观的变化，一般具有如下特征。

(1)客观性。

水环境承载力是一客观的量，是水环境系统的客观属性，对于一定时期一定条件下的区域而言，水环境承载力的结构和功能是客观存在的。一定功能结构的水环境系统，就有承受人类活动、满足人类需求的支持能力。一定地区的水资源不但具有可利用水量和水环境容量方面的自然限度，而且有社会经济方面的限度，表现为水资源管理技术和社会生产力的水平是有限的，在一定的历史时期，水环境系统对社会经济发展总有一个客观存在的承载阈值。

(2)主观性。

水环境承载力不但具有客观性，也具有主观性。作为衡量水环境承载力的人类活动在很大程度上取决于主观因素，用不同性质的人类活动来衡量同一区域的水环境承载力，可能会得出不同的结论。因此，水环境承载力涉及人们有怎样的生活期望和判断标准，具有主观性由于水资源系统及其所承载的社会经济系统都是动态的，它与特定历史时期的水资源开发利用水平、产业结构形式和生产力水平有关，这使其支持能力也随着动态变化，水环境承载力的可变性在很大程度上是可以由人类活动加以控制的。

(3)有限性。

水环境承载力是有一定限度的，在这个限度内，水环境承载力能够自我调节，若超过了这个限度，水环境的结构就会遭到破坏，承载能力也相应下降，甚至造成不可恢复的损失。这种情况下，水环境将反过来制约人类社会生存与经济的发展。

(4)区域性。

作为水环境核心要素的水体，其水量、水质等在空间分布上有很大的差异，此外，不同的区域地水环境系统结构、功能及其组合类型也不同，其社会经济活动的发展水平、规模方向等也有差异。水环境作为人类重要的自然资源，不同水域的功能及保护标准也有差异。因此，水环境承载力也有很强的区域性。由于水资源和水环境都有较强的地区性，它对社会经济发展的支撑形式也有较强的地区性，水环境承载力只有相对于某一区域才有意义。

(5)模糊性。

由于水资源系统本身受天文、气象、下垫面以及人类活动的影响，造成水文系列的变异，使人们对它的预测目前无法达到确定的范围。区域社会和经济发展及环境变化是一个更为复杂的系统，决定着需水系统的复杂性及不确定性。两方面的因素加上人类对客观世界和自然规律认识的局限性决定了水资源承载能力的不确定性，同时决定了它在具体的承载指标上存在着一定的模糊性。

4. 水环境承载力的研究目的

水环境承载力是在人们对社会可持续发展与水环境相互关系有了较深刻认识的基础上被提出来的。社会可持续发展与水环境的协调，仅仅从污染预防、治理方面考虑已经不能解决问题，必须从水环境系统结构功能和人类活动两个方面来分析。因此，水环境承载力的研究对象就是人类活动与水环境系统结构功能，把两方面有机地结合起来并以量化的手段表征出两个方面的协调程度就是水环境承载力的研究目的。

5. 流域水环境承载力的影响因素

影响水环境承载力大小的因素可概括为以下几个方面。

(1)水资源数量、质量及开发利用程度。当地水环境总量及根据法律规定分配给当地可利用过境水量，水环境的矿化度、埋深条件等质量情况，以及当前水资源开发利用方式和程度。

(2)生态环境现状。生态环境不但自身需要一定的水资源量得以维持，并通过对水文循环的影响在相当程度上决定了水资源总量的大小。

(3)社会经济技术条件。在不同阶段一定社会经济与技术条件决定了可开发控制的可利用水量和水资源利用效率。

(4)社会生产力水平。不同历史时期或同一历史时期的不同地区具有不同的生产力水平，决定了水环境可承载社会经济发展规模的差异。

(5)社会消费水平与结构。在社会生产能力确定的条件下，社会消费水平和结构将决定水环境承载力的大小。

(6)区际交流。劳动区域分工与产品交换也将间接影响水环境承载力的大小。

17.2.2 水环境承载力评估方法

水环境承载力分析关系到地区环境、人口和经济发展规模和经济持续发展的前景，涉及面广、内容复杂。现有方法分为以下几类。

1. 水资源供需平衡法与多目标模型

采用水资源供需平衡法进行水环境承载力评估与预测与水资源的合理配置有密切关系，它首先以维护生态平衡和生态环境质量以及可持续发展为前提，将水资源在生态系统和社会经济系统之间进行平衡分析和配置，然后以对社会经济系统可供给水量为约束条件，通过多目标分析模型确定社会发展模式经济结构、农业种植结构、供水组成节水、污水回流、开发当地水、外流域调水及供水分配状况，最后在上述水资源供需平衡及水资源合理配置的基础上计算水环境承载力的大小。

2. 多指标综合评价法与综合评判模型

该方法通过水资源系统支持力和水资源系统压力来共同反映水环境承载状况。水资源系统支持力代表了承载媒体的客观承载能力大小，其分值越大，表示水环境现实承载力越高，水环境系统压力代表了被承载对象的压力大小，其分值越大，表示系统所受压力越大，水环境承载力越低。通过两值相比得到水环境承载力指数相对指标并进行分级，可指示水环境承载状况。

3. 系统分析方法与动态模拟递推算法

动态模拟递推法主要是通过水的动态供需平衡计算来显示水环境承载力的状况和支

持人与经济发展的最终规模，其实质是模拟法。将动态模拟和数学经济分析相结合，利用计算机模拟程序仿造地区水资源供需真实系统运动行为进行模拟预测，并根据逐年运行的实际结果有目的地改变模拟参数或结构，使其与真实系统尽可能一致。当水资源供应能力达到"零增长"或经济增长达到"零增长"时，水环境承载力按定义已达最大。

4. 系统动力学方法与系统动力学仿真模型

系统动力学模型是一种定性与定量相结合，系统、分析、综合与推理集成的方法，并配有专门的软件。它给模型的仿真、政策模拟带来很大方便，可以较好地把握系统的各种反馈关系，适合于进行具有高阶次、三作线性、多变量、多反馈、机理复杂和时变特征的承载力研究。用模型计算的水环境承载力不是简单地给出区域所能养活人口的上限，而是通过各种决策在模型上模拟，清晰地反映人口、资源、环境和发展之间的关系，可操作性较强。

17.3　污染物总量控制

17.3.1　研究进展

污染物总量控制是指以环境质量目标为依据，对区域内各污染源的排放总量实施控制的管理制度。在实施总量控制时，污染物的排放总量应小于或等于允许排放总量。区域的允许排放总量应当等于该区域环境允许的纳污量。环境允许的纳污量则由环境允许负荷量和环境自净容量确定。从环境科学的出发点看污染物总量控制的基础就是环境允许负荷量和环境自净容量，而这两者就是构成环境容量的重要内容，在环境科学中污染物总量控制的本质就是对环境容量的保全。

总量控制可划分为三种类型：目标总量控制，容量总量控制和行业总量控制。目前，我国实行的总量控制主要为目标总量控制与容量总量控制，目标总量控制主要是根据管理目标所规定的污染负荷削减量进行削减，而容量总量控制主要是基于水体功能和纳污能力的总量控制。污染物排放限值的确定方法不同是目标总量模式和容量总量模式的根本区别之一。前者从行政管理的角度出发，直接设定污染物排放总量控制目标，该目标可以不跟具体的环境介质挂钩，在实施中易于用行政干预手段实现控制目标，但缺点也显而易见，未考虑排放总量与环境质量之间响应关系，比较适合于污染严重、环境质量整体较差的地区。而容量总量管理模式则是从环境容量出发，将排放总量与环境质量定量关联进而确定污染物排放要求。容量总量管理对污染物排放控制更具针对性，但实施的难度远高于目标总量管理。

水污染物总量控制是国外 20 世纪 70 年代初提出并发展起来的，是一种在一定时段内、一定区域内控制污染物排放总量的水环境管理方法，是水环境管理规划和战略制定的指导思想之一。经过多年的发展，水污染物总量控制逐渐成为国内外水污染防治的重要环境政策和管理手段之一，针对水污染总量控制各国管理部门和研究学者也开展了大量的理论和实践研究。在总量管理的实践中，美国和欧盟采用了容量总量模式。我国"十一五"和"十二五"期间则采用目标总量管理的模式，对总体上控制污染物排放和改善环境质量起到了重要作用。但是相比较于目标总量控制，容量总量控制与环境质量挂钩，可以很好地反映出水环境质量和削减量之间的响应关系，还可以为水资源的防治工作提

供科学有效的阶段性控制方法。

17.3.2　目标总量控制

由于容量总量控制对于技术水平要求较高，且要完全实现环境容量所允许的污染负荷要耗费较大的资金，在我国建设初期推广难度较大。为此，国家环保局提出了逐步向容量总量控制过渡的思想。首先，以现行法规为依据，通过强化环境管理，实行较为简便的宏观总量控制，即目标总量控制。其次，再逐步实现真正的总量控制，即容量总量控制。

目标总量控制是根据控制区域既定的环境目标提出的污染物排放量和削减量的控制。它是从现有的污染水平出发，针对特定的环境质量目标要求，确定分阶段的排污总量和削减量，遵循控制—削减—再控制—再削减的程序，将污染物排放总量逐步削减到预期目标。

目标总量控制的主要目的有两点：一是运用现行法规和标准，核实基础允许排放总量，建立起一套完整的管理体系和技术系统，为进行容量总量控制奠定基础；二是根据城市近期经济技术状况，通过加强管理，控制少数污染大户，达到改善城市环境质量的目的。具体的目标总量控制技术路线见图17-3所示。

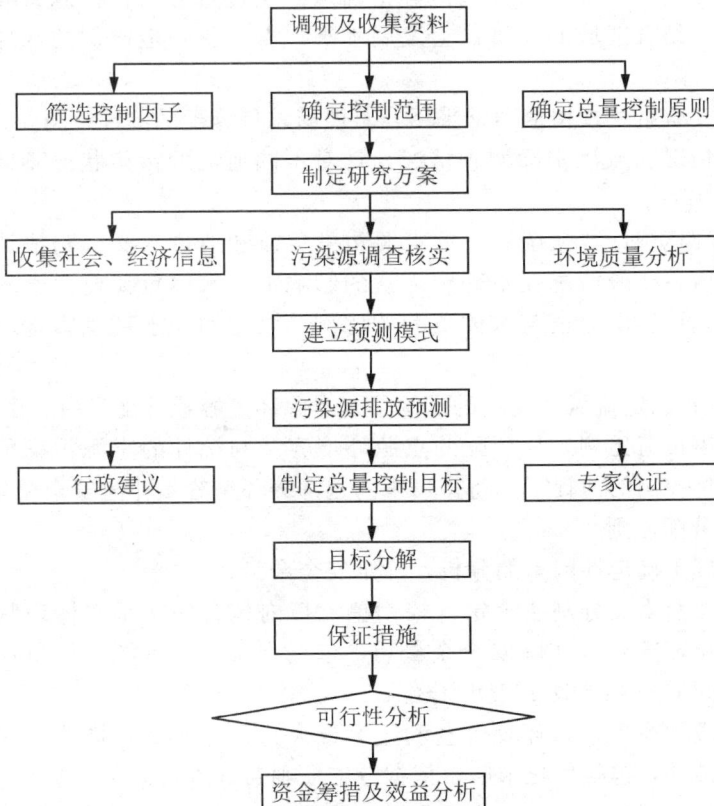

图 17-3　目标总量控制技术路线

17.3.3 容量总量控制

容量总量控制是将污染物排放量控制在受纳水体的水环境容量范围内，使受纳水体能够满足水环境功能分区给定的水质标准要求。容量总量控制从环境质量要求出发，运用环境质量模型计算，根据环境允许纳污量，优化分配污染负荷，确定出切实可行的总量控制方案。容量总量控制将污染源控制与环境质量直接相联系，更科学有效地利用水环境容量。一般分为水环境问题诊断和识别、水环境容量总量分配两方面。

1. 水环境问题诊断和识别

水环境问题诊断和识别主要对流域进行水质评价和污染负荷核定，具体内容可参考流域水环境规划相关内容。

2. 水环境容量总量分配

容量总量分配主要对污染负荷进行总量分配，污染负荷总量分配主要包括 TMDL 分配和排污许可分配，以总量分配原则和理论为基础，阐述 TMDL 分配和排污许可分配原则与方法。

（1）安全余量确定。

在水环境容量总量控制过程中，为保证水质目标的实现，应对容量模拟过程中涉及的社会经济、土地利用、现状污染负荷等不确定因素进行分析，在总量分配过程中借助可持续发展思想，结合区域的经济社会发展水平，需预留一定比例的水环境容量作为安全余量。

结合传统的安全余量预留值通常采用经验值即总量分配的 5%～10%。结合流域水体污染负荷的实际情况和点源实际调查情况，针对不同河流的污染状况不同，确定不同安全余量。确定方法如下。

①比较通过环境统计数据统计出的点源污染负荷和通过水文分割法计算出的水体点源污染负荷的差值。一般情况在不确定因素的影响下，水体负荷要大于环境统计数据核算出的污染负荷，计算出差值与水体负荷的比例。该比例与水环境容量之积为安全余量初次确定值。

②通过 TMDL 确定流域各支流的点源、非点源环境容量分配量后。由于 TMDL 分配比是依据水体污染负荷比例，故分配的点源环境容量与统计的点源污染负荷存在一定的差距。在水质目标控制的前提下，将多出来的这部分环境容量作为安全余量。

（2）TMDL 分配原则。

①通过对流域不确定性因素的分析，确定安全余量；

②采用通量法及水文分割法核定各控制单元境内包含的水系水体现状点源与非点源污染负荷，将河流环境容量扣除安全余量后，依据点源、非点源污染负荷排放比例，完成点源与非点源间的分配，即 TMDL 分配；

③采用线性规划模型，以环境容量利用率最大为目标函数，排放标准、污染物入河贡献率等为约束条件，进行优化求解，依据分配原则对其进行修正。

（3）TMDL 分配方法。

TMDL 模型：美国环保局于 1972 年提出了 TMDL 计划，即最大日负荷总量计划，其定义为：在不破坏水体基本生态功能的情况下，某种污染物能够进入水环境的日最大负荷量，其中包括污染点源污染负荷量、非点源污染负荷量及作为经济发展以及风险源留出安全余量，环境容量预留安全值后，依据现状水体点源污染负荷量与非点源污染负荷量的排放比例，得到点源与非点源污染物最大允许负荷量。

TMDL 分配模型：

$$\text{TMDL} = \sum \text{WLA} + \sum \text{LA} + \text{MOS} \tag{17-1}$$

$$m_{点} = \frac{x_{点}}{x_{点} + x_{面}}(M - \text{MOS}) \tag{17-2}$$

$$m_{面} = \frac{x_{面}}{x_{点} + x_{面}}(M - \text{MOS}) \tag{17-3}$$

式中，WLA 为点源的污染负荷(t/a)；LA 为非点源污染负荷(t/a)；MOS 为预留安全余量(t/a)；$m_{点}$ 为点源污染物最大允许负荷量(t/a)；$m_{面}$ 为非点源污染物最大允许负荷量(t/a)；$x_{面}$ 为河流中点源现状负荷(t/a)；$x_{面}$ 为河流中非点源的负荷量(t/a)；M 为环境容量(t/a)。

（4）污染许可分配技术。

①采用通量法及水文分割法核定各控制单元境内包含的水系水体现状点源与非点源污染负荷，将河流环境容量扣除安全余量后，依据点源、非点源污染负荷排放比例，完成点源与非点源间的分配；

②依据直排污染源调查结果及排污口位置，确定直排污染源的受纳水体；

③依据入河距离确定各直排污染源污染物入河系数及入河量；

④依据水环境评价结果确定控制单元境内河流的水质达标状况；

⑤采用线性规划模型，以环境容量利用率最大为目标函数，排放标准、污染物入河贡献率等为约束条件，进行优化求解，依据分配原则对其进行修正。

17.4 案例分析

17.4.1 流域概况

小清河流域位于鲁北平原南部，其干流发源于济南诸泉群，现已上延至玉符河右堤的睦里庄闸。流域南依泰山山脉，北界黄河，处于鲁中山区与华北平原的过渡地带，地形南高北低，自西南向东北倾斜，由南至北依次为山区丘陵、平原、洼地。海拔高程 975 m—15 m。全长 237 km(含羊角沟以下 21 km)，控制流域面积 10 336 km²，是省级大型河道。干流位于流域北部，以南流域面积较大，占全流域的 90% 以上，支流众多，呈典型的单侧梳齿状分布。小清河干流沿线有美里湖、洋涓洼、华山湖、白云湖、芽庄湖等湖泊洼地，历史上对洪水起着重要调蓄作用。

济南段小清河长 70.5 km，自西向东流经槐荫、天桥、历城、章丘四区(市)，流域面积 2 792 km²，占济南市面积的 34%。河道主要支流 27 条，多分布在右岸，除工商河、五一沟等为城市排水河道外，其余支流均属山洪性河道，坡陡流急，支流上游分布有狼猫山、大站、垛庄、杏林、杜张 5 座中型水库及 78 座小型水库。左岸支流为平原排涝河道。

235

17.4.2 水环境容量的计算

1. 计算模型的选取

目前济南小清河主要汇入了城市污水和工业废水，水质严重超标，常年大部分时间无外来水可以补给。本次计算的水质模型选用一维模型。规划的济南小清河各河段的水质目标是相同的，符合下列公式的适用条件。因此，模型选用公式：

$$E = W = 31.54[C_s(q_p + q) - C_p q_p e^{-kl/86.4u}] \tag{17-4}$$

式中，W 为水环境容量等同于允许排污量（t/a）；C_s 为水质目标值（mg/L）；C_p 为上游断面污染物的浓度（mg/L）；q_p 为设计流量（m³/s）；q 为排入河段的河流流量（m³/s）；k 为降解系数（d⁻¹）；l 为河段的距离（km）；u 为该河段内的河水流速（m/s）。

该模型下，假设小清河的水质已经达标，算出其水环境容量即允许排污量。假设各个断面的水质达标，则 C_p 的取值即为规定的水质目标值 C_s。汇入小清河干流的各支流的流量可以通过枯季的实测数据求出。

2. 水环境容量的计算

（1）水质目标的确定。

根据小清河各段水环境功能区划，要求达到 GB 3838—2002《地表水环境质量标准》中的 IV 用水标准。下面给出各河段水质目标值 C_s，见表 17-2。

表 17-2　小清河各段水质目标值

水质指标	COD	NH₃—N
目标值/（mg/L）	30	1.5

（2）水文参数设计值的确定。

① 计算断面的选取。

小清河干流有国控和省控断面共七个，从上游到下游分别为：睦里庄、马鞍山、五柳闸、还乡店、大码头、鸭旺口和辛丰庄。各断面的基本情况如表 17-3 所示。

表 17-3　小清河环境容量计算断面

断面名称	睦里庄	马鞍山	五柳闸	还乡店	大码头	鸭旺口	辛丰庄
与上断面距离/km	—	12.55	6.66	5.25	13.58	7.88	21.56
断面位置	市区，小清河发源地	与兴济河交汇前	与西洛河交汇前	历城还乡店村	历城遥墙镇	与巨野河交汇前	济南与邹平交界
控制流域面积/km²	0	89.9	234.2	330.3	695.31	1189.07	2083.4

② 河流各断面设计流量的计算。

根据断面上、下水文站的设计流量，用断面控制面积内插法可以求得各断面的设计流量，公式如下：

$$q_i = (q_下 - q_上) \cdot (A_i - A_上)/(A_下 - A_上) + q_上 \tag{17-5}$$

式中，q_i 为 i 断面设计流量（m³/s）；$q_上$、$q_下$ 为上、下水文站断面设计流量（m³/s）；A_i

为 i 断面控制流域的面积(km^2)；$A_上$、$A_下$ 为上、下水文站流域面积(km^2)。

当下水文站断面设计流量小于上水文站断面设计流量时，上式不再适用，这时应采用河段长度内插法进行计算，公式如下：

$$q_i = (q_下 - q_上) \cdot \Delta L_i / \Delta L + q_上 \tag{17-6}$$

式中，ΔL 为上下两水文站断面的距离(m)；ΔL_i 为 i 断面距离上断面的距离(m)。

计算时，源头睦里庄断面的设计流量和控制流域面积均视为 0。根据《济南市流域水污染综合治理研究》的研究成果，可知小清河干流设计流量并不完全随着流域面积的增大而增大，因此整个干流都采用流域面积内插法不合适。故而，计算时，从睦里庄到五柳闸的断面设计流量采用流域面积内插法求出，而还乡店到辛丰庄断面则采用河道长度内插法进行计算，具体见表 17-4。

表 17-4　小清河(枯水期)各断面设计流量　　　　　　　　　　单位：m^3/s

断面	保证率		
	50%	75%	90%
睦里庄	0	0	0
马鞍山	1.778	1.523	1.430
五柳闸	4.631	3.967	3.725
还乡店	4.806	4.117	3.866
大码头	4.521	3.872	3.636
鸭旺口	4.356	3.730	3.503
辛丰庄	3.904	3.341	3.139

③支流流量的确定。

汇入小清河的支流和排污系统众多。考虑到各个排污系统的污水将通过污水处理厂统一净化处理，仅考虑支流的影响，计算过程中将支流概化为排污口。计算将选取兴济河、东西工商河、腊山河、柳行河、全福河、西洛河、东洛河、大辛石河、韩仓河、巨野河和杨家河共 12 条支流，见表 17-5。

表 17-5　济南小清河各支流的流量

段名	支流名称	流量/(m^3/s)
睦里庄—马鞍山	腊山河	0.179
马鞍山—五柳闸	兴济河	1.464
	西工商河	0.082
	东工商河	1.227
五柳闸—还乡店	西洛河	5.354
	东洛河	0.752
	柳行河	1.265
	全福河	1.220

段名	支流名称	流量/(m³/s)
还乡店—大码头	大辛石河	1.529
	韩仓河	0.241
大码头—鸭旺口	巨野河	0.031
鸭旺口—辛丰庄	杨家河	0.014

各支流的入河流量根据 2006 年 4 月的现场监测数据计算得到。计算容量时河流的分段，以及入河的支流如图 17-4 所示。

（3）河流水质参数的确定。

小清河水环境容量计算选取 COD 和 NH_3-N 为指标。本次计算中，结合小清河实地调研采样分析成果，选取 COD 和 NH_3-N 的降解系数为 $0.3d^{-1}$ 和 $0.2 d^{-1}$。

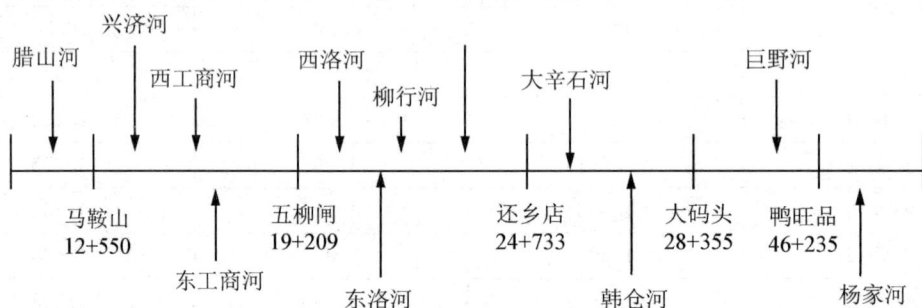

图 17-4　济南小清河水环境容量计算分段示意图

3. 计算结果

在小清河源头睦里庄处，通过对近年来各部门水质监测资料的分析，确定 COD 的背景浓度为 22.756 mg/L，NH_3-N 的浓度超标，故该断面其浓度取 1.5 mg/L。其余各断面的上断面来水浓度均按达标水质计算，具体见表 17-6、表 17-7。

表 17-6　济南小清河 COD 水环境容量计算结果　　单位：t/a

河段	保证率		
	50%	75%	90%
睦里庄—马鞍山	1 250.38	1 012.60	926.05
马鞍山—五柳闸	2 947.84	2 910.17	2 896.13
五柳闸—还乡店	8 394.02	8 363.25	8 351.80
还乡店—大码头	2 297.93	2 224.70	2 197.48
大码头—鸭旺口	391.87	349.44	333.96
鸭旺口—辛丰庄	852.60	752.40	715.63
总计	16 134.64	15 421.00	15 162.63

表 17-7　济南小清河 NH_3—N 水环境容量计算结果　　　　　　单位：t/a

河段	保证率		
	50%	75%	90%
睦里庄—马鞍山	17.83	16.73	16.33
马鞍山—五柳闸	142.13	140.86	140.39
五柳闸—还乡店	415.37	414.34	413.90
还乡店—大码头	105.05	102.56	101.64
大码头—鸭旺口	13.74	12.31	11.78
鸭旺口—辛丰庄	29.82	26.38	25.11
总计	723.94	713.18	709.19

COD 的容量范围是 3 768.79～4 208.26 t/a，NH_3—N 的容量范围是 122.36～136.74 t/a。在进行水环境承载力计算时，为了最大限度地利用水资源，建议 COD 的容量取 4 208.26 t/a，NH_3—N 容量取 136.74 t/a。

【思考与习题】

1. 水环境容量的特性包括（　　）。

A. 资源性　　　　　　B. 区域性　　　　　　C. 科学性　　　　　　D. 系统性

2. 按水环境目标分类，水环境容量可以分为_____和_____。

3. 总量控制可划分为（　　）。

A. 目标总量控制　　B. 政府总量控制　　C. 容量总量控制　　D. 行业总量控制

4. 简述目标总量控制与容量总量控制的差异。

5. 简述 TMDL 分配方法。

第 18 章　突发性水环境污染应急管理

导读:

随着我国工业的发展,以及环境监控的力度不足,突发性水环境污染事件频频发生。突发性水环境污染事件不仅对于居民身体健康造成危害,对于人们的心理也会造成一定的影响,甚至造成社会恐慌,对于社会的危害非常大。因此发生突发性水污染事件后,要立即采取积极的应急预案,对突发事件进行科学管理,避免出现恐慌。

本章的知识采集点包括:

1. 突发性环境污染事件分级。

2. 对于不同类型的突发性水环境污染事件的处理。

3. 决策支持系统的含义。

18.1　突发性环境污染事件概述

18.1.1　突发性污染事件特点

对于水污染事件一般可以分为两类:

第一类一般称为急性事件,就是在较短的时间内将大量的污染物排放在水体中而造成的突发性事件;第二类性就是慢性事件,由于长期的排放最终形成了较为严重的污染事件。不管是哪一种污染的类型,都会对当地的人们造成生活以及生产上的威胁,同时对生态系统也会造成较大的破坏,如果处理不当,很可能带来非常严重的后果。

突发性水环境污染事件是急性事件的一种,指的是在较短的时间内,由于水体存在大量的污染物的排放,造成水体污染的事件。突发性水环境污染事件不仅仅会影响到人们的身体健康,对于国家的财产安全也会造成严重威胁,目前一般特指在工业中污水的排放。

目前的许多例子表明,突发性水污染事件主要包括以下特点。

1. 来源的多样性

首先不管是由什么来源引起的污染事件,均涉及非常多的领域,几乎涉及所有领域。在同一个领域中,生产上的每一个环节都是污染的可能来源。

2. 爆发的偶然性

对于一般的水污染而言,指的是在一定的时间内有规律地进行排放,因此在控制的过程中容易掌握时间的周期性,而对于突发性的水污染事件而言,偶然性是比较大的,由于不清楚突发的时间,因此在控制上非常困难,社会危害更大。

3. 危害的严重性

目前在我国比较严重的危害事件主要是包括在沿海或者是河流工厂中大量有毒物质

的泄露，这样的工程主要集中在化工厂以及很多石油的加工厂。在很短的时间内，有毒有害物的大量泄漏不仅可能造成人身伤亡和财产损失，而且容易造成一系列间接损失，是极为严重的危害事件。

18.1.2　突发性环境污染事件的影响

1. 威胁生命与健康

突发性的水污染事件对于工作人员以及周边居民的生存环境带来非常恶劣的影响，直接接触到有毒水体的人员会出现中毒以及死亡等现象。后续的长期整治和恢复过程中也会对周边居民造成影响，对于人们的健康威胁是长期性的。

2. 造成重大经济损失

突发性的水污染造成企业的经济损失是毋庸置疑的，后期的整治恢复工作也需要高额的费用支出，经济损失重大。

3. 造成社会不稳定

突发性的水污染会造成周边居民的心理阴影，例如长期在这样的污染影响下，会影响到周边居民的正常生产和生活，而某些突发性的水污染事件会造成人员的伤亡，从而引起社会的不稳定。而对于严重污染的地区，人员的搬迁率较大，以及会带来相应的社会问题，甚至会带来国际的纠纷。

4. 严重破坏生态环境

对于重大的污染事件而言，一定会造成水体的生态环境受到污染，最为明显的就是水体中水生生物的大量死亡，以及生物环境的破坏。

18.1.3　突发性环境污染事件管理体系

2003 年，我国开始着手研究应急管理体系，在各地都开始建设应急管理系统，主要功能就是监测和监察，直到 2005 年 1 月，环保部（当时为国家环保总局）公布《国家突发环境事件应急处理预案》，对于突发性的环境事件有了一个参照的系统性预案。《国家突发环境事件应急处理预案》里包含水、大气、有害废物、危险化学品、核辐射污染等多方面的应急处理预案，给各地应急处理系统带来了处理方案。突发性环境事件分为特别重大（Ⅰ级）、重大（Ⅱ级）、较大（Ⅲ级）和一般（Ⅳ级）环境污染事件。

1. 特别重大环境污染事件（Ⅰ级）

凡符合下列情形之一的，为特别重大环境污染事件：

（1）因环境污染直接导致 10 人以上死亡或 100 人以上中毒的；

（2）因环境污染需疏散、转移群众 5 万人以上的；

（3）因环境污染造成直接经济损失 1 亿元以上的；

（4）因环境污染造成区域生态功能丧失或国家重点保护物种灭绝的；

（5）因环境污染造成地市级以上城市集中式饮用水水源地取水中断的；

（6）1、2 类放射源失控造成大范围严重辐射污染后果的；核设施发生需要进入场外应急的严重核事故，或事故辐射后果可能影响邻省和境外的，或按照"国际核事件分级（INES）标准"属于 3 级以上的核事件；台湾核设施中发生的按照"国际核事件分级（INES）标准"属于 4 级以上的核事故；周边国家核设施中发生的按照"国际核事件分

级(INES)标准"属于4级以上的核事故;

(7)跨国界突发环境事件。

2. 重大环境污染事件(Ⅱ级)

凡符合下列情形之一的,为重大环境污染事件:

(1)因环境污染导致3人以上10人以下死亡或50人以上100人以下中毒的;

(2)因环境污染需疏散、转移群众1万人以上5万人以下的;

(3)因环境污染造成直接经济损失2 000万元以上1亿元以下的;

(4)因环境污染造成区域生态功能部分丧失或国家重点保护野生动植物种群大批死亡的;

(5)因环境污染造成县级城市集中式饮用水水源地取水中断的;

(6)重金属污染或危险化学品生产、贮运、使用过程中发生爆炸、泄漏等事件,或因倾倒、堆放、丢弃、遗撒危险废物等造成的突发事件发生在国家重点流域、国家级自然保护区、风景名胜区或居民聚集区、医院、学校等敏感区域的;

(7)1、2类放射源丢失、被盗、失控造成环境影响,或核设施和铀矿冶炼设施发生的达到进入场区应急状态标准的,或进口货物严重辐射超标的事件;

(8)跨省(区、市)界突发环境事件。

3. 较大环境污染事件(Ⅲ级)

凡符合下列情形之一的,为较大环境污染事件:

(1)因环境污染直接导致3人以下死亡或10人以上50人以下中毒的;

(2)因环境污染需疏散、转移群众5 000人以上1万人以下的;

(3)因环境污染造成直接经济损失500万元以上2 000万元以下的;

(4)因环境污染造成国家重点保护的动植物物种受到破坏的;

(5)因环境污染造成乡镇集中式饮用水水源地取水中断的;

(6)3类放射源丢失、被盗或失控,造成环境影响的;

(7)跨地市界突发环境事件。

4. 一般环境污染事件(Ⅳ级)

除特别重大/重大/较大环境污染事件以外的环境污染事件。

18.2 突发性污染事件应急技术

18.2.1 突发水环境污染事件应急评估

在污染事件发生以后,能够第一时间科学评估事件性质、危害,并第一时间启动相关环境应急预案,采取有效应对措施,对于妥善处置突发水环境事件至关重要。因此,构建一套完善的评估和应急管理体系就具有十分重要的现实意义。

事件发生后,相关的部门应该进行统一的规划,制定合理有效的检测措施,对于水污染的评估需要做到科学准确,对于已有的资源进行有效的利用,这样能够充分发挥检测和水污染评估的作用。

1. 识别评估区环境风险

常规意义上的环境风险是事故发生概率与后果的乘积。基于环境风险系统理论,事

件发生的概率与评估区域的企业数量、高风险的企业数量、区域突发水污染事件发生情况（近5年突发水污染事件数量）相关；事件发生的后果与污染物的泄漏量、风险防范及应急响应的效率、可能受到影响的环境保护目标及等级相关。

（1）风险源强度。生产安全事故和交通运输事故是我国突发环境事件主要诱发因素，环境风险源强度指标要综合考虑评估区域内环境风险活动的强度、历年突发环境事件发生情况、工业企业危险化学品及危险废物存量与产排量以及危险化学品运输强度，指标数值与风险源强度呈正相关的关系，如评估区域内危险化学品存量越高、危险废物产生量越大、危险化学品运输量越大，风险源强度越高。

（2）水环境风险受体易损性。典型的水环境风险受体包括饮用水水源地保护区、涉水自然保护区、重要湿地、重要水生生物栖息地等。

（3）排污通道扩散性。排污通道扩散性主要受到各类环境风险源管理水平以及评估区域环境风险防范与应急能力等因素制约。一般，企业规模与管理能力呈现一定的相关性，即小型企业环境风险管理水平较低，大中型企业环境风险管理专业性强。

2. 针对评估结果优化风险源布局与高风险区管控

针对风险评估结果，可将流域划分为禁止开发区、限制开发区和鼓励建设区。在禁止开发区内，严格控制高污染、高风险建设项目的审批和准入，逐步清退污染物排放不达标、环境风险隐患不排查及治理不到位、环境应急预案编制不合格的企业；针对限制开发区，原则上不再加大高污染、高风险建设项目的新建，引导企业严格落实环境风险防控主体责任，加大区域内环境敏感受体的保护工作；针对鼓励建设区，引导高风险、高污染企业进入风险水平较低的鼓励开发区，并加强企业环境风险防控主体责任的落实，优化企业环境风险管理水平。

严格高风险区域管控。针对环境风险评估识别出的高风险区域，开展典型突发水污染事件风险评估，明确需要重点关注和防范的环境事件类型，并将其作为当前环境风险防控工作的重点，同时将环境风险评估结果作为流域环境应急预案编制的重要依据。

18.2.2　突发性重金属水污染事件应急处理技术

1. 重金属及其毒性

一般认为相对密度在5以上的金属统称为重金属。从环境污染方面所说的重金属，实际上主要是指汞、镉、铅、铬以及金属砷等生物毒性显著的重金属，也指具有一定毒性的一般重金属，如锌、铜、钴、镍等。重金属废水排出时，即使浓度很小，也可能造成危害，对环境造成污染，即为重金属污染。

重金属污染的特点表现为以下几方面。

（1）水体中的某些重金属可在微生物作用下转化为毒性更强的金属化合物，如汞的甲基化作用。

（2）生物从环境中摄取重金属可以经过食物链的生物放大作用，在较高级生物体内成千上万倍地富集起来，通过食物进入人体，在人体某些器官中蓄积起来造成慢性中毒，危害人体健康。

（3）在天然水体中，只要有微量重金属即可产生毒性效应，一般重金属产生的毒性范围在$1\sim10$ mg/L，毒性较强的金属如汞、镉等，产生毒性的质量浓度范围在$0.001\sim$

0.01 mg/L。重金属的污染有时会造成很大的危害，如日本的水俣病就是由汞污染引起的。

2. 水体重金属去除技术

（1）沉淀和絮凝法。

沉淀作用提高了水体 pH，使重金属以氢氧化物或碳酸盐的形式从水中分离出来，也有加入硫化物沉淀剂使重金属离子生成硫化物沉淀而被除去。絮凝作用也应用于常规的污水处理中，普遍采用铁盐和铝盐作为絮凝剂，通过与具有净化功能的天然矿物联合，改性后可形成性能更优的絮凝材料。木质素磺酸盐也是一类性能优良的绿色絮凝剂，引入羧酸基、磺酸基等基团后，絮凝沉降效果更佳。

（2）吸附法。

吸附法是利用多孔性固态物质吸附水中污染物来处理废水的一种常用方法，主要采用下列吸附剂。

①活性炭吸附剂。

活性炭吸附是一种较早应用于生产的净水技术，目前颗粒活性炭、粉状活性炭、活性炭纤维、碳分子筛、碳纳米材料相继问世，为活性炭吸附法选用吸附剂提供了更多选择。

②矿物吸附剂。

目前关于矿物吸附剂表面研究已深入到分子水平。对具有一定吸附、过滤和离子交换功能的天然矿物进行合理改性是提高环境矿物材料性能的新途径。如膨润土的改性方法主要由两种：一是活化法，二是添加无机或者有机化合物改进剂改性。改性后的膨润土对于重金属的吸附效果均有明显提升。

③壳聚糖、木质素等天然吸附剂。

利用悬浮交联和复合制备得到壳聚糖树脂吸附剂和壳聚糖—活性炭复合吸附剂，对铅、镉等重金属均有较好的去除效果。

（3）离子交换法。

以泥炭、木质素、纤维素等为原材料制成各种离子交换树脂和螯合树脂可去除水体中的重金属离子，其中螯合树脂不仅保有一般离子交换树脂所具有的优点，又具备有机试剂所特有的高选择性的特色。离子交换纤维是一种新型纤维状吸附和分离材料，具有比表面积大、传质距离短、吸附和解吸速度快等优点。

（4）生物法。

生物法是 20 世纪 80 年代随着生物技术发展而产生的一种重金属废水处理技术。生物法修复重金属污染水体一般分为微生物修复技术、植物修复技术和动物修复技术三种类型。

用于重金属离子吸附的微生物主要有细菌和真菌，利用水体中的微生物或者向污染水体中补充经驯化的高效微生物，在优化的条件下经过生物还原反应，将重金属离子还原或吸附成团沉淀。生物吸附技术在吸附性能、吸附效率、运行成本和对环境影响等方面都优于其他方法，且在理论上和技术上都有了一定的发展，已在水处理方面有一些工业应用。今后运用基因工程、细胞工程等先进的生物技术在处理水体重金属污染方面有广阔的应用前景。

植物修复是利用绿色植物来转移、容纳或转化污染物使其对环境无害，主要通过植物吸收、植物挥发、植物吸附和根际过滤等方式，来积聚或清除水体中的重金属。植物修复技术自诞生以来，在全世界得到了迅速的应用和发展。目前，发现的重金属超积累植物超过700余种，凤眼莲、水芹菜、香蒲、芦苇等都对重金属有良好的吸收积累效应，利用水生植物净化重金属污水应用较多的是人工湿地和生物塘。

水体底栖动物中的贝类、甲壳类、环节动物等对重金属也具有一定的富集作用，但此法处理周期长、费用高，因此目前水生动物主要用作环境重金属污染的指示生物，用于污染治理的不多。

18.2.3　毒性废水污染事件应急处理技术

1. 应急控制策略

突发毒性废水污染事故的应急处理方法有物理处理法、化学处理法等。

物理处理法是将污染物清理及打捞出水或进行拦污隔离等，必要时可采用修筑丁坝、导流堤、拦河坝、围堰等工程措施来改变原来的主流方向和流场，防止污染物向外扩散。

化学处理法是在污染区域抛撒化学试剂，减轻和净化污染水域。常见的化学处理方法是根据污染物的化学性质来确定，酸性物质用碱性物质中和，如硝酸、硫酸用氢氧化钠处理，氰化物用漂白粉、次氯酸钠处理等；碱性物质用酸性物质来中和；利用氧化还原反应，如用硫化钠处理六价铬；还有利用絮凝剂、分散剂、消油剂等加速沉降、分解，防止污染物扩散。

现场应急处理的基本装配是开展应急处理工作必不可少的条件，可分为基本装备和专业救援装备。基本装备为通信装备、交通工具、照明装备和防护装备等；专业救援装备主要指防化学危险品及防辐射的专业装备。

2. 污染源应急控制

当发生废水污染后，应当在第一时间对污染源进行有效控制，尽可能阻断污染物的扩散，把污染控制在最小范围。

(1)污染源现场应急阻断措施。

现场应急阻断措施有：关闭污染源对外排水的阀门、修筑拦水坝、将污染源废水导入封闭的储水池或低洼地等。通过阻断，把污染源控制在较小的范围内，防止污染物扩散到开放水域而造成大范围的污染事故。

(2)污染源现场污染物应急处理技术。

对于化工、冶金、选矿等行业排除的剧毒含氰废水，可采用强化氧化法处理，例如，芬顿试剂催化氧化、三位电极催化氧化、光催化氧化、臭氧氧化、湿式催化氧化、催化超临界水氧化技术等。

对于制药、燃料、化工等行业排除的毒性或高浓度有机废水，除可采用上述强化氧化处理方法外，还可以采用吸附法处理。

对于来自焦化厂、煤气厂、石油化工厂等工业部门以及石油裂解制乙烯、合成苯酚、聚酰胺纤维、合成染料、有机农药和酚醛树脂生产过程的含酚废水，其成分含有酚基化合物。对于含酚废水一般使用生物氧化、化学氧化、物理化学氧化等方法进行处理后排放或回收。

来源于有色金属冶炼厂、化工厂、农药厂、造纸厂、染料厂及热工仪器仪表厂等企业的含汞废水，可采用硫化物沉淀法、化学凝聚法、活性炭吸附法、金属还原法、离子交换法和微生物法进行去汞处理。一般偏碱性含汞废水通常采用化学凝聚法或硫化物沉淀法处理；偏酸性的含汞废水可用金属还原法处理。低浓度的含汞废水可以用活性炭法、化学凝聚法或者活性污泥法处理，有机汞废水较难处理，通常先将有机汞氧化为无机汞，然后进行处理。

18.3　突发性污染事件应急管理

突发性环境污染事件应急管理体系一般由四部分组成：组织机构、应急机制、应急预案与应急法制(图 18-1)。其中，组织机构是应急管理体系的基础，是一切应急管理行为的活动主体。因此，本节将以组织机构为主体，对于突发水环境污染事件应急管理进行详细介绍。

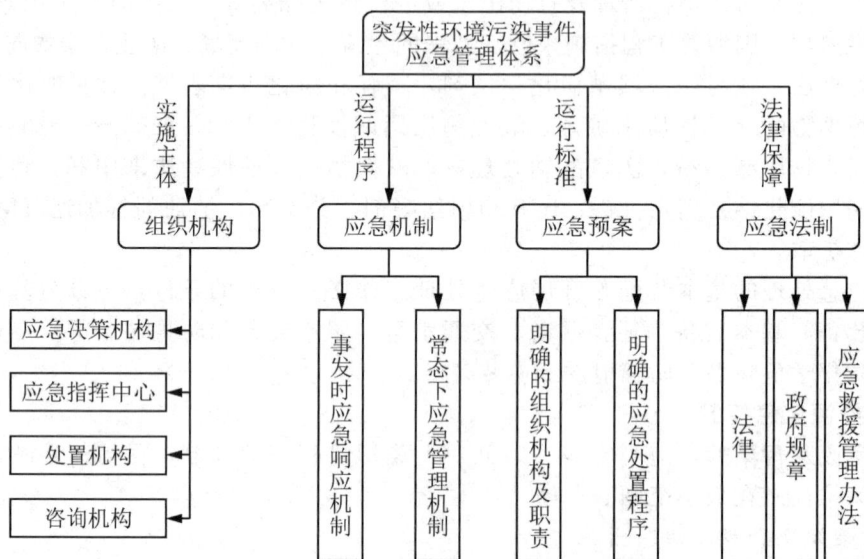

图 18-1　突发性环境污染事件应急管理体系

18.3.1　应急管理组织机构设置

突发性环境污染事件一旦发生，就可能对社会造成严重的影响，同时每件突发性环境污染事件的起因和特性都不同，应对每次突发事件的程序和方法也不同，但是应对突发事件的目的是一样的，因此，各国在建立应急管理组织机构时都存在一些普遍适用的，具有规律性的原则。针对我国突发性环境污染事件的实际情况，将突发性环境污染事件应急管理组织机构的构建原则归纳为以下四条：

1. 树立危机意识，兼顾预防与应急原则。
2. 加强分级管理，强化统一指挥原则。
3. 明确管理层次，优化组织协调原则。
4. 以政府为主导，公众广泛参与原则。

　　根据各机构在应急管理过程中发挥的不同作用，将应急管理组织机构划分为四部分：发挥综合决策功能及协调不同部门联合行动的应急决策机构、事故现场统一指挥协调各救援组织的应急指挥中心、实施现场应急响应措施的事故处置机构、提供专业救援建议的应急咨询机构。各机构之间的相互关系如图18-2所示。

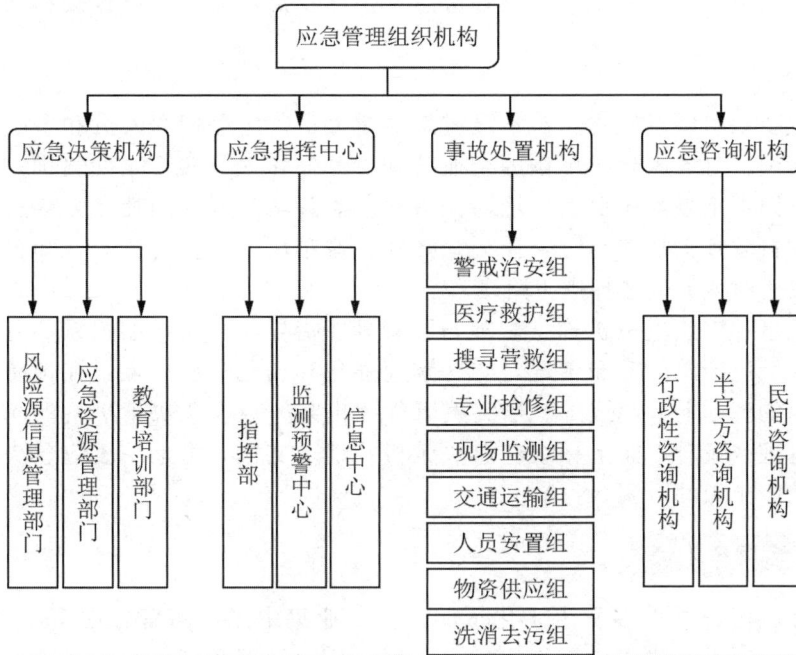

图 18-2　应急管理组织机构之间的相互关系

18.3.2　应急决策机构

　　突发性水环境污染事件一旦发生，不但对周围水环境，对于周围大气和土壤也会造成影响，是一种综合性的问题。因此，成立相应的部门对于各个行政管辖区及下级部门进行快速决策和调度是十分必要的。

　　设立常设性应急决策机构，作为应急管理组织机构的重心，当突发性环境污染事件发生时，协调对应层次上的政府部门和各种应急资源来应对突发事件。根据日常管理责任的不同，将其具体分为以下三个部门。

1. 风险源信息管理部门

　　该部门负责收集管辖范围内的环境风险源信息，分类汇总并存档，筛选可能引发突发性环境污染事件的风险源，进行风险评估，建立风险源数据库，制订相应风险源管理中长期管理计划，并进行风险源信息通报；根据风险源分布情况，设置合理的避难场所和临时安置点；监督并支持存在环境风险源的单位进行应急预案的编制，对各应急预案进行统一汇总，解决不同级别预案之间的衔接问题；对以往发生过的突发性环境污染事件进行总结归档，以便后期查询；定期召集专家就当年度或更长时间内可能发生的突发事件进行分析研究，提出应对可能突发事件的相应措施。

2. 应急资源管理部门

该部门主要职责是建立应急资源目录和标准，对管辖范围内的应急资源进行统一规划，明确中长期和年度物资储备计划，结合各级应急预案中的调运方案，科学设置应急资源和救援力量布点，避免重复造成浪费，定期检查应急设施的完备性并及时更新。当突发性环境污染事件一旦发生，协调各应急资源储备点，进行应急救援物资和救援力量的及时调用。

3. 教育培训部门

该部门主要承担以下职责：对本级应急决策人员、应急指挥人员和事故处置机构进行应急技术培训；对各风险源单位的企业管理层和操作人员实行定期培训，使其熟悉操作规程，防止因不正当操作引发环境污染事件；对管辖范围内的社会公众进行应急知识的宣传教育和自救互救技能培训，让公众熟知各避难所的具体位置，告知公众突发性环境污染事件发生时该如何选择逃生路线。

各级环境事件应急决策机构是管理与被管理、指导与被指导的关系，应急决策机构可以根据本区域风险源的分布情况，有区别地强化和弱化某些区域，在预防突发性环境污染事件发生的基础上节约成本。当突发事件超出某一级应急决策机构的应对能力或涉及两个应急管理区域时，向上一级应急决策机构请求支援，由上一级应急决策机构进行应急物资和救援组织的协调。

18.3.3 应急指挥中心

突发性环境污染事件多发生于化工园区、工业集中区，随着各地市经济快速发展，某些经济发达省市已经建立应急指挥中心，用于日常管理和应急救援管理。但通行做法是突发事件发生时，应急指挥中心成立，用于应对突发事件，事件控制解决后，指挥中心随即解散，造成经验和措施的不延续性。因此设立常设的应急指挥中心，执行应急决策机构的应急管理计划，实施预案演练，突发事件发生时，具有绝对的现场指挥权，指挥各救援队伍进行应急救援。

应急指挥中心统一应急指挥中心主要由指挥部、监测预警中心和信息中心三部分组成。

1. 指挥部

指挥部根据应急决策机构下达的应急指令，进行现场事故处置机构、应急设备的指挥和协调根据事故性质和严重程度，确定应急救援组织中需要启动哪些部门以及相应的启动级别与上级应急指挥中心进行协调，当需要增加救援组织时，向上级应急指挥中心寻求支援。

2. 监测预警中心

监测预警中心负责对重大风险源和重点防护对象进行监测，一旦发现异常情况，立即汇报指挥中心总指挥，发布预警信号，向预测到的影响范围内的企业单位、公众等发布预警信息。

3. 信息中心

信息中心是应急指挥中心的核心部门，主要职责是收集现场处置机构上传的事故现场信息，向处置机构传达应急指挥中心的具体应对方案，充当各职能部门之间信息传递

的桥梁突发性环境污染事件发生后，与新闻媒体进行积极的沟通联系，召开新闻发布会由指挥中心指定的新闻发言人将政府已经掌握的关于突发事件发生的原因、事件发展程度、已经采取的措施等信息告知权威媒体，由其向社会发布将媒体反馈的突发事件信息进行筛选汇总，传递给应急决策机构，供其参考以便进行应急处置措施决策，同时接收应急决策机构传达的决策命令。

18.3.4　事故处置机构

突发性环境污染事件的应急救援工作需要公安、消防、民政、医疗卫生、环境监测等多个部门的联合行动，一个部门可能承担多项职责，一项处置任务也可能由多个部门共同完成，因此明确各部门的具体职责，平时加强各部门的专项培训和演练是非常有必要的。根据各部门在应急救援过程中所承担的不同责任，将突发性环境污染事件应急管理体系研究其分为九种处置机构：

（1）警戒治安组：主要负责事故现场警戒隔离，人员疏散；

（2）医疗救护组：主要负责对伤者进行处理后送至医院，宣传自救、互救知识；

（3）搜寻营救组：主要负责事故现场人员搜索与营救；

（4）专业抢修组：主要负责危险品处置，设备抢修；

（5）现场监测组：主要负责事故现场监测布点、采样、分析，出具监测报告；

（6）交通运输组：主要负责撤离人员和应急物资的运输工作；

（7）人员安置组：主要负责避难所和临时安置点内人员的饮食、安全问题；

（8）物资供应组：主要负责统计应急物资需求情况，接受上级调配的应急物资；

（9）洗消去污组：主要负责现场泄露污染物的处理。

18.3.5　应急咨询机构

突发性水环境污染事件的应急管理必须强调科学合理性，为此设置门类齐全的咨询机构，以承担应急管理的研究、咨询、辅助决策的职责。应急咨询机构主要由行政性的、半官方的以及民间的应急管理决策、咨询机构组成，包括环境污染治理专家、公共安全专家、危险品处置专家、工程技术专家、心理学家、经济学家等组成。其主要职责如下。

（1）参与各应急决策机构管辖区域内有关环境风险源应急预案的编制，为其编制和修订提供专业建议；

（2）为应急决策机构提供中长期减灾规划、突发性环境污染事件应急管理系统的建设与管理、有关应急管理领域最新发展趋势等方面提供具体的意见和建议；

（3）通过分析应急决策机构获得的信息，对突发性环境污染事件是否做出预警，预警范围大小等做出相应建议；

（4）当突发性污染事件发生时，根据具体信息为应急资源需求情况、设备抢修处置措施、医疗救助措施、环境污染防治措施等提出迅速的决策咨询方案；

（5）应急处置结束后，对采取的应急预案、处置方法、灾害损失、工作人员及受伤公众心理干预、恢复重建方案等提出建议，对应急预案进行补充修订并对本次突发事件处置进行绩效评估。

18.4　案例分析

18.4.1　事件概况

2005 年 11 月 13 日，中国石油天然气集团公司吉林石化公司双苯厂硝基苯精馏塔因工作人员操作连续失误引起硝基苯精馏塔发生爆炸，并引发其他装置、设施连续爆炸。爆炸造成大量苯类污染物进入到松花江水体，引发松花江重大水污染事件。

18.4.2　应急措施与处理

苯类污染物是对人体健康有害的有机物。松花江重大水污染事件发生后，国家环境保护总局高度重视，立即派专家赶赴黑龙江现场协助地方政府开展污染防控工作，开展水体动态监测，严密监控松花江水环境变化。

1. 应急对策

该污染事件发生后，吉林省有关部门迅速封堵了事故污染物排放口，加大水电站的放流量，尽快稀释污染物，实施生活饮用水源地保护应急措施，组织环保、水利、化工专家参与污染防控，沿江设多个监测点位，增加监测频次，有关部门随时沟通监测信息，协调做好流域防控工作。

2. 应急监测分析

2005 年 11 月 13 日 16 时 30 分开始，环保部门对吉化公司东 10 号线周围及其入江口和吉林市出境断面白旗、松江大桥以下水域，松花江九站断面等水质进行监测。14 日 10 时，吉化公司东 10 号线入江口水样有强烈的苦杏仁气味，苯、苯胺、硝基苯、二甲苯等主要污染物指标均超过国家规定标准。松花江九站断面苯类指标全部检出，以苯、硝基苯为主，从三次监测结果分析，污染逐渐减轻，但右岸仍超标 100 倍，左岸超标 10 倍以上。松花江白旗断面只检出苯和硝基苯，其中苯超标 108 倍，硝基苯未超标。随水体流动，污染带向下转移。20 日 16 时到达黑龙江和吉林交界的肇源段，硝基苯开始超标，最大超标倍数为 29.1 倍，污染带长约 80 km，持续时间约 40 h。目前，污染带已流过肇源段。此后的水质监测数据表明，江水污染程度呈现下降趋势。

11 月 22 日 18 时，吉林省境内第二松花江干流所有断面苯和硝基苯已全部达到国家地表水环境质量标准。22 日 23 时，肇源断面硝基苯浓度已大大降低，超标 0.42。23 日始，该断面未检出苯超标。23 日零时硝基苯浓度为 0.021 mg/L，超标 0.24，1 时，浓度为 0.015 4 mg/L，达标。目前，哈尔滨市饮用水源取水口上游 16 km 四方台断面，未检出苯和硝基苯，表明松花江段水质尚未受影响。根据水流速度，污染带预计 23 日晚到达哈尔滨市四方台取水口，25 日下午流过哈尔滨市江段。松花江哈尔滨以下段将汇入呼兰河、汤望河、牡丹江等较大支流，由于流量增大，物理、化学作用增强，污染物污染程度会不断减轻。监测部门提供的数据显示，从 26 日 20 时至 27 日 14 时，断面苯一直处于未检出状态，硝基苯浓度持续低于 0.017 mg/L 的国家标准，松花江较高浓度污染带离开哈尔滨市区。

3. 饮用水安全保障

(1)哈尔滨。

松花江重大水污染事件发生后,根据省环保局水质监测数据和省政府通知要求,为确保哈尔滨市生产、生活用水安全,哈尔滨市政府于 2005 年 11 月 23 日 23 时起,关闭松花江哈尔滨段取水口停止市政供水管网向哈尔滨市区供水。在停水期间,环保部门连续对松花江水质进行监测,至 27 日 14 时松花江哈尔滨段四方台水游地断面苯未检出,硝基苯浓度为 0.003 4 mg/L,达到国家标准;18 时哈尔滨市开始恢复供水。

在严重水危机期间,哈尔滨市政府采取了多种手段,控制水资源。21 日市政府发布通告,要求市内洗浴、洗车等高耗水行业从 21 日起停止用水。21 日晚,市政府紧急通知附近的"冰露""娃哈哈"和"哈药总厂"等大型矿泉水、纯净水生产企业要满负荷生产,并把所有产品运往哈尔滨;24 日又从沈阳调集了 1 300 t 矿泉水运抵哈尔滨。这一系列措施有效满足了哈尔滨市饮用水需求。与此同时,全市 918 眼地下水井全部启动,并加速开凿新井,市政府指定水源,调剂运水车辆,保证了取暖锅炉和消防用水补水,确保了市政供暖供热,稳定了社会秩序。

(2)佳木斯。

随着松花江污染带不断向下游移动,佳木斯江北水游于 12 月 5 日 16 时左右正式启动,开始向江南供水,佳木斯的防控松花江水污染工作也进入关键阶段。江北水源工程是佳木斯市的一项重点城市基础设施建设项目,工程从 1999 年开工建设,总投资为 2.3 亿元。工程设计能力为日供水 20 万吨,其中一期工程设计能力为日供水 10 万吨。江北水源采用自动化控制,使用国内最先进的除铁、锰工艺,水质完全符合国家饮用水标准,其中多数检测指标高于、优于国家规定饮用水标准。

针对松花江水污染可能对佳木斯造成的影响,该市关闭了第七水厂,迅速启动江北水源。在克服了技术要求高、施工难度大、资金不足等重重困难后,在社会各界的大力支持下,江北水源仅用了一周时间就完成了收尾工程投入使用,对确保群众喝上放心水起到了重要作用。

4. 污染后续问题处理

(1)二次污染问题。

松花江重大水污染事件发生后,关于冻入冰中和沉入底泥的硝基苯会否造成二次污染问题,就现有取得的研究成果来看,冻入冰中的硝基苯较少。另外,由于松花江底泥以沙质为主,沉入底泥的硝基苯有限,加上春天开江时水量较大,因此,次年春天冰体融化和底泥释放不会导致松花江水质超标。个别滞水区和缓冲区的底泥可能造成局部水域硝基苯浓度升高,环保部门将密切关注,加强对重点江段的监测。

(2)水产品食用安全性问题。

有关部门在松花江采集了数百尾鱼类样品,检测分析了不同江段、不同习性、不同种类的鱼类样品以及松花江沿岸 2 km 以内养鱼池塘的鱼类硝基苯残留量,进行了鱼类硝基苯富集和释放实验。检测分析结果表明,在污染带通过 25~30 天后,松花江鱼类中硝基苯含量很快降至食用安全含量以下。目前,松花江中的鱼和沿岸鱼塘的鱼硝基苯含量符合安全含量指标,可以食用。

（3）沿江两岸地下水饮用安全性问题。

有关部门对松花江沿江饮用水水源和分散式饮用水水源地进行了调查和评估，对地下水进行了严密监测。监测结果表明，沿江两岸 48 眼监测井中，除了个别地区监测井检出微量硝基苯之外，其他均未检出。因此，地下水饮用安全是有保证的。

（4）沿江两岸农畜产品食用安全性问题。

有关部门对松花江沿岸 10 km 范围内可能受影响的农灌区及畜产品养殖基地进行了调查，检测分析了数百份乳、蛋、肉样品的硝基苯残量，开展了含硝基苯废水对典型农产品影响的模拟试验。研究结果表明，松花江沿岸乳、蛋、肉样品中均未检出硝基苯，沿江两岸的农产品可放心食用。对大豆、玉米、水稻、小麦和蔬菜 5 种作物的模拟试验结果表明：当江水符合国家地表水标准时，未发现对试验作物种子发芽和幼苗生长产生不利影响。

（5）城市安全供水问题。

大量试验结果表明，粉末活性炭对水中硝基苯的去除效果很好，并获得较多技术依据。此项技术成果，可用于今后一旦发生水源地硝基苯等污染物少量超标时的城市安全供水。

（6）松花江水污染防治中长期规划要点。

①继续加强环境监测，确保沿江人民饮用水安全。继续加强松花江、黑龙江水环境监测工作，在松花江干流事故发生点下游至黑龙江抚远段共设 16 个监测断面监测地表水。并加强沿江城镇集中式饮用水和地下水饮用水的水质监测。继续开展松花江底泥、冰及水生生物监测工作，并继续开展中俄界河联合监测。

②深入开展松花江水污染生态环境影响评估研究。继续开展污染事故对生态环境影响的科学研究，科学指导以后的污染防治工作。进行更加深入细致的研究，要通过生态评估工作，有所发现，产生一批科研成果。

③组织松花江水污染防治中长期规划。以促进松花江流域社会经济与生态环境协调发展为出发点，优先保护大中城市集中式生活饮用水水源地，重点改善流域内对生产生活及生态环境影响大的水域水质，通过进行产业结构调整、开展清洁生产、实施污染物总量控制，进一步改善松花江水环境质量。

④继续做好流域污染防治工作。组织吉林和黑龙江两省环保部门严密监控沿江污染源情况，做好入春前沿江巡查防控工作。加强城市供水安全管理，特别是保证沿江取水口取水安全。密切关注水质对鱼类的影响，加强水产品安全监测工作。

⑤建立健全环境应急长效机制。加大投入，切实加强环境应急工作，用 2～3 年时间基本建成环境安全应急防控体系，从组织机构、应急专业队伍建设、装备配置、法制建设、技术标准、科技进步、应急信息平台和应急综合指挥协调系统等各方面入手充分发挥各职能部门在环保方面的主要作用，全面加强应急能力建设，构建国家、省、市和县四级环境预警监控网络、环境监测网络和环境监察执法网络，提高环境应急工作预警预测、监测、处置、后期评估和修复等方面的能力与水平。

【思考与习题】

1. 下列哪一项不属于生物毒性显著的重金属？（ 　　 ）

A. 汞　　　　　　　B. 镉　　　　　　　C. 银　　　　　　　D. 铬

2. 对于含汞废水，可以采用以下哪些方法处理？（　　）

A. 硫化物沉淀法　　B. 化学凝聚法　　　C. 活性炭吸附法　　　D. 离子交换法

3. 对于污染的情况以及污染所持续的时间，将突发性的水污染事件分为两类，分别为_____。

4. 决策支持系统的三库系统为_____。

5. 简述突发性环境污染事件的影响。

6. 如何处理突发性重金属水污染事件？

7. 突发性水环境污染事件应急管理机构一般如何设置？

第 19 章　水环境管理工具——决策支持系统

导读：

伴随着信息技术和材料科技的不断发展和进步，人们对水环境、水安全问题的日益关注，传统的需求也提升到了数字化展示、信息化管理和智慧化决策的新高度。决策支持系统以信息科学、地理科学、系统科学、环境科学和计算机科学为基础，具有多功能、多选择、自学习的特点，是解决流域智能管理的关键技术。

本章的知识采集点包括：

1. 决策支持系统的含义。

2. 决策支持系统的构成。

3. 决策支持系统的数据库应该的设计。

19.1　决策支持系统概述

环境问题决策的一般流程为：识别问题→确定决策标准→给标准分配权重→拟订方案→分析方案→选择方案→实施方案。决策问题可按结构化程度来分类，即基于能否把决策问题程序化来划分类别，即依据对决策问题的内在规律能否用明确的程序化语言（数学的或者逻辑的、形式化的或者非形式化的、定量的或者推理的）给予清晰的说明或者描述。能够描述清楚的，称为结构化问题；不能描述清楚的，而只能凭直觉或者经验做出判断的，称为非结构化问题；介于这两者之间的，称为半结构化问题。

结构化问题是常规的和完全可重复的，每一个问题仅有一个求解方法，可以认为结构化决策问题可以用计算机程序实现，非结构化问题不具备已知求解方法，因此不能编制程序完成。非结构化和半结构化问题本质上包含创造性或非直观性，计算机难以处理，而当把计算机和人有机地结合起来就能有效地处理非结构化和半结构化决策问题。决策支持系统就是为解决非结构化和半结构化决策问题的需要而产生的。

决策支持系统为决策者提供决策所需的数据、信息和背景材料，帮助明确决策目标和进行问题识别，并对各种方案进行分析、比较和判断，提高决策的科学性，从而改变过去领导仅凭个人经验、知识等自身素质来做决策的情况，避免主观、片面等因素引起的重大决策失误。

决策支持系统（Decision Suppon System，DSS）是麻省理工学院 Scott Monton 教授于1971 年首先提出的概念。它是在管理信息系统和管理科学、运筹学的基础上发展起来的。管理信息系统对大量数据进行处理，管理科学与运筹学运用模型辅助决策，而决策支持系统是将大量的数据与多个模型组合起来，通过人机交互达到决策支持的作用。目前，许多学者通过对 DSS 理论研究和实践，将 DSS 定义为以管理科学、数学方法、控制论、信息论为理论基础，以计算机技术、人工智能和通信技术为手段，辅助中、高层决策者解决半结构化或非结构化决策问题的，且具有一定智能行为的交互式计算机系统。

决策支持系统的结构上一般是：三库系统＋人机对话界面。其中，三库系统为数据库系统、模型库系统和方法库系统。决策支持系统结构如图 19-1 所示。

数据库系统包括数据库和数据库管理系统。数据库是按一定结构组织在一起的相关数据的集合。一般来说，数据库中的数据量是很庞大的，数据按一定的组织结构存放，

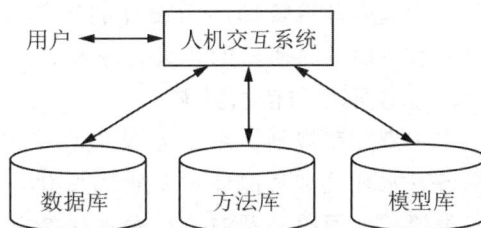

图 19-1 决策支持系统框架

以便查询利用，数据的存储方式和位置相对地独立于使用它们的程序。数据库管理系统是能完成描述、管理、维护数据库的软件系统，它实现了对数据库中的数据进行查询、增加、删除、修改和维护等统一的管理工作。作为 DSS 的一个部件，数据库管理系统还可提供一个语言体系供用户使用数据库或程序设计语言的接口。

模型库系统是决策支持系统的重要部件，通过模型或者模型的组合来辅助决策是决策支持系统的中心思想。模型库的模型主要是管理科学、运筹学和自然科学研究中使用的数学模型，在辅助决策中起到很明显的效果。除了数学模型外，还有数据处理模型，图像、图像模型、报表模型等。多种类型的模型不但扩充了辅助决策的能力，通过对不同类型模型的组合，能满足解决范围更广、层次更深的决策问题的要求。

方法库系统是指以库的形式对方法进行组织和管理，方法库用以存储各种不易量化处理的非结构化知识和信息。方法库类似于程序库，包含面向多种应用的程序包或功能程序，对程序方法提供添加、修改和删除等多种功能操作以及对模型进行调用、求解的方法等。

人机对话（交互）系统是决策支持系统和决策者交互的窗口，是实现人机充分交互的基础。它一般具有以下功能：①提供显示和对话形式，如菜单、窗口、多媒体及命令等；②输入输出转换，即将系统与用户的对话转换成 DSS 能够理解和执行的内部表示形式以及将运行结果按一定格式显示或打印给用户；③衔接数据库、模型库和方法库以达到决策支持系统的有机整合，控制人机交互和协调整个系统的运作。

自从决策支持系统的概念首次提出以来，决策支持系统在其后的三十余年里有了极大的发展和进步，目前已经在环境保护、城市规划、生态建设等各个领域的管理决策中得到了广泛的应用。

19.2 决策支持系统设计

19.2.1 设计总体要求

1. 系统目标

把 GIS（地理信息系统）技术与基础环境数据、水环境模型环境问题管理和决策的过程更加直观、快速、实时和有效，辅助环境现状，并对未来的水环境状况做出预测，为水资源管理、规划部门提供高效可视化的决策工具。

2. 系统用户

作为面向环境管理层而设计的决策支持系统，其用户主要是当地的资源管理部门、环保局和所属的科研所的各级管理人员。

3. 系统模型与信息要求

水污染控制规划、水生态及水环境的管理等工作需要众多的模型支持，用于评价、模拟各种水环境和其他环境要素的变化。相应地，决策支持系统的模型库中应具备适合于各类流域、河段、湖泊、水库水质数学模型以及水环境模拟模型，如水质评价模型、水环境容量模型、最佳管理措施 BMPs(best management practices)优化模型和污染负荷分配模型可用于水体污染控制规划，确定需优先治理的污染源和宏观污染控制规划。

区域水污染事件应急处理涉及自然、生态、社会和经济诸多方面，相应地，区域水环境保护决策支持系统的运用需要大量的信息支持。主要的信息源有：各种比例尺的地图和专题图，按数字化格式记录的各种分辨率的航空照片和卫星影像数据和地理数据；历年监测数据；入河排污口数据；取水口数据，水功能区划数据；自然保护区数据和人口分布状况等。

4. 系统功能要求

为了有效地辅助管理者进行水环境管理工作，系统应具备数据处理、查询、统计与显示、水质及污染源预测评价、水功能区规划与管理、污染控制规划、排污口和污染源管理和系统升级维护等功能。

19.2.2 系统设计的总体原则

1. 实用、可操作性强

切合实际需要，操作简单容易，满足用户需求，具有可推广性。

2. 模块化结构设计方法

采用模块化结构和面向对象技术相结合的设计方法，把系统分为若干个子模块，易于实现功能的拓展，根据实际情况的需要可以通过增加、减少各模块中模型的数量或数据资料，动态、适时地增加、修改相应功能。

3. 界面清晰、友好、有较好的观赏性

界面清晰和友好，有较好的观赏性是系统设计的一个重要原则。在 Windows 等以图形化为界面的操作系统下，一个优秀的软件不仅要有良好的功能，也需提供友好的用户界面，以此来方便用户的使用、软件的推广及标准化。

4. 紧跟软件更新步伐，具有可扩展性

由于在操作系统和数据库软件的市场占有率上微软具有绝对的主导位置，所以在开发的主要软件上要紧跟微软的更新步伐，使得系统有较强的生命力，持续性好，拓展面宽。

19.2.3 决策支持系统数据库设计

水污染事件应急处理决策支持系统涉及的资料种类很多，长期以来，图形、表格和文字材料作为管理工作中最常用的信息表达工具被广泛采用。随着计算机技术的发展，

影像(照片、遥感影像等)、电子地图等空间信息也越来越多地用于水管理工作。决策支持系统数据库子系统包括空间数据库和属性数据库,由于二者性质上的差异,所以在组织和存储上也有不同。本节讨论的是在 GIS 技术和数据库技术支持下,对区域水污染事件应急处理决策支持系统进行数据组织的方案。GIS 数据库系统的建立是决策支持系统的核心技术。

水环境信息化管理所需的基础数据包括空间数据和属性数据。决策支持系统数据库是空间数据和属性数据的集合。

1. 空间数据

决策支持系统的空间数据按其来源和性质可大致分为以下三类。

(1)数字正射影像:由航空摄影或其他遥感数据经纠正和消除地形影响后形成的数字图像,是地表信息的真实反映,信息量极其丰富,使得地理信息更加直观。

(2)基础地理空间数据:GIS 系统的核心数据,是各种空间分析的基本对象。包括为所有地理空间数据提供共同的坐标参考系的区域、水文、行政边界、居民地、地名标注、地表覆盖、水域等矢量数据以及以上各种数据对应的属性。地理数据用空间坐标点、线、面表示,具有各自特定的识别编码和对其特征的描述信息的属性数据。

(3)环境空间数据:具有空间属性的环境信息。一般包括环境质量监测断面工业污染源分布,水环境要素空间分布数据,如排污点、河流湖泊水库水质监测点、地下水水质监测点、饮用水水质监测源、污染源自动监控点等。该类数据是进行各种环境专题查询的数据,直接影响到查询、分析结果的准确性和可靠性。

2. 属性数据

属性数据是公共数据库中的数据,包含各类河流属性、湖库属性、下垫面属性、特征污染物和污染值等。具体表现为水温、流量、总硬度、酸度、氨氮、化学需氧量、高锰酸盐指数以及挥发酚类等数值。

19.2.4 决策支持系统的水环境模型设计

在决策支持系统中,水环境模型库是不可或缺的重要部分,模型库的设计将很大程度上影响系统的功能和实用程度。水环境模型库根据区域水污染事件应急处理的需求,包含相应的数学模型与方法,如水环境评价方法、水环境模型、水污染总量控制模型等。

1. 水环境评价方法

水环境评价是根据水的使用功能,按照一定的质量标准,采用文字分析描述和数学方法对水环境的质量进行定性或定量的评估,以判断其污染程度、划分污染等级、确定污染类型。通过水环境评价,可以明确水质状况,了解不同水域水环境的差别及各时期水环境的变化趋势,考察水域综合治理效果,为有效地进行水质控制和水资源合理开发利用提供科学依据。具体参考第 8 章。

2. 水环境模型及方法

水环境模型是水污染控制规划和流域水环境管理的关键模型之一。在水环境模型中根据不同水体类别、水域特征选用合适的水环境模型。详见第 7 章。

19.3 数字流域概述

19.3.1 数字流域的特征

"数字流域"是综合运用遥感、地理信息系统、全球定位系统、网络技术、多媒体及虚拟现实等现代高新技术对全流域的地理环境、自然资源、生态环境、人文景观、社会和经济状态等各种信息进行采集和数字化管理,构建全流域综合信息平台和三维影像模型,使各级部门能够有效管理整个流域的经济建设,做出宏观的资源利用与开发决策。

一般来说,数字流域有以下特征。

(1)数字流域整体框架包含数据层、模型层、应用层三层;

(2)数据层包括数据采集、数据管理、数据挖掘和数据分析,数据库技术是本层的核心技术;

(3)模型层是由能够模拟流域某种现象或行为的各种功能模块组成,由这些模块构成的完善的模型系统理论上可以模拟流域的所有行为,实际上现有的模型系统只能模拟有限的行为,因此需要不断地完善和丰富它,模型库技术是本层的核心技术,数据层是模型层的基础;

(4)应用层在数据层和模型层的基础上提供两种类型的服务,即数据提供和决策支持,数据提供服务包括各种形式的数据查询和显示,决策支持服务是在数据层数据和模型模拟结果数据的基础上综合应用专家知识库和各种评价体系进行决策评价,并给出处理方案,本层的核心技术是决策支持技术。总之,数字流域的建设,数据是基础,模型是核心,应用是目标。

19.3.2 数字流域相关技术

1. DEM 提取流域特征

数字流域模型建立的第一步是流域河网的数字化提取和数字化表示,主要方法是利用 DEM 数据,采用 D8 算法计算得到 D8 流向,然后根据流向分析得到流域的河网、边界以及子流域的划分情况。

目前利用 DEM 提取河网的技术已经比较的成熟,从大到全球范围,小至几平方千米的区域都能够进行准确的河网提取工作。但是 D8 算法仅为单向流计算方法,如何采取多向流模拟算法实现对于现实情况更精确的模拟,是近年来亟待解决的问题。

2. 分布式水文模型及参数

分布式水文模型的提出解决了水文过程的空间变异性问题,正是由于有大量的、丰富的、空间分布的参数作为支撑,才使它对流域水文现象的模拟和描述能体现很好的空间不均匀性,从而更加真实地预测或再现流域的各种行为。在分布式物理模型的研究方面,1969 年,Freeze 和 Harlan 设想出了物理水文模型的框架,后来出现很多分布式水文模型。

3. 虚拟仿真技术

虚拟仿真是数字流域另一个重要功能。数字流域的实质就是对流域过去、现在和未来信息的多维描述,数字流域模型可以再现流域的历史,预测流域的未来,但它的模拟结果绝大多数都是以数据的形式给出，不是很直观。数字流域虚拟仿真的目的就是把各种类型的数据结果用人们能够直观感受的形式表现出来。

国内有北京灵图软件技术有限公司的 VRMap，国外有 OpenGVS、HydroVIS 等软件支持数字流域的虚拟仿真技术，但是其表现结果仍然差强人意，需要更多的发展时间。

4. 数字流域的展望

在我国，20 世纪 90 年代各大江河流域都建立了水文水情数据库，这一时期数据采集系统也在不断完善，由手工、半手工阶段逐渐过渡到自动化采集阶段，采集监测站网不断健全，采集数据的种类更加齐全；随着国家空间信息基础设施建设的发展，不同比例尺的空间地理数据库相继建成；遥感卫星从无到有，实现了自主研制、发射和图像接收；数字流域在数据层的建设目前已经初见规模。

模型层是数字流域研究的核心，目前对数字流域的模型已有进展，如覆盖黄河流域的数字流域模型框架已经基本建立。

应用层是数字流域的顶层，也是数字流域研究的目标，目前在该层的研究主要是提供数据服务以及一些专题的决策支持服务，并且大多数的决策支持服务都还是建立在传统模型的基础之上，即是用传统模型的结果来为决策支持提供依据。这种专题的决策支持服务并不能充分发挥数字流域的优势。当前数字流域研究需要解决的问题就是在大范围、全流域上建立起具有应用价值的数字流域模型。

19.4　案例分析

19.4.1　研究区介绍

本节案例探究选择三峡库区长江干流的一级支流大宁河流域（巫溪段）作为研究区。大宁河至长江的汇流口为巫峡口，位于三峡大坝上游约 125 km 处，是受三峡水库蓄水影响比较显著的重要支流。大宁河发源于陕、鄂、川交界的大巴山南麓，贯通重庆市巫山、巫溪两县。大宁河流域巫溪段（108°44′～110°11′E，31°04′～31°44′N）指以巫溪县和巫山县交界处的大宁河断面控制的流域，流域总面积为 2 421.8 km²。流域内喀斯特地貌广泛分布，山地面积占全流域面积的 95% 以上，低山平坝面积不足 5%。大宁河流域属于北亚热带季风气候和多雨区，年均降水量 1 124.5 mm，属于典型多暴雨区；大宁河流域主要土壤类型为地带性黄壤，全流域森林覆盖率约为 14.92%。

19.4.2　系统框架

基于研究区现状，提出构建最佳管理措施 BMPs 决策支持系统，主要由数据库、知识库、模型库、方法库四部分构成（图 19-2）。其中模型库和方法库是系统的核心部件。由于本文研究目标是初步构建决策支持系统，因此现阶段松散耦合的方式对数据库、知识库、模型库、方法库进行了链接。这样做的好处是不需要对 GIS 的内部模型和结构进行大幅改造，相对简单，易于开发。本系统内部的四个模块之间是彼此平行的，相互之间共享同一人机交互界面。

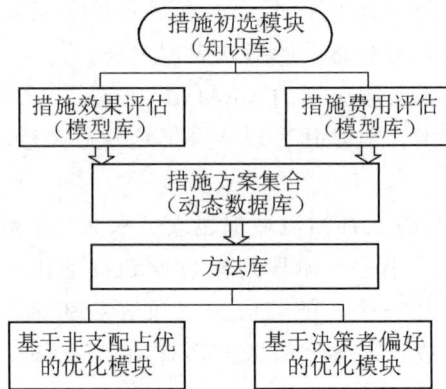

图 19-2　决策支持系统结构

决策支持系统各部分的功能介绍如下。

（1）数据库。数据和信息是非点源污染分析和流域管理方案制定的基础和依据，数据库主要功能是将源数据处理为决策系统所需的内部数据。作为决策支持系统的重要组成部分，本文构建了面向对象的、可更新的措施静态数据库和数据库管理系统。其中静态数据库主要包括 BMPs 功能、成本、模拟方法等基本资料，其功能是对措施数据进行存储、搜索、处理和维护。另外本系统还提供了一个措施动态数据库，功能是链接模拟模块、初选模块，并为优化模块提供必要的基础数据。采取动态数据库的好处是，可以将初选模块、流域模型模块和成本计算模块的输出结果直接转化为优化参数；另外为更好地反映措施之间的关联性，动态数据库将不同的措施自动划分为不同的措施组，具体包括源措施组（管理措施，主要包括退耕还林，施肥措施和耕作措施等），途径措施组（过滤带和植草沟）和末端措施组（湿地和滞留池）。

（2）知识库，主要由措施初选模块构成。具体而言，则由一系列的规则和限制语句组成。其中规则主要用来存放各级政府制定的水环境保护政策、方针、法规，流域非点源污染的背景知识，以及不同领域专家的工作总结和经验反思。在此基础上增加了一个基于规则的初选推理机，目的是通过一系列事先定义的限制条件判断 BMPs 的潜在选址。知识库的输出结果由脚本文件存入动态数据库，为模型库和优化模块提供潜在的措施方案。

（3）模型库，主要包括流域模型接口、经济模型、马尔科夫链模型和模型库管理程序，是本系统的两大核心之一。其中流域模型接口主要用来与 SWAT 模型进行动态链接，待模型运行完毕后则将模型对单个措施的模拟结果直接读入动态数据库。经济模块则由农田经济模型（FEM）组成，用于评估措施方案的成本和潜在收益。经济模块的输入数据可由静态数据库调取或由决策者手动输入，其运行直接通过脚本文件导入动态数据库。马尔科夫链模型用来取代 SWAT 模型，评估不同措施方案对流域评估点的影响，马尔科夫链模块主要被方法库中的优化模块调用，并作为目标函数。模型库管理系统与人机交互界面相互作用，主要用来措施成本方程的输入、修改、增删等。

（4）方法库，由 NSGA-II 算法优化模块构成，用来对动态数据库生成的措施方案进行优化配置，是整个 BMPs 决策支持系统的关键部件。方法库调用模型库的马尔科夫链模块和经济模块作为目标函数，其可行解空间则由知识库的措施初选模块提供。方法库子系统包括了基本优化模块、引入偏好选择的优化模块以及方法库管理系统构成。

（5）人机界面，利用 JavaScript 语言开发了决策支持系统的人机接口，可以由决策者根据研究区的特点对初选等相关规则进行手动修改。最终结果采用 BMP table 存放所有可能的措施选址，以便模型库和方法库调用。

决策支持系统各模块的主界面如图 19-3 所示。

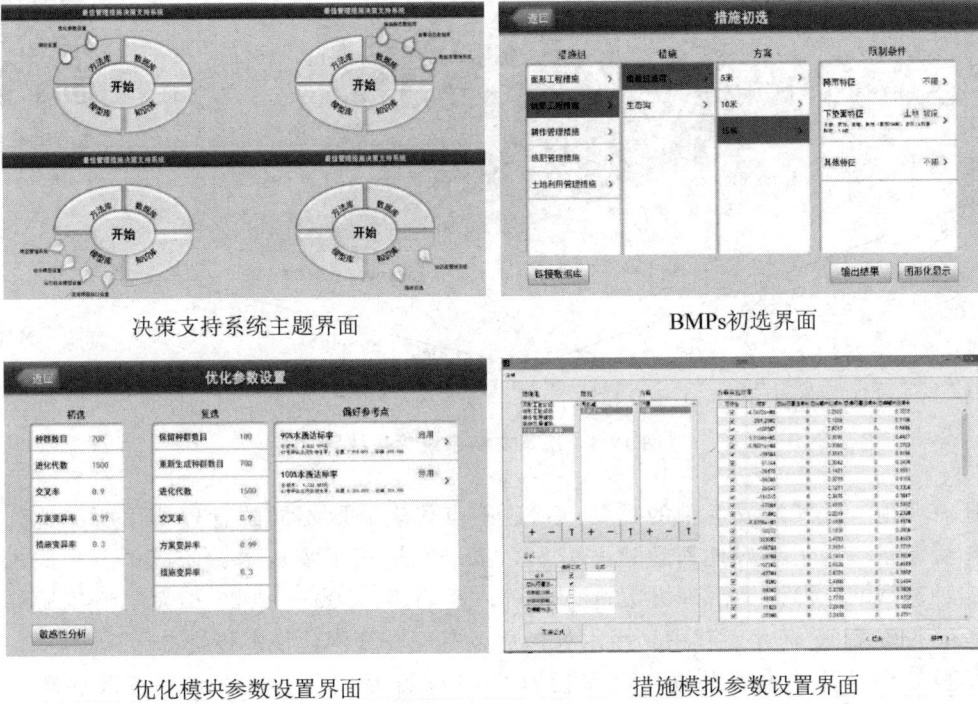

决策支持系统主题界面　　　　　BMPs 初选界面

优化模块参数设置界面　　　　　措施模拟参数设置界面

图 19-3　决策支持系统各模块的主界面

19.4.3　优化结果

在确定决策支持系统最优参数组后，进一步分析了整个优化过程。最终生成的 Pareto 最优解中，不同方案的成本介于 0~18 568 万元，总收益则介于 0~407 万元（图 19-4）。评估点的总磷和总氮负荷变化范围分别为 98~446 t 和 95~8 074 t。对比基准情景，不同措施方案中总磷污染负荷的削减比例介于 49.74%~88.83%，而总氮的削减比例则介于 43.74%~93.38%。Pareto 最优解前沿曲面提供了不同决策期望水平下的措施方案。方案中灰色点代表 90% 的总氮浓度达标保证率，对应的措施方案可使总氮负荷削减到 787 t，削减率和方案收益分别为 44.10% 和 404 万元；与之对应的是，如要求 100% 的总氮浓度满足水质标准，评估点的总氮负荷将削减到 696 t，对应削减率为 51.02%，方案整体收益为 366 万元。蓝黑色点则代表 90% 的总磷浓度达标保证率，最优方案将产生 402 万元的收益同时使评估点总磷负荷削减到 437 t，削减率为 50%；当将达标保证率提高到 100% 时，总磷负荷则被削减到 314 t，削减率和成本支出分别为 64.12% 和 432 万元。这四个点为流域管理者提供了很好的决策参考。另一个有意思的方案是，如决策者希望将水质进一步提高到一类水标准，总氮负荷将削减 77.78%，总成本为 2 073 元，图中用棕色的点表示；而对应的总磷削减方案却没有位于 Pareto 最优解前沿，主要原因是对应的成本为 19 534 万元，已超过了 Pareto 最优解的取值范围。由此可见，将研究区水环境提高到一类水标准并不是一个最优的管理方案。

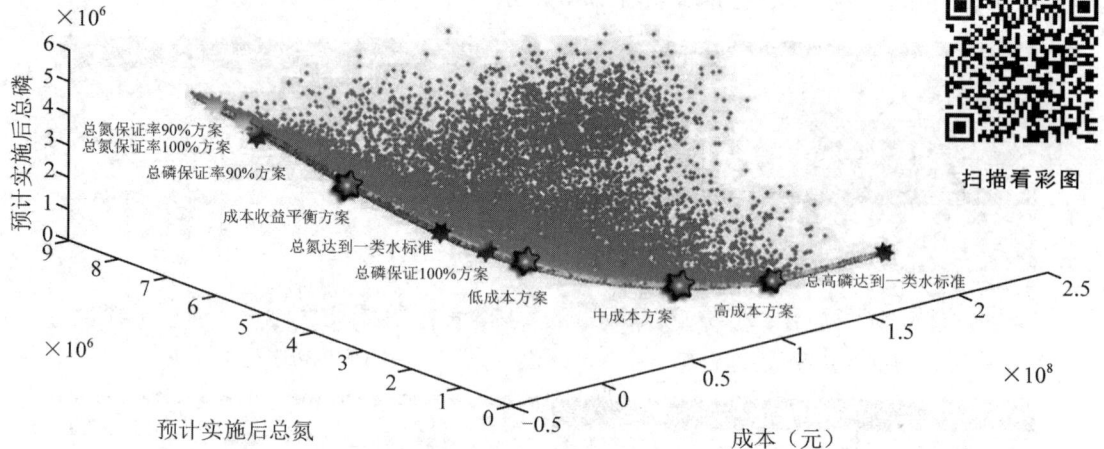

图 19-4　决策支持系统优化结果

还有其他一些靠近成本轴的重要点，这些点代表采取不同的管理费用所能达到的流域水环境质量。为了更好地对比这些方案，本研究挑选了零成本、低成本、中成本、高成本四种流域非点源污染治理方案进行分析。经调研，2007—2020 年大宁河流域综合治理工程总投资 7.73 亿元。其中：污水处理厂及其配套管网建设需投资 35 291 万元，城镇生活垃圾处理场及其收运系统建设需投资 23 509 万元，大宁河流域生态保护和建设工程(含河岸生态防护工程)投资 13 225.74 万元，禽畜养殖污染治理工程需投资 5 250 万元。因此限定本研究非点源污染控制的总支出不超过 12 378 万元；故本研究将高成本方案设置为 12 378 万元，中成本方案和低成本方案分别取高成本方案费用的 67% 和 33%，分别为 8 293 万元和 4 146 万元。

低成本、中成本、高成本三种方案均能实现大宁河水环境 100% 的达标保证率，三种方案分别使总氮负荷削减 83.88%、90.17% 和 92.80%，使总磷负荷削减 81.79%、86.79% 和 88.72%。由此可见，当方案由低成本增长为中成本时，污染物的削减比例只有小幅变化。对于低成本，中成本和高成本三种情景，工程措施的比例依次增加。三种方案分别需要设置 16 个、36 个和 67 个滞留池，而需要分别设置 19 个、44 个、54 个 15 m 过滤带。由此可见，当水环境污染治理经费较少时，大部分亚流域只设置了管理措施，只有少数高等级的优先控制区设置了工程措施；而当费用比较充足时，尤其是高、中成本两种情景下，大部分亚流域均存在两个以上的管理措施，以及至少一个工程措施。这些情景往往意味着在更多级别的优先控制区开展了非点源污染控制。同时，这意味着不同亚流域的输出整体达标，而不单单是评估点的达标。在不同的流域综合管理费用方案下，决策者可根据 Pareto 最优解前沿制定满足研究区实际情况的综合管理方案。

零成本方案表示以较少的花费来提高水环境质量。在流域收益和支出相等时，总氮和总磷的负荷量分别削减到 5 969 t 和 360 t，削减比例分别为 41.08％和 41.12％。总氮所能达到的最小浓度为 0.41 mg/L，而总磷所能达到的最小浓度为 0.11 mg/L。零费用方案主要由一些管理措施组成。大部分措施，如退耕还林、减少施肥和优化耕作方法在削减污染物的同时也能给当地的农民带来一定的收益。进一步研究发现其措施组成发现，共有 64 个亚流域选择了退耕还林措施，59 个亚流域选择了保护性耕作措施，65 个亚流域选择了减少施肥量措施，只有 14 个亚流域选择了植被过滤带等工程措施。由此可见，通过合理的土地利用规划和管理措施，即可使总氮达到二类水质标准，而总磷则能实现90％的浓度达标保证率。在零成本方案时，对于高等级优先控制区，管理措施和工程措施的组合更普遍，而对于五级优先控制区，只实施管理措施则是最好的选择。

【思考与习题】

1. 传统决策支持系统的一般结构为（　　　　）。

A. 三库系统＋人机对话界面　　　　　　B. 双库系统＋操作界面

C. 三库系统＋操作界面　　　　　　　　D. 三库系统＋云端数据库

2. 下列哪几项是决策支持系统所需的空间数据（　　　　）。

A. 数字正射影像　　　　　　　　　　　B. 基础地理空间数据

C. 环境空间数据　　　　　　　　　　　D. 模拟方案结果数据

3. 什么是决策支持系统？

4. 决策支持系统一般由哪几部分构成？

5. 决策支持系统的数据库应该如何设计？

参考文献

[1]埃比尼泽·霍华德. 明日的田园城市[M]. 北京：商务印书馆，2009.

[2]薄涛，季民. 内源污染控制技术研究进展[J]. 生态环境学报，2017，26(3)：514-521.

[3]薄燕怀. 实施水环境全流域管理的初步研究[J]. 安徽师范大学学报(自然科学版)，2000，23(4)：362-364.

[4]陈春梅. 原位覆盖技术控制底泥中有机磷释放的研究[D]. 成都：成都理工大学，2018.

[5]陈玲，李倩. 农业生产对水环境的污染现状及治理对策[J]. 现代农业科技，2011(3)：293-294.

[6]陈楠纬. 地下水污染修复技术研究进展[J]. 云南化工，2019，46(6)：1-5.

[7]陈雄斌. 浅谈稳定塘污水处理新型工艺[J]. 江西建材，2016(1)：63+66.

[8]程莉，周宗社. 人口城镇化与经济城镇化的协调与互动关系研究[J]. 理论月刊，2014(1)：119-122.

[9]迟峰，许保海. 淘塞水污染治理技术湖库生态治理示范性研究——黔灵湖耳塘试验工程[J]. 环保科技，2020，26(2)：6-9.

[10]崔键，马友华，赵艳萍，等. 农业非点源污染的特性及防治对策[J]. 中国农学通报，2006(1)：335-340.

[11]代亚静. 城市化进程中的水土流失与生态环境新问题[C]. 水与水技术(第5辑)：辽宁省水利学会，2015：153-157.

[12]邓绶林. 地学辞典[M]. 石家庄：河北教育出版社，1992.

[13]刁一伟，裴铁璠. 森林流域生态水文过程动力学机制与模拟研究进展[J]. 应用生态学报，2004(12)：2369-2376.

[14]董星，沈博，杨威. 水膜效应对前混合水射流喷丸强化的影响[J]. 黑龙江科技大学学报，2019，29(6)：714-719+730.

[15]窦明，左其亭. 水环境学[M]. 北京：中国水利水电出版社，2014.

[16]杜婷婷. 突发性环境污染事件应急管理体系研究[D]. 南京：南京大学，2011.

[17]范丽丽，沈珍瑶，刘瑞民. 基于GIS的大宁河流域土壤侵蚀评价及其空间特征研究[J]. 北京师范大学学报(自然科学版)，2007(5)：563-566.

[18]范伟，杨悦锁，陈力，等. 地下水污染曝气修复技术进展[J]. 水资源保护，2010，26(6)：84-88.

[19]方淑荣，刘正库. 论农业面源污染及其防治对策[J]. 农业科技管理，2006，25(3)：22-23.

[20]方伟，刘松玉，刘志彬，等. 地下水曝气修复技术现场试验与应用研究进展[J]. 环境污染与防治，2014，36(10)：73-78+87.

[21]冯国帅. 人口、土地、产业城市化对经济增长影响的差异研究[J]. 无锡商业职业技术学院学报，2018，18(5)：13-19.

[22]冯新斌，王训，林哲仁，等. 亚热带与温带森林小流域生态系统汞的生物地球化学循环及其同位素分馏[J]. 环境化学，2015，34(2)：203-211.

[23]冯哲，郑洋. 库滨湿地生态修复研究及其工程应用：以官厅水库国家湿地公园为例[J]. 湿地科学与管理，2020，16(2)：4-9.

[24]傅伯杰，刘宇. 国际生态系统观测研究计划及启示[J]. 地理科学进展，2014，33(7)：893-902.

[25]傅红梅，曾维农，付新梅. 水产养殖废水污染危害及其处理技术研究[J]. 农业与技术，2020，40(1)：126-127.

[26]高扬，于贵瑞. 流域生物地球化学循环与水文耦合过程及其调控机制[J]. 地理学报，2018，73(7)：1381-1393.

[27]宫学栋. 污染物总量控制目标的确定[J]. 中国环境管理干部学院学报，2000(Z1)：11-14.

[28]谷金钰，彭志诚. 水文、水环境、水生态监测理论与应用探讨[M]. 南京：河海大学出版社，2017.

[29]顾杨妹. 日本人口与资源、环境的可持续发展研究[J]. 人口学刊，2005(6)：43-46.

[30]郭道亮. 城市生活污水处理现状及发展趋势[J]. 河南建材，2016(6)：58-59.

[31]郭敏，韩鹏飞. 农业非点源污染的成因及控制对策[J]. 河北农业科学，2009，13(4)：93-96.

[32]郭小婷，郑攀峰. 关于农业非点源污染的一个综述[J]. 时代金融，2017(6)：222-223.

[33]郭月婷. 淮河流域城市化与水环境耦合研究[D]. 南京：南京大学，2013.

[34]何小莲，李俊峰，何新林，等. 稳定塘污水处理技术的研究进展[J]. 水资源与水工程学报，2007(5)：75-77＋82.

[35]何钟. 自然地理学[M]. 北京：水利电力出版社，1991.

[36]洪华生，黄金良，张珞平，等. AnnAGNPS模型在九龙江流域农业非点源污染模拟应用[J]. 环境科学，2005(4)：63-69.

[37]胡彩虹，王金星. 流域产汇流模型及水文模型[M]. 郑州：黄河水利出版社，2010.

[38]胡军然，牛文宣，陈梓毅，等. 黑臭水体成因分析和治理方法研究[J]. 城市住宅，2020，27(3)：114-116.

[39]黄建军. 城市河道底泥营养盐释放及化学修复研究[D]. 天津：天津大学，2009.

[40]黄连光. 人工湿地——稳定塘系统处理生活污水尾水研究[D]. 泰安：山东农业大学，2016.

[41]黄良辉. 基于环境承载力分析的区域水污染物总量控制研究[D]. 长沙：中南大学，2007.

[42]黄铁青，牛栋. 中国生态系统研究网络（CERN）：概况、成就和展望[J]. 地球科学进展，2005，20（8）.

[43]黄廷林，章武首，柴蓓蓓. 大水深水库内源污染特征及控制技术[J]. 环境污染与防治，2010，32（3）：1-4.

[44]黄勇，董运常，罗伟聪，等. 景观水体生态修复治理技术的研究与分析[J]. 环境工程，2016，34（7）：52-55＋164.

[45]黄志霖，田耀武，肖文发. AGNPS 模型机理与预测偏差影响因素[J]. 生态学杂志，2008（10）：1806-1813.

[46]霍莉莉. 郑州城市化对水环境的影响[J]. 水利科技与经济，2017，23（10）：38-42.

[47]贾陈蓉，吴春芸，梁威. 污染底泥的原位钝化技术研究进展[J]. 环境科学与技术，2011，34（7）：118-122.

[48]贾丽昭，马文林. 河湖底泥环保疏浚方法与应用[C]//中国环境科学学会. 2008中国环境科学学会学术年会优秀论文集（上卷）. 中国环境科学学会，2008：784-786.

[49]贾屏，杨文海. 水环境评价与保护[M]. 郑州：黄河水利出版社，2012.

[50]贾倩，曹国志，於方，等. 基于环境风险系统理论的长江流域突发水污染事件风险评估研究[J]. 安全与环境工程，2017，24（4）：84-88＋93.

[51]贾仰文，彭辉，申宿慧. 流域生态水文过程模拟与预测[M]. 北京：化学工业出版社，2013.

[52]江华锋. 城市河道综合整治工程及生态修复设计策略[J]. 中国资源综合利用，2019，37（8）：155-157.

[53]蒋红梅. 水库对乌江河流汞生物地球化学循环的影响[D]. 北京：中国科学院研究生院（地球化学研究所），2005.

[54]蒋宏，闫争亮. 自然保护区生物多样性监测技术规范[M]. 昆明：云南科学技术出版社，2008.

[55]蒋涛，孔宝，孟令鑫，等. 水污染物总量分配方法研究进展与建议[J]. 工业用水与废水，2019，50（3）：1-6.

[56]解恒参，赵晓晴. 农作物秸秆综合利用的研究进展综述[J]. 环境科学与管理，2015（1）：86-90.

[57]金瑞，史文中. 广东省城镇化经济发展空间分析[J]. 经济地理，2014，34（3）：45-50.

[58]金维政，颜越，刘倩，等. 农用地膜污染现状与防治对策[J]. 南方农业，2018，12（14）：182-183.

[59]晋锐，李新，阎保平，等. 黑河流域生态水文传感器网络设计[J]. 地球科学进展，2012（9）：73-85.

[60]井焕. 人口对环境的负面影响探析[J]. 数量经济技术经济研究, 2001, 18(12): 19-21.

[61]李岸征. 论我国农用地膜污染防治法律对策[D]. 兰州: 兰州大学, 2019.

[62]李国新. 污染沉积物原位和异位修复方法概述[J]. 安徽农学通报, 2019, 25(19): 114-116.

[63]李建兵. 水环境承载力评估方法及案例研究[D]. 上海: 复旦大学, 2009.

[64]李建柱. 流域产汇流过程的理论探讨及其应用[D]. 天津: 天津大学, 2008.

[65]李杰峰. 湖南省种植业非点源污染监测、评价与控制[D]. 长沙: 湖南农业大学, 2009.

[66]李晶, 周浩, 于晓英. 水环境管理决策支持系统中的污染物溯源分析功能设计[J]. 现代农业科技, 2017(2): 172-173.

[67]李静, 孙虎, 邢东兴, 等. 西北干旱半干旱区湿地特征与保护[J]. 中国沙漠, 2003(6): 67-71.

[68]李明哲. 农田化肥施用污染现状与对策[J]. 河北农业科学, 2009, 13(5): 65-67.

[69]李娜, 盛虎, 何成杰, 等. 基于统计模型 LOADEST 的宝象河污染物通量估算[J]. 应用基础与工程科学学报, 2012, 20(3): 355-366.

[70]李乾松, 王庆国. 黑臭水体底泥原位治理技术研究[J]. 人民长江, 2018, 49(S2): 43-46.

[71]李强, 王昊. 什么是人的城镇化? [J]. 南京农业大学学报(社会科学版), 2017, 17(2): 1-7.

[72]李少华, 尹书乐, 王学全, 等. 中国西北戈壁地区 12 条河流水文水质调查[J]. 水土保持研究, 2016, 23(2): 148-151.

[73]李慎华, 叶新辉, 陈文, 等. 水质管理决策支持系统在太湖流域(浙江片区)水环境综合管理平台中的应用[J]. 资源节约与环保, 2016(8): 158-160.

[74]李胜男, 王根绪, 邓伟. 湿地景观格局与水文过程研究进展[J]. 生态学杂志, 2008(6): 1012-1020.

[75]李新, 马明国, 王建, 等. 黑河流域遥感——地面观测同步试验: 科学目标与试验方案[J]. 地球科学进展, 2008(9): 897-914.

[76]李雪莹. 吉林省农业非点源污染的主要成因及防治措施[J]. 吉林农业, 2018(19): 39.

[77]李佐军, 盛三化. 城镇化进程中的环境保护: 隐忧与应对[J]. 国家行政学院学报, 2012(4): 69-73.

[78]梁才芝. 畜牧养殖中的环境污染及综合治理[J]. 山东畜牧兽医, 2008(11): 58-59.

[79]梁开明, 章家恩, 赵本良, 等. 河流生态护岸研究进展综述[J]. 热带地理, 2014, 34(1): 116-122+129.

[80]廖侦君. 工业废水处理现状与解决对策思考[J]. 环境与发展，2019，31(12)：62＋64.

[81]林超. 河流生态修复技术研究进展[C]//中国科学技术协会. 湖泊保护与生态文明建设——第四届中国湖泊论坛论文集. 中国科学技术协会：安徽省科学技术协会学会部，2014：359-364.

[82]林莉莉，鲁汭，肖恩荣，等. 人工湿地生物堵塞研究进展[J]. 环境科学与技术，2019，42(6)：207-214.

[83]林三益，缪韧，易立群. 中国西南地区河流水文特性[J]. 山地学报，1999(3)：49-52.

[84]林盛群，金腊华. 水污染事件应急处理技术与决策[M]. 北京：化学工业出版社，2009.

[85]蔺雪芹，方创琳. 城市群地区产业集聚的生态环境效应研究进展[J]. 地理科学进展，2008，27(3)：110-118.

[86]刘聪. 中国农业化肥非点源污染的成因及负外部性研究[D]. 杭州：浙江大学，2018.

[87]刘东生，张明波，李响. 长江流域水资源演变规律及变化趋势分析[M]. 武汉：长江出版社，2015.

[88]刘凤枝，李玉浸. 土壤监测分析技术[M]. 北京：化学工业出版社，2015.

[89]刘华波，杨海真. 稳定塘污水处理技术的应用现状与发展[J]. 天津城市建设学院学报，2003(1)：19-22.

[90]刘佳，易乃康，熊永娇，等. 人工湿地构型对水产养殖废水含氮污染物和抗生素去除影响[J]. 环境科学，2016，37(9)：3430-3437.

[91]刘金涛，宋慧卿，张行南，等. 新安江模型理论研究的进展与探讨[J]. 水文，2014，34(1)：1-6.

[92]刘军，董文艺，李梓龙，等. 水质型雨水截污口设计与应用研究[J]. 建筑经济，2014(2)：73-76.

[93]刘磊. 城市内河外源污染种类及整治研究[J]. 环境与发展，2019，31(6)：41-42.

[94]刘奇奇，李怀正，李雪珺. 生物—生态修复技术在河道治理中的研究进展[J]. 广东化工，2019，46(24)：61-63.

[95]刘群. 淮河上游洪河流域水环境污染源强解析及防治技术应用研究[D]. 南京：南京大学，2012.

[96]刘雪梅，罗晓. 环境监测[M]. 成都：电子科技大学出版社，2017.

[97]刘玉泉. 浅析水体富营养化：成因、防治原理及措施[J]. 科技风，2018(3)：126.

[98]龙天渝，童思陈，钟亮. 流体力学[M]. 重庆：重庆大学出版社，2018.

[99]卢思齐，刘情，郑凡，等. 新农村建设中的农村环境污染问题及对策分析——以河南省为例[J]. 农学学报，2019，9(8)：92-100.

[100]陆大道. 我国的城镇化进程与空间扩张[J]. 城市规划学刊，2007，4：14-17.

[101]陆冬平，梁汀，沈晓铃. 城市污水处理厂深度处理过滤工艺设计探讨[J]. 中国给水排水，2013，29(12)：22-24.

[102]陆建华，刘金清. 流域产、汇流研究的进展及展望[J]. 北京水利，1995(4)：3-6.

[103]陆静芳. 辽河盘锦段水环境容量总量控制[D]. 沈阳：沈阳理工大学，2016.

[104]陆沈钧，姚俊，曹翔. 浅析太湖流域农业非点源污染现状、成因及对策[J]. 水利发展研究，2020，20(2)：40-44＋53.

[105]路金霞，柏杨巍，傲德姆，等. 上海市黑臭水体整治思路、措施及典型案例分析[J]. 环境工程学报，2019，13(3)：541-549.

[106]吕世新. 基于水文监测技术的相关研究[J]. 河南科技，2015(16)：58-59.

[107]吕园，刘科伟，牛俊蜻，等. 城市型社会内涵视角下城市化发展问题及应对策略——以陕西省为例[J]. 经济地理，2013，33(7)：59-66.

[108]毛德华，夏军，黄友波. 西北地区水资源与生态环境问题及其形成机制分析[J]. 自然灾害学报，2004(4)：55-61.

[109]孟庆影. 污水处理厂脱氮除磷工艺应用研究[J]. 现代商贸工业，2015(17)：216-217.

[110]孟伟，秦延文，郑丙辉，等. 流域水质目标管理技术研究(Ⅲ)——水环境流域监控技术研究[J]. 环境科学研究，2008(1)：9-16.

[111]缪创业. 生物修复技术在城市水环境治理中的应用[J]. 节能与环保，2019(5)：103-104.

[112]莫孝翠，杨开，袁德玉. 湖泊内源污染治理中的环保疏浚浅析[J]. 人民长江，2003(12)：47-49.

[113]牟燕，王飞，周薇. 污染物总量控制制度改革的思考[J]. 节能，2018，431(8)：93-94.

[114]倪艳芳. 城市非点源污染的特征及其控制的研究进展[J]. 环境科学与管理，2008，33(2)：53-57.

[115]年雁云，李新，周剑. 黑河流域水文信息系统设计与实现[J]. 冰川冻土，2013，35(2)：420-429.

[116]欧阳志云. 我国生态系统面临的问题与对策[J]. 中国国情国力，2017(3)：6-10.

[117]潘日华. 水环境评价模型综述[J]. 广东化工，2010，37(5)：299-300.

[118]彭家盛. 工业污废水处理分析及环境治理[J]. 环境与发展，2019，31(4)：51-52.

[119]彭盛华. 流域水环境管理理论与实践[D]. 北京：北京师范大学，2001.

[120]彭文启，刘晓波，王雨春，等. 流域水环境与生态学研究回顾与展望[J]. 水利学报，2018，49(9)：1055-1067.

[121]齐占辉. 视频图像坐标变换和波浪爬高的图像处理研究[D]. 北京：国家海洋技术中心，2009.

[122]乔茜茜，王博文. 城市生活污水治理与环境保护[J]. 科技视界，2019(6)：92-93.

[123]屈健. 我国污染物总量控制制度改革的思考[J]. 环境监控与预警，2018，10(3)：55-57.

[124]任照阳，邓春光. 生态浮床技术应用研究进展[J]. 农业环境科学学报，2007，26(B3)：261-263.

[125]任照阳，邓春光. 新兴绿色技术——水生植物修复技术[J]. 节水灌溉，2007(4)：20-22.

[126]芮孝芳. 关于降雨产流机制的几个问题的探讨[J]. 水利学报，1996(9)：22-26.

[127]邵辉. 浅谈城市黑臭水体的形成原因及治理——以大连市凌水河整治为例[J]. 城市建筑，2020，17(8)：139-140.

[128]邵文锋. 工业废水处理技术的应用与发展研究[J]. 节能与环保，2019(7)：107-108.

[129]申红彬，徐宗学，张书函. 流域坡面汇流研究现状述评[J]. 水科学进展，2016，27(3)：467-475.

[130]申倩倩，李鑫渲，罗文佳，等. 生物浮床的研究进展[J]. 安徽农业科学，2015，43(1)：217-218.

[131]沈娟，彭永根. 旅游景区的环境保护问题浅析——以江西萍乡为例[J]. 江西化工，2019(4)：176-178.

[132]沈满洪. 滇池流域环境变迁及环境修复的社会机制[J]. 中国人口·资源与环境，2003，13(6)：76-80.

[133]施卫明，薛利红，王建国，等. 农村非点源污染治理的"4R"理论与工程实践——生态拦截技术[J]. 农业环境科学学报，2013(9)：6-13.

[134]石仁德，张婷婷，房贤文. 浅谈畜牧业污染问题及对策[J]. 科技视界，2019(15)：213-214.

[135]史丹，王俊杰. 基于生态足迹的中国生态压力与生态效率测度与评价[J]. 中国工业经济，2016(5)：5-21.

[136]宋国君，李雪立. 论环境规划的一般模式[J]. 环境保护，2004(3)：38-43.

[137]宋国君，宋宇，王军霞，等. 中国流域水环境保护规划体系设计[J]. 环境污染与防治，2010，32(12)：94-99.

[138]宋国君，宋宇. 国家级流域水环境保护总体规划一般模式研究[C]//中国环境科学学会2009年学术年会论文集(第三卷). 中国环境科学学会，2009.

[139]宋敬松，葛鹏文. 突发性水污染事件的环境风险评估与管理[J]. 城市建设理论研究(电子版)，2014，000(23)：4123-4124.

[140]宋钊. 城市河流水污染治理及修复技术[J]. 工业用水与废水，2013，44(4)：6-8.

[141]宋志黎. 表层过滤技术及其在水处理领域的应用[J]. 净水技术，2019，38(S1)：244-249.

[142]随晋. 城市景观水体水质改善的生态修复工程实践——以上海市清涧公园中心湖为例[J]. 广东化工，2020，47(11)：156-158.

[143]孙凯迪. 汾河水库突发水污染事件应急模拟研究[D]. 太原：太原理工大学，2018.

[144]汤明. 城镇化过程对鄱阳湖水域生态环境影响研究[D]. 上海：上海师范大学，2019.

[145]唐黎标. 水体"富营养化"的成因、危害及防治措施[J]. 渔业致富指南，2018(5)：58-60.

[146]陶亚. 复杂条件下突发水污染事故应急模拟研究[D]. 北京：中央民族大学，2013.

[147]陶贞，张超，高全洲，等. 陆地硅的生物地球化学循环研究进展[J]. 地球科学进展，2012，27(7)：725-732.

[148]田其云，黄彪. 我国污染物总量控制制度探讨[J]. 环境保护，2014，42(20)：42-44.

[149]佟春生，畅建霞，王义民. 系统工程的理论与方法概论[M]. 北京：国防工业出版社，2005.

[150]王成杰. 人口城市化与环境污染协整研究[D]. 合肥：安徽建筑大学，2017.

[151]王春蕾. 畜牧养殖对生态环境的影响——以生猪养殖为例[J]. 中国人口·资源与环境，2014，24(S2)：253-254.

[152]王海芹，万晓红. 农业非点源污染的立体防控[J]. 环境整治，2006(3)：69-72.

[153]王杰. 城市水体非点源污染及其防治措施[J]. 江西建材，2016(14)：69.

[154]王敬才. 浅析城市生活污水处理技术现状及发展趋势[J]. 中小企业管理与科技(上旬刊)，2016(10)：90-91.

[155]王俊，王建群，余达征. 现代水文监测技术[M]. 北京：中国水利水电出版社，2016.

[156]王俊，熊明. 水文监测体系创新及关键技术研究[M]. 北京：中国水利水电出版社，2015.

[157]王莉. 秦岭北麓俞家河流域农业非点源污染特征及种植业污染途径分析[D]. 杨凌：西北农林科技大学，2015.

[158]王黎. 水环境风险监测与应急响应技术[M]. 北京：中国环境科学出版社，2014.

[159]王亮. 天津市重点水污染物容量总量控制研究[D]. 天津：天津大学，2005.

[160]王龙. 明渠水流相干结构的试验研究[D]. 北京：清华大学，2009.

[161]王萌，周丽丽，耿润哲. 农业非点源污染治理的技术与政策研究进展[J]. 环境与可持续发展，2020，45(1)：98-103.

[162]王帅，王春艳，汪海鹏，等. 工业废水的破坏性及污染治理对策研究[J]. 环境与发展，2018，30(12)：61-62.

[163]王秀丽. 农田灌溉系统中的立体污染及防治[J]. 江西农业，2018(4)：62.

[164]王英健，杨永红. 环境监测[M]. 北京：化学工业出版社，2004.

[165]王玉源，申健，李振森，等. 第二次全国污染源普查广东省农业污染源普查工作经验及取得成效[J]. 现代园艺，2019(11)：178-179.

[166]王资峰. 中国流域水环境管理体制研究[D]. 北京：中国人民大学，2010.

[167]魏文龙，曾思育，杜鹏飞，等. 一种兼顾目标总量和容量总量的水污染物排放限值确定方法[J]. 中国环境科学，2014(1)：136-142.

[168]魏玉萍，李超. 生态护岸技术研究综述[J]. 治淮，2014(6)：44-45.

[169]吴丰昌，郑建，潘响亮，等. 锑的环境生物地球化学循环与效应研究展望[J]. 地球科学进展，2008(4)：350-356.

[170]吴凯. 农村水环境污染现状及治理对策[J]. 科技展望，2016，26(28)：243-243.

[171]吴献平，周玉文，杨宏，等. 分散设置雨水调节池方法研究[J]. 中国给水排水，2017，33(21)：114-118.

[172]武汉水利电力学院，袁作新. 流域水文模型[M]. 北京：水利电力出版社，1990.

[173]奚旦立，孙裕生. 环境监测[M]. 北京：高等教育出版社，2010.

[174]向毓. 城市非点源污染及其防治[J]. 城市建设理论研究(电子版)，2016，6(8)：4472-4472.

[175]谢海宽，江雨倩，李虎，等. DNDC模型在中国的改进及其应用进展[J]. 应用生态学报，2017(8)：2760-2770.

[176]谢慧君，李崇巍，张亚娟，等. 城市化过程中流域不透水面演变格局——以天津于桥水库流域为例[J]. 应用生态学报，2016，27(4)：1069-1076.

[177]谢平. 地貌单位线理论与概念性流域汇流模型的联系[J]. 水电能源科学，1995(1)：57-61.

[178]谢阳村，赵越，徐敏，等. 石头口门水库流域水污染物排放总量控制目标的确定方法研究[J]. 环境污染与防治，2015，37(3)：98-101.

[179]徐冉，王梓，程永正，等. 突发性水污染事故应急管理体系研究[J]. 河北工业科技，2009(4)：10-12＋44.

[180]徐涛，杨勤科，赵米金. 区域土壤侵蚀模型参数选择[J]. 水土保持研究，2005，12(6)：122-124.

[181]徐泽升，曹国志，於方. 我国突发水污染事件应急处置技术与对策研究[J]. 环境保护，2019(11).

[182]徐泽新. 太湖流域营养物质与砷汞的生物地球化学循环特征[D]. 武汉：华中农业大学，2013.

[183]薛联青，王加虎，刘晓群．流域水资源演变的生态水文响应机制[M]．南京：河海大学出版社，2012.

[184]杨国义，陈俊坚，何嘉文，等．广东省畜禽粪便污染及综合防治对策[J]．土壤肥料，2005(2)：46-48.

[185]杨昊．暗挖地铁区间引起周边环境效应的影响研究[D]．大连：大连交通大学，2017.

[186]杨林章，施卫明，薛利红，等．农村非点源污染治理的"4R"理论与工程实践——总体思路与"4R"治理技术[J]．农业环境科学学报，2013，32(1)：1-8.

[187]杨林章，薛利红，施卫明等．农村非点源污染治理的"4R"理论与工程实践——案例分析[J]．农业环境科学学报，2013，32(12)：2309-2315.

[188]杨凌波．水位自动控制系统的研制[D]．合肥：合肥工业大学，2005.

[189]杨蓉．重庆市农业非点源污染分析[D]．重庆：西南大学，2009.

[190]杨松彬．嘉兴市区河网汇流数值模拟[D]．杭州：浙江工业大学，2007.

[191]杨霞．浅析农药污染的危害与产生原因及科学防治措施[J]．农技服务，2017，34(15)：142.

[192]杨晓华，刘瑞民，曾勇．环境统计分析[M]．北京：北京师范大学出版社，2008.

[193]杨晓华，沈珍瑶．智能算法及其在资源环境系统建模中的应用[M]．北京：北京师范大学出版社，2005.

[194]杨阳，徐洁，何春银，等．基于水质模型的太湖水环境决策支持系统构建与应用[J]．环境科学与技术，2014，37(S2)：517-521.

[195]杨永坤．黄河流域农业立体污染综合防治模式研究[D]．北京：中国农业科学院，2010.

[196]姚长青．流域陆面水文过程模拟及其与GIS集成研究[D]．北京：北京师范大学，2006.

[197]易竞豪．基于适用视角的北京市海绵城市关键技术研究[D]．桂林：桂林理工大学，2018.

[198]英国赠款小流域治理管理项目执行办公室．小流域监测评价数据共享机制研究[M]．北京：中国计划出版社，2008.

[199]于雷，吴舜泽，徐毅．我国水环境容量研究应用回顾及展望[J]．环境保护，2007(3B)：46-48，57.

[200]于维忠．论流域产流[J]．水利学报，1985(2)：1.

[201]余正中，张秀敏．滇池水体污染与目标总量控制——再谈加强环境管理的现实紧迫性[J]．中国环境监测，1994，10(3)：51-54.

[202]袁作新．流域水文模型[M]．北京：水利电力出版社，1990.

[203]曾巾，杨柳燕，肖琳，等．湖泊氮素生物地球化学循环及微生物的作用[J]．湖泊科学，2007(4)：382-389.

[204]翟水晶，薛丽丽，仝川．湿地生态系统硅生物地球化学循环研究进展[J]．生态环境学报，2013，22(10)：1744-1748.

[205]张尘月. 喀斯特地区河流水环境质量监测及其健康评价指标体系构建[D]. 贵阳：贵州师范大学，2019.

[206]张丹，张勇，何岩，等. 河道底泥环保疏浚研究进展[J]. 净水技术，2011，30(1)：1-3＋7.

[207]张丹. 城市河道底泥化学修复的探索与研究[D]. 天津：天津大学，2009.

[208]张好贤，陈志勇，张晖. 地理信息＋污染源普查数据的跨界融合应用[J]. 世界有色金属，2019(9)：237-239.

[209]张宏华，李蜀庆，杜军，等. 农业非点源污染模型 AGNPS 的应用现状及在我国应用的展望[J]. 重庆环境科学，2003(12)：188-190.

[210]张丽霞. 鞍山市目标总量控制的研究[J]. 辽宁城乡环境科技，1998(2)：23-26.

[211]张琳，王亚辉，郭雨娜. 中国土地城市化与经济城市化的协调性研究[J]. 华东经济管理，2016，30(6)：111-117.

[212]张玮莹. 全国第二次污染源普查概况[J]. 区域治理，2019(22)：42-45.

[213]张晓慧. 消毒技术在饮用水处理上的研究进展[J]. 科技与企业，2014(6)：280-281.

[214]张晓娇. 北运河底泥污染特征及内源污染控制技术研究[D]. 大连：大连海洋大学，2018.

[215]张晓青，毛克贞. 我国城市化对环境影响的关联度分析[J]. 江西社会科学，2014，34(9)：51-54.

[216]张杏杏，彭晓春，贺涛，等. 水污染物总量分配方法研究进展[J]. 环境科学与管理，2011(4).

[217]张艳丽. 城市水污染的治理对策及建议[J]. 资源节约与环保，2014(9)：60-61.

[218]张尧旺. 水质监测与评价[M]. 郑州：黄河水利出版社，2008.

[219]张以飞，王玉琳，汪靓. EFDC 模型概述与应用分析[J]. 环境影响评价，2015(3)：78-80＋100.

[220]张志强. 天津市水污染物容量总量控制方法研究[D]. 天津：河北工业大学，2006.

[221]赵坤荣. 我国城镇居民生活源排污时空演变规律及其机理研究[D]. 广州：中山大学，2010.

[222]赵人俊，庄一鸰. 降雨径流关系的区域规律[J]. 华东水利学院学报，1963(S2)：52-58.

[223]赵人俊. 流域水文模拟——新安江模型与陕北模型[M]. 北京：水利电力出版社，1984.

[224]赵卫，王敏. 流域生态系统治理机遇、挑战及建议[J]. 环境保护，2019，47(21)：21-24.

[225]赵亚莉，刘友兆，龙开胜. 城市土地开发强度变化的生态环境效应[J]. 中国人口·资源与环境，2014，24(7)：23-29.

[226]赵祎娜. 浅谈第二次全国污染源普查[J]. 化工管理, 2019(33): 64.

[227]郑念发, 邹晓天, 高宇峰, 等. 声学多普勒流速剖面仪在水文站中的应用[J]. 东北水利水电, 2010(2): 22-23.

[228]郑琼, 张新, 陈永新, 等. 漳河流域水环境决策支持系统研究[J]. 测绘与空间地理信息, 2015, 38(7): 57-59+62.

[229]中国环境科学学会编. 中国环境科学学会学术年会论文集2010 第3卷[M]. 北京: 中国环境科学出版社, 2010.

[230]中国农业百科全书总编辑委员会水利卷编辑委员会, 中国农业百科全书编辑部编. 中国农业百科全书水利卷 下[M]. 北京: 农业出版社, 1986.

[231]周宾宾. 地下水污染修复中的PRB技术综述[J]. 江西化工, 2017(2): 12-16.

[232]周丰, 刘永, 黄凯, 等. 流域水环境功能区划及其关键问题[J]. 水科学进展, 2007, 18(2): 216-222.

[233]周俊兆, 马斯璐, 黄浩. 流域智慧管理系统总体设计——基于武汉市南湖流域水环境综合治理规划[J]. 住宅产业, 2019(11): 18-22.

[234]周铭浩, 邱静, 洪昌红. 水体内源污染及环保疏浚措施研究[J]. 江西水利科技, 2019, 45(4): 290-294+312.

[235]周世良. 运用环境规划进行目标总量控制[J]. 福建环境, 1998, 15(6): 2-3.

[236]周翟尤佳, 张惠远, 郝海广. 环境承载力评估方法研究综述[J]. 生态经济, 2018, 34(4): 164-168, 196.

[237]朱峰, 钱心怡, 方莹. 城市河流污染治理与原位修复技术分析[J]. 科技风, 2019(19): 114.

[238]住建部, 环保部. 城市黑臭水体整治工作指南[S]. 2015.

[239]宗仁. 中国土地利用规划体系结构研究[D]. 南京: 南京农业大学, 2004.

[240]邹黎明. 农村生活垃圾污染现状与防治对策——以澄江县为例[J]. 环境科学导刊, 2020, 39(1): 42-47.

[241]左华, 朱磊, 康广凤. 胶州湾入海污染物目标总量控制研究[J]. 环境科技, 2009(6): 58-60.

[242]Ambrose R B, Wool T A, Barnwell T O. Development of Water Quality Modeling in the United States[J]. Environmental Engineering Research, 2010, 414(4): 200-210.

[243]Chin A. Urban transformation of river landscapes in a global context[J]. Geomorphology, 2006, 79(3/4): 460-487.

[244]Clark C O. Storage and the unit hydrograph[J]. American Society of Civil Engineers, 1945, 110: 1419-1488.

[245]Dooge J C I. A general theory of the unit hydrograph[J]. Journal of Geophysical Research, 1959, 64: 241-256.

[246]Kuusaana E D, Eledi J A. Customary land allocation, urbanization and land use planning in Ghana: Implications for food systems in the Wa Municipality[R]. Land Use Policy, 2015.

［247］Opdyke D. Hydrodynamics and Water Quality：Modeling Rivers，Lakes，and Estuaries［J］. Environmental Modelling & Software，2013，89(39).

［248］Qinggai W，Shibei L，Peng J，et al. A Review of Surface Water Quality Models［J］. The Scientific World Journal，2013，2013：1-7.

［249］Rodriguez-Iturbe I，Valdes J B. The geomorphological structure of hydrologic response［J］. Water Resources Research，1979，15(5)：1049-1020.

［250］Sherman L K. Stream flow from rainfall by the unit graph method［J］. Engineering News-Record，1932，108：501-505.

［251］Wenfeng D，Pingcang Z，Jie C. 城市化过程中的水环境问题研究综述［J］. 长江科学院院报，2006，23(2)：21-24.

［252］Zoch R T. On the relation between rainfall and stream flow part 1［J］. Monthly Weather Review，1934，62：315-322.